확 풀리는 한국사 2

학 풀리는 한국사 2

1판 1쇄 인쇄일 2014년 6월 14일
1판 1쇄 발행일 2014년 6월 20일

지은이 | 윤병욱
펴낸이 | 김재희
펴낸곳 | 화담 출판사

주　　소 | 경기도 파주시 청암로 28
전　　화 | (031) 923-3549
팩　　스 | (031) 923-3358
E-mail | hwadambooks@hanmail.net
출판등록 | 제 406-2013-000060호
I S B N | 978-89-87835-76-1
　　　　　978-89-87835-75-4 (세트)
가격 | 20,000원

본서의 판권은 저자에게 있습니다.
이 책을 무단복사, 복제, 전제하는 것은 저작권법에 저촉됩니다.
이 책의 전부 또는 일부를 이용하려면 반드시 저적권자의 동의를 받아야 합니다.

세상의 아름다움을 널리 알리는 그릇입니다
화담출판사는 그 아름다움을 함께 할 작가를 모시고자 합니다.
E-mail : hwadambooks@hanmail.net
TEL : 031-923-3549

확 풀리는 한국사 2

윤병욱 지음

화담출판사

 역사나 문학의 기록은 문자에 의해 표기된다. 지금은 안 그렇지만 어느 시기까지 문자는 지배층만이 배우고 사용할 수 있었다. 그래서 역사는 지배층에 의해 기록되었고, 그런 만큼 지배층의 시각이 많이 반영되었다. 그래서 기록 그대로가 모두 진실이고 사실이라고 판단하기에는 무리가 있다. 그런 면을 생각하여 전해지는 역사 뒤편에 가려진 피지배층이나 소외되어 있던 사람들의 삶에 대해서도 생각해 보는 시각을 가질 필요가 있다.
 우리는 지나간 역사를 통해 현재를 판단하며 미래를 대비하고 계획하는 지혜를 가질 수 있다는 생각으로 역사를 중요시한다. 그러나 그런 실용적인 가치로만 역사를 본다면 역사적인 사건이나 결과에 치중하여 그 이면에 숨겨진 진실이나 인간적인 면을 지나쳐 버리는 어리석음을 저지를 수가 있다. 실제로 우리는 그런 면에 치우쳐서 역사를 배우고 판단하는 오류를 범해 왔으며 현재도 범하고 있다.
 그런 오류를 범하지 않으려면 현재 우리의 관점과 시각에 의존하여 과거를 보는 것보다 현재의 관점에서 조금 비켜나 당시 사람들의 시각으로 다가서서 보는 것이 현명한 일이라 생각한다.

　우리 고대의 조상들은 고조선 계통의 한족과 부여·고구려계통의 예맥족이 근간을 이루었다고 전해진다. 우리는 학교에서 단일민족이라고 배웠지만 단일민족이라기보다 몇 개의 종족이 동일한 문화권을 형성하여 그 문화를 계승해 온 민족이라 함이 바른 표현이다. 이민족의 침입을 받았을 때나 일본 지배하에 있을 때처럼 공동체의식이 필요한 때는 단일민족임을 내세워 민족성을 고취시켜 단결성을 공고히 하기 위해서 그러한 정체성을 심어 주어야만 했을 것이나, 세계화라는 말이 일반적이 된 지금은 단일민족이라는 명목으로 민족이념만을 내세우고 살기에는 부적절한 시대이다.

　역사는 가설을 따라가지 않고, 유적이나 유물에 의해 고증되는 것을 가지고 판단하기 때문에 다른 학문보다 보수적이고 고지식한 면을 지니고 있다. 하지만 우리가 알고 있던 지식도 수정되고 생활양식까지 시시각각 다양하게 변해 가는 시대를 살면서 시험 답안지에 정답을 적듯이 역사를 공부하면 무척 따분하다.

　이 책은 이야기해 주는 사건을 기억하고 수용만 할 것이 아니라 그 가치에 대해 생각해 보는 유연함을 가지고 상상력을 동원하여 책을 읽어 나가기를 바란다. 동아시아에서 우리 민족이 차지하고 있던 위치와 그 당시에 시대의 흐름을 생각해 보며, 안목을 조금 넓혀서 현재의 세계 흐름에 대비해 볼 수 있고 살아 있는 공부의 밑거름이 되기를 바란다.

　교과서적인 시각만 가지고 세상을 보면 많은 혼란에 부딪치게 된다. 청소년기에는 학교에서 배우는 것이 최고이며, 전부라는 생각을 하기 쉽기 때문이다. 예를 들어, 보통 동이(東夷)족을 동쪽에 있는 오랑캐라는 뜻으로 배웠으나 중국의 정통역사서에는 '이(夷)'가 오랑캐가 아니라 어질 인(仁)자와 같은 뜻이라 적고 있고, '커다란 활을 잘 쏘는 사람'이라는 뜻으로 우리의 조상을 가리키는 말이다.

또 단군 조선 이전에 한국과 배달국(구리국)이 있었다는 사실이 『환단고기』나 중국의 역사서에 엄연히 존재하지만 우리 사학계에서는 인정하지 않고 있으며, 단군조선조차 있는지 없는지 명확한 증명이 부족하고 오히려 없는 사실을 꾸며 놓은 신화로 여기는 사람들이 아직도 많이 있다.

불행하게도 우리의 고대사가 적힌 우리의 역사서는 존재하지 않는다. 모두 중국 사서의 기록에 의존하고 있는 것이다. 게다가 현재 북한에 치중되어있는 고구려의 역사에 대해서는 그 유적지조차 제대로 확인해볼 수 없는 실정에 있다.

중국은 역사서를 세 가지의 원칙으로 기록했는데 그들의 치부는 가리며, 자기 나라는 높이고 남의 나라는 깎고, 자기 나라의 역사는 상세하게, 외국에 대해서는 간략하게 기록하고 있다. 그런 원칙으로 쓰인 중국 정사에 우리의 조상인 동이족의 활동이 대단하게 기록되어 있다면 실제로는 더 대단했다는 것은 충분히 짐작해 볼 수 있는 문제이다. 그런 사실을 우리가 외면하고 부정하는 것은 무척 부끄러운 일이 아닐 수 없다.

한창 때의 백제가 고구려와 전쟁을 벌일 때, 백제의 영역은 한반도에 국한되어 있지 않고 중국 대륙 동쪽까지 살기 좋은 곳을 차지하고 있었다. 그러나 그에 대한 연구가 활발하지 않은 실정이다. 그도 그럴 것이 그곳이 현재 우리 땅이 아닌 중국의 땅이기 때문이다. 지도를 한 번 펴 보자. 중국 대륙은 우리와 달리 서쪽이 높은 산악지대이고 동쪽이 낮은 평야여서 동쪽이 더 살기 좋은 땅이다. 한창때의 백제는 양자강 이남의 동쪽 상하이 부근까지 세력이 뻗쳐 있었다. 이건 공연한 허풍이나 과장이 아니라 사실이다.

그리고 일제강점기에 일제의 식민지사관에 의해 우리의 역사는 다시 한 번 왜곡되었다. 그 사관에 대한 반작용으로 민족성을 지나치게 과장하고 부풀린 민족주의 사관도 있었다는 사실을 상기하며 유연한 사고를 가지고 역사의 현장으로 들어가 보자.

이 책은 왕조사를 중심으로 엮었는데, 정사(正史)를 통해 역사의 중심을 바로 본 다음 그 곁가지들을 상상해 보기를 바라는 의미에서 그런 것이다.

저자 윤 병 욱

차례

머리말   4

I. 중세 사회

고려 연대표   14

1. 고려 시대   21

1) 후삼국 통합   21
  (1) 고려 초기의 사회   24
  (2) 중기 귀족들의 다툼과 무신정권   26
  (3) 고려 후기 몽고의 침략과 강화 천도   28
  (4) 고려 말의 권문세력   30

2) 왕의 치사로 본 고려 역사   31

3) 고려 시대의 문화   85
  (1) 청자   85
  (2) 팔만대장경   86

논술로 다지는 고려 I   88
논술로 다지는 고려 II   96
논술로 다지는 고려 III   105

조선 연대표   118

2. 조선 시대   125

1) 조선의 건국   125

2) 왕의 치사로 본 조선 역사   127
    1) 서울을 한양으로 정한 배경   129
    2) 태조 이성계와 무학도사   131
    논술로 다지는 조선 I   252
    논술로 다지는 조선 II   255
    논술로 다지는 조선 III   272

II. 근대 사회

| 대한제국과 일제 강점 연대표 | 276 |

대한제국과 일제 강점기   278

1. 일제의 무단통치와 식민지 체제   278
   1) 조선총독부 설치   279
   2) 민족의식 말살정책   280
   3) 우리 민족의 저항   282
   4) 3·1 운동   285

2. 기만적인 문화정치기와 민족해방운동   288
   1) 기만적인 문화 정책   288
   2) 대한민국 임시정부   290
   3) 사회주의와 항일 운동   294

3. 전시 체제기의 식민지 수탈 정책   298
   1) 전시체제와 황국 식민화 정책   298
   2) 여러 수탈정책과 민족개량주의   299
   3) 민족해방운동과 항일무장투쟁   303

4. 해방 후 건국준비위원회의 조직과 활동   307
   1) 미군정   308

논술로 다지는 근대 I   313

III. 현대 사회

대한민국 연대표　　　　344

1946년부터 현대 사회　　　347

1. 대한민국 정부 수립　　　347
2. 제1공화국과 4·19혁명　　　349
3. 제2공화국과 5·16 군사정변　　　354
4. 제3공화국의 탄생과 3선개헌　　　358
5. 유신정권과 민청학련사건　　　363
6. 노동운동의 태동　　　370
7. 부마사태와 10·26 시해사건　　　373
8. 12·12사태와 5·18민주항쟁　　　376
9. 제5공화국 수립　　　380

　　　논술로 다지는 현대 I　　　386
　　　논술로 다지는 현대 II　　　397

I
중세 사회

고려 연대표 (475년간 34명의 왕)

① 태조 왕건 (재위기간 918 ~ 943년)
  918년 : 철원 포정전 즉위, 국호→고려, 연호→천수
  919년 : 송학 천도
  930년 : 서경 학교 창설
  934년 : 신라 30여개성 항복, 백제 견훤 투항
  936년 : 후삼국 통일, 계백료서
  943년 : 훈요십조(박술희)

② 혜종 (재위기간 943 ~ 945년)
  943년 : 외척 왕규, 왕식렴일파등 적대세력으로 곤란

③ 정종 (재위기간 945 ~ 949년)
  946년 : 광학보 설치

④ 광종 (재위기간 949 ~ 975년)
  949년 : 연호 광덕
  956년 : 노비안검법 시행
  958년 : 과거제 실시
  960년 : 관복 제정

⑤ 경종 (재위기간 976 ~ 981년)
  976년 : 전시과 시행

⑥ 성종 (재위기간 981 ~ 997년)
  982년 : 시무28조(최승로)
  983년 : 12목 설치, 3성6부7시

987년 : 노비환천법 실시

991년 : 중추원 설치

992년 : 국자감 설치

993년 : 12목에 상평창 설치, 거란 1차 침입

994년 : 여진족을 몰아내고 강동6성 세움

996년 : 건원중보 주조

⑦ 목종 (재위기간 998 ~ 1009년)

    1004년 : 과거시행법 실시

    1009년 : 강조의 정변

⑧ 현종 (재위기간 1010 ~ 1031년)

    1010년 : 거란 2차 침입 (강동6성 반환요구. 거절)

    1011년 : 초조대장경 만듦 (~ 1029년)

    1018년 : 거란 3차 침입

    1019년 : 귀주대첩(강감찬) 거란

    1029년 : 초조대장경 완성(6천여권)

⑨ 덕종 (재위기간 1031 ~ 1034년)

    1031년 : 국자감 시험제도 도입

    1033년 : 천리장성 축조

    1034년 : 7대실록 완성

⑩ 정종 (재위기간 1035 ~ 1046년)

    1039년 : 노비종모법 마련

    1044년 : 천리장성 완성

    1046년 : 장자상속법 제정

⑪ 문종 (재위기간 1047 ~ 1083년)

    1049년 : 공음전시법 제정

    1065년 : 왕자 후(의천) 승려됨

    1067년 : 흥왕사 준공

　　　　　1069년 : 양전보수법 제정
　　　　　1071년 : 송나라 국교
　　　　　1076년 : 전시과 개정, 관제 개혁

⑫ 순종 (재위기간 1083 ~ 1083년)

⑬ 선종 (재위기간 1083 ~ 1094년)
　　　　　1084년 : 승과 설치(불교장려)
　　　　　1089년 : 회경전 13층 금탑 건립, 국청사 건립

⑭ 헌종 (재위기간 1094 ~ 1095년)
　　　　　1094년 : 이자의 난

⑮ 숙종 (재위기간 1095 ~ 1105년)
　　　　　1096년 : 주정관 은병통용
　　　　　1102년 : 해동통보 주조
　　　　　1104년 : 여진 침입, 윤관 확약 체결

⑯ 예종 (재위기간 1105 ~ 1122년)
　　　　　1108년 : 함흥평야 9성 축성
　　　　　1119년 : 금나라 교류

⑰ 인종 (재위기간 1122 ~ 1146년)
　　　　　1126년 : 이자겸의 난
　　　　　1129년 : 서적소 설치
　　　　　1135년 : 묘청의 난(칭제건원론)
　　　　　1145년 : 삼국사기(김부식) 편찬

⑱ 의종 (재위기간 1146 ~ 1170년)
　　　　　1170년 : 무신의 난(정중부, 이의방등)

⑲ 명종 (재위기간 1170 ~ 1197년)
　　　　　1173년 : 김보당의 난(계사의 난)
　　　　　1197년 : 최충헌에 의해 왕위 폐함

⑳ 신종 (재위기간 1197 ~ 1204년)
　　　　1198년 : 만적의 난

㉑ 희종 (재위기간 1204 ~ 1211년)
　　　　1211년 : 최충헌 암살 실폐 폐위

㉒ 강종 (재위기간 1211 ~ 1213년)
　　　　1211년 : 최충헌의 옹립

㉓ 고종 (재위기간 1213 ~ 1259년)
　　　　1231년 : 원나라 침공, 강화 천도

㉔ 원종 (재위기간 1259 ~ 1274년)
　　　　1269년 : 임연에 의해 폐위, 원나라 문책으로 복위
　　　　1270년 : 삼별초의 난(1273년 여원 연합군에 의해 진압)

㉕ 충렬왕 (재위기간 1274 ~ 1308년)
　　　　1271년 : 원나라 제국대장공주와 결혼
　　　　1274년 : 원나라 요청 일본정벌 동로군 파견 실패
　　　　1290년 : 합단의 내친으로 강화 피난
　　　　1292년 : 환도

㉖ 충선왕 (재위기간 1308 ~ 1313년)
　　　　1313년 : 강릉대군 전위, 연경에 머뭄

㉗ 충숙왕 (재위기간 1313 ~ 1330, 1332~1339년)
　　　　1330년 : 태자 정에게 선위 원나라에 감
　　　　1332년 : 충혜왕을 황음무도하다 원나라가 폐위, 다시 복위

㉘ 충혜왕 (재위기간 1330~1332, 1339~1344년)
　　　　1330년 : 세자로 원나라 볼모, 귀국 즉위
　　　　1332년 : 원나라에 의해 폐위
　　　　1339년 : 충숙왕 죽자 복위
　　　　1343년 : 원나라 사신들이 게양에 귀양

㉙ 충목왕 (재위기간 1344 ~ 1348년)

        1344년 : 원나라 볼모, 귀국 즉위

        1347년 : 정치도감 설치, 양전 실시

        1348년 : 진제도감 설치, 기민구제

㉚ 충정왕 (재위기간 1349 ~ 1351년)

        1349년 : 원나라에 의해 왕 책봉

        1351년 : 윤택, 이승로 원나라 폐위 요청

㉛ 공민왕 (재위기간 1351 ~ 1374년)

        1341년 : 원나라 노국대장공주 결혼

        1352년 : 변발, 호복 등 몽골풍 폐지

        1356년 : 몽골 연호, 관제, 정동행중서성이문소 폐지

        쌍성총관부 폐지(화주목 설치), 빼앗긴 영토 회복

        1368년 : 명나라 건국, 협력 원나라 세력 공략(동녕부정벌)

        1369년 : 오로산성 점령(이성계)

        1372년 : 자제위 설치 (노국공주 잃은 슬픔)

㉜ 우왕 (재위기간 1374 ~1388년)

        1374년 : 이인임의 후원 10세에 즉위

        1388년 : 위화도 회군,

        신돈의 자식(이성계 주장) 강화 유배

㉝ 창왕 (재위기간 1388 ~ 1389년)

        1388년 : 조민수, 이색 추천 9살에 즉위

㉞ 공양왕 (재위기간 1389 ~ 1392년)

        1392년 : 이성계에 의해 폐위

🌑 확 잡히는 고려

 태봉의 왕 궁예의 부하로 있던 왕건은 918년 궁예를 추방하고, 연호를 천수라 하고 고려를 건국하여 34대 공양왕까지 475년간 존속했다.

왕건은 935년 신라가 항복하고, 이듬해 후백제를 멸망시켜 마침내 후삼국을 통일하여 한반도를 하나의 국가로 통일하였다.

태조는 고구려의 후계사임을 자처해 국호를 '고려'라 하고 북진정책을 추진해 국경선을 청천강까지 확대하였다. 또한, 거란의 침략으로 발해가 멸망하자, 고구려계통의 발해유민을 받아들여 포섭하였다.

초기에는 지방 토호 세력이 강했지만 4대 광종에 이르러 노비안검법과 과거제도를 실시하여 왕권을 강화하고, 중앙집권체제를 확립하고 불교를 숭상하였다. 대외적으로는 중국, 일본과 교류하였고 멀리 아라비아와 페르시아까지 무역을 했다.

귀족사회 형성의 기반이 마련된 성종 이후 현종을 거쳐 문종에 이르는 사이에 고려의 정치기구와 신분체제 및 토지제도가 완비되어 절정기를 맞이하였다. 그러나 이때부터 귀족사회 내부의 모순의 축적되어 동요하기 시작하였는데, 1170년 정중부등 무신들의 난으로 귀족정치는 끝나고 새롭게 무인들의 정권이 성립되었고, 13세기는 몽골족이 세운 원나라의 침입을 받아 전 국토가 피폐화되었고 국력이 쇠퇴하기 시작했다.

31대 공민왕이 즉위하여 왕권을 다시 세우고 국력을 강화시키고자 했지만, 왕권이 무너지고 민심이 급격하게 악화되어 갔다. 이에 이성계와 그의 책사 정도전 등이 주도하는 정치세력은 1391년(공양왕 3년) 과전법을 공포해 새 왕조의 경제적 기반을 마련한 뒤, 1392년 역성혁명을 일으켜 '조선'을 개창하였다. 이로써 고려왕조는 막을 내리게 되었다.

🔵 기억할 유물

봉정사 극락전, 부석사 무량수전, 해인사 대장경판, 부석사 소조여래좌상, 월정사 팔각구층석탑, 수덕사 대웅전, 경천사 십층석탑, 청자소문과형병, 청자칠보투각향로

🔵 기억할 인물

- **왕 건** : 태봉의 왕 궁예를 추방하고 고려를 건국하였다.
- **강감찬** : 고려 초 거란의 침략을 막아냈으며, 구주대첩을 승리로 이끌었다.
- **최충헌** : 4대 60여 년에 걸친 최씨 무인정권의 기반을 마련했다.
- **최 영** : 홍건적 및 왜구를 대파했고 요동정벌을 계획했으나, 이성계의 위화도 회군으로 좌절되었다.
- **최 충** : 고려의 문신 문장과 글씨에 능하여 해동공자로 불렸고, 형법의 기틀을 마련했다.
- **정몽주** : 고려 말기 문신 겸 학자. 의창을 세워 빈민을 구제하고, 유학을 보급하였으며 성리학에 밝았다.

I. 고려 시대

1) 후삼국 통합

통일신라는 8세기 말부터 귀족들의 권력다툼으로 국가기강이 해이해지기 시작하면서 9세기 중엽에 이르러서는 마침내 지방에서 반란이 이어지고 각지에서 일어난 농민들의 봉기가 전국으로 퍼져나갔다.

이렇게 혼란한 틈에 견훤은 892년에 무진주(전남 광주)를 발판으로 후백제를 세우고 왕위에 올랐고, 이후 900년에 완산주(전북 전주)를 수도로 정하고 국가 체제를 갖추어 나갔다.

한편 신라왕족의 후예로 알려진 궁예는 901년에 송악(개성)을 근거로 후고구려를 세우고, 왕위에 올라 한반도는 이른바 후삼국시대로 접어든다. 후삼국시대는 견훤이 나라를 세운 892년부터 왕건이 고려를 세운 936년까지 약 44년 동안 지속되었다.

세달사의 중이었던 궁예는 891년 경기 지역에서 막강한 세력을 키우고 있는 반신라적인 호족 기훤의 부하가 되었는데, 기훤은 거만하고 성격이 거친 사람이었다. 그래서 궁예는 그에게 불만을 품고 있던 기훤의 부하들과 892년에는 북원(지금의 원주)의 호족 양길의 부하로 활약하였다. 북원(원주)을 중심으로 세력을 형성하고 있던 양길은 궁예가 부하들을 많이 데리고 오자, 환대하며 군사를 주고 북원 동쪽지역을 공

9세기 말의 후삼국의 분열

략하게 하여 승전을 거듭해 894년 10월에는 명주(강릉)땅을 완전히 차지하게 되었다. 군사가 3,500명에 이르자 궁예는 사졸들의 신망을 얻어 곧 장군으로 추대되었고, 양길에게서 벗어나 십여 개의 군현을 점령하고 철원을 거점으로 하여 국가체제를 갖추기 시작하였다.

896년에는 왕건 부자가 궁예 밑으로 들어왔다. 송악(개성)의 대호족이었던 왕씨 일가는 궁예의 세력이 커지자 부하들을 이끌고 궁예에게로 온 것이다. 그리하여 궁예는 송악(개성)을 비롯한 황해도 일대를 장악하게 되었고, 898년에는 거점을 송악으로 옮겼다. 그리고 899년에 양길과의 싸움에서 승리함으로써 충청, 경기, 황해, 강원 등 신라 북부지역까지 장악하였다. 마침내 궁예는 901년에 고구려의 부흥과 신라 타도를 내세우며 후고구려를 세웠다. 궁예는 904년에 후고구려의 이름을 마진으로 바꾸고, 905년에 수도를 철원으로 옮겼으며, 911년에는 나라이름을 다시 태봉으로 바꾸었다. 태봉은 후삼국 영토의 3분의 2 정도를 차지하면서 후삼국에서 가장 강력한 세력이 되었다. 궁예는 신라를 계속 침략하는 한편, 왕건에게 후백제의 배후인 전라남도 서남해안의 고을을 쳐서 손아귀에 넣도록 했다. 통치 영역을 크게 넓히고 세력이 강해진 궁예는 스스로 미륵불이라 칭하면서 갈수록 포악해져 신하들을 죽이기에 이르자 신하들의 마음이 점점 그에게서 멀리 떠나갔다.

견훤과 궁예가 서로 후삼국을 통일하려는 싸움을 벌이는 가운데 왕건은 많은 전공을 세우며 태봉국의 지지를 얻으며 세력을 키워 가게 되었다. 그러던 918년 6월에 신숭겸, 홍유, 복지겸 등이 중심이 되어 궁예를 몰아내고 왕건을 왕으로 추대하였다. 왕건은 고구려의 기상을 이어받는다는 뜻에서 나라이름을 고려라 하고, 송악을 수도로 삼고 개경이라 고쳐 불렀다. 이로써 왕건은 고려의 태조가 되었다.

한편 892년에 무진주(광주)를 점령하고 스스로 왕이라 칭한 견훤은 900년에 완산주(전주)를 도읍으로 정하고 국호를 후백제라고 하였다.

견훤의 아버지 아자개가 진흥왕의 후손이라고도 하지만 사실로 받아들여지지 않고 성은 이씨로 알려져 있다.

아자개는 가은현(문경)의 농부출신으로 후에 장군이 된 사람이다. 견훤은 아자개의 장남으로 무예가 출중하고 체구가 장대하여 무장이 되었고, 서남해안 변방의 비장으로 있으면서 독자적인 세력을 형성하였다.

견훤이 후백제를, 궁예가 후고구려를 세움으로써 한반도는 후삼국시대를 열게 되었다. 당시 신라는 권력다툼과 전국 각지에서 일어나는 농민들의 봉기로 나라가 거의 망해 가고 있었다.

후삼국 중 가장 강한 군사력을 갖추고 있던 후백제는 신라를 친 후에 고려까지 멸망시키려고 하자, 고려는 신라를 여러 방면으로 도우면서 후백제와의 전쟁에 대비하였다. 고려와 후백제는 직접 싸우지 않고 신라를 사이에 두고 밀고 당기는 싸움을 벌여 나갔다.

920년 후백제가 신라의 대야성을 빼앗고, 진례 지방으로 쳐들어오자 신라는 고려에 군사를 요청하자 군사를 출동시켜 후백제군을 물리쳤다. 927년에는 후백제가 경주까지 침범하였으나, 고려군이 도착하기도 전에 견훤은 경애왕을 죽이고 재물을 약탈하였다.

견훤이 신라에 경순왕을 세우고 신라의 성을 하나씩 침범하며 위협하자 왕건은 더욱더 견훤을 견제해 갔다. 929년에 왕건이 고창에서 견훤을 크게 이겨 30여 군·현이 항복하고, 931년에 왕건이 경순왕을 만나기를 청하자 경순왕은 왕건을 맞아 눈물을 흘리며 견훤을 원망하였다.

고려가 차츰 군사력을 키워 나가면서 더욱 강해질 즈음, 후백제는 왕위를 둘러싸고 내분이 일어났다. 견훤이 넷째아들 금강에게 왕위를 물려주려고 하자, 맏아들 신검이 이복동생 금강을 죽이고 견훤을 금산사에 가둔 뒤 왕위에 오르는 일이 발생하였다. 그것은 934년의 일이었다. 견훤은 금산사를 몰래 빠져나와 나주로 도망치자, 그 소식을 들은 왕건은 견훤을 개경으로 맞아들이고, 시중이라는 높은 벼슬을 주고 양주지방을 식읍으로 주어 편안히 살게 하는 등 그를 극진하게 대접하였다.

그 소식을 들은 경순왕은 대세가 고려로 기울고 있다는 것을 알아차리고, 935년에 신하들과 의논한 끝에 태조에게 항복하기로 하고 시랑 김봉휴에게 뜻을 담은 편지를 전했다.

왕건은 경순왕에게도 태자와 같은 벼슬자리를 주고 자신의 맏딸 낙랑 공주를 왕비로 삼게 하였다. 그러자 경순왕은 큰아버지의 딸을 왕건에게 주어 그녀를 아내로 맞아(제5비) 아들을 낳았다. 그가 현종의 아버지로 안종으로 추봉된 사람이다.

(1) 고려 초기의 사회

신라를 통합한 고려는 더욱 막강한 힘을 갖게 되었고, 936년 태조 왕건의 대군과 신검의 후백제 군이 일선군(경북 선산)의 일리천을 사이에 두고 벌린 최후의 결전에서 대승을 거둔 태조 왕건은 왕위문제로 혼란을 겪었던 후백제를 멸망시키고, 대망의 후삼국통일을 이루어 냈다.

왕건이 후백제를 멸망시키는 데는 호족세력의 도움이 컸지만 국가의 기반을 튼튼히 하고, 권력을 잡기 위해서는 먼저 호족세력을 적당히 눌러야 했다. 왕건은 여러 호족의 딸을 왕비로 맞아들여 호족세력과 연합하며 그들을 누르려 하였지만 호족의 세력은 쉽게 눌러지지 않았다. 왕건을 이은 2대 혜종과 3대 정종대까지 왕위를 노린 반란과 음모가 계속 이어지다가 4대 광종대에 이르러서야 왕권이 다져졌다.

광종은 호족의 노비를 양인이 되도록 해주는 노비안검법을 실시하여 호족의 세력을 약화시켰고, 많은 농민들로부터 세금을 거두어 국가재정의 기반을 마련하였다. 그리고 과거제도를 실시하여 유교경전에 대한 지식과 문장 실력을 가진 관리를 뽑아 그때까지 벼슬을 거의 차지하고 있던 공신과 호족 출신들을 견제하며 왕의 권위를 더욱 다져 나갔다.

성종대에는 최승로의 건의를 받아들여 유교이념에 의한 통치를 내세워 국가의 제도들을 마련하였으며, 지방통치제도가 정비된 것은 현종 때였다.

현종은 개경과 경기지역, 북쪽의 변경지대 이외의 지역을 '도'로 나누었고, 지방에는 군·현을 설치하여 모든 일반 행정업무가 중앙정부와 군·현 사이에 직접 이루어지도록 정비하였다.

고려 초기에 중국에서는 거란족이 세운 요나라가 926년에 발해를 멸망시키고, 세력을 더욱 확장시키며 고려를 불안하게 하고 있었다. 또 960년에 새로운 통일왕조를 세운 송나라도 거란의 침입에 시달리고 있던 처지여서 고려와 송나라는 국교를 맺고 함께 요나라를 견제해 나갔다. 그러자 거란(요나라)의 소손녕이 80만 대군을 이끌고 침입해 옛 고구려 땅을 내놓으라고 요구하자, 기세에 눌린 조정의 관리들은 평양 부근까지 땅을 넘겨주자고 했다. 그러나 싸워 보지도 않고 항복하는 것은 옳은 일이 아니라고 반대한 서희는 국서를 가지고 소손녕과 담판을 보고자 적진으로 간다. 담판 결과 앞으로 송과 관계를 끊고 거란과 화친하겠다는 조건으로 거란군이 물러나면서 압록강과 청천강 사이의 강동 6주를 고려의 영토로 인정하였다. 하지만 이후로도 거란은 고려를 침략하는 일을 멈추지 않았다.

거란은 고려왕이 직접 거란에 오고, 압록강 이남의 강동 6주를 돌려달라는 요구를 하였으나 고려가 응답하지 않자, 1018년에 거란의 장수 소배압이 10만 대군을 이끌고 쳐들어왔다. 고려는 강감찬을 최고지휘자로 하여 20만 군대를 편성하여 거란을 물리쳤다. 그러자 거란은 고려를 침략하지 않았고 고려의 위상이 커지자 송나라도 고려를 우대하였다. 이후 여진족이 요나라를 멸망시키고 금나라를 건국하였다.(1115년) 송나라는 금나라에 쫓겨 양자강 이남으로 밀려났다.

고려는 광종 때부터 송나라와 본격적으로 무역을 벌였고, 그 외 거란, 여진, 일본, 사라센과도 교역을 해 나가며 활발한 국제교역을 펼쳐 고려는 이때부터 서역에 코리아로 알려졌다.

종교 사상적으로는 태조 왕건이 훈요십조에서 강조한 불교를 국교로 숭앙하여 불교의 영향을 많이 받았다. 그래서 지방호족세력에 의해 절이 많이 지어졌고, 불교의 연등회와 팔관회와 같은 행사가 국가적 사업으로 벌어졌다.

신라 말에 들어온 불교는 종파를 초월하여 교종과 선종이 융합하며 퍼져나갔고, 불교경전을 모아놓은 대장경이 간행되었다. 우리나라는 목판인쇄술이 발달해 있었는데 중국에서 대장경이 전래되었고, 당시 정교하기로 이름 난, 거란대장경 판본들과 대조하면서 고려의 대장경 판각사업이 이루어졌다. 특히 거란이 침략하여 남쪽으로 피난해 있던 고려조정은 부처의 힘으로 적을 물리치고자 대장경판을 만들었다.

유학과 불교학연구를 하면서 서적에 대한 수요가 늘자 인쇄술이 발달하였고 그 결과 12세기 초에 금속활자를 발명하였다. 아울러 질 좋은 종이와 먹이 생산되어 인쇄문화의 발달을 가져왔다.

또 10~11세기에 제작된 것으로 보이는 청자는 그릇이나 문방구와 향로 등 일상용품에서부터 다양한 용도로 사용될 것들이 만들어져 송나라나 요나라와의 사이에 활발한 문화교류를 이루었다.

(2) 중기 귀족들의 다툼과 무신정권

고려가 거란을 물리치고 평화가 계속되자 귀족사회에서는 사치스러운 생활이 이어지며 사회가 분열되기 시작했다. 특히 12세기부터 왕실의 외척인 이자겸과 서경에서 세력을 이루고 있던 묘청의 난이 일어나면서, 무신의 난이 이어지고 무신들이 집권하게 되면서 마침내 문벌귀족의 사회가 무너져 고려사회는 크게 동요되었다.

경원 이씨 이자연은 세 딸을 문종의 왕비로 만들고, 그 손녀들까지 잇따라 순종과 선종의 왕비가 되면서 큰 권세를 누렸다. 이자겸은 이자연의 손자로 왕의 자리까지 넘볼 정도로 세력이 커져 있었다. 그는 이씨 성을 가진 자가 왕이 된다는 유언비어를 퍼뜨려 떡에 독약을 넣어 인종을 두 차례나 독살하고자 했으나, 이자겸의 넷째 딸인 왕비의 도움으로 인종은 위기를 벗어날 수 있었다. 인종은 이자겸을 제거하기 위해 기회를 엿보던 중, 이자겸의 아들 이지언의 노복과 척준경의 노복의 싸움으로 틈이 벌어진 것을 이용하여 척준경이 이자겸에게 등을 돌리게 하고 이자겸을 멀리 귀양을 보냈다. 이자겸은 1126년(인종4년) 12월에 유배지 영광에서 죽었으며, 이자겸을 제거한 척준경은 한동안 권력을 휘둘렀다. 그렇지만 이듬해 3월에 좌정언, 정지상 등으로부터 탄핵을 받아 암타도에 유배되었다. 1144년(인종22년) 등창으로 죽고 말았다.

척준경을 몰아내는데 공을 세운 정지상에 의해 묘청과 백수한이 왕의 신임을 얻게 되었다. 그들은 수도를 서경으로 옮겨 개경 귀족들을 물리치고 정권을 잡으려 하였다. 이에 개경의 귀족들은 그들을 죽이라고 왕에게 글을 올리자 묘청은 1135년에 난을 일으켰다. 이에 맞서 개경의 귀족들은 정지상과 백수한을 죽이고, 김부식이 총대장이 되어 토벌군을 조직하여 서경 세력에 맞서 싸웠다. 이들의 싸움은 일년 정도 계속되어 묘청의 난은 진압되었으나, 이 싸움은 그 뒤 개경 귀족에 대한 농민과 노비들의 항쟁의 시발점이 되었다.

고려사회는 문신을 중심으로 이루어진 문벌귀족사회였다. 문신들은 높은 벼슬자리와 각종 특권을 누리며 군대의 최고지휘권까지 쥐고 있었다. 거란과 여진을 물리치는 데 공을 세운 서희, 강감찬, 윤관 등도 모두 문신이었다. 무신들은 그런 문신들에 의해 차별대우를 받았다. 거란과의 전쟁이 끝난 뒤에 무신들은 심지어 문신의 호위병 노릇을 하거나 문신들을 위해 칼춤을 보여 주기도 했다.

1170년 의종이 문벌귀족들과 함께 개경 근처 보현원으로 놀러갔을 때, 무신들은 문신들의 시중을 들며 5병수박희라는 경기를 하며 흥을 돋우었는데, 나이 많은 이소응이 지자 젊은 문신 한뢰가 이소응의 뺨을 때리는 사건이 발생하였다. 이를 본 무신들이 분노하였고, 마침 난을 계획하고 있던 정중부, 이의방, 이고가 칼을 빼들고 문신들을 모조리 죽이고 개경으로 돌아와 나머지 문신들마저 닥치는 대로 죽였다. 다음 날 무신들은 의종을 쫓아내고 그의 동생 명종을 왕위에 앉혔다.

이에 문신들이 대항하였지만 곧 진압되어 무신들의 세상이 되었다. 이로써 시작된 무신들의 정권은 정중부, 최충헌, 최우로 이어지며 100년간 계속되었다가 1270년에 막을 내렸다.

사회가 부패하면서 기강이 흔들리면 가장 고통을 당하는 것은 백성들이다. 권력자들은 권력을 앞세워 농민들의 땅을 빼앗아가고 농민들은 그들에게 세금을 바치기 위해 굶어 죽기까지 했다.

무신난이 일어난 뒤 정부에 의한 지방통제가 약해지자 농민봉기가 번지기 시작했다. 1172년 창주, 성주, 철주를 시작으로 1174년 서북지방에서 일어난 조위총, 1175년 서경에서 일어난 최광수, 1176년 천민부락 공주 명학소에서 일어난 망이·망소이의 난이 대표적인 난이다. 그 뒤 1198년에는 최충헌의 노비 만적이 난을 계획하였으나 한충유의 노비 순정이 배반하여 실패로 돌아갔다. 이어 13세기에 접어들면서 농민, 노비들의 봉기는 70년간 계속되었지만, 몽고가 쳐들어왔을 때는 농민들이 외적의 침입을 물리치는데 힘을 모았다.

(3) 고려 후기 몽고의 침략과 강화 천도

13세기로 접어들면서 중국 대륙에는 새로운 세력이 나타난다. 북방 초원지대에 살면서 거란과 여진의 지배를 받던 유목민족인 몽고족이 여러 부족을 통합하면서 크게 성장하여 세계제국으로 발전한다.

몽고와 금의 공격을 받던 거란은 다시 고려를 쳐들어왔다. 마침 거란을 정복하려던 몽고가 고려와 연합을 제의하여 고려는 거란군을 무질렀다.

중국 대륙을 계속 정복하던 몽고는 고려를 속국으로 여기며 공물을 요구하던 중, 몽고 사신 저고여가 압록 강가에서 살해당하는 사건이 일어나자 몽고는 고려가 한 짓이라고 단정하고 고려를 침략해 왔다.(제1차, 1231년) 한 달 이상 계속되는 몽고의 공격을 막아 낸 것은 지방군대와 농민들이었다. 특히 충주성에서는 관리와 세력가들은 모두 도망가고 노비와 천민까지 백성들 중심으로 힘을 합쳐 끝까지 대항하자, 몽고군은 더 이상 남으로 내려오지 못하고 많은 공물을 보낸다는 조건으로 타협을 하고 물러났다. 이때 몽고는 서북 지방 40여 성에 지방행정을 감독하는 다루가치 72명을 남겨두었다.

다루가치는 개경에까지 파견되어 고려내정을 간섭하려 했다. 당시 무신 집권자 최우는 왕(고종)과 몽고가 결탁하여 자신을 몰아낼 것을 염려하여 강화도로 천도해가서 사치스런 생활을 계속하였고, 서북지방의 다루가치들을 살해하였다. 그러자 몽고는 1232년 다시 쳐들어와 강화도에서 나와 항복하라고 요구했으나 따르지 않자 육지 곳곳에서 약탈을 했다.

　몽고군의 주력부대가 처인성(용인)에서 싸움을 벌일 때 승려 김윤후가 쏜 화살에 적장 살리타가 쓰러지자 몽고군은 물러갔다.(제2차. 1232년)　1235년 더 많은 군사를 이끌고 세 번째 침략을 감행하였다. 그러나 무신집권세력은 여전히 속수무책이었고, 백성들과 지방군대가 결사적으로 항전하며 몽고군을 격퇴하였다.

　황제 자리를 놓고 내분이 일어난 몽고는 고려침범을 잠시 멈추었다가 1246년 4차, 1253년 5차 침입에 이어 1254년부터 6년간 네 번을 더 쳐들어왔다. 고려가 30년 간 몽고와의 긴 전쟁에 시달리는 동안 나라와 백성들의 피해는 엄청났다. 몽고에 잡혀 간 백성이 한 해에 20만 명이 넘는 때도 있었다. 백성들이 지배층에 수탈을 당하고 몽고에 맞서 싸우는 이중고를 겪으면서도 끝까지 몽고에 항거하는 동안 강화도의 지배층들은 권력다툼만 벌였다.

　몽고는 수도를 개경으로 옮기고 태자가 몽고를 방문하라는 조건을 내놓았다. 고종이 죽고 원종이 왕위에 올랐을 때, 몽고의 세조가 서신을 보내 몽고와 강화가 맺어졌다. 당시 고려의 실권자였던 김준과 임연이 권력을 다투자, 원종과 문신들은 몽고군을 끌어들여 무신세력을 제거하고 1270년에 개경으로 돌아갔다. 그래서 무신집권 100년과 강화천도 40년이 막을 내리게 되었다.

　무신정권이 무너지자 그들의 군대였던 삼별초는 개경으로 환도하라는 결정에 따르지 않고 삼별초의 장군 배중손, 노영희 등이 노비들까지 모아 강화도를 완전히 장악하였다. 그러나 개경과 강화도가 가까워 싸우기가 불리하다고 여긴 그들은, 근거지를 진도로 옮기고 전라도와 제주도 여러 고을을 장악하여 서남해안에 세력을 형성하였다. 조정에서는 몽고군과 합세하여 김방경을 대장으로 한 토벌군을 내려 보냈지만 계속 패하였다.

　삼별초의 세력이 더욱 커지며 마산과 동래까지 진출하여 남해안 일대를 장악하자 토벌군은 1271년에 진도를 기습하였다. 그때 배중손이 죽고 삼별초군은 많은 피해를 입었다. 1274년 토벌군이 160척의 전함에 만여 명의 병력으로 제주도를 공격하여 3년에 걸친 삼별초의 항쟁은 끝이 났다.

(4) 고려 말의 권문세력

원나라 간섭기에 권문세력이 새롭게 등장하는데, 그들은 원과 결탁하여 권력을 유지하고 토지를 소유하며 대농장을 형성하였다. 권문세력들은 음서제도를 적극 활용하여 대대로 부와 권력을 유지하였고, 왕실이나 권문세족끼리 혼인을 하여 세력을 더욱 튼튼히 해 나갔다.

그러한 고려 왕실과 원나라 사이에서 큰 고통을 받은 것은 백성들이었다. 원나라는 공물뿐 아니라 공녀와 내시까지 바치라고 요구하였다. 그러자 딸이 공녀가 되는 것을 피하려고 일찍 시집을 보내는 조혼의 풍습이 생겨났다.

권문세족들은 농민들에게 토지를 빼앗는 등 수탈이 심하였다. 그럴수록 국가에서 거두어들이는 세금은 줄어들었고, 몽고와 교류에서 사용하는 물자는 늘어나고 원이 요구하는 공물이 많아지자, 지방 향리와 관리들의 수탈은 더 심해졌다. 농민들은 무거운 세금과 부역을 피해 권문세족들의 농장으로 들어갔고, 권문세족들의 농장은 계속 확대되어 권문세족들의 재산을 늘려주는 결과를 낳았다. 이러한 권문세족의 권력과 원의 수탈은 고려 후기 사회의 통치체제를 무너뜨리는 큰 원인이 되었다.

고려 사회가 동요하는 것을 느낀 권문세족과 원나라는 한때 백성들에 대한 수탈을 시정하려 하였지만, 충선왕은 개혁을 추진할 만한 능력이 없었다.

한편, 1350년대에 들어서면서 중국 대륙에는 큰 변화가 일어나는데, 원 나라 황실이 오랫동안 내부 다툼에 빠져있던 틈을 타 한족들이 들고 일어나는 사태가 생겼다. 공민왕은 몽고식 머리와 옷을 벗어던지고 원의 세력이 약해지자 1356년부터 본격적인 반원정책을 펴나갔다. 친원 세력을 제거하는 한편, 원의 연호사용을 중지하고 관제를 문종 때 것으로 복구했으며, 쌍성총관부를 공격하여 무력으로 철령 이북의 땅을 되찾았다. 그러나 중국에서 일어난 홍건적이 침입하여 한때 왕은 안동까지 피난하는 어려움을 겪었지만 백성들과 최영, 이성계 등의 활약으로 홍건적을 물리쳤다.

다시 안정을 찾은 공민왕은 승려 신돈을 기용하여 개혁에 관한 모든 일을 맡겼고, 신돈은 군사조직을 새로 편성하고, 근무시간에 따라 관리를 승진시키는 등, 왕권을 강화하는 일부터 시작하였다. 그리고 성균관을 크게 늘려 신흥 사대부들에게 기회를 주었다. 이때 이색, 정몽주, 정도전, 권근 등 많은 신흥사대부들이 벼슬길에 나서 세력을 이루었다.

이러한 가운데 권문세족들은 신돈에게 반역 혐의를 씌워 신돈은 처형 당했고, 최영, 경천흥 등 무장 세력을 중심으로 한 권문세족이 다시 권력을 잡았다. 그 뒤 공민왕도 권문세족들에게 죽임을 당하여 그의 개혁정치는 거기서 끝이 나고 말았다.

권문세족들은 원과 결탁하였고, 새로운 세력을 형성한 신흥사대부들은 명나라에 화친하여 두 세력은 서로 대립하였으며, 이들의 대립은 권문세족들의 농장을 둘러싼 본질적인 문제로 발전해 나갔다.

이로써 고려의 역사를 개략적으로 살펴보았고, 이제 구체적으로 왕조를 중심으로 한 역사를 살펴보기로 하자.

2) 왕의 치사로 본 고려 역사

● **제1대 태조 왕건**(太祖 王建. 재위 기간은 918년~943년까지 25년)

왕건은 송악(개성) 출생으로 본관은 개성이고 자는 약천이다. 그는 할아버지 작제건 때부터 개성에 근거를 두고 세력을 떨치던 호족의 후예로 아버지는 금성 태수 융이며, 어머니는 한씨이다. 왕건은 궁예의 부하로 있으면서 궁예의 명령으로 군대를 이끌고 전공을 많이 세웠다.

900년에 광주·충주·청주 및 당성(지금의 남양)·괴양(지금의 괴산)등의 군현을 쳐서 이를 모두 평정한 공으로 아찬이 되었고, 903년 3월에는 함대를 이끌고 후백제의 금성군을 함락시키고 그 부근 10여 개 군현을 쳐서 빼앗고 궁예의 영토를 확장하여 알찬으로 승진했다. 같은 해에 양주수 김인훈이 위급함을 고하자, 궁예의 명을 받고 달려가 구해 주었다. 이러한 공으로 왕건은 궁예와 주위의 신망을 얻게 되었다. 903년에는 그 동안 쌓은 전공으로 알찬으로 승진하였고, 913년에는 파진찬 겸 시중이 되었다. 궁예가 점점 포악해지고 왕건의 주위로 사람들이 모여들자 궁예는 위협을 느꼈고 왕건 또한 포악해진 궁예 옆에서 위기감을 느껴 궁예에게 변방으로 보내 달라고 요구하였다. 그리하여 수군을 맡게 된 왕건이 나주 지역을 압박해 오던 후백제 군사들을 완전히 물리쳤다는 소식을 들은 궁예는 왕건을 칭찬하는 한편 그의 세력이 커 가는 것이 불안하여 왕건을 소환하였다. 궁예는 사람의 마음을 읽는 독심술의 능력이 있다고 하면서 많은 장수와 신하들을 역모죄로 몰아 죽였기 때문에 왕건은 몹시 불안하였다. 궁예가 역시 왕건에게 반란을 꾀했다며 호통을 치자 왕건은 '그럴 리가 있겠느냐?'며 부인하였다. 그때 최응이 일부러 붓을 떨어뜨리고는 줍는 척하며 왕건에게 '복종하지 않으면 목숨이 위태로워지니 무조건 빌라'고 속삭였다.

 이에 왕건은 '죽을 죄를 지었다'고 궁예에게 빌었다. 그러자 궁예는 껄껄 웃으며 '과연 정직한 사람'이라고 칭찬하며 금은으로 장식한 말안장과 굴레를 주며 다시는 나를 속이지 말라고 말하였다.

 이 일을 겪은 그 뒤에도 궁예의 실정이 거듭되자, 왕건이 더욱 위기감을 느끼고 있는데 마침 홍유와 배현경, 신숭겸, 복지겸 등이 모반을 도모하자고 하여, 918년 6월 군사를 모아 궁예를 쫓아내고 마침내 고려를 세우게 되었다. 궁예는 변복을 하고 궁을 빠져나가 산야를 전전하다 허기를 이기지 못하고 남의 보리이삭을 훔쳐 먹다가 강원도 평강에서 살해되었다고 전한다.

 왕건은 강원도 철원의 포정전에서 즉위하여 국호를 고려, 연호를 천수라고 하였다. 왕건은 호족의 도움을 입어 고려를 세웠기 때문에 호족의 세력을 잘 다스리는 일이 그의 큰 과제였다. 그와 아울러 고구려의 뒤를 잇는 나라임을 확인시키기 위해 고구려의 옛 땅을 회복하는 데 힘을 기울였다.

 왕건은 먼저 호족의 세력을 다스리기 위해 호족의 딸들과 혼인을 하여 그들의 세력을 견제하였는데 그는 29명의 후처를 맞이하였다. 호족들과 어느 정도 화합을 이루긴 하였지만, 나중에는 이복형제들 간에 왕권다툼이 일어나는 원인을 제공한 셈이 되었다. 또 호족들의 자제를 우대하고 중앙에 머물게 하는 기인제도를 실시하여, 지방호족들이 반란을 일으킬 기미를 잠재웠다.

　고구려의 옛 땅을 회복하기 위해 그는 938년(즉위21년) 데리고 귀순한 발해인 박승을 환대하는 등 발해의 유민들을 적극적으로 받아들였고, 북진정책의 기지로 활용하기 위하여 평양에 서경을 설치하였다. 하지만 북쪽에는 발해를 멸망시킨 거란과 여진족이 있어서 고토 회복정책은 실패하였다.

　고려를 건국한 지 4일 만에 마군장군 환선길이라는 사람이 반란을 일으켰다. 복지겸이 눈치를 채고 왕건에게 보고하였는데, 왕건은 증거가 없다며 아무 견제를 하지 않았다. 그러나 환선길은 내전을 침입하여 왕건에게 칼을 겨누었는데 왕건이 태연하자 복병이 있어 그런 것이라고 판단하고 도망을 치고 말았다. 환선길은 근위병들에게 잡혀 처형을 당했다.

　또 궁예에게 충성심이 깊었던 공주 성주 이흔암이 철원에서 역모를 도모하고 있다는 소식을 듣고 왕건은 염탐꾼을 보내 그를 감시하게 하였다. 그의 아내가 "남편의 일이 순조롭게 되지 않으면 나도 화를 입을 텐데!"하고 말하는 소리를 듣고 그를 잡아들여 시장바닥에서 처형한 사건이 있었다.

　왕건이 고려를 건국하였을 당시까지 견훤의 후백제는 강력한 세력을 갖추고 있었다. 그래서 왕건은 후백제를 견제하면서 나라 안의 민심안정책에 신경을 쓰는 등 여러 어려운 과제들에 기민하고 탄력성 있게 대처해 나감으로써 난국을 극복해 나갔다. 신라말기 이래 크게 문란해진 토지제도를 바로잡고, 궁예 이래의 가혹한 조세를 경감하고 통치체제를 바로잡기 위해 많은 노력을 기울였다.

　919년(2년) 1월에는 개성으로 도읍을 옮겼고 신라, 후백제, 고려의 후삼국 관계가 본격적으로 전개되었다. 당시까지만 해도 고려는 후백제보다 군사력이 약해서 견훤을 견제하기 위해 신라와 친화정책을 썼다. 그러다 930년(13년)에서 고창(지금의 안동지방)전투에서 견훤의 주력부대를 대파함으로써 비로소 군사적 우위를 차지하였다.

　935년(18년) 후백제에서는 견훤이 넷째아들 금강에게 왕위를 물려주려 하였으나, 맏아들 신검이 반란을 일으켜 내분이 일어났고, 견훤이 왕위에서 축출되자 왕건은 견훤을 개성으로 맞아들여 극진하게 대우하였고, 같은 해 10월에는 신라왕의 자진 항복을 받게 되었고, 936년 후백제와 일선군(지금의 선산)의 일리천을 사이에 두고 최후 결전을 벌여 후백제를 멸망시키고 자주적으로 후삼국의 통일을 이루게 되었다.

왕건은 새 통일왕조의 정치도의와 신하들이 준수해야 될 절의를 훈계하는 내용의『정계』1권과 『계백료서』8편을 저술하였다고 하나, 현재는 전하지 않고 죽기 얼마 전에 박술희에게 전한 '훈요십조'는 지금까지 전해져서 그의 정치사상을 엿볼 수 있는 귀중한 자료가 되고 있다.

왕건의 정치사상과 통치이념을 엿볼 수 있는 훈요십조의 내용은 다음과 같다.

첫째, 불교를 진흥시키되 승려들의 사원쟁탈을 금할 것.

둘째, 사원의 증축을 경계할 것.

셋째, 서열에 관계없이 덕망이 있는 왕자에게 왕위를 이을 것.

넷째, 중국 풍습을 억지로 따르지 말고, 거란의 풍속과 언어를 본받지말 것.

다섯째, 서경에 백일 이상 머물러 왕실의 안녕을 도모할 것.

여섯째, 연등회와 팔관회행사를 증감하지 말고 원래대로 유지할 것.

일곱째, 상벌을 분명히 하고 참소를 멀리하며, 간언에 귀를 기울여 백성의 신망을 잃지 말 것.

여덟째, 차령산맥 이남이나 공주강(금강) 외곽 출신은 반란의 염려가 있으므로 벼슬을 주지 말 것.

아홉째, 백관(모든 벼슬아치)의 녹봉을 증감하지 말고, 병졸들의 사기 진작을 위해 매년 무예가 특출한 사람에게 적당한 벼슬을 줄것.

열째, 경전과 역사서를 널리 읽어 옛일을 교훈삼아 반성하는 자세로 정사에 임할 것.

"인생이란 원래 이렇게 덧없는 것!"이라고 빙그레 웃으며 왕건은 943년 5월 67세의 나이로 생을 마감하였다.

태조는 신혜왕후 유씨를 비롯하여 모두 29명의 부인을 두었고 25남 9녀를 얻었다. 제2비 장화왕후가 낳은 아들이 2대 혜종이 되고, 제3비 신명순성왕후 유씨가 낳은 5남 2녀 중 2남이 제3대 광종, 3남이 제4대 광종이 된다. 이처럼 태조의 많은 자식들은 제2대 혜종 즉위 때부터 왕위 계승을 둘러싸고 싸움을 벌이기 시작한다.

● 제2대 혜종(惠宗. 재위 기간은 943년~945년까지 2년)

태조 왕건의 뒤를 이어 제2대 왕으로 추대된 혜종은 왕건의 둘째부인 장화왕후 오씨의 소생인 무이다. 왕건은 장남 무에게 왕위를 물려주고 싶었지만 장화왕후는 한미한 가문 출신이어서 호족들이 반발할 것이 뻔하기 때문에 속을 드러내지 못하고 있었다.

왕건은 무를 태자로 세우지 못하게 되는 것에 실망할 왕후를 위로하기 위해 낡은 상자에 왕이 입는 자황포를 넣어 전했다. 왕후는 그것을 박술희에게 보여 주었다. 박술희는 왕의 심정을 헤아리고는 왕자 무를 태자로 책봉할 것을 건의하였고, 왕건은 무를 태자에 책봉하였다. 그리고는 은밀히 박술희를 불러 태자를 잘 보필해 줄 것을 부탁하였다.

예상대로 무가 태자로 책봉되자 왕건의 셋째 부인인 신명순성왕후의 친정인 충주 유씨 가문의 반발이 심했다. 충주 유씨는 중원지방의 실력자로 당시 막강한 권력을 행사하고 있었다.

여러 가지 어려움 끝에 왕건의 뒤를 이어 즉위하였지만, 혜종은 이복동생들의 팽창한 권력을 못 견디고 병을 얻어 정사를 제대로 돌보지도 못한 채 34세의 젊은 나이로 생을 마감하고 말았다.

● 제3대 정종(定宗. 재위 기간은 945년~949년까지 4년)

정종은 왕건의 세 번째 부인인 신명순성왕후 유씨의 둘째아들로 이름은 요이고 자는 천의이다. 첫째아들 태는 어릴 때 죽었다.

정종은 강인하고 고집스러운 성품을 갖고 있었지만, 불심이 깊고 고구려의 옛 땅을 회복하겠다는 신념이 강했다고 전한다.

혜종이 집권하던 시기에 왕위를 엿보던 중 혜종의 측근이었던 박술희를 제거하고,

혜종이 죽자 군신들의 추대로 왕위에 올랐다. 그는 태조의 사촌이자 서경의 군벌이었던 왕식렴등의 도움을 받아, 외척으로서 세도를 부리던 왕규등의 정적을 제거하고 호족들의 발호를 억제하는데 주력 하였으나, 개경의 호족들이 호응하지 않아 여전히 왕권이 확립되지는 않았다.

그는 즉위하자마자 평양으로 천도하겠다는 의지를 표명하였다. 개성에서 피를 너무 흘려 사기가 나빠졌고, 고구려의 옛 땅을 회복하기 위해서 평양이 유리하다는 것이 그의 명분이었다. 한편 정종은 즉위 과정에서 많은 인명을 죽인 것이 죄스러워 사찰에 곡식을 전달하는 등 불교에 의지하고 승려를 양성하는 불교 진흥책을 실시하였다.

궁궐은 즉위 3년 되는 해인 947년에 공사를 시작하였는데, 엄청난 자재와 식량이 동원되고 개경의 백성들이 부역에 동원되어서 백성들의 원성을 더 고조시키는 결과만 초래했다.

같은 해 후진에서 유학하다 거란에 붙잡혀서 벼슬하던 최광윤이 고려에 사신으로 왔다가, 거란이 고려를 침입할 준비를 한다고 보고하자 침입에 대비하기 위해 광군 30만명을 양성하기도 했다.

948년 9월, 여진족이 말 700필을 비롯해서 바친 공물을 직접 검열하던 중 갑자기 몰아닥친 우레와 천둥소리에 놀라 경기가 들어 병이 위독해지자, 아우 소에게 왕위를 넘기고 27세의 젊은 나이로 생을 마감하였다. 한편 임금의 변고를 전해들은 백성들은 부역에서 헤어날 수 있다고 좋아하였다고 한다.

● **제4대 광종**(光宗. 재위 기간은 949년~975년까지 26년)

광종의 이름은 소, 자는 일화이며 신명순성왕후의 셋째아들이다. 정종이 고집이 세고 남의 말을 잘 안 듣는 성품인데 반해, 광종은 치밀하고 조심스러우며 기회가 왔을 때는 과감하게 추진하는 대범함을 가졌다고 전한다.

고려는 광종이 즉위 이후 전환기를 맞는다. 당시에 가장 힘이 있었던 호족인 충주 유씨와 평산 박씨 세력이 광종의 후견인으로 있어 여전히 그들의 입김이 세어 광종은 그들에게 어느 정도의 권력을 주면서 왕권을 강화시킬 방법을 모색하였다.

950년 광종은 광덕이라는 독자적인 연호를 공포하여 대외에 고려의 위상을 높이려 하였지만, 후주가 중국 중원의 세력으로 부상하자, 951년(즉위2년)에 다시 후주의 연호를 사용하였다.

광종의 치적은 무엇보다 노비안검법과 과거제도를 시행한 것이다. 그리고 불교진흥을 민심의 안정책으로 삼았다.

광종은 사신과 함께 고려에 온 후주의 쌍기와 대화를 나누던 중, 그의 사상과 지식에 감명하여 후주에 쌍기를 신하로 줄 것을 요청하여 허락을 받았다. 쌍기는 후주 태조의 왕권강화정책에 관여했던 인물이다. 광종은 그의 경험을 이용하여 고려를 개혁하고자 했다. 광종이 쌍기의 도움을 받아 실시한 개혁정책이 노비안검법과 과거제도이다.

956년(7년)에 실시한 노비안검법은 부당하게 노비가 된 자들을 해방시키는 노비 해방법으로, 대호족들의 상당수가 노비를 잃게 되었다. 958년(9년)에는 과거제를 실시하여 학문을 기반으로 한 새로운 인물을 등용하게 되자, 호족 자제들의 정계진출이 사실상 어렵게 되었다. 두 제도에 대해 호족의 반발이 거셌지만 광종은 근위병의 수를 늘리면서 호족들을 견제하였다. 그러던 중 역모가 발생하였지만 광종은 호족에 대한 숙청을 감행하면서 강력하게 추진해 나갔다. 그 결과 왕권이 강화되었고 과거제를 통해 신진세력이 등장함으로써 고려정치권에 새 바람이 불었다.

960년(11년)에는 백관의 관복제도를 제정하였다. 당시 관복은 신라의 것을 그대로 사용하였는데, 호족들의 힘이 많이 약화되자, 서열에 따라 관복을 달리 입게 하여 조정의 기강을 확립하였다. 하지만 개혁을 강력하게 추진하는 과정에서 역모 혐의가 있는 신하들을 함부로 죽이는 폐단을 남기기도 했던 광종은 975년 51세의 나이로 생을 마감하였다.

● **제5대 경종**(景宗. 재위 기간은 975년~981년까지 6년)

경종은 광종의 장남으로 이름은 주, 자는 장민이다. 광종이 호족을 제거하며 왕권을 강화시키는 가운데 혜종과 정종의 아들이 역모에 휘말려 죽임을 당하고, 경종 또한 부왕의 의심을 받으며 공포에 떨었으나, 광종의 동생이 어린 나이에 죽고 광종에게는 아들이 하나밖에 없어 경종은 무사히 살아남을 수가 있었다.

경종은 광종의 공포정치의 종결을 알리는 의미로 호족출신 왕선을 재상에 임명하였는데, 왕선은 경종에게 복수법을 건의하였다. 복수법은 광종대에 참소로 피해를 입은 사람들에게 복수를 할 수 있는 권한을 주는 제도이다. 이 복수법으로 인해 약 1년간 왕선 등의 호족세력과 신진관료들의 힘 싸움이 펼쳐졌다.

그 과정에서 태조왕건의 11번째 부인 천안부원부인 임씨 사이에 태어난 효성태자 등 종실의 어른이 살해되는 사건이 일어나자 경종은 복수법을 금하고 왕선을 귀양 보내고, 한 사람에게 권력이 집중되는 것을 방지하기 위해 순질과 신질을 좌우 집정에 임명하여 정치권력의 독주를 막고, 이를 분산시키고자 하였다.

고려 초기부터 토지제도를 실시하려는 시도가 있었지만 호족들의 반발로 실패하였는데 경종은 전시과라는 토지제도를 마련한 것이다. 경종 때의 전시과는 고려개국 후 처음으로 마련되었다는 데 큰 의미가 있다.

전시과는 관리의 품계와 덕망이나 학문적 업적에 따라 토지를 나누어 주는 제도로서, 토지를 나누어 주는데 있어 인품의 덕목을 포함시킨 것이 특이하다. 이 제도는 새로이 등장한 신진관료들을 등용시킴으로써 호족들의 세력을 조금이나마 누그러뜨릴 수 있는 측면이 있었다.

당시 중국 대륙은 송나라가 중원을 지배하고 있을 때였다. 경종은 송나라와 국교를 돈독히 하여 사신을 주고받았고, 979년(즉위4년)에는 발해 유민 수만 명을 받아들이는 등 고려는 안정된 평화의 시기를 맞고 있었다. 그러나 경종은 왕승 등의 반란을 겪은 후에는 여색과 바둑으로 시간을 보내면서 정사를 게을리 하였다.

광종의 공포정치를 보고 즉위한 후 화합정치를 표방했던 경종은 981년 6월에 병을 얻어 자리에 누운 후, 사촌동생 개령군 치에게 선위하고 생을 마감하였다.

● **제6대 성종**(成宗. 재위 기간은 981년~997년까지 16년)

성종의 아버지는 태조와 그의 제4비 신정왕후 황보씨 사이에 태어난 욱이고, 어머니는 태조와 그의 제6비 정덕왕후 유씨 사이에 태어난 선의왕후이다. 그러니까 성종은 태조의 손자로 이름은 치이고, 자는 온고이다.

성종은 어머니가 일찍 죽어 할머니의 손에 자랐으며, 어릴 때부터 유학에 밝고 인품이 뛰어나 사람들의 주목을 받았다.

성종은 즉위하자마자 팔관회를 폐지하는 등 숭유억불정책을 폈다. 즉위년에 5품 이상의 관리들에게 상소를 올리게 하였는데 그때 채택된 최승로의 '시무 28조'를 골자로 하여 유교정치이념을 바탕으로 한 새로운 국가체제를 정비 하였다.

시무28조는 불교를 비판하고 유교적 정치이념에 따른 군신관계정립과 광종 때 노비안검법으로 양인이 된 사람들을 다시 노비로 삼는 노비환천법을 주장하였다. 성종은 최승로를 문하시랑평장사로 임명하여 고려개국 공신세력과 신진관료, 그리고 신라 귀족계통의 세력 등 세 세력을 통치체제로 끌어들이는 정책을 펴 나갔다.

3성 6부제를 도입하여 중앙관제를 확립하고, 지방은 10도 12목으로 조직하였다. 전국을 10도로 나눈 것은 이때가 처음이다. 10도제와 함께 주군현제에서 군을 없애고 주현제를 실시하였다. 3성 6부제는 당나라의 제도로서 3성은 중서성, 문하성, 상서성이고, 6부는 이·병·호·형·혜·공부를 가리킨다. 그리고 12목은 양주·광주·충주·청주·공주·해주·진주·상주·전주·나주·승주·황주로서 그곳들은 고려의 요지이다. 그곳에 '주목'이라는 관리를 파견하여 지방을 다스리게 하였고, 경학박사와 의학박사를 보내 지방교육을 장려하였다. 그리고 개경에는 국자감을 설치하고 지방에는 향교를 세워 유학을 진흥하였다.

고려의 행정조직(5도 양계)

성종은 교육정책과 함께 백성들에게 효 사상을 고취시키고, 숭유억불정책을 폈지만 민간에서는 여전히 불교를 섬기고 있어서 유교는 지배계층에서만 퍼졌다. 과거를 보기 위해서는 경학이나 시, 문장을 공부해야 했기에 자연히 유학은 지배계급들에 의해 진흥되었던 것이다.

거란이 발해를 멸망시킨 후 고려에게 고구려의 옛 땅을 내놓으라고 계속 요구하였는데 고려가 이에 응하지 않자, 993년(12년) 10월에 거란이 소손녕을 대장군으로 삼아 80만 대군으로 고려를 쳐들어왔다.(거란의 1차 침입) 국경의 봉산군이 함락되고 고려군이 포로로 붙잡히자 서희가 군대를 이끌고 북진하였다. 소손녕이 항복을 권유하는 서한을 보냈지만 서희는 그와 담판하여 압록강 동쪽의 6주를 얻어내는데 성공하였다. 이로써 고려의 영토는 압록강변까지 확대되었고, 고려와 거란사이에 있던 여진의 세력은 위축되었다.

서희는 광종대에 광종의 귀화인 정책을 반대했던 서필의 둘째아들이다. 어릴 때부터 성격이 곧고 머리가 뛰어났던 그는 972년(9년) 송나라 사신으로 가서 송나라와 외교관계를 회복시키면서 외교능력을 인정받게 되었다.

소손녕이 쳐들어왔을 때 조정에서는 항복하자는 의견이 지배적이었으나 서희는 승패는 병력에 있지 않으니 적의 약점을 이용하자며 서경 이북을 내어주자는 대신들의 주장을 끝까지 반대하였다.

성종의 명으로 소손녕을 만나러 간 서희에게 소손녕은 뜰에서 내려 절을 하라고 명했다. 그러나 서희가 끝까지 응하지 않자, 그의 당당함에 감복한 소손녕이 당상에서 대등하게 대면하는 절차를 거처 대화가 시작되었다.

소손녕은 먼저 두 가지를 요구하였다.

첫째는 고구려의 옛땅을 내놓으라는 것이고, 둘째는 국경을 마주하고 있는 요나라를 섬기지 않고 송나라를 섬기는 이유를 말하라는 것이었다. 이에 서희는 고려는 고구려를 계승하고 있고, 거란이 동경으로 삼고 있는 요양이 고구려의 옛 땅이므로 오히려 고려에 복속되어야 한다고 주장하였다. 또 송나라와의 관계에 대해서는 고려와 거란 사이에 여진이 있어 거란을 왕래하기가 바다를 건너는 것보다 어렵기 때문이라고 말하였다. 그러니까 거란과 외교를 맺는데 방해가 되는 여진을 쳐야하니 여진이 머무르고 있는 지역에 성을 구축하고 길을 낼 수 있도록 도와달라고 역설하였다. 서희의 이러한 논리적인 주장에 소손녕은 반박하지 못하고 조정에 보고하여 결국 고려와의 화의를 승낙 받았다.

이때 얻은 압록강 동쪽에 장흥진, 귀화진, 곽주, 구주 등의 6주에 성을 쌓아 여진을 몰아내는 데 성공하였다.

중앙관제와 지방조직을 확립하여 중앙집권체제를 굳건하게 하고, 국자감과 향교를 세워 유교교육을 진흥하고 충효사상을 고취시킴으로써 사회의 안정을 꾀했던 성종은 998년 56세의 나이로 생을 마감하였다.

● **제7대 목종**(穆宗. 재위 기간은 997년~1009년까지 12년)

목종은 경종의 맏아들로 이름은 송이며, 자는 효신으로 아버지 경종이 사망할 당시 그는 두 살이었다. 경종의 뒤를 이은 성종에게는 아들이 없어 성종은 송을 양육하여 개령군에 봉한 후 성종의 뒤를 잇게 하였다.

18세의 나이로 목종이 즉위하자, 그의 어머니 헌애왕후는 어리다는 이유로 섭정을 하였다. 그때 헌애왕후는 성종대에 자신과 정을 나누다 발각되어 귀양을 가 있던 정부 김치양을 불러들여 정사를 마음대로 주물렀다.

목종은 김치양을 내쫓으려 하였으나, 어머니의 방해로 번번이 실패하자 정사를 소홀히 하였고 엉뚱하게도 남색을 즐기기 시작한다. 그의 동성연애 대상은 유행간이라는 인물이었다. 목종의 사랑을 독차지하게 된 유행간은 곧 합문사인의 벼슬에 오르게 되고 항상 목종 곁에서 정사를 농단하기 시작한다. 그는 유충정이라는 사람을 목종에게 소개시켜 주고 그와 둘이서 조정을 좌지우지하였다.

헌애왕후 동생 헌정왕후는 경종이 죽은 후, 사가에 머무르다가 당시 태조의 유일한 혈통은 안종 왕욱사이에서 아이를 낳았는데, 그가 대량원군이다. 이를 알게 된 성종은 왕욱을 귀양 보내고 헌정왕후는 혼자 아이를 출산하다가 산욕으로 죽고, 성종이 대량원군을 궁으로 데리고 와서 양육하였다.

　1004년(8년) 헌애왕후가 김치양의 아들을 낳은 후, 아들을 왕위에 앉히기 위해 음모를 꾸미기 시작하였다. 헌애왕후는 자신의 이종조카인 대량원군을 없애야 김치양과 자신 사이에서 태어난 아이를 세자로 책봉할 수 있으리라 판단하고 대량원군을 강제로 머리를 깎여 숭교사로 출가시킨 뒤, 다시 양주로 내쫓아 삼각산 신혈사에 머물도록 한 뒤, 수차례에 걸쳐 자객을 보내 그를 죽이려 하였지만 그때마다 대량원군은 다행히도 목숨을 건졌다.

　목종은 1009년(13년) 숭교사를 다녀오다가 폭풍을 만난 후부터 마음이 약해졌는데, 며칠 뒤 연등회 도중 기름 창고에 불이 붙어 궁궐 일부가 불타자 정사를 돌보지 않고 자리에 눕게 된다.

　임종이 가까워짐을 안 목종은 대량원군에게 왕위를 물려주기 위해 황보유의를 신혈사로 보내 대량원군을 데려오라고 명하고, 미리 채충순과 최항을 불러 차기 왕에 대해 의논하면서, 김치양 일파인 전중감 이주정을 서북면 순검부사로 파견하고 서경도순검사 강조를 불러들였다. 그런데 헌정왕후는 강조가 개경으로 돌아오면 자신들의 계획에 차질이 생기므로 도중에 그를 생포하기로 결정하고 군사를 배치해 둔 상태였다. 그 사실이 강조의 아버지에게 전해졌고, 그는 아들이 염려되어 급히 왕이 이미 죽고 없으니 병사를 거느리고 와서 국난을 평정하라는 내용의 편지를 보냈다. 아버지의 편지를 받아본 강조는 5천 명의 병력을 인솔하고 개경으로 진출하다가 왕이 살아 있다는 것을 알았지만, 부하들의 건의에 의해 목종을 폐립할 것을 결심하였다.

　목종은 잠시 귀법사로 피해 있으라는 강조의 편지를 받고 숨어 있다가 강조의 부하에 의해 결국 객지에서 목숨을 잃고 말았다. 그때 목종은 30세였다.

● **제8대 현종**(顯宗. 재위 기간은 1009년~1031년까지 22년)

　현종은 태조의 제5비 신성왕후 김씨 소생의 왕욱과 경종의 제4비 헌정왕후 황보씨 사이에서 태어나 성종에 의해 양육된 대량원군이다.

18세의 나이로 왕위에 오르자 교방(음악을 가르치던 곳)을 혁파하고 목종대에 늘어난 궁녀 백여 명을 해방하였다.

　현종이 왕위에 오른 이듬해인 1010년, 목종의 폐위 소식을 들은 거란의 성종이 40만 대군을 직접 이끌고 고려를 침략해 왔다.(2차 침입) 고려가 한 달 만에 서경을 내주고 후퇴하자, 1011년(즉위 2년) 1월 다시 개경까지 쳐들어와 궁궐을 태우고 민가를 불살랐다. 이때 경기도 광주에 머물러 있던 현종은 나주까지 내려가 몸을 피했다. 그러나 양규와 김숙흥이 이끄는 게릴라식 공략에 거란군은 힘을 잃고 개경에 온 지 7일 만에 물러났다. 2월, 현종은 다시 개경으로 돌아와 백성들 중 공훈을 세운 사람들에게 관직을 특별히 주고 여러 수습책을 마련하며, 궁성을 복구하며 평양성과 송악성을 중수하도록 했다. 그러나 와중에 여진족이 전함 100여 척을 끌고 경주를 급습하였다. 하지만 고려군의 저항으로 여진은 곧 퇴각하였다.

　1013년(4년) 거란은 여진과 함께 압록강을 건너다 대장군 김승위가 이끄는 군대에게 패하고 돌아갔으나, 그 후 1018년(9년) 소손녕의 형 소배압이 10만 대군을 이끌고 다시 쳐들어왔다.(3차 침입) 고려는 거란의 침입을 예상하고 20만 대군을 조성하여 평장사 강감찬을 상원수, 강민첨을 부원수로 임명하여 거란에 대적하였는데 거란군은 남진을 계속하여 1019년 1월 3일에는 개경에서 백리 떨어진 신은현에 이르렀다. 이때 고려군은 도성 밖의 곡식은 모두 없애고 백성들은 성 안에 대비토록 하였다. 이처럼 고려군의 대비가 강화되자 소배압은 더 이상 견디지 못하고 마침내 군사를 돌려 철군을 시작하였는데, 고려군은 개천(평안남도 서북부의 도시)에 이른 거란군을 급습하여 5백여 명을 죽였다. 이때 거란군은 구주에서 고려군에 의해 거의 몰살당하였다. 이것이 1019년(10년) 2월 초하룻날의 구주(귀주)대첩이다.

　그 뒤 현종은 강감찬의 건의에 따라 개경 외곽에 성곽을 구축하고, 강동 6성과 지방의 성곽을 정비하여 국방에 만전을 기하였다. 또 중앙집권체제를 강화하였으며 인재를 우대하여 국가의 재목들을 양성하였다.

　거란왕은 소배압을 징계하고 1019년 5월에 고려에 화친을 제의해 왔고, 동여진 서여진도 화친을 제의해 왔다. 고려는 탐라, 흑수, 말갈 등의 소수 민족들을 위해 연회를 베풀어 변방의 안정을 꾀하는 등 위용을 과시하며 안정을 되찾아갔다.

안정기에 접어들자 현종은 소실된 문화재와 서적들을 복구하고 태조에서 목종까지 7대 왕의 실록을 편찬하게 하는 한편, 황룡사를 중수하게 하였고, 6천여 권의 대장경을 편찬하게 하였다. 이때의 편찬된 실록이 고려 최초의 실록으로 전하며 이때 편찬된 대장경은 후에 만들어지는 팔만대장경의 모태가 되었다.

태어나서 모진 수난을 겪은 후 목숨을 어렵게 부지하고 왕위에 오르자마자 거란의 침입을 받았지만, 오히려 그 어려움을 극복하고 고려의 국력을 신장시킨 현종은 1031년 40세의 나이로 생을 마감하였다.

● **제9대 덕종**(德宗. 재위 기간은 1031년~1034년까지 3년)

덕종은 현종의 장남으로 16세의 어린 나이에도 너그러움과 섬세함으로 명민한 정치를 펼쳤다고 전한다. 동여진인과 거란인들의 투항에도 불구하고, 1033년(2년) 8월 압록강구부터 동해안의 도련포까지 천리장성을 쌓았다. 처음으로 국자감시를 실시하여 현종 때 시작한 국사편찬사업을 완성하였지만, 병약하여 왕위에 오른 지 3년 만에 생을 마감하고 동생에게 왕위를 물려주었다.

● **제10대 정종**(靖宗. 재위 기간은 1034년~1046년까지 12년)

정종은 현종의 차남으로 이름은 형이고, 자는 신조이다. 왕위에 오른 정종은 서경과 개경에 팔관회를 열고 대 사면령을 내려 백관과 백성들의 화합을 도모하였고, 덕종대에 시작된 천리장성을 계속 축조하여 1044년(10년)에 완성하였다. 천리장성은 거란이나 여진 등 북방족의 침입을 효과적으로 막을 수 있는 전초기지 역할을 하였고, 고려 풍속이 북방문화에 침해당하는 것을 막아내는 문화 방비벽으로서 의미가 크다. 거란에서는 장성 축조를 중지할 것과 국교를 정상화시킬 것을 요구하였으나, 자국의 국방을 위하여 성을 쌓는 것은 당연하며 거란에 억류된 사신들을 돌려보내고, 거란이 무력으로 차지한 압록강 지역을 돌려주면 국교를 정상화할 것이라고 답하였다. 이에 거란은 압록강에 해군을 보내 무력시위를 감행하였지만 효과가 없자 억류 중인 사신들을 돌려보냄으로써 1038년(4년) 4월 양국의 외교관계는 정상화되었다.

정종은 1039년(5년) 노비의 신분을 어머니의 신분에 따라 결정하는 노비종모법을 제정하였고, 1045년(11년)에는 악공과 잡류 등 신분이 낮은 집의 자손들이 과거에 진출하는 것을 금지시켰고, 1046년에는 장자상속법을 만들었다.

선대왕들이 혈연관계가 있는 사람과 혼인하는 족내혼을 했던데 반해 족외혼을 하였던 정종은 몸이 병약했던 탓에 29세의 젊은 나이로 생을 마감하였다.

● 제11대 문종(文宗. 재위 기간은 1046년~1083년까지 37년)

문종은 현종의 셋째아들로 정종의 이복동생이다. 이름은 휘이고, 자는 촉유이다.

문종은 문무의 재능을 겸비하고 사리에 밝아 즉위하기 전부터 주변으로부터 칭송을 받았다. 즉위하자마자 검소해야한다는 생각으로 금은으로 장식된 용상과 답두(발디딤판)를 동과 철로 바꾸고, 금과 은실로 된 이불과 요를 비단으로 바꾸었다. 그리고 환관은 10여 명으로 내시는 20여 명으로 줄였다. 시중 최제안의 후임으로 최충을 임명하고, 왕총지와 이자연 등의 재상들을 등용하면서 그 능력을 발휘하였다.

문종은 우선 법률이 잘되어 있어야한다는 신념으로 제일먼저 형법을 정비하였다. 그리고 1049년(3년)에는 5품 이상의 관료들의 신분유지에 필요한 재정적 후원을 목적으로 상속이 가능한 일정한 토지를 지급하는 공음전시법을 만들었고, 다음해에는 재해시에 세금을 면제받는 재면법을 만들었으며, 전답에 피해를 입었을 때 조사를 하여 세금을 피해의 정도에 따라 조세를 경감, 조절시키는 답험손실법을 만들었다. 1062년(16년)에는 죄수를 심문할 때에는 형관 세 명 이상이 입회하여 공정한 조사를 할 수 있도록 하는 삼원신수법을, 1063년에는 국자감 학생들의 재학기간을 제한하여 실력이 부족한 학생들이 국자감에서 계속배우는 것을 막는 고교법을, 1069년(23년)에는 세금 징수를 공평하고 원활하게 하는 양전보수법을 만들었다.

그리고 1076년(30년)에는 양반전시과를 개정함으로써 고려 전기의 토지법이 완성되었고, 다음해에는 향리의 자제를 인질로 삼아 개경에 머물게 하는 선상기인법을 제정하여 정치적 안정을 꾀하였다.

이와같은 법제도를 확립함으로써 왕권이 강해지고 국력이 신장되어 고려의 대외적인 위상은 한층 높아졌다. 지속적으로 침략을 기도하던 거란도 더 이상 침략 의도를 드러내지 않았고, 오랫동안 단절되었던 송나라와도 외교관계를 다시 맺을 수 있었다.

문종 역시 거란이 점유하고 있는 압록강 동쪽을 되찾아야 한다는 생각을 하고 있었는데, 1055년(9년) 7월 거란이 압록강 동쪽에 성을 쌓고 다리를 가설하고 있다는 소식을 들은 문종은 거란에 철수할 것을 요구하였다. 그러나 거란에서 아무런 소식이 없자 1057년(11년) 문종은 답이 올 때까지 항의하라고 명령하였다. 하지만 거란왕이 교체되자 항의문과 함께 축하사절단을 보냈다. 그런데도 거란은 묵묵부답이었다.

거란에게는 적대적이었던 문종은 송나라에는 호의적이었다. 송나라는 상업과 문화가 매우 발달한 나라였다. 문종이 송나라 상인들과 접촉하면서 계속 송나라와 외교관계를 맺으려하자, 거란의 눈치를 보던 송나라도 1068년(22년)에 정식으로 국교를 맺자고 제의해 왔고, 1071년(25년) 마침내 민관시랑 김제를 송나라에 파견함으로써 고려와 송나라는 정상적인 국교를 맺었다. 거란은 국세가 기울고 고려는 국력이 강해짐에 따라 상대적으로 약해 있던 거란은 고려가 송과 결속한 것에 별다른 반응을 보이지 않았다.

문종대에 학문적인 발전을 주도한 최충은 그 공적이 마치 중국의 공자와 같다고 하여 해동공자라 불렸는데, 나이 일흔이 되자 스스로 벼슬에서 물러나 9개의 서재를 마련하여 제자들을 양성하였다. 최충의 서재가 좋은 반응을 얻자 정명걸, 노단, 김상빈 등 11명의 유신들도 학생들을 길러내는 일에 힘을 쏟았다. 이른바 최초의 사립학교인 12학도의 탄생이었다.

12학도에 의해 유학이 양성되었지만, 문종은 불교의 발전에도 열성을 기울여 대신들의 반대를 무릅쓰고 흥왕사를 창건하였다. 1054년에 공사를 시작하여 13년 만에 완성을 본 흥왕사는 대궐의 크기와 비슷했다고 전한다. 금 144근, 은 427근을 들여 금탑을 조성하였고, 절 주변에 성을 쌓아 재난시에 방어벽을 구축할 수 있도록 하였다.

흥왕사는 이후 고려불교의 중심이 되어 숙종대에는 송나라에서 보내온 대장경을 보관하기도 했다.

또 문종은 자신의 세 아들을 출가시켰는데, 그 중 한 사람이 천태종을 도입하여 선 불교운동을 일으킨 대각국사 의천이며 의천은 문종의 넷째아들이다. 문종 스스로도 한 달에 세 번 이상 절을 찾아가 기도를 하며 청정한 생활을 하기 위해 노력하였고, 그 모습이 백성들의 불심을 자극하여 민심을 안정시켰다.

문종은 37년간 치세기간을 통해 법치주의를 주장하여 법제 확립에 많은 노력을 기울여 탄탄한 정치기반을 만들어 놓았고, 군자다운 모습으로 신하들의 이야기를 잘 받아들였으면서도 때로는 과감하고 강한 추진력으로 고려사회를 건국 이래 최고의 황금기로 만들어놓았다.

또한 불교를 숭상하였고, 송나라와 국교를 정상화시켰으며, 학문발전에도 힘을 기울였던 문종은 뛰어난 임금이었다. 그는 1082년 태자 훈에게 왕위를 물려주고 65세를 일기로 생을 마감하였다. 문종은 다섯 명의 부인을 두었는데 그 중 세 부인이 이자연의 딸이다. 문종의 제2비 인예왕후는 이자연의 맏딸로 문종과 인예왕후사이에 태어난 아들이 훗날 순종, 선종, 숙종이 된다. 훗날 17대 인종 때 난을 일으키는 이자겸이 이자연의 손자이다.

● **제12대 순종**(順宗. 재위 기간은 1083년 7월~10월까지 3개월)

문종의 장남인 순종의 이름은 훈으로 8세 때 태자에 책봉되어 37세의 나이로 왕위에 올랐다. 원래 병약한데다 아버지 문종의 죽음을 슬퍼하다가 더욱 약해져 즉위 3개월 만에 죽고 말았다.

● **제13대 선종**(宣宗. 재위 기간은 1083년~1094년까지 11년)

선종은 문종과 인예왕후 이씨 소생의 둘째아들로 순종의 동복아우이며, 이름은 운,

자는 계천이다. 1056년(문종10년) 3월에 국원후에 책봉된 후 여러 관직을 거쳐 상서령으로 있다가 순종이 왕위에 오르면서 수태사 겸 중서령으로 임명되는 등 왕위에 오르기 전부터 정치경력을 쌓았다.

선종은 문종의 정치를 이어받아 불교와 유교를 균형 있게 발전시켰고, 외교에 있어서도 거란뿐 아니라 송, 일본, 여진 등과 교역을 추진해 나갔는데 거란에 대해서는 강경하였고, 일본과의 교류가 그 어느 때보다 활발했는데 일본에서는 해마다 사신을 보내 토산물을 바쳤다.

1084년 선종의 생일을 축하하기 위해 거란이 사절단을 보냈는데 그 우두머리의 이름이 이가급이었다. 그런데 어찌된 일인지 생일이 지나서야 도착하였다. 그러자 고려 백관들이 '이름은 가급(가능하다는 뜻)인데 어찌 불급(불가능)이 되었는가!'하고 조롱하였다는 이야기가 있다. 고려의 위상이 거란의 사신을 조롱할 만큼 높았다는 것을 반증하는 일화이다.

1086년(3년) 5월 신년 축하차 거란에 사절단을 보내면서 거란이 압록강변에 설치하고 있는 각장(국가에서 관리하는 시장)을 중지하라는 항의문을 보냈다. 거란은 잠시 멈추는듯하다가 다시 공사를 하였다. 이에 선종1088년(5년)은 2월 중추원부사 이원을 구주에 파견하여 국경수비대책을 세웠고, 9월에는 각장설치를 당장 폐기하라는 장문의 편지를 태복소경 김선석을 통해 보냈는데, 편지에는 소손녕과 서희가 담판한 것에서부터 그간에 거란과의 약속 등을 소상하게 기록하였다. 이에 거란은 할 수 없이 고려의 요구에 응한다는 뜻으로 양 2,000마리와 수레 23기, 말 세 필을 보내왔다.

한편, 일본에서는 1084년(1년)에 상인 신통 등이 수은 50근을, 1085년(2년) 2월에는 대마도 구당관이 사절을 파견하여 글을, 1086년(3년) 2월에는 토산물을, 1087년(4년)에는 상인 32명이 토산물을, 대마도 원평 등 40명이 진주, 수은, 보검, 우마 등을 바쳤다. 당시 일본은 지금의 일본과 같은 통일국가가 아니었기 때문에 정식적인 외교관계를 맺었던 것은 아니었다.

1084년에는 승과를 설치하여 승려도 관직에 나아갈 수 있는 길을 마련하였다. 물론 승직에 한정된 것이지만 3년에 한 번씩 승직에 선발될 수 있도록 한 것은 처음 있는 일이었다.

1085년(2년)에 대각국사 의천이 밀항하여 송나라로 유학을 떠나 3천여 권의 경론을 수집하여 돌아와 천태종을 열었다. 그리고 인예왕후의 요청에 따라 천태종의 본산인 국청사가 건립되었다.

불교의 발전과 더불어 유교에서는 공자의 제자 안회를 비롯하여 72현의 상을 그린 벽화가 조성되었다.

1086년(3년)에 문종은 문하시랑평장사와 중서시랑평장사를 한 명에서 각각 두 명으로 늘렸는데, 정치외교에 있어서 고려가 그만큼 활동범위가 넓어졌다는 것을 의미한다.

1091년(8년) 수백 권의 서적을 송나라가 요청해 보내 줄 정도로 문화 선진국의 면모를 보여주던 선종은, 1093년(10년) 3월 과로로 병상에 누웠다가 잠시 회복하여 정사를 돌보기도 했지만, 다음해 46세를 일기로 생을 마감하였다. 전해지는 작품은 없지만 선종은 시와 문장에도 뛰어났다고 한다.

● **제14대 헌종**(獻宗. 재위 기간은 1094년 5월~1095년 10월까지 약 1년5개월)

선종의 장남인 헌종은 선종의 제2비 사숙왕후의 소생으로 이름은 욱이다. 11세의 나이로 왕위에 올라 그의 어머니가 섭정을 하였으나, 유아시절부터 당뇨병에 시달려 병약했던 탓에 선종의 제3비인 원신궁주 소생에게 왕위를 잇게 하려는 음모가 진행되었다.

원신궁주의 오빠 이자의는 문종 때 이자연의 후손인 인주 이씨로 원신궁주의 장남인 왕윤을 왕위에 오르게 하려는데 혈안이 되었다. 이자의는 헌종이 왕위에 오르자 중추원사로 승격되었으나 권력욕이 강한 인물이었고, 그에 맞서 왕실 쪽에서 헌종의 숙부 왕희가 버티고 있었다. 결국 두 사람의 권력싸움에서 이자의는 살해되고 왕윤은 귀양을 갔다.

왕희가 권력을 잡자, 백관들은 궁궐을 비워 두고 그의 저택으로 가서 국사를 의논하는 지경에 이르고 헌종과 사숙왕후는 자연히 후궁으로 물러났다. 결국 헌종은 왕위를 물러난 지 2년 뒤 1097년 14세의 어린 나이로 생을 마감하였다.

● **제15대 숙종**(肅宗, 재위 기간은 1095년~1105년까지 10년)

숙종 왕희는 문종과 인예왕후 이씨의 소생으로 문종의 셋째아들이다. 이름은 희였으나, 거란의 9대왕의 이름과 발음이 같다하여 1101년 옹으로 바꾸었다. 자는 천상이고, 순종과 선종의 동복아우이다.

어릴 때부터 부지런하고 검소하며 총명하고 매사에 과단성이 있었다. 또 오경, 제자서, 사서 등 많은 서적을 읽어 학문에 밝아 아버지 문종에게 "왕실을 일으킬 만한 인물!"이라는 말을 들으며 총애를 받았다고 전한다.

친조카인 헌종이 어린 나이로 즉위하자 1년 만에 제위를 찬탈하여 그가 왕위에 올랐을 때 나이가 42세였다. 왕위에 오른 후 그는 이자의의 누이동생 원신궁주 이씨와 한산후 그리고 나머지 두 아들까지 귀양을 보내고, 이자의를 몰아내는데 공이 컸던 소태보를 문하시중에 앉히는 등 측근세력을 모두 요직에 앉힘으로써 왕권을 굳혔다. 하지만 1099년(즉위4년)에는 그의 이복동생 부여후 왕수의 역모사건을 일으켜 그를 귀양 보내고, 거란의 힘이 약해지고 여진족이 성장하여 불안한 시기를 맞는다.

1096년에는 6촌 이내의 족내혼을 금지시키고, 1100년(5년)에는 그의 맏아들 우를 태자로 책봉하였다.

1101년(6년) 9월 방치되어있던 남경에 터를 잡고 남경개창도감을 설치하여 문하시랑평장사 최사추, 어사대부 임의, 지주사 윤관 등에게 궁궐 조성에 적당한 곳을 물색하라는 명령을 내리자, 10월 최사추가 "삼각산 면악 남쪽의 형세가 옛 문헌의 기록과 맞으니 삼각산 주룡의 중심지점인 남향관에 도읍을 건설하라."는 보고를 올렸다. 숙종은 1102년(7년) 3월 그곳을 직접 돌아본 후 궁궐 축성명령을 내렸다. 이 궁궐은 1104년(9년) 5월에 완공되었다.

그리고 국력이 신장되어있던 동여진에서 보낸 사절을 1102년부터 맞아들이며 교류하다가 1103년에는 정식으로 국교를 맺었다. 1104년(9년) 동여진의 추장 오아속 부대가 내전을 치르면서 정주 관문밖에 군사를 집결시키자, 고려는 임간을 동북면(함경도 지역) 병마사로 임명하여 여진과 싸웠으나 패하고, 다시 윤관을 동북면 행영병마도통으로 임명하여 대적케 하였으나, 많은 군사를 잃고 화의조약을 맺는 것으로 일시적으로 평온을 찾았다. 그후 윤관의 주장으로 기병으로 구성된 신기군, 보병으로 구성된 신보군과 승도들로 구성된 항마군 도합 30만 명으로 별무반이라는 군대를 조직하여 여진의 기마병에 대항할 준비를 하였다.

 1097년(2년)에 주전관에서 주화를 만들어 통용케 하였으며, 1101년(6년)에는 우리나라 최초의 화폐인 해동통보 1만 5천관을 주조하여 문무양반과 군인들에게 분배하였다. 1101년(6년) 3월 국자감에 서적포를 설치하여 인판사업을 확대하였고, 4월에는 61명의 선비와 21명의 현인들을 공자묘에 배향하게 하였으며, 1102년에는 은나라의 성인 기자묘를 찾아 사당을 세웠다. 한편, 원효와 의상을 국사로 추증하고 동방의 성인으로 삼아 불교진흥을 꾀하였다.

 1105년 고구려 동명왕의 묘역에 제사를 지내고 개경으로 돌아오는 길에 병을 얻어 수레 안에서 52살의 나이로 생을 마감하였다.

● **제16대 예종**(睿宗. 재위 기간은 1105년~1122년까지 17년)

 예종은 숙종과 명의왕후 유씨의 맏아들로 이름은 우이고 자는 세민이다. 어려서부터 유학에 밝고 시를 좋아하였으며, 침착하고 낭만적인 성격의 소유자였다고 전한다.

 숙종은 차남 왕필에게 왕위를 잇게 하려 했으나 필이 어린 나이에 죽어 장남인 우를 태자로 삼았다. 예종이 왕위에 올랐을 때 나이는 27세였다.

 예종은 즉위한 지 한 달 만에 조정을 대폭 개편하였는데, 이는 힘이 커진 여진족에 대응해야 했기 때문이다. 곧 이부상서 왕가를 서북면 병마사로, 어사대부 오연총을 동북면 병마사로 파견하여 국경을 지키도록 하였다. 1107년 윤10월(2년)에 예종은 여진의 동태가 심상치 않다는 보고를 듣고 17만 대군으로 여진에 선제공격하기로 단행하여 윤관을 상원수로, 오연총을 부원수에 임명하고 예종도 몸소 서경으로 떠났다. 윤관은 1107년 12월 여진과 싸워 웅주, 영주, 복주, 길주 등을 장악하고 그곳에 성을 쌓았으며, 다음해에 함주와 공험진, 의주, 통태, 평주 등에 성을 쌓고 백성들을 이주시킴으로써 동북지역에 9성을 얻게 되었다. 그러자 여진이 9성을 되찾기 위해 매일같이 끈질기게 싸움을 걸어와서 고려는 골치가 아팠다. 여진은 9성을 돌려주면 고려에 공물을 바치고 다시는 변방을 넘보지 않겠다며 화친을 제의해 왔고, 조정에서 찬반의 언쟁 끝에 결국 9성을 돌려주기로 하고 1년 만에(1109년) 철수작업을 하였다.

이후 조정에서는 윤관과 오연총에 대한 탄핵상소가 이어졌다. 예종은 전쟁에서 이길 수도 있고 질 수도 있다며 간관들을 한 명씩 불러 설득한 끝에 오연총은 파면하고 윤관에게는 책임을 묻지 않는 것으로 결론지었다.

1110년(5년) 12월 조정은 다시 한 번 개편되는데 이때 예종은 자신의 장인 이자겸을 추밀원사에 앉혔다. 그러나 예종의 영토 확장전쟁으로 민심이 흉흉해져 1112년(7년)에 모반사건이 일어나 수십 명이 귀양길에 오르고 일부는 참형을 당했다.

이런 가운데 1115년(10년)에 여진은 금나라를 건국하고 추장 아골타는 황제를 자칭하면서 고려에 형제지국을 맺을 것을 요구해 왔다. 여진의 세력이 강해지자 거란은 고려에 원병을 요청해 왔지만, 고려는 사태를 살피며 응하지는 않았다. 그런 와중에 발해 유민들이 동경유수 소보선을 죽이고 고구려의 왕족 고영창을 황제로 세워 대원국을 건국하였다. 그러자 고려는 거란의 연호를 폐지하고, 압록강변의 내원성과 포주성의 양민들을 받아들여 영토 확장의 기회를 노렸다. 그러나 금나라가 두 성을 공격해오자 사신을 보내 포주성은 고려의 옛 영토이니 돌려달라고 요구하였다. 이에 금나라는 자체 힘으로 포주성을 차지해도 좋다고 통보해왔다. 그러자 고려는 내원과 포주에 머무르고 있던 거란의 통군상서좌복야 야률녕과 외교를 벌였다. 야률녕이 고려에 쌀을 원조해줄 것을 요구했는데, 고려는 '내원성과 포주성을 포기하면 쌀을 원조 받을 이유가 없지 않느냐!'며 두 성을 양도할 것을 요구하였다. 더 이상 그곳에 머물 수 없다고 판단한 야률녕은 자기 관민들을 140여 척의 배에 실어가면서 내원과 포주를 고려에 양도한다는 공문을 보냄으로써 1117년(12년) 2월 고려는 두 성을 되찾게 되었다.

두 성을 되찾은 고려는 포주를 의주방어사로 고치고, 압록강을 경계로 관방을 설치함으로써 압록강을 영토의 경계로 삼았다. 그리고 1119년(14년) 2월에는 여진의 방해에도 불구하고 천리장성을 세 자 높여 여진의 침략에 대비토록 하였다. 이때 서쪽으로 밀려난 거란이 함께 여진을 치자고 제의해왔으나 고려는 중립을 지켰다.

예종은 1109년(4년) 국학에 학과별 전문 강좌 7재를 설치하여 관학을 진흥하였고, 1116년(11년) 지금의 학술원에 해당하는 청연각과 예술원 격인 보문각을 짓고 학사를 두어 경적을 토론하게 하였으며, 1117년에는 송나라에서 들여온 대성악을 아악의 시초로 삼았다. 1119년(14년)에는 국학에 장학재단 양현고을 설립하여 학문을 장려하였다. 스스로 시인이라고 말하여 시 짓기를 즐겼다고 전하는 예종은 1120년에 개최한 팔관회에서 도이장가를 지어 개국공신 신숭겸과 김락을 추모하였다.

한편, 1112년(16년)에는 혜민국을 설치하여 빈민들의 병을 구제하도록 하였고, 1113년에 예의상정소를 설치하여 민간에서 지킬 예의의 원칙을 정하는 등 사회를 안정시키는 정책에도 힘을 썼다.

1122년 3월 예종은 등에 조그만 종기가 생겨 병상에 누운 지 한 달 만에 44세를 일기로 생을 마감하였다.

● **제17대 인종**(仁宗. 재위 기간은 1122년~1146년까지 24년)

인종은 예종의 맏아들이자 순덕창후 이씨 소생으로 이름은 해이고, 자는 인표이다. 이자겸이 장인이기도 하고 외할아버지이기도 하다. 어머니 순덕왕후가 이자겸의 둘째 딸이고, 제1비와 제2비가 이자겸의 셋째, 넷째 딸 이다보니 이모 둘을 부인으로 맞은 셈이다. 인종은 7살(1115년)에 태자로 책봉되었다.

인종이 왕위에 오르기 전에는 이자겸을 중심으로 한 외척세력과 한안인을 중심으로 한 관료세력이 권력을 다투고 있다가 어린 인종이 왕위에 오르자 이자겸에게로 권력이 몰리게 되었다.

한안인의 관료세력은 스스로 휴가를 신청하며 물러나 권력을 회복하기 위해 방도를 모색하였다. 이를 눈치 챈 이자겸이 그들을 숙청시키는데, 이 사건이 아우 왕보를 왕위에 올리려는 역모사건이다. 이 사건으로 1122년(즉위년) 12월 예종의 아우 왕보가 견산부로 추방되고 수백 명이 유배되었다.

이자겸은 절대 권력을 얻고 셋째 딸, 넷째 딸을 인종에게 주어 왕비로 삼게 하였다. 그리고 군권을 쥔 문하시랑평장사 척준경과 사돈관계를 맺어 왕권을 장악하기에 이른다.

이에 인종은 내시지후 김찬, 내시녹사 안보린, 동지추밀원사 지녹연 등 측근들과 함께 이자겸과 척준경을 제거하려는 계획을 세우고 원로 김인존과 평장사 이수에게 문의를 하였다. 그들은 힘이 열세라고 반대를 하였지만 인종은 승리를 장담하는 김찬의 말을 믿고 거사를 밀어붙인다. 1126년 (4년) 2월, 인종의 명령을 받은 지녹연은 무장들과 군사를 이끌고 궁궐로 들어와 척준경의 아우 척준신과 아들 척순을 죽여 그 시체를 궁성 밖으로 내던졌다. 그러자 척준경이 군사 수십 명을 이끌고 와 궁성을 포위하며 일대 격전이 벌어졌다. 수세에 몰려 궁궐을 버리고 산호정으로 피신을 한 인종은 이자겸에게 왕위를 넘겨주려고 했으나 신하들의 반발을 의식한 이자겸이 머뭇거렸고, 그의 재종형 이수가 적극적으로 반대하여 간신히 왕위를 넘겨주는 위기는 넘기고 왕권회복에 나섰던 무장들은 모두 살해됐다. 이자겸은 인종을 자신의 사저에 감금하고 결재권을 빼앗고 척준경과 함께 권력을 휘둘렀다. 당시 개경에는 십(十)팔(八)자가 임금이 된다는 이상한 말이 떠돌았다. 십팔자를 합하면 이(李)자가 된다. 이씨 성을 가진 이자겸은 자신이 임금이 될 것을 예언한 것으로 생각하였다.

한편, 인종은 왕권을 회복할 기회를 노리며 내의군기소감 최사전과 의논하여 이자겸과 척준경을 이간시켜 척준경의 마음을 움직이게 하는데 성공한다. 이때 이자겸이 인종을 독살하려 했으나, 이자겸의 넷째 딸인 인종의 비의 방해로 실패하고, 척준경은 왕이 위험하다는 연락을 받고 와 이자겸과 그의 일당들을 제거함으로써 이자겸의 난은 종결되었다. 인종은 참형시켜야 한다는 대신들의 말을 무시하고 이자겸이 자신의 장인인 점을 고려해 유배시키고 두 딸은 폐위되었다. 이자겸을 제거한 척준경은 중서문하 평장사에 임명되었지만, 1127년(5년) 3월 정지상의 탄핵으로 암타도에 유배된다.

이자겸의 난을 겪으면서 왕실은 아수라장이 되었는데, 때마침 승려 묘청이 개경의 지덕이 다했다는 풍수설에 따라 서경(평양)으로 천도할 것을 주청하였다. 이자겸의 난 때 개경의 귀족들이 방관적인 자세로 있었는데, 인종은 그것이 불만스러웠다. 때마침 수창궁도 불에 타고 개경의 민심이 흉흉해 있었기에 인종은 서경으로 천도할 것을 결심하고, 1127년부터 서경에 자주 거동하여 임원역에 대화궁을 건설하도록 명했다. 하지만 김부식 등의 유학자가 대대적으로 이에 반대하였고 대화궁 준공 직후, 1129년 (7년) 2월에 서경행차 도중에 벼락으로 30여 곳이 파손되는 일이 생기고, 1132년 인종의 서경행차 도중 폭풍우가 돌아쳐 인마가 살상되는 사태가 일어나면서 인종은 천도계획을 포기한다.

한편, 서경 천도계획이 백지로 돌아가자, 1135년(13년) 1월 묘청과 조광, 유참 등의 서경세력은 국호를 대위, 연호를 천개, 군대의 호칭을 천견충의라 하고 반란을 일으켰다. 그러자 인종의 명령으로 김부식은 개경에 남아 있던 백수한, 김안, 정지상 등 서경파를 참수하고 3군을 이끌고 서경으로 진군했다. 반군을 지휘하던 조광은 전세가 불리하자 묘청과 유담 그리고 유담의 아들 유호의 목을 베어 윤첨을 시켜 개경으로 가져가게 했다. 그런데 조광의 항복 의사에도 조정에서 윤첨을 하옥시키자, 조광은 결사항전을 결심하고 김부식이 보낸 녹사 이덕경 등을 죽였다. 하지만 1136년 2월 그들은 제압당하고 조광은 스스로 목숨을 끊음으로써 묘청의 난은 종결되었다.

묘청에 의해 서경천도론이 대두되면서 한때 금나라를 정벌해야 한다는 북벌론이 일었는데, 묘청의 난이 진압된 후 북벌론은 사라지고 금나라와 평온한 관계를 유지한다. 즉위한 후 계속해서 정권다툼에 시달리던 인종은 그제야 비로소 평온함을 맞이하게 된다.

정국이 안정되자 김부식은 인종의 명령으로 5년간의 작업 끝에 1145년 『삼국사기』를 편찬하는 커다란 업적을 쌓았다. 인종은 삼국사기의 완성을 본 두 달 후 1146년 2월에 지병으로 38세를 일기로 생을 마감하였다.

『삼국사기』는 『고기』, 『삼한고기』, 『신라고기』, 『구삼국사』, 김대문의 『고승전』, 『화랑세기』등과 『삼국지』, 『후한서』등의 중국 문헌을 참고하여 고구려, 백제, 신라의 역사를 기술해 놓은 역사책이다.

● 제18대 의종(毅宗. 재위 기간은 1146년~1170년까지 약 24년 7개월)

의종은 인종의 맏아들로서 제2비 공예왕후 임씨의 소생이다. 이름은 현, 자는 일승이다. 17세 때인 1143년에 태자로 책봉되었고 왕위에 올랐을 때는 20세였다.

의종은 어린 시절부터 오락을 좋아하고 시를 즐겼는데, 특히 내시나 무장들과 격구시합을 즐기는 일이 잦았다고 전한다. 의종이 태자로 책봉된 뒤에도 공예왕후는 인종에게 둘째 경을 태자로 책봉하자고 끈질기게 간청하자, 폐 세자를 생각하고 있을 때 예부시랑 정습명이 의종이 정사를 잘 할 수 있도록 보필하겠다고 자천하여 태자 자리를 그대로 보전하게 되었다. 하지만, 왕위에 오른 의종은 정사를 돌보는 일에는 등한시하고 환관이나 내시들과 어울려 격구나 수박희(태껸)를 즐겼는데 격구에 빠져 4일 동안 편전에 나가지도 않은 적이 있을 정도였다.

이런 가운데 1147년에 서경에서 이숙, 유혁 등이 금나라와 내통하여 반란을 일으키려다 들통 나 사형 당했고, 1148년(2년) 10월에는 이심, 지지용 등이 송나라 장철과 공모하여 반란을 일으키려다가 송나라 임대유의 고발로 체포되어 사형을 당하는 사건이 일어났다. 이에 문신들이 왕 주위에 있는 내시와 환관을 처벌할 것을 요구하자, 1148년 3월 내시 김거공과 환관 지숙 등 7명만 유배 보내는 것으로 일단 마무리하였다. 그리고 1151년(5년) 김존중과 정성을 측근으로 두고 정습명을 삭탈관직 하여 유배시키자, 정습명은 원통함에 병이 들어 죽고 말았다.

한편, 왕의 신임을 얻은 김존중은 내시랑 정서와 사이가 안 좋았는데, 환관 정함과 공모하여 의종의 동생 대녕후와 정서가 반역음모를 꾸민다고 몰아 대녕후는 천안부로, 정서는 동래로 유배를 보낸다. 정서는 의종의 이모부로 그가 동래에서 귀양살이를 하며 지어 부른 '정과정곡'이라는 가요는 현재까지 우리에게 전해지고 있다.

이후 의종이 정함의 공을 인정하여 합문지후의 벼슬을 내리자 환관에게 문관직인 합문지후를 내리는 것은 있을 수 없는 일이라며 대신들이 벼슬을 취소하라고 간언하였다. 그러나 의종이 아랑곳하지 않자, 중서문하성 관원들이 단합하여 출근을 하지 않자, 며칠 후 정함을 사직하여 사태는 진정되었다.

의종의 불성실한 태도에 문관들이 계속 반발하자, 환관 이균이 연못에 몸을 던지는 사건이 발생하고 의종의 총애를 받던 김존중이 죽는 등 측근을 잃자, 의종은 가까운 문인들을 다시 측근세력으로 끌어들여 유흥을 즐겼는데, 민가 50여 채를 헐어 태평정을 짓고 폭포를 조성하는 등 사치스럽고 방탕한 생활을 하였다.

의종은 정함에게 다시 합문지후를 제수하고 점쟁이 영의를 내시 사령에 임명하여 그의 말에 따라 정사를 펼치고, 재앙을 방지하기 위해서 사찰을 수리해야 한다는 말에 대거 사찰 중수작업을 벌이며 불교세력을 양성하였다. 의종과 친분을 맺은 총지사 주지 회정은 승려나 관료들로부터 뇌물을 받아 챙겼고, 의종은 시를 잘 짓는 내관들과 악공을 불러 밤새도록 주연을 즐겼는데 주연이 열릴 때마다 정중부를 비롯한 무관들은 그 주변을 지키면서 불만이 쌓여 갔고, 문신들에게 무식하다고 무시를 당하면서 그들의 불만은 고조되었다. 한편, 정함, 백선연, 왕광취 등과 내시 박회준, 유장 등의 내관들은 대저택을 소유하고 수십 명의 노비를 부리며 기고만장하여 왕명은 모두 고자한테서 나온다는 말이 나돌 정도였다. 이른바 '환관정치'의 시기였다.

1167년(21년) 의종이 연등회를 가는 도중 김부식의 아들 돈중의 말이 기마병의 화살통을 들이받았다. 그 화살이 보련(왕의 가마) 앞에 떨어지자 의종은 역모인 줄 알고 놀라 궁으로 돌아가 계엄령을 내리고도 불안하여 현상금으로 황금 15근과 은병 200개를 내걸고 무장을 선발하여 두 조로 나누어 밤낮으로 대궐을 지키게 하였다. 범인을 잡으라는 왕의 독촉으로 유배 중이던 대녕후 왕경의 하인 나언을 잡아들여 고문 끝에 자백을 받아내어 대녕후의 하인들이 참형을 당하고, 호위병들의 근무태도가 좋지 않은 결과라고 하여 호위병 14명이 귀양길에 올랐다.

그 후에도 의종은 여전히 문관들과 밤늦도록 연회를 즐겼다. 1170년(24년) 8월 정중부, 이의방, 이고 등은 반역을 꾀하고 왕이 보현원으로 갈 때 거사를 단행하기로 하였다. 다음날 의종이 보현원 근처에서 문신들과 술을 마시며 즐기다가 무관들에게 수박희 시합을 시켰는데, 시합이 시원찮다고 한뢰가 대장군 이소응의 뺨을 치는 사건이 일어나자 정중부를 비롯한 무관들이 분노하게 하였다. 의종은 정중부를 달랬으나 왕이 보현원에 이르렀을 저녁 무렵 이고와 이의방이 임종식, 이복기 등을 죽이고, 의종 앞에서 한뢰를 죽였다. 그리고 연회에 참석했던 대소신료들과 환관들 모두 살해하였다. 세를 몰아 정중부를 비롯한 무관들은 대궐로 달려가 추밀원부사 양순정 등 수십 명을 죽이며 문관들을 모두 죽이라고 명령하였다. 정중부의 난이 일어난 것이다.

정중부는 3년 전 섣달 그믐날, 대궐에서 귀신을 쫓기 위해 신하들이 용과 호랑이의 탈을 쓰고 놀이를 벌이는 도중에 김부식의 아들 김돈중이 촛불로 그의 수염을 태우며 조롱하는 일을 당하고 난 후 마음속 깊이 문신들에 대한 원한을 품고 있었다. 정중부의 난으로 1170년 9월 의종과 태자는 거제현과 진도현으로 추방당하고, 의종의 동생 익양공 호가 왕으로 옹립되었다. 이후 의종은 1173년 8월까지 거제현에 있다가 무신정권에 항거한 김보당에 의해 경주로 옮겨졌는데, 김보당의 반란이 실패하였고, 10월 이의민에 의해 곤원사 북쪽 연못가에서 허리가 꺾인 채 살해되어 연못에 던져졌다. 그때 의종의 나이는 47세였다.

● **제19대 명종**(明宗. 재위 기간은 1170~1197년까지 27년)

인종의 셋째 아들이자 의종의 동복아우 명종의 이름은 호이고, 자는 지단이다. 1170년 무신정변을 일으키고 의종을 거제도로 유폐시킨 정중부의 무신세력에 의해 왕위에 오른 명종은 무신들의 권력싸움의 틈바구니에서 허수아비 임금과 같았다. 정중부, 이고, 이의방은 중방을 설치하고 각자 높은 벼슬자리에 올라 자기 세력을 키워갔다.

권력을 장악한 무신들 내부의 갈등이 치열해졌는데, 1171년 이고는 자신이 홀대를 받고 있다고 생각하고 반란을 도모하지만, 김대용의 밀고로 실패하여 채원과 이의방에 의해 살해당했고, 얼마 후 채원이 다시 반역을 도모하다가 이의방에게 누설되어 죽임을 당한다. 이 사건 이후 이의방이 권력을 장악하게 되어 정중부는 이의방의 세력을 견제하였다. 1172년(2년) 귀법사의 승려 100여 명이 이의방 타도를 외치며 도정 북문으로 침입하자 이의방은 그들을 물리쳤고, 이어 중광사, 승호사, 귀법사 등 여러 절을 허물고 재물을 약탈함으로써 승려들의 기를 눌러놓았다. 다음해 김보당이 반란을 일으켰으나 생포되어 서울 저잣거리에서 살해되고, 이후 문신들이 다시 한 번 대거 참살되고 이의방은 자신의 딸을 태자비로 간택 받음으로써 권력을 확대시켜 나갔다. 1174년(4년) 서경유수 조위총이 정중부와 이의방을 타도하기 위하여 평양에서 군사를 일으키자 진압 사령관으로 간 이의방은 패배하고 돌아오는 길에 정중부의 아들 정균이 보낸 자객에 의해 죽었다. 이로써 권력은 정중부의 손으로 넘어갔다.

이후 조위총의 난은 1176년(6년)까지 계속되다가, 윤임첨이 조위총을 잡으면서 종결되었지만 조위총의 수하들이 지속적으로 반란을 도모하여 서경은 전운이 한동안 이어졌다.

사회혼란이 계속되면서 각지에서 농민반란도 자주 일어났다. 1176년(7년) 1월 공주의 천민 수공업자의 집단 거주지역 명학소에서 망이와 망소이가 난을 일으켰다. 그들은 스스로를 산행병마사로 부르며 공주를 함락하였다. 조위총의 난으로 어려움을 겪던 조정은 지후 채원부와 낭장 박강수를 보내 회유하게 하였고, 대장군 정항재와 장군 박장인에게 3천의 군사를 주었으나 대패하자, 명학소를 충순현으로 승격시키고 내시 김윤실을 현위로 임명하여 난민들을 위로하고 회유책을 폈다. 그러나 망이·망소이는 예산현을 공격하고 충주까지 점령하기에 이르렀다. 조정에서 파견한 대장군 정세유와 이부에게 망이·망소이는 강화를 요청하여 진정국면에 접어드는 듯했으나, 두 달 뒤에 망이·망소이를 가두자 난민들이 다시 봉기하여 청주목을 장악하였다. 그러나 7월 정부군에 의해 진압되어 망이·망소이를 비롯한 주동자들이 감옥에 갇히면서 난은 종결되었다.

이후 수년 동안 곳곳에서 반란이 끊이지 않았는데, 정중부 측근세력은 권력을 남용하여 재산을 축적하는 일로 민심은 흉흉해졌다.

그런 가운데 1179년(9년) 9월 경대승이 허승 등과 모의하여 정중부와 그의 아들 정준을 살해하였다. 이어 중방을 폐지하고 도방을 설치하여 4년 동안 권력을 행사하였다. 경대승은 문관과 무관을 고루 등용하며, 조정의 질서를 회복하려 했으나, 1183년

(13년) 7월 정중부의 귀신을 보고 놀라 쓰러져 갑자기 죽자, 정중부일파가 제거될 때 병을 핑계 삼아 고향 경주로 내려가 몸을 피해 살아남은 이의민이 정권을 잡았다.

소금장수 아버지와 종인 어머니 사이에 태어난 이의민은 키가 8척이나 되고 기운이 장사였다. 그의 삼형제가 못된 짓을 하여 관가에 끌려가 모진 매를 맞아 두 형은 죽었고 그만 살아남았다. 그 뒤 김자양의 추천으로 개경의 군대에 들어간 이의민은 수박희를 잘해 의종의 사랑을 받아 별장(장교)이 되었다. 정중부의 난 때 공을 세워 중랑장을 거쳐 장군이 되었고, 김보당의 반란을 누르고 의종을 죽인 공로로 대장군에 올랐고, 이후 조위총의 난도 진압하였다.

경대승이 죽었을 때 소심하고 우유부단한 명종은 왕권을 찾을 수 있는 기회를 잡을 수도 있었으나, 이의민이 반란을 일으킬 것을 두려워해 여러 차례 그에게 상경할 것을 권유하였다. 이의민은 계속 거절하다가 병부상서 벼슬을 내리자 상경하여 이후 13년간 권력을 잡게 되었고, 그의 세 아들 지순, 지영, 지광 삼형제는 아버지의 권력을 믿고 온갖 횡포와 부정부패를 일삼았다. 그러던 중 1193년(23년) 7월 청도에서 김사미가, 울산에서 효심이 난을 일으켰다. 명종은 대장군 전존걸과 장군 이지순, 이공정 등을 내려 보내 진압하려했으나, 이의민은 이자겸처럼 십팔자가 왕이 된다는 말을 믿고 큰아들 지순으로 하여금 김사미와 효심을 돕게 해 정부군은 그들을 진압하지 못했는데, 다음해 2월에 김사미는 정부군에 밀려 항복을 청하다가 목이 베였고, 12월에는 효심이 체포되면서 난이 진압되었다.

어느 날, 이의민의 아들 이지영이 최충수의 집비둘기를 강탈하는 사건이 있었다. 이의민의 권력에 불만을 품고 있던 최충수는 그 사건을 빌미로 형 최충헌을 찾아가 이의민과 세 아들을 없앨 모의를 하였다. 마침내 1196년 (26년) 4월, 명종의 보제사 행차 때 몸이 불편한 이의민은 왕을 따라가지 않고 미타산 별장에 남아 있었다. 때를 놓치지 않고 형제는 이의민을 공격하여 최충헌에 의해 죽고 말았다. 최충헌이 개경 거리에 이의민의 목을 매달아 놓자, 이의민의 아들들이 군사를 이끌고 달려왔지만 그들도 최충헌에 의해 죽임을 당했다.

1197년(27년) 9월, 명종은 최충헌에 의해 창락궁에 유폐되었고, 태자 도는 은태자비와 함께 강화도로 압송되었다. 이후 명종은 6년 후에 이질에 걸려 72세를 일기로 생을 마감하였다.

● 제20대 신종(神宗. 재위 기간은 1197년~1204년까지 약6년 4개월)

신종은 명종의 동생으로 인종의 다섯째 아들이다. 이름은 민이었으나 왕위에 오른 후 금나라 왕의 이름과 같아 탁으로 바꾸었고, 자는 지화이다. 최충헌 형제에 의해 왕위에 오를 때 명종은 54세였다.

명종을 왕으로 옹립한 최충헌은 상장국 주국에 오르고, 동생 최충수와 외조카 박진재, 조명인 등은 응양군대장군, 형부시랑, 판이부사 등을 차지하면서 병권과 인사권을 장악하였다. 최충헌이 금나라에 명종이 왕으로 등극한 사실을 통보하자, 찬탈 의혹이 있다면서 명종과 대면하고자 하였다. 그러나 최충헌은 명종이 요양을 떠나 아주 먼 곳에 있기 때문에 30일 이상을 걸어가야만 만날 수 있다는 거짓말로 어렵게 금나라 왕의 책봉을 받았다.

최충헌은 최충수와 함께 토지관리 및 인재등용에 관한 '봉사 10조'를 올려 정치개혁을 단행한다는 명분을 세웠지만, 실제로는 자신의 권력을 키우는 일에만 여념이 없었다. 최충헌은 침착하고 최충수는 괄괄한 성격이라 두 형제는 서로 마음이 맞지 않았다. 최충수가 태자비를 폐비시키고 자신의 딸을 태자비로 삼으려 하자 최충헌이 반대했다. 그럼에도 일을 진행시키려다 동생 충수는 최충헌에게 죽임을 당했다. 최충헌은 권력을 위해서 혈육도 가차 없이 죽였고, 항상 3,000명 이상의 사병들을 거느렸으며, 평상복으로도 대궐에 출입하고, 자신의 집 안방에서 국가대사를 결정하는 등 전횡을 휘둘렀다. 이에 원로들이 반발하자, 1199년(2년) 평장사 최당, 우술유 등의 벼슬을 빼앗고 20여 명의 대신들을 강제로 퇴직시켰다. 그의 권력독식은 사회를 극도로 부패시켰고 백성들은 권력층의 횡포와 굶주림에 시달려야 했다. 이시기에는 반란이 곳곳에서 일어났는데, 1198년(1년)에는 최충헌의 종 만적이 나무를 하러 다니며 친하게 지내던 종들을 모아 "왕후장상의 씨가 따로 있느냐!"며 난을 일으킬 것을 모의하였는데 한충유의 노예 순정이 상전에게 일러바쳐 만적을 비롯한 100여명이 매를 맞고 강물에 던져져 죽임을 당했다. 1199년에는 명주(강릉)와 동경(경주)에서 도적이 일어났고, 1200년(3년)에는 진주, 밀성, 동경, 김해 등지에서 민란이 일어났다. 이에 신종은 낭자 오응부와 합문지후 송공작 등을 명주로, 장작소감 조통과 낭장 한지 등을 도경에 보내 도적들을 달랬다. 또한 최충헌은 신종에게 죄수들을 석방하도록 하고 과거를 실시하여 인재를 뽑는 등 백성들을 회유했으나, 1202년(6년)에는 탐라에서 독립운동이 일어났다. 이때 소부소감 장윤문과 중랑장 이당적이 탐라에 파견되어 가까스로 난을 진압하였다. 그 외에도 빈번하게 난이 일어나는 가운데 최충헌의 벼슬은 1203년(9년) 중서시랑평장사 및 이부상서 판어사대사 태자소사까지 올라 조정의 병권과 인사권, 행정권을 완전히 장악하였고, 자기 집에 도방을 차리고 군대를 주둔시켰다.

권력을 잃어 힘이 없는 존재로 있던 신종은 1203년(7년) 등창으로 자리에 누워 태자 덕에게 왕위를 넘기고, 둘째아들 덕양후의 집에서 61세를 일기로 생을 마감하였다.

● **제21대 희종**(熙宗. 재위 기간은 1204년~2011까지 8년)

희종은 신종과 신정왕후의 맏아들로 이름은 영이고, 자는 불피이다. 스무 살 때 태자로 책봉되었는데 최충헌의 실권은 희종 때까지 이어졌다. 최충헌을 없애려는 사건이 계속해서 일어났는데, 1204년(즉위년) 장군 이광실을 비롯한 30여 명이 최충헌 부자를 살해하려고 모의하다 발각되었고, 1209년(5년)에는 청교 역리 세 명이 최충헌 부자를 살해할 계획을 세웠다가 귀법사 승려가 고발하여 실패하였다. 최충헌은 이때 교정도감을 설치하여 범인을 색출하여 주동자는 죽이고 공모자는 섬으로 유배시켰는데, 그 후 교정도감은 그의 권력을 휘두르는 기관이 되었다. 1210년(6년)에는 직장동정 원서와 재상 우승경이 최충헌을 암살하려한다는 투서가 날아들어 또 한 차례 피바람이 일었다.

최충헌은 민가 100여 채를 허물고 대궐과 맞먹는 자신의 집을 규토로 지었다. 백성들 사이에서는 저택 북쪽에 십자각이라는 별당을 지을 때 남자 아이 5명과 여자 아이

5명을 잡아다 오색 옷을 입혀 집터의 네 귀퉁이에 묻었다는 소문이 돌아 아이가진 부모들이 먼 곳으로 이사 가고, 건달들이 아이를 유괴하여 부모에게 돈을 뺏는 일까지 벌어졌다.

이런 분위기속에서 희종 또한 최충헌을 제거하기 위해 측근 내시들과 모의하였다. 1211년(7년) 12월, 왕을 배알하기 위해 수창궁으로 온 최충헌을 희종은 내전으로 데리고 들어가고, 중관의 내관들은 왕이 내린 음식을 함께 먹자며 그의 수하들을 다른 곳으로 유인하였다. 그때 미리 잠복해 있던 10여 명의 승려와 무사들이 그들을 습격하였다. 밖이 소란하자 최충헌은 자신을 죽이기 위해 자객이 들이닥친 것으로 판단하고 희종에게 살려달라고 애원하였다. 그러나 희종은 내실의 문을 닫아걸고 최충헌을 내실로 들이지 않은 채 내시들이 최충헌의 목을 베기를 기다렸다. 다급해진 최충헌은 지주사의 다락에 몸을 숨겼는데 최충헌을 죽이기 위해 왔던 승려들은 그를 찾지 못했다. 그사이 김약진과 정숙침이 변고가 발생했다는 소식을 듣고 달려와 최충헌을 구해냈고, 교정도감 군사들도 소식을 듣고 궁궐로 달려와 궁궐진입을 준비 중이었다. 하지만 그들은 최충헌의 생사 여부를 몰라 궁성진입을 망설이고 있을 때, 대궐지붕으로 올라가 최충헌과 동행했던 노영의에게 최충헌이 무사하다는 소리를 들은 군사들이 궁궐 안으로 밀고 들어와 최충헌은 가까스로 죽음의 위기를 모면했다. 최충헌을 구한 김약진이 임금과 내인들을 죽이자고 하였으나 최충헌은 만류하였고, 주모자 왕준명과 공모자들을 죽이거나 유배시켰다.

희종은 31세의 젊은 나이로 폐위되어 강화도에 유배되었다가, 자연도로 위배되었고 나중에 법천정사로 옮겨 살던 중, 1237년 26년간의 유배생활을 마치고 57세를 일기로 생을 마감하였다.

● **제22대 강종**(康宗. 재위 기간은 1211년~1213년까지 2년)

강종은 명종의 맏아들로 이름은 오이고, 자는 대화이다. 22살 때인 1173년 태자로 책봉되었다가, 1197년 명종이 유배되었을 때 함께 강화에서 지냈다. 1210년 개경으로 돌아와 1211년 수사공상주국 한남공에 책봉되었고, 같은 해 12월 최충헌에게 옹립되어 폐위된 희종의 뒤를 이어 왕위에 올랐을 때 그의 나이는 60세였다.

무신정권의 틈바구니에서 기가 눌려 지냈으며, 14년 동안이나 강화도에서 유배생활을 하다 병든 몸으로 왕위에 올라 1215년 자리에 눕게 되자 태자 진에게 왕위를 물려주고 숨을 거두었다. 왕위에 오른 지 1년 8개월 만의 일이었다.

● **제23대 고종**(高宗. 재위 기간은 1213년~1259년까지 46년)

고종은 강종의 맏아들로 원덕왕후 유씨 사이에 태어났으며 이름은 철이고, 자는 대명이다. 강종이 강화로 유배될 때 철은 안악현에 유배되었고, 강종이 즉위한 이듬해인 1212년 7월 22세의 나이에 태자로 책봉되었다. 1213년 8월 정축일에 임종에 직면한 강종의 선위와 실권자 최충헌의 지지로 고려 제23대 왕에 즉위하였다.

이 시기에 중국 대륙에서는 몽고의 세력이 강성하였다. 희종2년 때인 1206년에 몽골씨족연합의 맹주에 추대되어 칭기즈칸이란 칭호를 받은 테무진에 의해 금나라가 위협을 받고 있었다. 만주에서 금나라의 지배를 받고 있던 거란이 몽고에 항복하고, 아얼과 걸노가 몽고세력에 밀려 압록강을 건너왔다. 이에 고려는 상장군 노원순을 중군병마사로, 상장군 오응부를 우군병마사로, 대장군 김취려를 후군병마사로 삼아 거란을 막게 하였으나, 김취려의 눈부신 전공에도 불구하고 거란군은 개성 근처까지 진격하여 밀고 밀리는 전투가 2년 동안 계속되었다. 고려는 몽고와 동진(금)과 연합하여 거란(요)은 1219년 정월에 격퇴시키고, 고려와 몽고는 형제지국(兄弟之國)의 관계를 맺었다. 하지만 몽고의 원수 합진은 몽고로 돌아가면서 40여 명의 부하를 의주에 남겨두었고, 몽고군과 동진군은 변방에서 무력시위를 하며 고려에 공납을 독촉하고 있었기 때문에 고려는 전운이 감돌았다.

이런 와중에 1219년(즉위 6년) 최충헌이 병에 걸려 죽자, 그의 아들 최이(최우)가 동생 향과 세력 다툼을 벌인 끝에 후계자가 되었다. 권력을 잡은 최이는 최충헌이 빼앗은 논밭과 노비를 주인에게 돌려주고 창고의 보물을 고종에게 바치고 문신들을 등용하였다. 그러나 그해 10월 의주별장 한순이 낭장 다지와 함께 난을 일으켜 북계의 성 대부분을 장악하였다가, 1221년 그의 수하장수 윤장 등 세 명이 체포됨으로써 난이 종결되었다.

형제지국의 관계를 맺자던 몽고가 수시로 사신을 보내 공물을 요구하자, 불만을 품은 최이는 1221년(8년) 의주(덕원), 화주(영흥), 철관(철령)에 성을 쌓고 1223년에는 개성의 나성을 수리하여 몽고와 전쟁에 대비하였다. 그런데 1225년(12년) 정월, 몽고 사신 착고여가 고려에 왔다가 귀국하는 길에 도적들에게 피살당하는 사건이 발생하자, 고려에서 살해했다고 생각한 몽고가 보복하겠다고 하여 한동안 두 나라의 국교가 단절되기도 하였다.

1225년 최이는 사설 정치기관인 정방을 설치하고 권력을 집중시키고, 인사를 단행하였는데 임금은 정방에서 결정된 사항에 대해 결재만 하였다. 1227년(14년)에는 사제에 서방을 설치하여 유학자들을 3조로 나누어 그곳에 숙직하게 함으로써 최이는 문□무신을 직접 손 안에 넣고 권력을 확대하였다.

마침내 1231년(18년) 8월, 몽고의 원수 살리타(살례탑)가 압록강을 건너 고려를 침범해 와서 함신진(의주)을 함락하고 귀주, 정주를 거쳐 평산까지 점령하더니 12월에는 개경을 포위하였다. 이에 고려에서는 회안공 왕정을 보내 화의를 추진하였으나 몽고군은 착고여 살해에 대한 책임을 물었다. 고려는 금나라 소행이라 주장하며 창금과 백은 등을 예물로 주어 달래고, 양국간의 평화를 지속시킬 것을 약속하는 화의조약을 맺었다. 몽고군은 1232년(19년) 정월에 고려에서 물러나면서 서북면 지역의 40개성에 다루가치(원나라의 지방 감시관의 호칭)를 남겨 두었다. 이것이 1차 몽고 침입으로 이후 몽고군은 28년 동안 7차례에 걸쳐 고려를 침입해 왔다.

그 뒤 최이는 몽고군이 수전에 약하다는 사실을 깨닫고 강화도로 도읍을 옮기고, 백성들을 산성과 섬으로 이주시키면서 몽고와의 전면전을 대비하였다. 이때 내시 윤복창과 서경순무사 민희 등이 서북면과 서경에서 몽고의 다루가치를 습격하였다. 그러자 몽고는 1232년(19년) 9월에 2차 침입을 하였다.

몽고는 개경으로 환도를 요구하며 경상도까지 내려가 약탈을 했지만, 고려군은 결사항전을 벌여 12월 김윤후가 수원 처인성에서 몽고원수 살리타를 사살하자 몽고군은 서둘러 철수하였다.

1235년, 동진과 금을 멸망시킨(1234년) 몽고는 살리타의 죽음에 대한 보복을 선언하며 3차 침입으로 전 국토를 짓밟았다. 고려는 나라의 결속을 위해 팔만대장경을 조판하며 곳곳에서 항전을 하는 한편, 강화를 요청하였는데 때마침 몽고내부에 권력암투가 벌어져 화의요청을 받아들이고 서둘러 철군하였다. 그 후 1247년(34년)에 4차 침입을 했던 몽고군은 왕이 죽었다는 연락을 받고 철수하였다.

1249년(37년) 최이가 죽고 그의 아들 최항이 뒤를 이었고, 몽고는 1251년(38년) 개경으로 도읍을 옮기고 육지로 나오라는 출륙환도를 요구하였으나, 응하지 않자 1253년(40년) 5차 침입을 강행하였다. 이에 고종이 몽고의 요구를 일부 받아들여 승천부로 나와 몽고사신을 맞이하자 몽고군은 철수하였다. 그러나 그 뒤로도 몽고는 계속 출륙환도를 주장하면서 1254년(41년)에 6차 침입을 하였다. 이때는 별초군을 중심으로 한 고려군의 항전으로 몽고군의 피해가 심했다. 고종은 김수강을 몽고에 보내 화의를 받아냈고, 고려는 출륙환도를 약속하였다. 하지만 계속해서 강화도에 머물면서 공물도 중단하였다. 그 무렵 최항이 죽고 그의 서자 최의에게 권력이 넘어갔다. 최의는 나이도 어리고 어리석은 편이라서 최항의 심복 최양백과 선인렬 등이 권력을 쥐었고, 그들을 시기하는 무리들이 권력전복을 꾀하는 가운데 1257년(44년) 6월에 몽고의 7차 침입이 있었다. 고려왕의 친조를 요구하던 몽고는 수위를 낮춰 태자의 입조로 대신할 것을 제의했으나, 태자가 병이 났다는 이유를 들어 안경공 창을 대신 보내자 쳐들어온 것이다.

1258년 4월, 최의가 유경과 김인준에 의해 피살되면서 최씨 정권이 무너졌고, 12월에 고려는 그 사실을 몽고에 알리고 출륙환도와 태자의 입조를 약속하였다. 그리고 1259년 왕태자가 40여 명의 대신들과 함께 몽고에 들어가 두 나라 사이에 화의가 성립되어 28년 계속되던 여·몽전쟁이 종결되었다.

재위 기간이 45년 10개월로 고려왕 중에서 가장 오래 왕위에 있었던 고종은 1259년 6월 강화도에서 68세를 일기로 생을 마감하였다.

● 제24대 원종(元宗. 재위 기간은 1259~1274년까지 15년)

원종은 고종의 맏아들로 안혜왕후 유씨의 소생으로 이름은 식이며 자는 일신이다. 1241년 23세 때 태자로 책봉되었고, 1259년 몽고와의 화의조약에 따라 고종을 대신하여 몽고에 입조했다가 그해 6월에 고종이 죽자 왕위에 오르게 되었다. 실권자 김인준은 고종의 둘째아들 창을 왕위에 올리려 하였으나 대신들이 반대하였다. 원종이 고려로 돌아온 것은 1260년 3월로, 그 동안에 원종의 아들 심이 김인준의 호위를 받으며 왕위를 지켰다.

원종이 몽고에 가 있을 때 몽고는 헌종의 죽음으로 쿠빌라이와 아리패가 왕위를 놓고 서로 대치하고 있었는데, 원종은 태자의 신분으로 헌종의 아우인 쿠빌라이를 찾아가자 그를 일국의 왕으로 대접했다. 이는 대륙의 모든 나라가 몽고의 무력에 굴복하여 항복하는데 오직 고려만이 30년 동안 항전하며 항복하지 않은 것에 대한 특별대우였다. 그는 나중에 원종의 태자 심에게 자신의 딸을 주어 원종과 사돈관계를 맺었다.

원종은 몽고의 힘을 빌려 무신들을 쫓아낼 의지를 품고 있었다. 우선 몽고의 요구대로 출륙환도를 하려 했으나 무신들이 강하게 반발하여 실행하지는 못했다. 최씨 정권이 무너지고 그 뒤를 이어 김준(김인준)이 권력을 잡고 있어서 왕권은 여전히 형식적이었다. 이에 원종은 궁녀들에 빠져 방탕한 생활을 하였다.

친몽정책을 펼쳤던 원종은 1261년(2년) 태자 심을 원에 보내 쿠빌라이가 나라를 평정한 것을 축하하였고, 1264년(5년) 원종은 몽고왕의 요구로 김준의 동의를 얻고 9월부터 10월까지 몽고에서 머물다 귀국하였다.

1268년(10년) 몽고는 송나라정벌을 위해 김준 부자와 아우 김충에게 원병을 이끌고 연도(북경)로 올 것을 요구하였지만, 몽고에 가면 권력을 잃게 될 것을 염려한 김준은 몽고사신을 죽이려 하였다. 그런데 원종의 반대로 그만두었다. 그때 장군 차송우가 원종을 폐할 것을 김준에게 권고하였으나, 엄수안이 반대하여 뜻을 이루지 못하고 김준은 아우 김충과 몽고에 다녀왔다. 그 이후로 김준은 몽고의 사신을 맞이하지 않았다.

이 일로 원종과 김준은 사이가 매우 안 좋아졌고, 원종은 급기야 1268년(9년) 12월 임연을 시켜 김준과 김충을 살해하고 개경환도를 서두르며 친몽정책을 펼치려 하자, 임연이 원종의 정책을 반대하고 재상들을 모아 원종을 폐립하기로 결정하고, 원종이 위독하여 안경공 창에게 선위한다는 내용의 서신을 왕의 친서 형식으로 몽고에 보냈다. 그리고 1269년(10년) 6월 원종을 폐위하고 창을 왕으로 세웠다.

몽고에 머물러 있던 태자 심이 급히 귀국하여 개경에 이르렀을 때, 정주의 관노 정오부에 의해 임연이 왕을 폐립했다는 이야기를 전해 듣고 다시연경(북경)으로 되돌아가 쿠빌라이에게 구원을 요청하였다. 몽고에서 왕의 폐립을 추궁하자 임연은 원종의 병 때문이라고 답했으나 몽고는 병부시랑 흑적을 파견하여 원종과 안경공 창, 임연을 연경으로 불러들이자, 임연은 그해 11월 원종을 다시 왕위에 오르게 하였다. 며칠 뒤 원종은 왕창과 함께 몽고로 떠났는데 임연은 두려워 가지 않고 아들 임유간과 심복을 대신 보냈다. 그러자 몽고는 임유간을 옥에 가두고 임연을 오라 요구하였지만 임연은 응하지 않고 야별초로 하여금 백성들을 섬으로 이주하게 하고 몽고와 싸울 것에 대비하였다. 그러다 1270년(11년) 2월 등창으로 죽고 교정별감직은 임유무가 이어 받았다.

고려로 돌아온 원종은 개경환도를 시도했다. 그러나 임유무가 반대하자 원종은 어사중승 홍문계를 시켜 임유무를 제거하고, 1270년(11년) 5월 27일 개경으로 환도하였다. 이로써 100년간의 무신정권과 40여 년 강화도 궁궐시대는 끝이 났다. 당시 개경은 몽고의 영향권 아래에 있었기 때문에 개경환도는 몽고에 복속하겠다는 뜻이나 마찬가지였다.

원종은 친몽정책을 폈고, 이에 반대한 배중손은 1270년 6월 강화에서 삼별초 난을 일으켰다. 배중손은 왕족인 승화후 왕온을 왕으로 세우고 대장군 유존혁, 상서좌승 이신손 등을 좌우 승선으로 삼았다. 삼별초는 최씨 무신정권 말기에 조직된 사병으로 야간경비를 담당하던 야별초에서 출발한 좌별초, 우별초, 신의군을 이른다.

원종이 유정 등을 강화도로 보내 삼별초를 달랬으나, 반란의 의지를 굽히지 않고 근거지를 진도로 옮기고 순식간에 남해와 전라도일대를 제압하였다. 당황한 조정에서는 추밀원사 김방경을 전라도 추토사로 삼아 몽고군도 함께 토벌작전을 폈다. 그러나 삼별초는 제주도와 남해, 거제, 합포(마산) 등지에 거점을 세우고 위세를 떨쳤다. 1271

년(12년) 배중손이 진도에서 전사하자, 김통정이 삼별초를 이끌며 탐라에 본부를 설치하고 여몽연합군에 대항하였으나 세력에 밀려 1273년 2월 토벌되었다.

　삼별초의 항쟁은 무신정권을 수호하려는 군사반란의 성격을 띠었지만, 몽고세력에 반대하던 고려 하층민들의 지지에 힘입은 대몽항쟁전쟁으로 확산되었다. 하지만 몽고세력이 고려 조정을 더 깊숙이 간섭하게 만든 계기가 된 것도 사실이다.

　몽고는 1271년 북경을 수도로 정하고 나라이름을 원으로 고친다. 원은 1274년 매빙사를 보내 남편이 없는 부녀자 140명을 요구하자, 고려는 결혼도감을 설치하고 혼자 사는 여자와 역적의 아내, 노비의 딸 등을 원에 공녀로 보냈다. 원나라에 들어가 있던 태자 심이 원 세조의 딸과 혼인하여 원의 부마가 됨으로써 원나라의 간섭은 더욱 심화되었다.

　1274년 6월 원종은 56세를 일기로 생을 마감하였다.

● 제25대 충렬왕(忠烈王. 재위 기간은 1274년 6월~1298년 1월.(1298년 1월부터 8월까지 충선왕 재위) 복위 1298년 8월~1308년 7월까지 33년 6개월)

　원종의 맏아들인 충렬왕은 정순왕후 김씨 소생이고 이름은 거이다.

　충렬왕은 원종의 뒤를 이어 왕위에 오르기 위해 귀국할 때 몽고풍속에 따라 머리를 변발하고 옷도 원나라의 호복을 입었다. 또 그의 왕후인 원나라 세조의 딸을 맞이할 때에는 모든 신하들에게 변발을 하도록 명하였는데, 변발을 하지 않은 자는 회초리로 쳐서 들어오지 못하게 쫓아내어 고려 조신들은 모두 변발을 하게 되었다.

　즉위한 지 4개월 만인 1274년 10월, 충렬왕은 원의 요구를 받아들여 일본정벌전쟁을 단행한다. 그 동안 원나라는 일본에 조공을 요구하였는데, 일본이 응하지 않자 고려군을 동원하여 일본을 정벌하고자 하였다. 충렬왕은 김방경, 임개, 손세정에게 군사 8천을 주고, 도원수 홀돈과 우부원수 홍다구 등이 이끄는 몽고군과 한□족연합군 25,000명 그리고 뱃길 안내자 및 수군 6,700명을 동원하여 총 4만의 군사가 900여 척의 배에 나눠 타고 대마도를 장악하였으나, 태풍으로 인해 일본 본토로 가지 못하고 회군하였다.

그러자 원나라는 일본정벌을 위해 정동행성이라는 관청을 설치하고, 15만의 여·원 연합군을 만들어 1281년(즉위8년) 일본으로 떠났지만, 이번에도 태풍으로 인해 본토까지 가지 못했다. 그 뒤에도 원은 지속적으로 일본정벌을 강요하자 민간의 피해가 극심했다. 이때 설치된 정동행성은 후에 고려의 내정을 간섭하는 기구가 되었다.

1290년(16년)에는 원을 괴롭히던 내안의 합단군이 고려를 침략하자 충렬왕은 강화도까지 천도하게 되었다. 이 전쟁에서 원충갑, 한희유 등의 활약과 원나라의 도움으로 1년 반 만에 전쟁이 끝나자, 고려는 원의 지원에만 의존한다는 원나라의 원망을 듣기도 하였다. 또 북방의 야인들과 왜구들이 침입하는 등 고려사회는 매우 불안했지만 김방경 등의 활약이 있어 그나마 국운을 지킬 수가 있었다.

1293년(19년) 원의 세조가 죽음으로써 고려는 조금 안정을 되찾았고, 1294년에는 몽고가 지배하던 탐라를 되찾고 이름을 제주로 고쳤다. 원나라는 고려의 행정 관제를 격하시킬 것을 요구하여 1295년(22년) 중서문하성과 상서성을 합쳐 첨의부로 어사대를 감찰사로 바꾸었고, 6부도 통폐합하였으며 묘호에 조나종 대신 '왕'을, 왕의 시호 앞에는 '충'자를 붙이도록 하였다. 그 밖에도 몽고식 관직과 몽고어를 배우게 하는 통문관이 생겼으며, 원나라 세조의 딸의 시종으로 몽고인을 쓰며 몽고어를 쓰게 하고 몽고풍속을 따르게 하자, 고려왕실에 몽고 언어와 풍속이 만연하게 되었다.

이런 풍조는 오히려 민족성을 고취시키고 자주성을 회복하려는 노력을 하게 만들어 1281년에는 일연이 『삼국유사』를 저술하여 고려 민족의 정신을 일깨워 주었으며, 대학자 안향이 주자학을 도입하여 고려 유학의 새 길을 닦았다.

이런 와중에도 충렬왕은 국고를 탕진하며 사냥과 주색에 빠져들었는데, 그의 총애를 받던 궁인 무비의 횡포가 심했다. 이때 충렬왕과 세자간에 다툼이 생겼다. 세자는 1296년(23년) 원에 가서 진왕 감마라의 딸 계국대장 공주와 혼인하여 원의 부마가 되었다. 1297년 세자의 어머니 제국대장 공주가 죽자, 세자는 귀국하여 무비 등을 죽이고 그들의 도당 40여 명을 귀양 보낸 뒤 원나라로 떠났다. 그 일로 원나라 왕실이 세자를 지지하자 충렬왕은 왕위에서 스스로 물러나겠다는 글을 원에 보내 1298년(25년)

1월 세자 원이 충선왕으로 즉위하였다. 충선왕은 고려에 자주적인 기틀을 마련하려다 왕비가 원에 알리는 바람에 즉위 7개월 만에 원나라로 끌려갔다.

그 뒤 다시 왕위에 오른 충렬왕은 충선왕을 제거하기 위해 1305년부터 2년간 원나라에 머물렀지만 1307년, 원나라 성종이 아들 없이 죽자, 황위 쟁탈전이 일어났는데 충선왕은 승자가 된 무종을 도왔으므로, 충선왕이 힘이 생기는 바람에 계획을 행하지 못했다. 1307년 귀국한 충렬왕은 이듬해 1308년 73세를 일기로 생을 마감하였다.

● **제26대 충선왕**(忠宣王. 재위 기간은 1298년 1월~8월까지 7개월. 1308년 7월~1313년 5월까지 총 5년 2개월)

충선왕은 충렬왕의 셋째 아들이자 제국대장 공주 장목왕후의 소생이다. 장목왕후는 원 세조 쿠빌라이의 딸로 충렬왕이 태자의 자격으로 원에 입조하였을 때 혼인하여 충렬왕이 왕위에 오르자 고려에 왔다. 충렬왕은 정화궁주 사이에 1남 2녀를 두고 있었는데, 고려에 온 제국대장 공주가 제1왕비의 자리를 차지하였다. 그래서 정화궁주는 제국대장 공주를 대할 때 아랫자리에서 무릎을 꿇고 앉았다고 전한다.

충선왕의 초명은 원, 이름은 장이고, 자는 중앙, 몽고식 이름은 '이지리부타'이다. 1298년 정월에 태상왕으로 물러난 충렬왕의 뒤를 이어 8월까지 왕위에 올랐다가, 왕비 계국대장 공주가 다른 왕비인 조인규의 딸 조비가 총애 받음을 시기해 자기를 저주했다고 무고함으로써 왕위에서 쫓겨나 원나라로 압송되었다. 그러나 1308년 충렬왕이 죽자, 다시 왕위에 올랐다.

충선왕은 어려서부터 매우 총명했던 것으로 전한다. 사냥과 주색에 빠져 정사를 잘 돌보지 않았던 충렬왕과 어머니 장목왕후와의 갈등을 보며 어린 시절을 보냈던 충선왕은 즉위하자마자 정치를 개혁하였다. 조신들의 기강을 확립하고, 조세를 공평하게 물리도록 하였으며, 농업을 장려하고, 동성결혼을 금지하고, 인재등용을 개방하고 귀족의 횡포를 엄단하였다. 그러나 즉위한 지 두 달 반에 숙부 제안공 왕숙에게 정권을 대행시키고 원으로 들어가 개혁안들은 물거품이 되었다.

고려 조정은 연경에 머물러 있는 충선왕의 전지(멀리 떨어져 있는 왕이 전달자를 통해 신하들에게 내리는 교지)를 받아 국정을 운영하는 어려움을 겪었다. 전승 최유엄이 귀국할 것을 강력하게 상소하였으나 듣지 않았다. 당시 충선왕은 심양왕에 봉해졌는데, 원의 무종은 충선왕을 거치지 않은 청원이나 보고는 받지 않겠다. 할 정도로 원의 왕실에서 후한 대접을 받고 있었다.

고려가 세자 감을 왕으로 옹립하려 하자, 1310년 5월 충선왕은 세자 감과 그의 측근 김의중을 죽여 버렸다. 하지만 충선왕을 위해 매일같이 연경으로 물자를 이송하는 등 어려움이 계속되면서 환국에 대한 간청이 끊이지 않자, 충선왕은 1313년 3월 둘째 아들 왕도에게 왕위를 물려주고 이복형 강양공의 둘째아들 왕고를 세자로 삼았다.

충선왕은 연경에 만권당이라는 저택을 세워 요수, 염복, 조맹부, 원명선 등 당대의 학자들과 교류하며, 고려에서 이제현을 불러들여 그들과 교류하게 하여 고려의 학문 발전에 영향을 끼쳤다. 또 1316년에 심양왕의 자리를 조카 왕고에게 물려주고 티베트 승려를 불러 계율을 받기도 하였다. 원에서 무종, 인종대에 걸쳐 대접을 받다가 영종이 즉위하자 입지가 약화되었고, 고려출신 환관의 모략으로 토번으로 유배까지 갔다가 1323년 태정제에 의해 겨우 풀려나 연경으로 돌아가 그곳에서 1325년 51세를 일기로 생을 마감하였다.

● **제27대 충숙왕**(忠肅王. 재위 기간은 1313년 3월~1330년 2월, 1332년 2월~1339년 3월까지 총 24년)

충숙왕은 충선왕의 둘째 아들이자 몽고녀 의비 소생으로 초명은 도, 이름은 만, 자는 의효, 몽고식 이름은 '아라눌특실리'이다. 형 심이 충선왕에 의해 죽임을 당해 그가 왕위에 오르게 되었다.

충숙왕은 충선왕과 함께 원나라에 오래 머물러 있었던 데다가 어머니가 몽고 여자라서 원나라에 익숙해 있었다. 그리고 즉위했을 때도 아버지 충선왕이 살아 있었기 때문에 왕권을 제대로 행사할 수 없었다.

충숙왕이 즉위한 후 충선왕은 고려에 귀국해 108만 승려에게 음식을 먹이고 108만 개의 등에 불을 켜겠다고 공헌하고, 이를 실천하기 위해 만승회라는 행사를 치르는 바람에 국고가 비게 되었다. 또 궁궐을 중수하고 민지와 권보를 시켜 태조에서 원종에 이르는 왕의식록을 7권으로 줄여 '본국편년강목'을 편찬케 하였다. 그리고 충선왕이 다시 원나라로 돌아가자 충숙왕은 그제야 독자적인 힘이 생겼으나 고려는 원나라 속국의 처지였다.

1315년에 원나라의 강요로 귀족과 천민의 옷 색깔을 다르게 하였고, 1316년에는 충선왕이 심양왕의 지위를 세자 왕고에게 넘겨주어 왕위가 다시 불안해졌다. 그해 7월 충숙왕은 충선왕의 주선으로 원나라 영왕의 딸 복국장 공주와 결혼하였다.

충숙왕은 복국장 공주가 고려에 옴으로써 왕비자리에서 밀려난 덕비 홍씨를 잊지 못하고 사냥과 주색을 즐겼다. 복국장 공주가 이를 질투하자 충숙왕은 그녀를 때려 복국장 공주는 1319년 9월에 죽게 되었다. 이 일로 충숙왕은 원의 불신을 받은 반면, 심양왕 왕고는 원의 신임을 받았다. 충숙왕이 술과 여자에 빠져 국고를 탕진하여 고려 조정은 엉망이 되었다.

충선왕이 본국으로 돌아가라는 원나라 영종의 명령에 따르지 않아 유배되어 있었던 때인 1321년, 충숙왕은 원의 명령으로 원나라에 들어가 3년 동안 그곳에 붙잡혀 있었다. 1322년 권한공 등이 왕고를 고려국왕으로 세울 것을 원에 요청하려 하였으나, 윤선좌 등의 반대로 무산되고 왕고 지지 세력인 유청신과 오잠이 "고려의 국호를 폐하고 고려를 원에 편입시켜 성을 설치하라."는 터무니없는 요청을 한다. 원나라는 이 요청을 받아들이지 않았다.

원의 영종이 죽고 태정제가 즉위하면서 충숙왕이 유배에서 풀려 호경으로 오고, 1324년 2월 충숙왕은 개경으로 다시 돌아왔다. 그러나 충숙왕은 왕고의 동생 왕훈이 간음하는 사건이 발생하여 그를 감금하였다가 왕고와 다툼이 생겼다. 결국 충숙왕은 왕훈을 원나라로 보냈다. 충숙왕은 왕의 자리가 위태롭자 원나라 위왕의 딸 금동공주와 결혼하였으나, 금동공주가 아들을 낳고 산고로 18세에 죽자 왕고는 다시 왕위찬탈 음모를 꾀한다.

왕고파인 유청신과 오잠이 원나라에 가 충숙왕이 눈이 멀고 귀먹어 정사를 돌볼 수 없다고 거짓말을 하였지만, 거짓임이 탄로 나 왕고의 측근들을 귀양 보내고 왕권은 일시적으로 강화되었다. 그러나 몸이 약해져 1330년 2월 세자 정에게 선위하고 원나라에 가 머물렀다.

충혜왕이 된 정이 정사를 돌보지 않고 주색에 빠져 1332년 2월 폐위되자 충숙왕이 다시 복위하였다. 충숙왕은 1333년 3월에 몽고녀 경화공주를 데리고 귀국하였지만, 대인기피증이 심해 정사를 돌보지 못하다가 1339년 3월 46세를 일기로 생을 마감하였다.

● **제28대 충혜왕**(忠惠王. 재위 기간은 1330년 2월~1332년 2월, 1339년 3월~1344년 1월까지 총 6년 10개월)

충혜왕은 충숙왕과 공원왕후 사이에 태어난 장남으로 이름은 정이고, 몽고식 이름은 '보탑실리'이다.

몸이 약해진 충숙왕의 뒤를 이어 1330년 2월 16세의 나이로 왕위에 올랐으나 정사를 돌보지 않고 사냥과 향락, 여색에 빠져 지내자 1332년 폐위되었다가 충숙왕이 죽자 다시 왕위에 올랐다.

충혜왕은 성격이 포악하고 왕으로서 자질을 갖추지 못해 왕고를 국왕으로 삼아야 한다고 원나라 승상 백안 등이 조정에 상소하였으나 충숙왕은 그에게 왕위를 물려주었다.

충혜왕은 음탕한 짓을 일삼으며 1339년 부왕의 후비 수비 권씨와 숙공휘녕 공주를 강간하는 등 패륜행위를 거듭하였다. 11월 원나라에서 충혜왕의 복위를 인정하여 개경에 파견한 중서성 단사관 두린 일행이 숙공휘녕 공주를 찾아 왕이 보낸 술을 건널 때 공주는 충혜왕이 자신을 강간한 일을 고하였다. 그래서 충혜왕은 연경으로 압송을 당해 1340년 3월 형부에 갇혔다가, 탈탈대부의 도움으로 풀려나 4월에 개경으로 돌아왔으나 그 뒤로도 충혜왕의 음행은 끊이지 않았다.

기어이 현효도가 왕을 독살하려다 사형당하는 사건이 발생하자, 기철 등은 원나라 조정에 충혜왕을 소환하여 폐위시킬 것을 건의하였다. 그럼에도 충혜왕은 1343년 신궁으로 옮겼으나 채 한 달도 안 된, 어느 날 원에서 보낸 사람들에게 잡혀 압송을 당한다. 그 뒤 기철, 홍빈, 채하중 등이 정권을 잡고 은천옹주를 비롯한 충혜왕의 애첩과 궁인 등 126명을 궁궐에서 추방하였다. 원나라 순제의 제2왕후가 기척의 동생으로, 그의 형제들은 그녀의 힘에 의지해 고려조정에 막강한 영향력을 행사한다.

원의 순제는 충혜왕을 "백성들의 고혈을 먹은 그대의 피를 천하의 개에게 먹인다 해도 부족하나 내가 사람 죽이기를 즐겨하지 않아 귀양을 보낸다."는 내용의 유고를 내리고 게양현으로 유배를 보냈으나, 충혜왕은 그곳으로 가던 중 1344년 정월, 악양헌에서 독살되고 말았다. 그때 충혜왕은 죽기에는 너무 이른 30세였다. 충혜왕의 시신은 6월에 개경에 도착하였고, 8월에 영릉에서 장사 지냈다고 전한다.

● **제29대 충목왕**(忠穆王. 재위 기간은 1344년~1348년까지 5년)

충목왕은 충혜왕의 맏아들이자 정순숙의 공주(덕녕 공주) 소생으로 이름은 흔이고, 몽고식 이름은 '팔사마타아지'이다. 충목왕이 여덟 살 어린 나이로 왕위에 올라 덕녕공주가 섭정을 하였다. 덕녕공주는 충혜왕 때 내린 칙첩들을 회수하고, 선왕때 임금을 바로 섬기지 않고 아첨만 일삼던 신료들을 귀양 보내는 등 기강을 바로 잡았다. 그리고 신궁을 헐고 그 자리에 학문 진작을 위해 숭문관을 세웠다. 그리고 권신들이 빼앗았던 녹과전을 원주인에게 돌려주었다.

충목왕은 신하들과 학문을 배우고 정치와 예의를 익히는 중, 1348년 8월 건강이 악화되어 자기에 누웠다. 덕녕공주는 충목왕의 거처를 건성사로 옮겨 요양시키고, 기도장을 차렸지만 병이 더욱 악화되어 김영돈의 집으로 옮겨 간호했음에도 1348년 12월 12세의 어린 나이로 생을 마감하고 말았다.

● **제30대 충정왕**(忠定王. 재위 기간은 1349년~1351년까지 3년)

충정왕은 충혜왕의 둘째아들로 희비 윤씨의 소생이다. 이름은 저이고, 몽고식 이름은 '리사감타아지'이다.

1348년 12월에 충목왕이 후사가 없이 죽자, 덕녕공주는 덕성부원군 기철과 정능왕후에게 정사를 위임하고 원나라에 충목왕의 죽음을 알렸다. 충목왕의 죽음을 전해들은 원의 순제는 고려 조정의 반대에도 불구하고, 1349년 2월에 왕자 저를 왕위에 올렸다. 저는 원나라로 들어가 고려국왕의 인정을 받아 12세 어린 나이로 그해 7월에 즉위하였다. 이때부터 덕녕공주와 충정왕의 어머니 윤씨 사이에 세력다툼이 벌어졌다. 덕녕공주는 정동행성을 기반으로 세력을 넓혀갔고, 희비 윤씨는 왕을 중심으로 한 측근 세력을 형성하며 1349년 8월에 윤씨를 위해 경순부가 설치되었다.

1350년(즉위 2년)부터 경상도 일대에 왜구가 쳐들어와 약탈이 심했는데, 이듬해 8월에는 130여 척의 배를 이끌고 자인도와 삼목도에 쳐들어와 민가를 불사르고 백성들을 잡아가는 사건이 발생하였다. 조정에서는 몇 차례 군사를 보내 막았으나 나중에는 관리들이 출정명령에도 응하지 않게 되었다. 조정의 기강이 해이해지자 윤택, 이승로 등이 왕이 어려서 국정을 감당할 수 없다는 이유를 들어 원나라 순제에게 고려조정을 안정시키기 위해 충정왕을 폐위시키기를 건의하자, 원의 순제는 충정왕을 폐위시키고 1351년 10월 강릉대군 왕기가 왕위에 올랐다. 충정왕은 강화도에 유배되어 몇 개월을 지내다, 1352년 3월 공민왕에 의해 15세의 어린 나이로 독살되었다.

● **제31대 공민왕**(恭愍王. 재위 기간은 1351년~1374년까지 23년)

충숙왕의 둘째 아들인 공민왕은 충혜왕의 동복아우로 공원왕후 홍씨 소생이다. 초명은 기이고, 이름은 전, 몽고식 이름은 '백안첩목아'이다. 1330년 강릉대군에 봉해졌고, 1341년 원의 순제에 요구에 의해 12살 때부터 연경에서 생활하였다. 1344년 충목왕이 즉위하자 강릉부원군에 봉해졌고, 1348년 12월 충목왕이 죽자 조신들이 그를 왕으로 세우려 하였지만 원에서 충정왕을 세웠다. 그 뒤 충정왕이 폐위됨에 따라 22세의 나이로 즉위하였다.

공민왕이 즉위했던 때 원은 홍건적의 봉기로 나라 안이 어수선했고, 고려는 왜구의 침입으로 어지러웠다. 공민왕은 1351년 12월에 고려로 들어와 1352년 2월부터 강력한 개혁정치를 펼쳤다.

맨 먼저 무신정권 때 최이가 설치했던 정방을 폐지하고, 개혁교서를 발표하여 토지와 노비에 관한 제반문서를 해결할 것을 명령하며 왕권을 더욱 더 강화시키기 위한 노력했다. 무신정권 이후 고려의 왕은 허수아비로 전락했고, 원의 간섭 하에 결재권만 가졌으나 공민왕은 각 부서의 안건을 직접 챙기며 민생 전반에 대한 통치기반을 확립하는데 주력했다.

공민왕은 정치토론장인 서연을 재개함으로써 왕의 친정체제를 구체화하였고, 그 동안 권력에 의지해 부정을 일삼던 관리들을 하옥시키며 관리들의 기강을 바로잡았다.

하지만 1352년 9월 공민왕의 과감한 개혁에 위험을 느낀 관삼사사 조일신이 정천기, 최화상, 장승량 등과 함께 기원과 최덕림을 죽이고 정변을 일으켜 요직에 올랐다. 그 후부터 조일신은 함께 거사를 단행한 최화상과 장승량 등을 죽이고 정권을 독차지하였다. 이에 공민왕은 그를 제거할 기회를 노리다 정동행성에서 대신들과 의논하여 김첨수를 시켜 조일신을 연행하는데 성공한다. 공민왕은 그의 도당을 하옥하고 이제현을 우정승, 조익청을 좌정승으로 임명하여 개혁정권을 수립하였다.

마침 원나라가 홍건적의 봉기로 약해지는 틈을 탄, 1352년에는 공민왕은 원의 배척운동을 벌이며 변발과 호복 등의 몽고풍속을 금지시켰고, 1356년(5년)에는 원의 연호를 폐지하고 문종 때의 관제를 복구시켰다. 그리고 내정간섭을 일삼던 정동행중서성이문소를 철폐하고 기철을 숙청하였으며, 이성계의 아버지 이자춘의 내조에 힘입어 쌍성총관부를 폐지하고 원나라에 빼앗겼던 서북면과 동북면 일대의 영토회복에 힘썼다.

한편, 원나라에서는 고려의 절일사 김구년을 요양성에 가두고 80만 대군으로 고려를 토벌하겠다고 큰소리를 쳤다. 이에 공민왕은 평리 인당에게 서북면 일대 수비를 강화하도록 응원군을 보내고 개성에 외성을 세우는 한편, 남경(한성)으로 천도할 계획을 세우고 이제현으로 하여금 천도작업을 주관토록 지시하였다.

서북면을 지키려는 싸움으로 인당이 전사하고 1356년 7월 동북면 유인우가 쌍성을 함락시키고, 고종 말에 원에 빼앗겼던 함주 이북의 땅을 수복하였다. 그러자 원은 쌍성과 삼살 이북을 자유롭게 왕래하게 해 달라 요청하였지만 고려는 거부하였다.

1359년(8년) 홍건적 모거경이 4만을 이끌고 침범해왔으나 이듬해 고려군에 밀려 압록강 이북으로 물러갔다. 그러나 계속 풍주, 봉주, 안주 등 해안지방의 백성들을 괴롭혔고 1361년(10년) 반성, 사유, 관선생 등이 10만을 이끌고 2차 침입을 해 개경이 함락되었다. 이에 공민왕은 경기도 광주를 거쳐 안동으로 몽양을 떠났지만, 1362년 2월 고려군 20만이 그들을 몰아내 위기를 모면하였다.

홍건적의 침입으로 개경의 궁성이 전소되고 각 도의 문화재와 사찰이 불타 공민왕은 한동안 죽주, 진천 등에서 행궁생활을 하게 되면서 반원정책을 포기하고, 1361년 정동행성을 다시 설치하고 관제까지 제도개혁 이전의 상태로 되돌렸다. 공민왕이 아직 개경에 입성을 하지 못하고 있던 1363년(12년) 윤3월에 일으킨 김용이 복면을 하고 흥왕사에 행궁을 차린 공민왕의 처소를 급습하여 호위 인원들은 모두 달아나고 내시 이강달의 도움으로 간신히 태후의 밀실에 숨어 목숨을 건진다. 그리고 공민왕 침소에는 환자 안도적이 대신 누워 있다가 희생됨으로써 목숨을 구했다. 한편, 김용은 그 후 술책으로 목숨을 유지하고 1등 공신까지 올랐다가 나중에 처형당한다.

1364년(13년)에는 원의 왕후 기씨의 사주를 받은 최유가 덕흥군 왕혜를 옹립하여 군사 1만을 이끌고 의주를 함락하였으나, 최영과 이성계의 활약으로 보름만에 퇴각하였다가 원의 군사에 의해 고려로 압송되어 11월에 처형당했다.

1365년(14년) 2월에 왕비 노국공주가 아기를 낳다가 죽자, 절망감에 빠진 공민왕은 왕사(왕의 스승) 편조(신돈)에게 정권을 맡기고 불사에 전념한다. 신돈이 개혁 작업을 펼치며 힘을 행사하자 권문세족들의 반발이 심해졌다. 하지만 신돈에 대한 공민왕의 믿음은 흔들리지 않고 오히려 비판하던 세력들이 제거 당했다. 중국 대륙에서는 1370년(19년) 주원장에 의해 명나라가 세워졌다. 주원장은 공민왕을 고려국왕이라 칭하고, 신돈을 상국으로 부를 만큼 신돈의 위세가 높아가자 공민왕은 신돈을 부담스러워하기 시작했다. 그 사실을 눈치 챈 선부의랑 이인이 1371년(20년) 7월 익명으로 신돈의 역모를 고하자 공민왕은 신돈을 사형시킨다.

이후 공민왕은 자주 술에 취하는 일이 잦고, 노국공주에 대한 그리움으로 미행(임금이 신분을 알리지 않고 궁 밖으로 나가는 일)을 자주 나가며 급기야 정신병적 증세를 보였다. 이때부터 공민왕은 변태적인 행동을 보였다. 예쁜 시녀들과 귀족의 아들들에게 난잡한 음행을 하도록 하고 자신은 문틈으로 엿보고, 동성연애를 즐겼으며, 홍륜과 한안 등을 시켜 왕비를 강간하게 하여 아들이 생기면 자신의 자식으로 삼으려하였다. 1374년(23년) 익비가 아이를 잉태했다는 소식을 듣자 공민왕이 아이를 완전히 자기 자식으로 만들기 위해 최만생에게 그녀와 함께 잔 홍륜 등을 죽이라는 명령을 내렸는데 그것을 알아챈 최만생은 거꾸로 선수를 쳤다. 홍륜 등에게 그 사실을 알리고, 술에 취해 잠들어 있던 공민왕을 죽인다. 공민왕은 45세의 나이로 즉위 23년의 세월을 거두고 비참하게 생을 마감하고 만다.

● **제32대 우왕**(禑王. 재위 기간은 1374년~1388년까지 14년)

우왕은 공민왕의 유일한 아들로 시비 반야의 소생이다. 아명은 모니노, 이름은 우이다.

자식이 없던 공민왕에게 신돈은 자신의 여종 반야를 바쳤는데 아들 우를 얻게 되었다. 신돈은 만삭의 반야를 친구인 승려 능우의 어머니에게 맡겨 아이를 출산하게 하고 1년 뒤에 자신의 집에서 기거하게 하였다. 그리고 우는 동지밀직 김횡이 보낸 여종 김장을 유모로 삼아 신돈의 집에서 자라났다. 1371년 신돈이 수원으로 유배되자 공민왕은 백관들에게 아들이 있음을 밝히고 우를 궁궐로 데려왔다. 공민왕은 이인임에게 우를 지켜 줄 것을 부탁했고, 우는 명덕태후 홍씨에게 맡겨졌다. 공민왕은 우에게 강녕부원대군이라는 봉작을 내리고 백문보, 전녹생, 정추에게 학문을 가르치도록 하였다.

우왕은 공민왕을 죽인 최만생과 홍륜 일당을 제거한 이인임 등에 의해 열 살 어린 나이에 왕위에 올랐다. 정권은 자연히 이인임 등에 장악되었고, 이인임의 신임을 얻고 있던 최영도 정계의 핵심인물이 되었다. 공민왕의 어머니 명덕태후는 종친 중에 적당한 인물을 왕위에 올릴 것을 주장하며 우가 왕위에 오르는 것을 반대하였으나, 왕유와 왕안덕이 공민왕의 유지를 받들어야 한다고 주장하여 우를 왕으로 세웠다.

명에 쫓겨 북으로 밀린 북원에서는 우왕이 즉위했다는 소식을 듣고 왕고의 손자 탈탈불화를 고려국왕에 봉하였다. 1375년 탈탈불화가 고려로 즉위식을 하려고 온다는 보고를 받은 이인임은 그 일행을 저지하자, 1377년(3년) 북원은 우왕을 고려국왕에 봉하였다. 그리고 1378년(4년)에는 명나라에 우왕의 왕위계승을 인정하는 교서를 내려 달라고 요청한다.

한편 왜구는 그 동안 끊임없이 전국 각지를 약탈을 해 오자 고려는 외교작전과 소탕작전을 함께 펼쳤다. 1375년에 나홍유를 일본에 파견하였고, 1376년(2년)에 최영이 소탕작전을 펴 홍산(논산)에서 대승을 거두었다. 1377년(3년)에는 정몽주를 보내 고려인 수백 명을 데리고 왔고, 1380년(6년)에는 최무선이 발명한 화약과 화포를 사용해 도원수 심덕부, 상원수 나나세 등과 함께 왜선 500여 척을 불사르는 전공을 세웠다. 같은 해 백발백중의 명궁 이성계는 황산에서 왜구를 전멸시켰고, 1383년(9년)에는 정지가 서남해에서 수 백 척의 왜선을 침몰시켰다.

하지만 이후에도 왜구의 침입과 약탈은 끊이지 않았고, 북쪽에서는 명나라가 북원과의 국교를 끊고 자기네 나라를 상국으로 섬길 것을 요구하면서, 1388년(14년)에는 철령 이북의 땅을 자기네 요동부에 귀속시키겠다고 일방적으로 통보해 왔다. 조정은 회의 끝에 최영의 건의대로 요동정벌을 결정하고, 전국 5도의 각 성을 보수 및 축성하고 군사를 서북방면에 집중 배치시켜 명나라 급습에 대비한다. 그리고 전쟁 시 왕족들을 이주시키기 위해 개경의 방리군을 동원하여 한양의 중흥성을 축조하였다. 또 우왕은 최영을 자신의 확실한 측근으로 만들기 위해 최영의 딸을 왕비로 맞아 들였다. 그때 우왕은 "나의 아버지가 잠을 자다 해를 당하였으니, 나도 경계하지 않을 수 없다."고 말한 것으로 전한다.

1388년(14년) 2월, 명나라가 지휘관 두 명에게 병력 1천을 주어 철령위를 접수하기 위해 진격하고 있다는 보고를 접한 우왕은 문하찬성사 우현보에게 개경을 지키도록 명령하고, 5부의 장정들을 징발하여 군대를 편성한 후 세자 창과 왕비들을 모두 한양산성으로 옮기도록 하고 서해도로 직접 가서 요동진격을 준비한다.

　하지만 이성계는 '사불가론'

　첫째, 소국이 대국을 거역하는 것은 옳지 않다.

　둘째, 여름에 군사를 동원하는 것은 농사에 지장을 초래한다.

　셋째, 원정을 틈타 왜적이 침입할 우려가 있다.

　넷째, 장마로 인해 활에 먹인 아교가 풀릴 염려가 있고 군사들이 병에 걸릴 우려가 있다는 네 가지 이유를 들어 요동 정벌을 반대한다.

　하지만 1388년 4월, 우왕은 최영을 팔도도통사, 조민수를 좌군의 지휘자로, 이성계를 우군의 지휘자로 임명하고 출전명령을 내렸다. 최영은 당시 70세의 노인으로 병력을 인솔하지 않고 서경에 머물러 명령을 하달하였다. 5월에 이성계와 조민수는 5만 군사(전투병력 3만 8천여 명과 보급 병력 1만 2천여 명)와 함께 압록강의 위화도에 머물렀는데, 마침 장마 때라 불어난 물 때문에 진군을 할 수 없어 우왕과 최영에게 회군 허락을 요청하였다. 하지만 우왕과 최영은 이를 허락하지 않았고, 이성계와 조민수는 위화도에서 군대를 돌려 그곳을 빠져나왔다. 그날이 5월 22일이었다.

　우왕이 회군 사실을 안 것은 이틀 후인 5월 24일이었다. 우왕은 좌우군을 반란군으로 규정하고, 최영에게 개경으로 급히 돌아와 그들을 진압하게 하였고, 회군이 개경에 도착한 것은 6월 1일이었다. 좌우군은 최영의 급습에 일시적으로 후퇴하였지만 전의를 상실한 진압군은 좌우군에 밀려 결국 개경은 좌우군에게 점령되었다.

　이성계는 최영을 귀양 보냈고, 우왕은 허수아비 왕으로 전락하였다. 역전의 기회를 노리던 우왕은 80여 명의 내시를 무장시켜 이성계와 조민수의 집으로 보냈는데, 모두 집에서 나와 사대문 밖 군영에 있었으므로 해를 입히지 못하고 그냥 돌아갔다. 이 일 이후 이성계와 조민수는 우왕을 폐위시켜 강화도로 유배를 보냈다. 우왕은 1389년 11월 강릉으로 유배되었다가, 12월에 정당문학 서균형에 의해 죽임을 당함으로써 25세를 일기로 생을 마감하였다. 우왕은 신돈의 자식이라 하여 왕으로 인정받지 못해 능이 마련되지 않았고, 실록도 편찬되지 않았다.

● **제33대 창왕**(昌王. 재위 기간은 1388년 6월~1389년 11월까지 1년 5개월)

창왕은 우왕의 외아들로 근비 이씨 소생이다. 창왕은 아홉 살 어린 나이로 왕위에 올랐다. 위화도 회군으로 최영을 축출한 이성계와 조민수가 조정을 장악하지만 조민수와 이성계세력은 곧 대립하게 된다. 이성계는 종친 중 한 사람을 왕으로 세우자 하였고, 조민수는 창을 왕으로 세우자고 하였다. 조민수는 명망이 높았던 유학자 이색의 도움을 받아 우왕의 아들 창왕을 옹립하고 정권을 잡자, 이성계는 병을 핑계로 사직서를 냈으나 받아들여지지 않았다. 이성계는 정도전, 조준 등과 함께 개혁을 시도했고 많은 신진관료들이 그를 따랐다.

이성계파의 개혁을 주도하고 있던 조준이 1388년(즉위년) 7월 토지제도에 대한 개혁안을 조정에 올렸다. 전제개혁은 토지제도 전시과가 500년 동안 유지되며 권력세족들의 악용으로 백성들의 토지를 빼앗아 자기의 땅을 삼는 등 이미 무력화된 제도였기에 새로운 토지제도는 시대적인 과제이었다. 하지만 조민수를 비롯한 세력은 자신들의 이해관계에 얽매여있던 토지개혁에 거부반응을 보이다가 조준의 과거에 부정을 저질렀다는 행적을 핑계로 탄핵하여 8월에 창녕으로 유배되었다. 이후 문하시중 이색을 중심으로 이림, 권근 등과 함께 가까스로 정권을 유지해 갔다. 이색은 명나라의 힘을 얻기 위해 창왕을 명나라에 입조시키려다 실패하자 고향 장단으로 내려갔다. 창왕의 등청 요구에도 이색은 끝내 응하지 않았고, 10월 대폭적인 개편이 이루어지면서 대세는 이성계세력이 쥐게 되었다.

1389년(2년) 11월 김저, 정득후 등이 곽충보를 매수하여 이성계를 죽이려했지만, 곽충보가 이성계에게 고하는 바람에 정득후는 자살하고 김저는 척결되었다. 김저가 척결되면서 이성계의 반대파가 거의 척결되었다. 11월 창왕은 폐위되어 강화도로 유배되었고, 12월에 대제학 유구에 의해 죽임을 당함으로써 10살 어린 나이로 생을 마감하였다.

우왕이 그랬던 것처럼 창왕 역시 신돈의 후손이라 하여 능도 없고 실록도 편찬되지 않았다.

● **제34대 공양왕**(恭讓王. 재위 기간은 1389년 11월~1392년 7월까지 2년 8개월)

공양왕은 제20대 신종의 7세손으로 아버지는 정원부원군 왕균이고, 어머니는 왕씨 부인이다. 이름은 요로 이성계 세력에 의해 왕위에 올랐을 때 그의 나이는 45세였다.

이성계를 포함한 9명의 공신(심덕부, 지용기, 정몽주, 설장수, 성석린, 조준, 박위, 정도전)은 표 대결을 벌인 끝에 정창군 왕요를 왕으로 결정하고, 공민왕의 제3비 익비 한씨에게 창왕을 폐하고 왕요를 국왕으로 결정한다는 교

우왕

지를 내려줄 것을 요청하여 왕요를 국왕으로 세웠는데 그들은 폐가입진, 즉 가짜를 폐하고 진짜를 세운다는 논리를 내세웠다. 공양왕 즉위 후 이성계 등 아홉 대신들이 정권을 장악한 뒤 우왕과 창왕을 죽여야 한다는 이성계의 주장에 공양왕은 대제학 유구를 강화도에 유배되어 있는 창왕을 죽이고, 강릉으로 정당문학 서균형을 보내 우왕을 죽이게 하였다.

이성계, 심덕부, 지용기, 정몽주, 설장수, 성석린, 조준, 박위, 정도전 아홉 공신들 중 이성계와 지용기, 박위는 무장이고 나머지 사람들은 모두 신진 유학자들이다. 이들은 조정을 장악하고 경연(임금에게 유학의 경서를 강론하는 것)제도를 도입하여 정치논쟁을 활성화시키고 과거에 무과를 신설하였다. 그리고 성종대에 확립된 6조를 부활시키고 유학교수관을 두는 등 유교중심의 개

창왕

혁 작업을 시도하였다.

그 외 조준의 주장에 따라 전 현직 관리의 직급에 따라 토지를 지급하는 과전법을 실시하였고, 인물추고도감을 설치하여 민·형사법에 해당하는 노비결송법과 결송법을 정하였고, 도선비기에 따라 1390년(즉위 2년)에 도읍을 한양으로 옮겼다가 민심이 좋지 않자, 1391년 다시 개경으로 환도하였다.

조정의 세력은 온건파와 급진파로 나뉘었는데 남은, 조준, 정도전등 급진파는 역성혁명을 감행하여 새로운 유교 국가를 건설하기를 꿈꾸었고, 정몽주, 이숭인, 이종학 등의 온건파는 순차적으로 개혁을 실시하여 고려를 발전시키기를 원하였다. 그러던 중 1392년(4년) 3월 명나라를 방문하고 돌아오는 세자 왕석을 마중 갔던 이성계가 황주에서 사냥을 하다 낙마하여 등청하지 못하는 틈을 타 정몽주가 조준, 남은, 정도전, 남재, 오사충 등을 탄핵하여 유배시켜 버렸다. 이 소식을 들은 이성계는 아픈 몸으로 부랴부랴 개경으로 왔고, 이성계의 다섯째 아들 이방원은 정몽주를 찾아가 새 왕조를 세우자고 권했지만 받아들이지 않자 부하 조영규를 시켜 정몽주를 피살하였다. 이로써 이성계를 위시한 급진파의 세상이 되었다. 온건개혁파 김진양, 이확, 이숭인, 이종학 등이 유배되었고, 유배 중이던 조준, 정도전 등이 유배에서 풀려나 중책에 앉혀졌다. 정도전에 의해 역성혁명은 구체화되었고, 1392년 7월 17일 정도전, 남은, 조준, 배극렴 등은 공양왕을 폐위시키고 이성계를 왕으로 추대하여 새 왕조 조선을 세웠다.

공양왕은 이성계의 즉위 5일 전인 7월 12일 공양군으로 강등되어 원주로 유배되었다가, 다시 간성과 삼척으로 이배되었다가 이성계의 명에 의해 1394년 4월 죽임을 당해 50세를 일기로 생을 마감하였다.

이로써 지방의 호족세력이 왕권을 잡은 최초의 왕조 고려는 475년의 세월을 역사 뒤편으로 사라져 갔다.

고려의 건국은 외국의 세력에 기대지 않고 분열된 사회를 통합하여 중앙집권을 강력하게 다졌는데 큰 의미가 있으며, 고려사회의 특징을 한마디로 요약하면 다원적이고 개방적이라고 말할 수 있다.

3) 고려 시대의 문화

(1) 청자

고려 시대에 꽃피웠던 청자는 원래 중국에서 처음 만들어져서 한국에 전해진 것이다.
고려 초기인 10-11세기경에 강진요와 부안요에서 독특한 청자를 만들어 낸 이후 급속도로 성장하여 12세기 무렵에는 비색청자라 불리는 청자가 만들어졌다. 이 비색청자는 중국의 청자를 능가하는 뛰어난 것이었다. 이어서 가장 뛰어난 것으로 평가받는 상감청자를 내놓았다.

자기가 마르지 않았을 때 문양을 음각하고, 그 부분에 백토 또는 자토를 메우고 구운 다음에 청자유를 바르고 다시 구워내는 기법으로 만든 것이 상감청자이다. 고려 상감청자는 다른 나라의 도자기제품에 유례가 없는 기법으로 그 진가가 세계에 알려졌다. 제18대 왕 의종대에 창안되어 고려청자에 응용된 것으로 전해진다.

상감청자의 문양으로는 운학, 양류, 보상화, 국화, 당초, 석류 등 여러 가지가 쓰였는데, 특히 운학무늬와 국화무늬가 가장 많이 쓰였고, 이 중 국화무늬는 조선시대에도 애용되었다.

고려상감운학문청자

고려분청사기철회어문병

상감청자의 특징은 충분한 공간을 남겨두는데 있고, 또한 문양이 단일 하더라도 기계적으로 반복을 한 것이 아니라, 중심이 되는 문양을 앞에 크게 내세우고 그 뒤에 물이나 새, 바위 등을 배치하여 하나의 화폭과 같은 효과를 내는 특징이 있다.

대표적인 상감청자로는 이화여자대학교에 소장되어 있는 죽문병, 국립중앙박물관에 소장되어 있는 모란문매병, 간송미술관에 소장되어 있는 천학문매병 등이 있다.

상감청자은 타의 추종을 불허할 만큼 크게 발전하여 13세기에는 금채를 가한 화금청자, 진사를 시유한 청자진사채 등 기교가 뛰어난 청자를 만들어 냈다. 하지만 13세기 후반부터 점차 저하되어 갔다.

(2) 팔만대장경

팔만대장경

팔만대장경은 고려시대에 간행되었다고 해서 고려대장경이라고도 하며, 문제해설 판수가 8만여 개에 달하고 8만 4천 번뇌(근본적으로 자기의 집착으로 마음의 갈등이 일어나는 불교 심리용어)에 해당하는 8만 4천 법문을 실었다고 하여 팔만대장경이라고 부르는 것이다. 한마디로 부처님에 말씀을 8만7,000여 장의 글로서 남긴 고려시대 불교경판이다. 이 대장경은 고려 고종 24년~35년(1237년~1248년)에 걸쳐 간행되었다.

이것을 만들게 된 동기는 현종 때 의천이 만든 초조대장경이 몽고의 침략으로 불타 없어지자 대장경을 다시 만든 것이다. 그래서 재조대장경이라고도 한다.

불교의 힘으로 몽고군의 침입을 막아보고자 하는 뜻으로 국가적인 차원에서 대장도감이라는 임시기구를 경상남도 남해에 설치해서 분사대장도감에서 담당하였다.

원래 강화도성 서문 밖의 대장경판당에 보관되었던 것을 선원사를 거쳐 조선 1398년(태조7년) 5월에 해인사로 옮겨 보관한 것이 오늘날까지 이어지고 있다. 현재 해인사 법보전과 수다라장에 보관되어 있는데, 일제시대에 조사한 자료에 81,258장으로 되어있는데, 여기에는 조선시대에 다시 새긴 것도 포함되어 있다. 경판의 크기는 가로는 70cm 내외, 세로는 24cm 내외이고, 두께는 2.6cm, 내지 4cm, 무게는 3kg 내지 4kg이다.

모두 1,496종 6,568권으로 되어 있는 이 대장경은 사업을 주관하던 개태사 승통인 수기대사가 북송관판, 거란본, 초조대장경을 참고하여 내용의 오류를 바로잡아 제작하였다. 북송관판이나 거란의 대장경은 현재 전해지지 않아 그 내용을 알 수 있는 유일한 것으로도 가치가 높으며, 수천만 개의 글자 하나하나가 오자나 탈자 없이 모두 고르고 정밀하다는 점에서 그 가치가 더욱 크다. 또 현존하는 대장경 중에서도 가장 오랜 역사를 가지고 있고 내용의 완벽함으로도 세계적인 명성을 얻고 있다. 1995년, 유네스코에서 지정하는 세계문화유산에 등재되었다.

무신의 난에 대하여 논하시오.

1. 들어가며

무신난(武臣亂)이란 고려시대에 무신들에 의하여 일어난 난이다. 고려시대에 무신들이 반란을 일으켜 정권을 장악한 것은 두 차례 있었는데, 그것은 모두 지배층의 모순 속에서 일어났다. 문신이나 무신은 다 함께 지배층에 속하지만 같은 지배층이라 하더라도 권력을 둘러싼 반목과 갈등의 요소는 항상 내재하고 있었다.

정중부와 이의방, 이고를 중심으로 했던 무신난의 성공으로, 1170년(의종24년)부터 1270년(원종11년)까지의 시기에 걸쳐 문·무제반의 정치권력이 무신들에 의하여 행사되는 특수한 형태의 정권이 확립되고, 지속되었다.

2. 원인

고려를 건국한 세력은 무장(武將)들이었지만, 과거제도가 채택되고 유교주의가 채택됨으로써 문신 중심의 지배체제가 확립되었다. 이 같은 체제는 무신의 최고 품계를 정3품 상장군에 한정시켰고, 그 이상으로 승진하면 문반직을 받도록 되어 있었다. 그러나 사실상 이러한 경우는 거의 불가능하였으므로 결국 무신은 2품 이상의 재상이 될 수 없었다. 고려의 정치제도가 재상중심으로 짜여 있었음을 감안하면, 이는 곧 무신들이 국가의 정책결정에 참여할 수 없었음을 의미한다. 이 때문에 전쟁 상황 속에서도 무신은 언제나 문신출신 상원수의 명령을 받아야 하는 입장이 되었다. 유명한 서희나 강감찬, 윤관 등 모두 무신이 아닌 문신이라는 사실을 통해 이를 확인할 수 있다. 이런 체제는 인종 이전까지는 별다른 문제를 일으키지 않았다. 당시 대부분의 주변국들이 이와 비슷한 군권 통수체제와 비슷한 양상을 띠고 있어 무신들이 그다지 큰 불만을 품지 않았었기 때문이다.

그러나 인종 대에 이자겸의 난을 종식시킨 공로로 척준경에게 정2품의 평장사 벼슬을 내리면서, 무신들의 힘이 강화되었다. 무신들은 오르지 못할 나무로 여겼던 재상직에 오를 수 있다는 희망을 가지게 되었다.

서경의 무반들이 대거 가담했던 묘청의 난이 발발하면서 고조되었던 무신들의 기가 꺾이게 되었다. 김부식을 위시한 개경의 문반세력에 의해 묘청의 난이 진압되자 결과적으로 서경세력의 힘은 완전히 실추되었고, 그것은 무반의 입지를 크게 약화시키는 결과를 낳았다. 이때부터 개경의 문신들은 무신들을 멸시하는 경향을 띠게 되었고, 의종대에 와서 왕이 일부 간사한 문신들과 향락을 즐기면서 그러한 경향은 짙어졌다. 이 시기에 무신들이 폭발한 것이 바로 무신난이라 할 수 있다.

이런 이유 외에도, 경제적 배경이 되는 전시과체제에 의한 토지지급이나 녹봉체제에 의한 현물의 지급이 같은 위계의 문신에 미치지 못하는 것이라든가, 군인들의 불평·불만도 원인의 하나가 되었다. 이들은 전쟁 시에는 물론 평상시에도 공역(工役)에 동원되었으며, 심지어는 군인전도 제대로 지급받지 못한 처지에 있었던 것이다.

이렇게 보면 무신난의 발생과 무신정권의 출현은 결코 우발적인 사건이 아니고 문신귀족정치의 누적된 모순에 따른 필연적인 결과였음을 알 수 있다. 이런 요소들이 모두 작용하여 문신 중심의 정치를 구현해왔던 고려 전기사회를 붕괴시키는 결정적 계기가 되었으며, 그 결과 고려사회는 무신 난에 의해 정권을 장악한 무신들에 의해 새로운 형태의 정권의 성립을 보게 된 것이다.

3. 무신 난

1142년(인종20년) 섣달 그믐날 밤 궁중에서 악한 귀신을 쫓는 나례(儺禮)가 행해졌다. 모든 신하들이 용, 호랑이등의 탈을 쓰고 노래와 춤으로 귀신을 쫓는 것이다. 문신의 차례가 다 끝나고 무신 쪽 첫 순서는 하급무신인 정중부였다. 큰 키에, 좋은 풍채, 수염에 위엄이 서린 그가 종이용을 들고 유희를 벌였다. 사람들이 술렁였고 인종은 정중부에게 "오늘 유희는 그대가 제일이다."라고 칭찬하였다. 문신들이 눈살을 찌푸리고, 바람이 불어 촛불이 꺼진 사이 김부식의 아들 김돈중이 정중부의 수염에 불을 붙여 태워버렸다. 그러자 화가 난 정중부가 김돈중을 때렸고, 이 사건으로 김부식이 분노하여 인종에게 정중부를 벌줄 것을 요청하자, 인종은 허락하고 정중부를 몰래 도망시켰다.

정중부는 그 후부터 김돈중을 싫어하였고, 그것은 곧 문관들에 대한 적대감으로 발전했다. 그러다가 의종이 왕위에 오르자 장교계급인 교위가 되었다. 이때부터 정중부는 의종의 신임을 얻어, 직위가 상장군에까지 이르렀다.

이 무렵의 의종은 임종식, 한뢰 등의 문신들과 함께 향락적인 생활에 젖어, 사흘이 멀다 하고 연회를 베풀었고, 걸핏하면 호위병을 대동하고 궁궐 밖으로 행차하였다. 연회는 때로 며칠 동안 밤을 새우며 계속되어, 그 동안 굶주린 채 추위나 더위를 이겨내야 했던 호위 병사들과 군인들의 불만이 고조되었다.

1170년 8월 29일, 의종은 화평재로 나가 연회를 베풀고 문관들과 어울려 떠들며 놀았다. 문관들이 왕의 총애를 믿고 무관들에게 무례하게 굴어 병사들의 분노하였고, 이의방과 이고가 정중부에게 거사를 도모할 것을 요청했다.

이런 상황에서 의종이 사기가 저하된 무관들을 위로하고자 수박희 시합을 시켰는데, 문반 5품이었던 한뢰가 국왕이하 백관이 보는 앞에서 무반 3품 대장군 이소응의 뺨을 때리는 일이 일어났다. 문신들이 이를 보고 비웃었고, 문신 임종식과 이복기는 이소응에게 욕을 하니, 무신들의 분노가 극에 달했다.

의종의 행렬이 보현원 근처에 이르렀을 때 이고와 이의방은 행동을 개시하였다. 왕명이라 속여 군사들을 한곳에 집결시키고 문신을 치기 시작했다. 제일 먼저 임종식과 이복기를 베었고, "문관의 관을 쓴 놈은 설령 서리라 할지라도 종자를 남기지 마라!"란 명령으로 문신들을 죽였다. 반란세력은 왕을 앞세우고 개경으로 들어와 주요 문신 50여명을 또 학살하고 그 밖에 100명을 또 죽였다. 김돈중은 도망을 쳐 산으로 숨어버렸으나 정중부가 내건 현상금이 탐나 김돈중을 고발한 하인 때문에 죽게 되었다. 의종은 정중부에게 살인을 중지시킬 것을 명했으나 정중부는 왕명을 받들지 않았다. 의종은 정중부를 상장군에서 대장군으로, 이고와 이의방을 중낭장으로 승진시켰으며, 나머지 무관들도 한 급씩 승진시켜 무신집권을 공식 승인하였다. 이렇게 하여 정권을 장악한 정중부와 이의방, 이고 등의 무신들은 환관 왕광취 등을 죽여 저자에 효수하고, 의종의 사저인 관북택, 천동택, 곽정동택의 재산을 탈취하여 나누어 가졌다.

그리고 며칠 수 정중부는 의종을 폐하고, 의종의 아우 익양공 호를 왕으로 세웠다. 그가 명종이다. 새 임금 명종은 새로 중앙관직을 임명하면서 정중부를 참지정사로 삼는 등 온통 무관들로 자리를 채웠다. 이 무신난은 결국 문신귀족들을 대거 참살하고 급기야 왕을 교체하여 무신시대를 열게 되고, 고려사회는 새로운 변혁기로 접어든다. 무신시대는 정중부, 경대승, 이의민, 최충헌 일가로 이어져 명종 대에서 원종대까지 100년이나 이어진다.

왜 정중부인가?

무신 난을 흔히 '정중부의 난'이라고 부르는 것처럼, 정중부가 무신 난을 주도한 것으로 기록되어 있지만, 이의방, 이고 등의 하급 무장들이 난을 주도하고 정중부는 그들의 계획에 동의했을 뿐이다. 따라서 하급 무장들이 이미 오래전부터 반란을 꾀하고 있었는데 반해 정중부 등의 고위직 무장들은 반란을 실행할 의지가 없었다고 할 수 있다.

때문이 반란은 자연스럽게 과격한 소장 무장들이 주도할 수밖에 없었다. 하지만 그들은 정중부의 동의가 없었다면 쉽사리 거사를 실행하지 못했을 것이고, 설사 실행했다손 치더라도 실패했을 가능성이 높다. 그런 의미에서 본다면 정중부의 역할도 무시할 수 없다.

이 하급 장교들은 정변을 합리화시키고, 더 많은 동조자를 끌어 모을 절실한 필요가 있었고 그를 위해 적합한 인물이 바로 정중부였다는 것이다. 이는 이들이 정중부에 앞서 대장군 우학유를 찾아가 정변을 지도해줄 것을 부탁했다가 거절당했다는 사실로 짐작해볼 수 있다.

정중부는 상장군이라는 고위직책을 가지고 있었을 뿐만 아니라 무신들 사이에 평판이 좋아 정변의 대표자로 적임자였던 것이다.

4. 반(反)무신난

무신 난이 일어난 지 3년 뒤인 1173년에 동북면 병마사인 김보당이 무신토벌과 왕의 복위를 기도하여 봉기하였다. 김보당은 정중부와 이의방을 타도하고 전왕을 다시 세우려고 하였으며, 동북면 지병마사 한언국도 거병하여 이에 응하였다. 거제도로 추방된 국왕을 데려다가 계림(경주)로 나와 살게 하였으나, 다음 달 안북도호부에서 김보당을 붙잡아 중앙으로 보냄으로써 진압되어, 의종도 죽임을 당했다. 김보당이 죽으면서 "모든 문신과 함께 거사를 도모했노라."라는 발언 때문에 1170년에 화를 면했던 많은 문신이 또 다시 크게 해를 입게 되었다.

반무신 난은 불교계에서도 일어났다. 승려들 가운데는 문벌귀족 문신가문 출신이 많았으며, 따라서 무신 난으로 그들의 가족이 죽음을 당한 예가 적지 않았다. 승려들은 하나의 사회세력으로서 외침이 있을 때 활약한 예가 많았다. 거란의 침입을 물리치는 데 큰 활약을 하였으며, 윤관이 여진정벌을 위한 항마군을 편성하는 데에 참여하였다. 또 이자겸의 난이 일어났을 때, 이자겸의 아들인 의장이 승병을 이끌고 출동한 적이 있었다.

1174년 정월에 귀법사의 승려 100여 명이 이의방을 죽이려고 개경으로 진출하여 이의방의 군대와 충돌하였다. 다시 중광사 등 4개 사찰의 승려 2천여 명이 무기를 들고 이의방을 공격하였다. 개경 부근의 사찰에서 승려를 동원하여 무신세력을 무너뜨리려는 시도였지만, 엄청난 희생을 치르고 실패로 돌아가고 말았다.

비슷한 시기에 또한 서경유수 조위총이 정중부, 이의방 등의 토벌을 목표로 거병하였다. 김보당의 난과는 다소 성격을 달리하지만, 무인정권에 대한 반항이라는 점에서 일치하였다. 서경을 중심으로 봉기하자 북쪽 지대 40여 성이 일제히 호응하였다. 봉기군은 군세를 떨치며 진격해 개경까지 이르렀으나 중앙군의 반격에 부딪혔다. 무인정권에 상당한 위협을 가져다주었지만, 그의 거사도 실패로 돌아갔다. 그 후로도 조위총 무리들의 발호가 몇 번 있었지만 세력이 크지 못했고 금방 진압되었다.

5. 무신정권

무신정권은 100년간 존속되었는데, 변천과정은 대체로 세 시기로 구분하고 있다. 처음 권력을 장악한 이의방, 정중부를 거쳐 경대승, 이의민에 이르는 성립기와 최충헌으로부터 최씨 4대가 세습 집권한 60여 년간의 확립기, 그리고 김준과 임연, 임유무 부자가 집권하는 기간을 붕괴기로 나누고 있다.

정중부는 1179년(명종9년)에 청년장군 경대승에게 살해를 당하였고, 경대승이 4년 만에 병사하자 이의민이 다시 등장하여 정권을 독점하였으나, 1196년에 최충헌에게 살해당하였다. 최충헌의 등장은 고려 무신정권에 일대 전환기를 가져오게 하였다. 최충헌이 구축한 강력한 독재체제는 정권을 자손에게 세습하게 함으로써 4대 60년간의 최씨 정권을 형성하게 하였다. 최씨 정권은 최충헌의 뒤를 이어 최우가 독재체제를 더욱 강화하였고, 다시 최항, 최의로 이어졌다.

그러나 최씨 정권은 순탄하지만은 않아 최우가 집권한지 10여년 만에 대륙에서 몽고가 계속 침입하였고, 그 항전을 주로 최씨 정권이 담당하였기 때문에 수많은 시련을 겪게 되었다. 이러한 시련을 겪는 가운데 대내적으로 화전을 둘러싼 대립과 갈등과 전쟁으로 입은 사회·경제적인 피폐는 최씨 정권을 크게 약화시켰고, 거기에 최씨 정권의 마지막 집권자인 최의는 나이가 어려서 집권한데다가 어리석고 나약하여 간사한 무리가 날뛰었다. 또 계속되는 흉년에 구제를 옳게 하지 못하여 민심을 크게 잃었다.

1258년 별장 김준과 대사성 유경 등이 최의를 제거하고 최씨 정권을 타도하고 말았다. 표면상 대권은 왕에게 돌아갔으나 실권은 무신 김준, 임연, 임유무 등이 차례로 행사하게 되었다. 김준은 최씨 정권을 타도하고 나서 최씨 정권 이래 무신 집권자가 지니는 교정별감에 임명되어 정권을 좌우하다가 1268년(원종9년)에 임연에게 암살을 당하였다. 김준을 제거한 후 임연은 왕의 폐립을 자행하는 한편, 교정별감에 임명되어 권세를 떨쳤다. 그러나 1270년 임연이 병사하고, 그의 아들 임유무가 제거 당하자 고려 무신정권은 완전히 몰락하게 되었다.

정치적으로는 무신 전제정치가 행해지게 되었는데, 전기에는 소위 중방(重房)정치라 하여 중방을 중심으로 무신 실권자들에 의한 합의제 정치가 행하여졌다. 그러나 그 뒤에는 최씨 정권이 성립되고 그 정권에 의하여 독자적인 권력기구인 교정도감이 마련되었으며, 그 권력기구를 중심으로 최씨에 의한 1인 독재정치가 행하여졌다.

과거를 통해서 새로운 관료층을 등용하였는데, 그들 중에는 향리층에서 등용되어 후에 새로운 사대부계층의 형성을 보게 되었다. 경제적으로는 무신들에 의한 농장의 확대로 공전제가 무너지고, 따라서 국가재정의 파탄과 농민경제의 빈곤화를 초래하였다. 사회적으로는 신분질서의 동요와 하극상의 풍조로, 여태껏 압박을 받아오던 하층민들이 반란을 일으켜 사회가 크게 동요되었다.

6. 무신 난의 역사적 의의, 한계점

무신 난은 고위 무신들의 정치적인 쿠데타가 아니었다. 처음부터 난을 모의한 인물들은 국왕의 시위 부대소속 장교들이었고, 여기에 고위 무신들이 참여하였다. 미천한 신분출신의 무신들을 비롯하여 일반군인들이 대거 참여하였다는 것은 주목할 만한 사실이다. 무신 난은 이들 하급 무신들과 일반 군인들의 적극적인 참여가 있었기에 성공할 수 있었던 것이다. 그저 지도층의 교체만이 이루어지는 것이 아니고, 하급 무신들의 참여로 인해 많은 변화가 일어날 수 있었다. 또 당시는 일반 군인들이 상당한 정치적 영향력을 행사할 수 있었던 시기였다.

무신 난은 고려사회에 가득 차 있는 불만들이 이제 속속들이 분출할 수 있는 분화구를 열어놓았다는 점도 기억해야 한다. 지금까지 억눌려왔던 농민들도 이제는 기존체제의 모순을 행동으로 거부할 수 있는 사회적 분위기가 조성된 것이다.

고려 전기와 후기로 나뉘는 경계점이 무신정권기가 되는 것으로 보아서도 무신 난은 단순한 무신들의 난이 아니었다는 것을 알 수 있다. 고려사회를 뿌리째 뒤흔드는 것은 아니었어도, 그만큼이 변화가 일어날 수 있었다는 것은 무신 난이 헛된 일이 아니었다는 것을 말해준다.

반면 한계점을 들어보자면 무신 난을 주도한 무신들에게서 찾아볼 수 있는 것이 어지러운 사회를 타개할 수 있는 비전이 아니라, 개인적인 복수심과 사리사욕뿐이라는 것이다. 이들은 중방을 중심으로 자신들이 권력을 장악하고 사병을 기르는 등 사적인 정치운영 형태를 보였으며, 이를 감당하기 위해 농장을 확대하는 등 또 다른 수탈을 자행하였다.

참고자료

한국정신문화연구원, 〈한국민족문화대백과사전〉

김정환, 1997, 〈반란의 시대-고려편〉, 푸른 숲

박영규, 2000, 〈고려왕조실록〉, 들녘

이이화, 1999, 〈한국사이야기-무신의 칼 청자의 예술혼〉, 한길사

역사신문편찬위원회, 1997, 〈역사신문 2-고려시대〉, 사계절

국사편찬위원회, 1993, 〈한국사 28-고려무신정권〉

www.netian.com/~urbanboy (고려의 찬란)

www.mirnara.com (고려이야기)

세계의 문화유산 '팔만대장경(八萬大藏經)'에 논하시오.

I. 서론

인류의 역사상에 인쇄술의 발명이라는 것은 세계 문명사에 있어서 일종의 큰 획을 긋는 일대의 혁명이라 말할 수 있다. 이것은 서적의 대량유통을 통한 지식과 정보의 확산을 가져 오면서 세계를 근대화 시키는데 결정적인 역할을 하였다.

이런 인쇄술의 역사에서 오늘날 세계 최고(最古)의 목판인쇄본과 세계 최초의 금속활자본을 함께 보유하고 있는 한국은 세계 인쇄문화의 종주국이라 해도 과언이 아닐 것 이다.

팔만대장경이 제작된 시기인 13세기 때만 하더라도 세계문명의 대부분은 아직 손으로 일일이 베껴 쓰는 수준을 벗어나지 못하고 있었다. 그런데 고려는 목판을 이용한 인쇄문화를 발전시켰고, 그 뛰어난 기술이 바로 팔만대장경에 집약돼 나타난 것이다.

750여년이 지난 지금도 거의 완벽한 목판본으로 남아 있는 팔만대장경은 현존하는 목판대장경 중에 가장 오래된 것으로 부처님의 가르침인 삼장(三藏)을 집대성하고, 내용이 정확하여 세계 각국에 전파돼 불교연구와 확산을 도왔으며, 아울러 세계의 인쇄술과 출판물에 끼친 영향력 또한 지대하다. 그렇게 불교문화사에서 찬연히 빛나는 고려문화의 정수인 팔만대장경은 그 우수성이 전 세계에 알려지면서 유네스코에서는

1995년 우리나라의 석굴암, 종묘와 함께 팔만대장경판과 그 경판을 봉안한 대장경판전을 세계문화유산으로 지정하여 팔만대장경의 문화적 가치와 그 중요성을 다시 한 번 일깨우고 우리 후손들 모두가 길이 보전할 인류의 문화유산임을 확정하였다.

이렇듯 우리나라의 대표적 문화재임과 동시에 세계의 문화유산으로서 팔만대장경의 가치와 중요성은 매우 크다 할 수 있겠다. 이러한 팔만대장경에 대하여 자세한 내용들을 조사해 보고자 한다.

Ⅱ. 팔만대장경(八萬大藏經)

1) 대장경

대장경(大藏經)이란 불교의 창시자인 부처님께서 45년간 중생을 위하여 설법하신 내용으로 불교의 교리가 빠짐없이 기록되어 있는 불교의 경전의 전집이라고 할 수 있다. 이것은 '세 개의 광주리'란 뜻의 산스크리트어 'Tripitaka'를 번역한 것으로 '삼장경' 또는 '일체경'이라고도 한다.

대장경은 경장(經藏), 율장(律藏), 논장(論藏)으로 구성되어있는데 경장이란 부처님께서 제자와 중생을 상대로 설파하신 내용 기록한 '경'을 담아놓은 광주리란 뜻이고, 율장은 제자들이 지켜야할 논리의 조항과 그 밖에 공동생활에 필요한 규범을 적어놓은 '율'을 담아놓은 광주리란 뜻이다. 논장은 위의 '경'과 '율'에 관한 여스님들이 읽기 쉽게 해설을 달아 놓은 것으로서 '논'을 담은 광주리란 뜻이다.

알려진 바에 의하면 부처님을 따랐던 수많은 제자와 중생들에게 한 설법과 교화 내용은 생전에는 문자로 기록되지 못했다. 팔십 생애를 마치고 열반에 드신 후 제자들은 부처님의 말씀을 기록으로 남겨야 할 절실할 필요성을 느끼게 되었고, 그리하여 만들기 시작한 최초의 기록이 패엽경(貝葉經)이다. 패엽경이 최초로 만들어지기 시작한 것은 부처님이 돌아가시던 해였다. 제자들은 생전에 부처님께서 설파한 가르침을 흩어

지지 않게 보존하기 위해 각자 들은 바를 여시아문(如是我聞), 즉 "내가 들은 바는 이와 같다."고 하여 서로 논의하고 모아서 결집(結集)하였다. 이후 부처님의 말씀을 기록하여 널리 반포할 목적으로 간행한 기록을 모두 대장경(大藏經)이라고 부르기 시작했다.

2) 팔만대장경

해인사에 있는 팔만대장경은 고려 때 불경을 집대성한 것으로, 정식명칭은 고려대장경이다. 하지만 경판 수가 8만여 판에 달해서 흔히들 팔만대장경이라고 부르고 있다. 그리고 일반적으로 고대 인도에서는 많은 숫자를 표현할 때 8만5,000이라 하고, 인간의 번뇌가 많은 것을 8만4,000 번뇌, 석가모니 부처님이 고통에서 벗어나 해탈하여 부처가 되는 길을 대중에게 설법한 것을 8만4,000 법문이라 한다.

팔만대장경은 1251년에 완성되어 지금까지 남아 있는 목판이 8만1,258판(문화재청에서 밝힌 공식 숫자)이며 전체의 무게가 무려 280톤이다. 그리고 한 장의 두께는 4cm로 8만1,258판을 전부 쌓으면 그 높이는 약 3,200미터로 백두산(2,744m)보다 높으며, 길이로 이어 놓는다면 150리(약60km)나 되는 엄청난 양이다.

대경판 모양과 크기를 자세히 살펴보자면 다음과 같다.

경판 1매	가로길이=70cm 무게=3.25kg 세로길이=24cm 두께=3cm (글자 새겨진 면 : 가로길이=51cm, 세로길이=22cm 글자행수=23줄, 1행당 글자수=14자)
총매수	81,258매 : 양면 해서(楷書) 양각 경 종류 : 1,511종 권수: 6,802권 각종 자료마다 경판의 총매수, 경종류, 권수가 조금씩 다른 이유는 "보유판(補遺板) 포함여부", "중복판 포함여부" 등 때문에 발생한 차이
경판 1매당 글자수	23(행수) × 14(1행당글자수) × 2(양면) = 644자
경판 전체 글자수	644 × 81,258(총 경판수) = 52,382,960자

경판 나무 종류	산벚나무, 돌배나무, 자작나무 등 10여 종
소금물에 삶기 & 그늘말림 반복	뒤틀림과 좀 방지
경판 표면 옻칠	좀 방지, 장기 보존
경판 옆면 마구리 설치	뒤틀림 방지, 쪼갬 방지, 장기 보존
네 모퉁이 동판 부착	마구리 보호, 장기 보존

팔만대장경은 그 방대한 분량을 자랑하는 것 외에도, 질적으로도 아주 우수하다. 마치 숙달된 한 사람이 모든 경판을 새긴 것처럼 판각 수준이 일정하고 아름다워 조선시대의 명필 추사 김정희는 그 글씨를 보고 "이는 사람이 쓴 것이 아니라 마치 신선이 내려와서 쓴 것 같다."고 감탄해 마지않았다. 또한 오자나 탈자가 거의 없으며 근대에 만들어진 것처럼 상태도 아주 양호한 편이다. 그래서 세계는 팔만대장경을 두고 '목판 인쇄술의 극치', '세계의 불가사의다.'라는 찬사를 아끼지 않고 있다.

세계적인 문화유산 팔만대장경은 고려의 강화천도 후 5년째가 되는 고종 23년(1236), 오랫동안 준비하여 오던 대장경판을 새기기 시작하였다. 이후 1251년까지 장장 16년이란 세월에 걸쳐 오늘날 해인사 수다라장과 법보전에 보관되어 있는 팔만대장경판이 완성되기에 이른다.

이러한 팔만대장이 만들어지기까지의 과정을 살펴보면 다음과 같다. 선 경판을 만들 수 있는 목재를 확보해야 하는데 대략 40cm 굵기에 1~2미터짜리 통나무 한 개당 대여섯 장의 목판을 만들 수 있으므로 8만여 장의 경판을 만들기 위해서는 통나무 1만5,000개 이상이 필요하다. 그리고 벌채한 나무를 이틀에 한 번, 네 사람이 각 판장까지 운반하는 것으로 가정하면 이때 동원된 연인원은 8만~12만 명으로 추정된다.

다음은 목판에 붙일 판하본을 만들어야 하는데 하루에 한 사람이 1,000자 정도를 쓸 수 있으므로 5,200만여 자를 전부 쓰려면 연인원 5만 명이 필요하다. 필사에 소요되는 한지의 양만도 16만 장, 파지 등을 고려하여 그 3배인 50만 장쯤으로 추정한다. 원료인 닥나무 채취에서 한지를 완성하기까지 하루 한 사람이 50장 정도를 만들 수 있으므로 여기에도 연인원 1만 명쯤이 동원된다.

그러나 가장 오랜 시간을 소요하는 것은 판각이다. 경판은 글자를 새기는 작업이 핵심 기술인데 능숙한 기술자가 하루 종일 매달려도 40~50자가 고작이다. 그러므로 한 달에 유능한 각수 1명이 경판 두 장을 만들기도 어려웠을 것이다. 전체 5,200만여 자를 다 새기기 위해 동원된 연인원은 100만 명이 넘는다.

그리고 부식방지를 목적으로 경판에 옻칠을 하는 데 소요되는 옻액도 만만치 않다. 경판 한 장에 5g 정도의 옻이 필요한데 대장경판 전체를 옻칠하려면 400kg 정도가 필요하다. 하루 채취량은 150그루에서 400g이 채취되므로 이 정도 양을 채취하려면 연인원 1,000명이 동원되어야 한다.

그 외 대장경판을 교정보는 사람도 필요하고 구리 장식을 만드는 사람 등도 필요하며, 보조인원도 있어야 하므로 실제 제작에 동원된 사람은 더 불어난다. 그야말로 팔만대장경 제작은 고려 500년간 가장 큰 국책사업으로 고려의 운명을 걸고 온 나라 백성이 혼신의 힘을 기울려 만든 대작인 것이다.

3) 보존성

760여년의 역사를 가지고 있는 해인사의 팔만대장경은 보관상태가 현대 과학으로도 도무지 이해가 가지 않을 정도로 좋다. 팔만대장경을 보관하고 있는 경판전은 경판 보관기능을 최대한 살리기 위해 건물내부는 복잡하지 않고 단순하게 만들었다. 이 단순함이야말로 치밀하게 계산된, 그러면서도 자연과의 완벽한 조화를 염두에 둔 고도의 건축기술이다. 자연에 그냥 두면 멸해버릴 목판을 자연 속에서 멸하지 않도록 자연에 의존하고 귀의하면서도 자연을 극복해낸 장경판전의 비밀의 열쇠는 먼저 서로 다른 크기의 붙박이 살창에서 찾아 볼 수 있다.

경판을 장기간 보존하기 위해서는 적절한 환기와 온도 및 습기제거가 가장 중요하다. 따라서 건물의 통풍이 잘 이루어지도록 건물 외벽에 붙박이 살창을 두었다. 특히 벽면의 아래 위와 건물의 앞면과 뒷면의 살창 크기를 달리함으로써 공기가 실내에 들어가서 아래위로 돌아 나가도록 절묘한 건축기술을 발휘하였다.

즉 건물의 전면 벽에는 양측 기둥 사이에 중방을 걸치고 붙박이 살창을 아래위로 두었는데, 아랫 창은 가로 세로가 2.15미터와 1미터이고, 반면에 윗 창은 각각 1.2와 0.44미터이다. 뒷 벽면은 아랫 창이 1.36미터와 1.2미터이고, 윗 창은 각각 2.4미터와 1미터이다.

법보전의 붙박이창도 수다라장과 거의 같은 비율로 적용된다. 건물 전면의 아랫 창은 가로 세로가 2.4미터와 1미터이고, 윗 창은 각각 1.3미터와 0.4미터이다. 뒷 벽면은 아랫 창이 1.8미터와 0.9미터이고, 윗 창은 각각 2.2미터와 1.1미터이다.

그리고 수다라장 전면 아랫 창문은 위에 있는 창문의 약 4배가 되고 후면 윗 창문은 아랫 창문보다 약 1.5배 크다. 법보전의 경우 전면 아랫 창문이 윗 창문보다 약 4.6배 크며, 후면 윗 창문이 아랫 창문보다 약 1.5배 크다. 이러한 창문 설계는 유체역학과 공기의 흐름에 대한 지식을 바탕으로 장경판전을 지었음을 증명해 준다. 또한 법보전은 후면 위, 아래 창 전체 면적이 앞쪽보다 1.38배 넓고 수다라장은 뒤쪽이 앞쪽보다 1.85배 넓다. 이는 법보전이 수다라장에 비해 후면으로 들어온 공기가 앞으로 많이 빠져 나가고 내부에 남는 양이 적다는 것을 뜻한다. 이러한 구조는 건물 뒤쪽으로부터 오는 습기를 억제하고 건물안의 환기를 원활히 해 습기 피해를 막도록 도와준다.

이 간단한 차이가 공기의 대류는 물론 적정온도도 유지하게 한다. 일례로 장경판전 안에서 향을 피워 보면 향이 건물 전체를 한 바퀴 돈 뒤에야 사라지는 것을 볼 수 있다. 또 판전 전체의 온도도 1.5도의 차이밖에 나지 않으며 더구나 가장 추울 때와 더울 때의 차이가 10~15도를 넘지 않는다.

한편으로 판가(板架)는 굵은 각재를 이용하여 견고하게 설치한 후 경판을 세워서 두 단씩 놓도록 단을 두어 공기 유통이 잘 되도록 하였는데, 그렇게 5단으로 된 판가 각 단에 조밀하게 배열된 경판과 경판의 틈새가 일종의 굴뚝효과를 냄에 따라 상승통기(上昇通氣) 작용을 촉진시키고 있다. 이 작용은 경판 표면의 온도, 습도가 항온·항습에 가까운 완충(緩衝) 조절에 가장 중요한 요인이며, 이것이 경판 보존에 중요한 핵심으로 작용한다.

또한 바닥은 깊이 땅을 파고 숯, 찰흙, 모래, 소금, 횟가루를 뿌렸다. 비가 많이 와 습기가 차면 바닥이 습기를 빨아들이며 반대로 가뭄이 들 때는 바닥에 숨어 있던 습기가 올라와 습도조절을 자동적으로 해준다. 실제로 대장경을 장기 보존하는데 가장 큰 문제가 되는 것은 습도라 할 수 있다. 습도가 너무 높으면 판이 썩어 들어갈 위험이 있고 너무 낮으면 갈라질 우려가 있다. 1979년 문화재관리국이 조사한 바에 따르면 장경판전의 습도 조건은 연중 50~70%로 경판을 보관하는데 최적의 조건을 유지하고 있다.

III. 시대적 배경

고려는 현종 때인 11세기 초에 이미 대장경판을 만들었다. 이때 간행된 초조대장경은 1011년 불법의 가피력으로 거란의 침공을 물리치려는 발원에서 시작하여 1087년까지 무려 77년에 걸쳐 이루어진 것으로, 그 무렵으로서는 중국의 대장경에 견주어 내용이 완벽해 고려에 불교 문화국이라는 자부심을 안겨주었다. 그 뒤, 대각국사 의천(義天, 1055~1101년)에 의해 동북아의 불교 서적을 모은 목록이 편찬되었고, 여기 수록된 서적들도 목판으로 만들어졌는데 이를 교장이라고 부른다. 이것은 중국보다 앞선 불교 최대의 사업으로, 고려의 위상을 한층 강화시켰다. 그러나 팔공산 부인사에 봉안된 초조대장경과 교장은 1232년 몽고군의 방화로 안타깝게도 그만 소실되고 말았다. 오늘날에는 한국과 일본에서 그 일부가 전해지고 있을 뿐이다

이와 같이 팔만대장경의 조성은 고려 고종 19년(1231년) 몽고의 침입으로 초조대장경과 교장이 불에 타 소실되면서 비롯되었다. 당시 전 세계를 공포의 도가니로 몰아넣었던 몽고는 끝까지 저항하는 고려를 침입, 대구 부인사에까지 쳐들어와 고려인의 호국정신을 상징하는 대장경을 한줌의 재로 만들어 버렸다. 이에 강화로 피난하여 임시 수도로 정하고 장기전을 준비하고 있던 고려 왕실과 실권자인 최우(최이(崔怡)라고도 부른다)를 중심으로 한 군신들은 현종 때와 마찬가지로 부처님의 위력을 빌어 외적을 퇴치하려는 대발원에서, 고종 23년(1236) 강화에 대장도감을 설치하여 대장경 조성

사업을 결행하게 된다. 또 다른 이유로는 몽고의 침입으로 이전까지의 수도였던 개경을 버리고 강화도로 천도를 함으로써 최씨 무신정권이 백성들을 버렸다는 불신감을 낳게 되었다. 이런 상황에서 민심을 수습하기 위해 대장경 간행사업을 펼친 것이다. 이로써 최씨 무신정권은 민심의 수습과 '불교 문화국'으로의 부흥을 한꺼번에 꾀하게 된 것이다.

팔만대장경판이 만들어진 시기는 문헌기록과 현 팔만대장경판의 각 권 끝에 나와 있는 간지(干支)에 의하여 명확히 밝혀져 있다. 고려사 고종 38년(1251) 9월 25일조에 보면 "현종 때 만든 초조대장경 판본이 임진년 몽고의 난 때 불타버린 후 임금과 신하가 도감을 세우고 발원하여 16년간에 걸쳐 경판을 완성하였다. 이에 고종은 백관을 거느리고 성의 서문 밖에 있는 대장경 판당에 행차하여 낙성 경찬회를 열었다."는 것이다. 이를 근거로 낙성식을 거행한 고종 38년을 대장경판을 완성한 해로 보고 경판을 새기기 시작한 시기는 거꾸로 계산하여 추정해 보면 시기적으로 16년 전인 고종 23년(1236년)이 되며 이에 따라 오늘날 우리는 팔만대장경판이 고려 고종 때 16년에 걸쳐 새겼다고 말하는 것이다.

Ⅳ. 결 론

우리나라는 5천년의 유구한 역사와 전통을 이어가는 찬란한 문화유산을 지니고 있다. 정보화시대요, 국제화시대인 오늘날의 시대에서 수많은 국난과 전쟁의 소용돌이 속에서도 생명력을 잃지 않은 우리의 문화는 세계화시대에 또 다른 국가경쟁력이라 할 수 있을 것이며, 그중 세계의 문화유산인 팔만대장경은 불교정보의 총집합으로서 한국 문화의 세계성을 유감없이 보여주는 산 증거이다. 팔만대장경은 완성된 이래 750년이라는 긴긴 세월을 이어오는 동안 내우외환이 끊임없이 이어졌음에도 불구하고 오늘날에도 그 모습을 온전히 보존하고 있다. 우리는 이렇게 훌륭한 문화유산을 간직하고 있는 문화민족이라는 자긍심을 가지고 조상들의 얼과 사상이 담김과 동시에 예술의 정수인 팔만대장경을 오늘날 우리가 감상할 수 있음을 감사히 생각해야 할 것이다.

우리나라의 문화유산을 넘어 세계의 문화유산인 대장경과 장경판전의 신비는 세계가 모두 공감하는 것이다. 이러한 팔만대장경의 보존과 보호는 세계의 문화유산을 지키는데 있어서도 큰 의미가 있다. 이러한 문화유산들을 마냥 보고만 있는 다면 그것은 훌륭한 문화유산을 물려주신 조상들에 대한 도리가 아닐 것이다. 훌륭한 문화유산을 물려주신 만큼 우리에게는 문화재의 보존에 대한 책임과 의무가 따르게 되는 것이다.

현재 우리나라에서도 팔만대장경을 비롯한 문화유산에 대해 많은 보호노력을 기울이고 있을 것이다. 그러나 문화유산은 제도적으로 보존하고 보호하는 것만으로 켜지는 것이 아니라, 그 문화유산을 지켜가는 우리 개개인의 문화에 대한 자긍심과 애착심으로 인해 진정으로 보존되어 나갈 수 있다고 생각한다. 우리의 문화유산에 대해 우리 스스로가 역사상, 문화상으로 훌륭한 전통유산을 제대로 인식하고 이해하며, 애정어린 관심과 적극적인 자세로 지켜가고하자 하는 것이 무엇보다도 중요하다 할 수 있겠다.

어려운 상황 속에서도 호국정신과 불교정신으로 만들어낸 팔만대장경을 통해 우리 문화유산의 중요성과 위대함에 대해 다시 한 번 생각해 볼 수 있었다.

시무 28조를 통해 본 최승로의 정치사상에 대해 논하시오.

I. 머리말

고려 초 광종(재위 949~975년)에서 성종(재위 981~998년)에 이르는 시기는 호족의 세력을 억누르고 왕권을 강화해 고려왕조의 중앙집권적 지배체제의 강화와 통치체제를 정비해 가던 시기였다. 그 중 6대 성종에 이르러서는 3성6부제의 통치체제가 정비되고, 지방관을 파견하는 등 중앙집권화와 고려의 국가체제를 정비하게 되었다. 이러한 성종대의 국가체제 정비에는 최승로라는 인물과 그가 제시한 개혁안인 시무 28조가 끼친 영향은 매우 컸다고 볼 수 있다. 고려시대에 있어 '하나의 개혁안이 당시의 지배층에 채택되어 실천된 것과 그 시대의 시대정신에 뿐만 아니라 후세 유교정치이념의 형성에 지대한 영향을 준 것에 있어서는 이 최승로의 시무 28조만한 것이 없다'[01]고 할 정도로 최승로와 시무 28조가 우리 역사에서 갖는 의의는 매우 크다고 할 수 있다. 이제 최승로와 시무 28조에 나타난 그의 정치사상에 대해 알아보고자 한다.

---

01 김철준, 〈최승로의 시무이십팔조〉, 『한국고대사회연구』, 지식산업사, 1975.

Ⅱ. 본론

1. 최승로와 시무 28조

1) 최승로와 시대적 배경

고려왕조(918~1392년)는 지방호족들의 협조 하에 건국, 통일되었기 때문에 초기에는 자연히 호족연합적인 정권의 성격을 띠게 되었다.[02] 이는 오히려 태조(재위 918~943년)의 사후, 혜종(재위 943~945년), 정종(재위 945~949년)대의 왕권다툼으로 인한 정계의 혼란을 가져왔고, 이러한 과정에서 왕위에 오른 광종(재위 949~975년)은 과거제도와 노비안검법등을 실시하여 호족의 세력을 억누르고 왕권을 강화하려고 하였다. 그는 과거에 합격한 문벌 없는 학자들을 주로 등용하는 개혁을 단행하여 호족출신의 장상들에게 큰 타격을 주기도 하였다.

이러한 광종의 과거제실시에 크게 관심을 가진 것은 신라계의 육두품과 후백제계의 유학자들이라 볼 수 있다. 광종은 호족출신의 관료세력 대신 새로운 사회적 기반을 가진 인물들을 등용하고자 했던 것이고, 이를 통해 중앙집권화에 방해가 되던 개국공신계열이 도태[03]되고 측근세력과 과거를 통해 등장한 문신세력이 핵심적인 정치세력이 되면서 중앙집권적인 지배체제를 정비해 갔던 것이다. 그러나 광종이 죽은 후 그의 개혁은 무참히도 무너져 버렸고, 이와 함께 개혁에 가장 적극적으로 참여했던 후백제계 인물들은 거의 제거되었으며,[04] 그 결과 중앙의 정치 무대에 남은 것은 신라계

---

[02] 김갑동,『한국사의 이해』, 원광대학교 출판국, 1997, p111.

[03] 광종의 개혁에 불평과 불만을 가진 것은 호족세력을 주축으로 하는 건국에 공이 많은 장상과 그 자손들이었고 이에 광종은 왕 11년에 대상 준홍과 좌승 왕동을 귀양보낸 이후 계속된 숙청작업을 벌였다. 비록 부왕인 태조와 전장에서 고락을 같이한 구신들이라 할지라도 왕권에 순종치 않는 자에게는 탄압을 서슴지 않았다. 이것이 얼마나 심하였던지 사서에는 '죄수가 항상 넘쳐 따로 임시 감옥인 가옥을 설치하였다' 할 정도였고 최승로의 상서문에 의하면 '경종(재위: 975~981)이 즉위할 당시 구신으로 살아남은 자는 40여 인 뿐이었다.' 할 정도로 호족출신을 주축으로 하는 개국공신계열에 대한 광종의 숙청 정도를 가히 짐작할 수 있다.
박용운,『고려시대사』, 일지사, 1985

[04] 광종의 사후 대대적인 호족의 숙청은 경종의 즉위와 동시에 즉각 중지되었을 뿐더러 죄수를 방면하고 유배자를 풀어주는 등의 사면조치가 취해졌다. 이에 따라 종래의 개국공신계열이 다시 득세하게 되었고 이번에는 광종대에 진출한 인물들이 큰 타격을 받게 되었다. 경종은 전대에 참소를 입은 사람들의 자손에게 복수하는 것을 허락하여 또 한번 많은 인원이 해를 당하고 도태되었으며, 광종의 개혁에 가장 열렬하였던 후백제계 인물들은 유방헌같은 예외적 인물을 제외하고는 모두 제거되었다.

6두품 계열이 남게 되었다. 이후 정치의 주도적 역할을 담당한 것은 신라 6두품 계열의 유학자들이었고 그 대표적인 인물이 최승로였던 것이다.

최승로(927년(태조10)~989년(성종8))는 고려 초기의 문신이자 재상으로 신라 6두품인 은함의 아들로 927년 경주에서 출생하여 935년(태조 18) 신라의 경순왕(재위 927~935년)이 고려에 투항할 때 부친과 함께 고려에 귀순해 고려의 신하가 되었다. 그는 어릴 때부터 총명하여 태조의 사랑을 받았다고 한다. 당시 최승로는 중앙집권적인 귀족사회를 실현하는 것을 목표로 하고 있었다. 그는 앞에서 언급했듯이 신라가 항복할 때 고려에 들어와 고려의 신하가 된 사람으로 지방호족들과는 달리 지방에 자기의 근거지를 갖고 있지 않은 학자였다. 그러므로 그는 중앙의 관료로 진출하는 데에 관심을 가지고 있었고, 이는 그의 정치적 견해가 중앙집권적인 것으로 형성되게 하였다. 그러나 최승로는 중앙집권화를 표방하면서도 왕권의 전제화에는 반대하는 입장을 보였고 귀족들의 의견을 무시하는 전제주의 군주를 배격하였던 것이다. 그는 귀족 중심으로 정치가 운영되는 문벌귀족사회의 건설을 원하였고 이와 같은 최승로의 견해를 잘 나타내 주고 있는 것이 그가 성종에게 건의한 시무 28조인 것이다.

2) 시무 28조

고려 초기 국가체제의 정비에 있어 큰 비중을 차지하는 시무 28조는 982년(성종1)에 최승로가 성종(재위 981~997년)에게 고려 왕조가 당면한 과제들에 대한 자신의 견해를 밝힌 상서문으로 현재 남아 있는 우리나라 정치가들의 정치개혁론 중에서는 이 상서문이 가장 오래된 것이다.[05]

당시 성종 시대의 정치적 주도 세력은, 먼저 경주 출신의 신라 6두품 계열[06]과 다음

박용운, 『고려시대사』, 일지사, 1985
이기백, 〈신라통일기 및 고려초기의 유교적 정치리념〉, 『대동문화연구』, 6·7 합집, 1969~1970.

05 물론 이보다 앞서 최치원이 진성녀왕에게 10여조의 시무책을 올린 바 있으나 불행하게도 그 시무책은 현재 남아 있지 않아 구체적인 것을 알 수 없다.
이기백 외, 『최승로상서문연구』, 일조각, 1993
06 경종이 재위 6년만에 세상을 떠나고 뒤이어 즉위한 성종은 전대왕들의 경우와는 달리 주로 신라 육두품 계열의 유학자들을 중용하였다. 박용운,

으로는 지방 출신의 호족계열인 행정 관료들이었는데, 이중에서 당시의 정치적 이념을 제공한 것은 유학자들이었다. 특히 성종 초년에 정치의 실권을 쥐고 있던 최승로는 긴 상서문을 올려서 성종대의 정치적 기본방향을 제시하였다.

최승로는 성종 원년에 '정광행선관어사상주국'이 되어 행정의 요직을 맡게 되었는데, 이 해 6월 성종은 경관 5품 이상에게 각각 봉사를 올려 시정의 득실을 논하게 하였는데 최승로는 태조, 혜종, 정종, 광종, 경종에 이르는 오조의 치적을 평가한 오조치적평과 함께 28조에 달하는 시무를 올리게 되었다. 이 시무 28조는 성종대에 이루어져야 할 정치개혁을 모두 28개 조목으로 나누어 최승로 자신의 견해를 피력한 것이다.

현재 28조 중 그 내용을 알 수 있는 것은 22개조이며, 나머지 조의 내용은 전하지 않고 있다. 이 시무 28조는 당시 성종을 크게 공감시켜, 성종에 의해 추진된 국가체제 정비에 많은 영향을 미쳤던 것이다. 따라서 시무 28조는 고려 초기의 새로운 정책수립자이며, 정치담당자였던 최승로의 정치사상뿐만 아니라 성종대의 역사를 연구하는 데 있어서도 중요한 자료가 되고 있다고 할 수 있다. 이 시무 28조의 내용은 새 국왕(성종)이 해야 할 당면 과제들에 대한 구체적인 정책을 건의한 것으로 되어 있으며 국방관계, 불교의 폐단, 사회문제, 왕실관계, 중국과의 관계, 토착신앙과의 관계 등 그 당시 고려왕조가 당면한 문제에 대해 대내외적으로 광범위하게 자신의 정치적 견해를 제시하고 있다.

이러한 시무 28조의 내용을 살펴보면 다음과 같다. 문제에 따라 총 6개의 부분(국방관계, 불교의 폐단, 사회문제, 왕실관계, 중국과의 관계, 토착신앙과의 관계)으로 나누고 부분마다 이에 해당하는 각각의 조항들이 기입되어 있다.

먼저 국방관계 문제로 제1조에 북계의 확정과 방어책을 그 내용으로 하고 있다.

다음으로 불교에 대한 폐단에 관한 것으로 모두 8개조에 이르고 있어 가장 많은 내용을 담고 있다. 그 내용을 살펴보면 제2조 공덕재[07]의 폐지, 제4조 시여행려의 폐지,

---

『고려시대사』, 일지사, 1985

[07] 불교의 공덕신앙에 입각해서 공덕을 쌓기 위하여 베푸는 재를 말하며, 이 같은 공덕재는 여타의 재회들과 같이 승려에 대한 식사를 공양하는 의식을 중심으로 한 法會였다.

제6조 불보전곡(佛寶[08]의 돈과 곡식)의 폐단 시정, 제8조 승려의 궁중 출입금지, 제10조, 승려의 역·관 유숙금지, 제16조 사찰 남조의 금지, 제18조 불상에 금·은 사용금지, 제20조 불법숭신의 억제가 있다.

세 번째는 사회문제에 대한 것으로 제7조 지방관의 파견, 제9조 복식제도의 정비, 제12조 섬사람들의 공역 경감, 제15조 왕실 내속노비의 감소, 제17조 가사제도의 작정(酌定), 제19조 삼한공신[09] 자손의 복권, 제22조 노비의 신분규제가 있다.

네 번째는 왕실관계에 관한 것으로 제3조 왕실 시위 군졸의 축소와 제14조 제왕의 태도가 주 내용으로 되어 있다.

다섯 번째는 중국과의 관계로 제5조 중국과의 사무역 금지, 제11조 중국문물의 수용태도가 있다.

마지막으로 토착신앙과의 관계가 있는데, 제13조 연등회, 팔관회 행사의 축소와 우인 사용의 금지, 제21조 음사의 제한이 있다.

이러한 최승로의 시무 28조를 보면 불교의 폐단과 사회문제에 지대한 관심을 가지고 있었음이 주목되며, 특히 불교에 대한 태도가 매우 비판적이었음을 알 수 있다. 이 외에도 민폐의 시정과 민역의 감소 등과 관련된 민생문제와 중국의 문물을 수용하는 자세와 중국과의 대응자세와 관련된 중국과의 관계문제, 복식제도와 신분세도의 정비 등 고려사회가 당면한 과제들에 대해 폭넓은 개혁안과 사회적, 종교적 폐단에 대한 비판도 제시하였던 것이다. 이러한 시무 28조가 만들어진 것에는 당시 최승로가 가지고 있던 정치사상이 많은 영향을 끼쳤을 것이다.

이기백 외,『최승로상서문연구』, 일조각, 1993

08 불교 계통의 보를 말하며, 보는 일반적으로 시납받은 돈과 곡식을 밑천으로 하여 얻어지는 이자를 가지고 공공사업 등을 행하는 재단을 뜻한다. 고려초 불보의 종류에는 불법을 배우는 사람들을 위해 설치한 광학보, 금종의 유지비를 위한 금종보,《대반야경》등의 제경을 인행케 하는 기금을 마련하기 위한 반야경보, 팔관회를 위한 팔관보등과 빈민구제를 위한 제위보 등이 있다. 그러나 이러한 보의 본래 설립취지와는 달리 불보들은 리익추구에 힘을 써 오히려 민폐를 야기하고 있는 것이 당시의 실정이었다.
이기백 외,『최승로상서문연구』, 일조각, 1993

09 태조가 후삼국통일에 협력한 당대의 세력가들에게 내린 공신호를 말한다. 이러한 삼한공신에 들 수 있는 유공자는 태조의 막료를 비롯하여 그에게 귀순하여 협력한 지방호족세력이었으며, 이들은 삼한공신의 호를 받고 그들이 지닌 기존의 세력을 보유하면서 사심관에 임명되거나 혹은 역분전이나 노비 등을 소유하면서 정치·경제상의 혜택을 입고 있었다. 이들은 광종의 왕권강화책에 의해 거의 숙청되다시피 해서 그 세력이 크게 위축되었으나 경종대에 이르러 새로이 정비되는 국가의 통치체제 속에서 삼한공신의 후손들은 시정전시과를 지급받았으며, 성종대에는 관료지배층으로 편입되어 갔다.
이기백 외,『최승로상서문연구』, 일조각, 1993

2. 최승로의 정치사상

이제까지 최승로가 성종에게 올린 상서문인 시무이십팔조에 대해 알아보았다. 당시 성종 원년(982년)에 올려진 최승로의 상서문은 부족한 고려초의 기록을 보완해줄 뿐만 아니라 그의 정치사상을 집약하고 있다는 점에서도 관심의 대상이 되기에 충분하다고 볼 수 있다.[10] 이러한 시무 28조에 집약된 최승로의 정치사상은 과연 어떠한 것이었는가에 대해 살펴보고자 한다.

1) 유교적 정치이념

최승로는 원래 신라 6두품 계열의 유학자로 그의 기본사상은 유교를 바탕으로 하고 있다. 당시 그의 사상적 특징을 본다면 유교적 정치이념의 구현을 추구하며, 이러한 인식을 바탕으로 불교를 비판하고 있다는 점이다. 최승로의 시무 28조 중 현재 남아 있는 22개조 가운데 8개조가 불교와 관련된 것으로 제13조의 연등, 팔관회에 대한 비판, 제21조의 음사(기제) 등에 대한 비판의 2개조를 더한다면 종교적인 문제에 대한 조목이 무려 10개조에 달한다. 그리고 이 조목들이 모두 불교에 대해 부정적인 비판으로 되어 있다는데 공통성이 있다.

그러나 최승로의 불교비판은 종교로서의 불교교리 자체에 대한 비판이 아니라 불교에서 파생되는 사회적 폐단에 대한 비판이다. 이는 고려 말기 불교 전체에 대한 비판을 가하였던 정도전(?~1398년)으로 대표되던 배불론자들과는 근본적으로 차이가 있다고 하겠다. 최승로의 개혁안 중에서 불교의 폐단에 대한 지적과 비판이 많은 것은 성종 초년까지 당시 고려사회에서 불교의 폐단이 상당히 많았다는 것을 반증해 주는 것이라 할 수 있다. 다시 말해 최승로는 종교적 차원에서의 불교는 비판하지 않고 과도한 의식과 행사비 지출, 사찰 건립의 남발 등 불교로 인해 발생하는 사회적 폐단을 비판한 것이다.

---

10 이기백 편, 『고려광종연구』, 일조각, 1981

이러한 최승로의 불교에 대한 비판은 두 가지 측면에서 제기된 것으로 먼저 종래의 불교의식을 그대로 행하였던 성종에 대한 간언의 차원에서 불교를 비판한 것이다. 이는 최승로가 자신이 가지고 있던 유교적 정치이념을 실현시키기 위해서는 성종의 관심을 불교에서 유교적인 데로 전환시킬 필요가 있었기 때문이다. 이 때문에 최승로는 시무 28조의 제2조, 제4조, 제8조에서 모두 불교를 대하는 성종의 태도를 비판하고 나섰던 것이다. 그리고 이 모든 것을 과거 무리한 불교행사를 실시했던 광종과 연결시키면서 성종 임금이 불선(不善)의 표본처럼 여겨지던 광종처럼 되어서는 안 된다는 것을 강조하였다. 이처럼 그는 성종의 태도를 비판하면서까지 불교를 약화시키고 유교정치이념을 실현시키고자 하였던 것이다.

　두 번째로 불교의 사회적 폐단을 들 수 있다. 최승로의 시무 중 제6, 10, 16, 18조가 이에 해당하며 그 내용은 사찰 건립의 남발, 승려들이 지방을 왕래할 때 역관에 유숙하면서 발생하는 폐단, 불경·불상을 제작할 때 금·은을 사용하면서 생기는 폐단 등이라고 할 수 있다. 특히 최승로는 제18조를 강조하면서 신라가 멸망한 이유가 불경·불상에 금·은을 쓰는 등 사치가 지나치게 만연되었기 때문이라고 하는 역사적 사실을 제시하면서 불교의 폐단을 지적하였다.

　그러나 최승로는 이처럼 불교의 폐단에 대해서는 신랄한 비판을 가하였으나 종교로서의 불교를 이해하고 인정하는 입장을 취하였다. 그가 종교적 차원의 불교를 인정하는 이유는 그의 가정환경이 지극히 불교적이라는 것과 자기 자신의 출생과 생명보전이 불교와 밀접한 관계를 가지고 있었기 때문[11]에 최승로는 불교의 종교성까지는 부정할 수 없었던 것이다. 그래서 최승로는 기능에 따라 유교와 불교를 분리시키고, 정치이념으로는 유교를 토대로 해야 한다[12]는 것이다. 이는 불교가 정치에 미치는 영향력을 배

11　최승로의 부친 최은함은 아들이 없는 것을 탄식하여 중생사의 관음보살상 앞에서 아들을 낳게 해 달라고 빌었고 이에 아들을 얻었으니 이가 최승로였던 것이다. 그런데 출생 후 3개월도 못되어 927년 후백제의 견훤이 경주로 쳐들어오자 은함은 다급한 나머지 최승로를 중생사의 관음보살상 앞에 두고 보호해줄 것을 부탁하고 피난을 갔다. 반 달이 지나 후백제군이 물러나자 와서 찾으니 최승로는 건강하게 잘 있었는데, 살결이 새로 목욕한 것과 같았고, 얼굴도 좋아졌으며, 마치 젖 냄새가 입에 남아 있는 것 같았다 한다.
　　이기백 외, 『최승로상서문연구』, 일조각, 1993

12　최승로는 불교와 유교를 비교하며 다음과 같이 말하고 있다.
　　"석교를 행하는 것은 수신의 본이요, 유교를 행하는 것은 치국의 근원입니다. 수신은 내생의 자요, 치국은 금일의 요무로써, 금일은 지극히 가깝고 내생은 지극히 먼 것인데도 가까움을 버리고 먼 것을 구함은 또한 잘못이 아니겠습니까."
　　『고려사』 권 93 列傳 최승로전.

제하고 유교를 새로운 정치이념으로 받아들이자는 주장으로 당시의 실정으로 볼 때 매우 혁신적인 주장이라고 볼 수 있는 것이다.

최승로는 불교가 정치, 사회면에 끼치는 폐단을 모두 8개조에 걸쳐 비판하고 있는데, 이는 최승로가 유교적 정치이념을 바탕으로 한 정치개혁을 실현하려면, 정치문제에 관한 한 성종이 불교를 염두에 두게 해서는 안되겠다는 그의 강직한 의지가 개입되어 있는 것이라 볼 수 있다. 그리고 유교정치이념을 채택하기 위한 최승로의 노력은 성종이 그 뒤 재위 기간에 여러 가지 유교주의 정책을 강력하게 추진[13]함으로써 그 결실을 보게 되었다.

이처럼 최승로는 자신의 정치이념인 유교를 관철시키기 위해 당시 성종을 비롯한 지배층의 사상인 불교의 사회적·정치적 차원에서의 폐단을 신랄하게 비판하여, 그 동안 종래의 불교의식을 계속 실시하고 있었던 성종의 이념적 관심을 불교에서 유교로 전환시켜 유교를 고려사회의 정치이념으로 발전시키려 했던 것이다. 그리고 이러한 최승로의 유교정치이념은 성종에 의해 채택되어 고려사회에 유교정치이념이 확립되게 되었던 것이다.

2) 중앙집권체제와 권력관

최승로의 시무 28조에 나타난 정치사상 중 유교정치이념과 함께 중요한 것이 제7조에서 나타난 지방관의 파견으로 알 수 있는 중앙집권적 지배체제의 강화이다.

당시 최승로가 구상한 이상적인 정치는 중앙집권적인 정치형태로 볼 수 있다.[14] 중앙으로부터 지방관을 파견할 것을 요청한 제7조에서 최승로는 지방의 호족(토착세력)이

이처럼 최승로는 불·유의 기능을 구별지으면서 현실정치는 후자에 토대를 두어야 한다고 주장하였다.
박용운, 『고려시대사』, 일조각, 1985.

13 최승로의 주장 이후 실시된 기곡적전례와 같은 유교적인 국가의례의 정비나, 일시적이었지만 연등회·팔관회의 중지 등은 이러한 그의 주장과 유관한 것이었다.
박용운, 『고려시대사』, 일지사, 1985.

14 최승로가 바란 것은 중앙집권적 국가체제에서의 왕권의 안정이었다. 후삼국의 내란으로 말미암아 초래된 개인적·사회적인 고난을 겪은 최승로가 통일된 국가, 분열이 없는 국가, 중앙의 정책이 전국의 통치권을 장악한 국가를 바람직한 국가로 생각했음은 매우 당연한 것이었다.
이기백 외, 『최승로상서문연구』, 일조각, 1993.

공무를 빙자하여 백성을 수탈하여 백성이 이에 견뎌내지 못하고 있으니 외관을 파견해야 한다고 하였다. 이것은 고려 건국 이후 지금까지 실현해 오지 못했던 상주 지방관의 파견을 건의한 것으로, 이러한 최승로의 건의에 따라 그 다음해인 성종2년 실제로 12목이 설치되었고[15] 이에 외관이 파견되었으며 지방의 호족들은 향리로 그 지위가 전락함으로써 중앙집권적 지배체제가 강화되는 계기를 마련하였다.

또 최승로는 백성을 다스리는 것은 중앙정부의 임무이고, 이는 다시 중앙정부를 다스리는 국왕의 일이라고 생각하였다. 그래서 백성들을 지방호족들의 독자적인 지배에 맡겨서는 안 된다는 것이고 호족의 독자적인 백성 지배는 곧 백성에 대한 수탈과 폭정으로 생각하고 있었다. 최승로는 중앙집권적인 통치기구를 움직여 나가는 것에 대한 책임을 우선 국왕의 책임으로 보았다. 그러므로 제7조에서 지방관의 파견을 요청할 때 "왕이 백성을 다스림은 집마다 가서 날마다 보는 것이 아니므로 수령을 파견한다."라고 하였다. 이는 지방관이 국왕을 대신해서 백성을 다스린다는 개념이었다.

이처럼 최승로는 정치체제의 중앙집권화를 추구하였으나, 국왕이 정치의 최고책임자라고 해서 왕권이 무제한으로 비대해지는 것을 인정하지 않았다. 통치체제의 중앙집권화를 꾀하였지만 왕권의 전제화는 반대하였던 것이다. 예를 들어 최승로는 시무 28조 제3조에서 왕실의 시위 군졸의 수를 줄일 것을 건의하였는데, 고려의 시위 군졸은 태조 때에는 단지 궁성의 숙위에 충당할 뿐이어서 그 숫자가 많지 않았으나, 광종 때 그 숫자가 늘어[16] 경종(재위 975~981년)때에 약간 감축했으나, 아직 그 수가 많으니 태조의 법대로 줄여야 한다는 주장을 한 것이다.

그리고 제15조에서는 궁중의 노비와 말들을 줄일 것을 건의하였다. 과거 광종이 불교행사를 자주 하면서 많은 노비와 말을 사용해 이에 따른 비용이 많이 들어가므로 태

---

15 12목이 설치된 지역을 『고려사』 지리지에서 찾아보면 다음과 같다. 양주목, 광주목, 충주목, 청주목, 공주목, 해주목, 진주목, 상주목, 전주목, 라주목, 승주목, 황주목 등이 그것이다. 이 중 양주목, 라주목, 승주목, 해주목, 황주목 등을 제외한 나머지는 이미 신라시대 9주 5소경 지역으로 외관이 파견될 수 있는 충분한 자격을 갖추고 있었다.
김갑동, 「나말여초의 호족과 사회변동연구」, 고려대학교 민족문화연구소, 1990

16 "태조때에는 궁성의 숙위에만 충당되었다"는 표현은, 광종대의 시위군이 궁성의 숙위 이외의 임무까지 수행하고 있었음을 시사해주며, 궁성의 숙위 이외에 이들이 수행한 임무는 광종의 왕권강화정책을 뒷받침해주는 것이 아니었을까 한다. 광종은 호족세력(공신세력)에 대한 대대적인 숙청을 전후하여 시위군을 크게 강화하여 자신의 군사력을 증강시켰는데, 그는 이러한 시위군을 이용하여 공신세력이 보유한 사병을 제거하고, 나아가 공신세력 숙청에까지 이른 것으로 이해할 수 있다. 이처럼 광종의 공신세력에 대한 숙청도 이러한 武力의 뒷받침 위에서 단행될 수 있었던 것이다. 이기백 편, 『고려광종연구』, 일조각, 1981

조의 예를 따라서 노비와 말의 수를 줄이자고 주장하였다. 결국 이는 광종의 전제주의를 비판한 것으로, 왕실이 독자적으로 세력 기반을 육성하는 것에 반대하는 입장이기도 하였다. 최승로는 왕실이 독자적인 군사력을 육성하게 되면, 그 세력을 기반으로 전제적인 방법으로 신권위에 군림할지도 모른다는 입장으로 이러한 것들을 반대하였던 것이다.

이와 함께 최승로는 과거 혜종이 암살의 위기 속에서 자신의 생명을 보호하기 위한 신변호위세력에 대해서도 비판적으로 보았다. 당시 혜종은 즉위 때부터 강력한 적대세력의 위협[17]속에서 자신의 왕위는 물론, 목숨마저 위태로운 상황에서 어쩔 수 없이 만든 것인데, 이에 대해 최승로는 당시 강력한 적대세력의 왕권다툼 속에 전전긍긍하던 혜종의 나약한 왕권을 동정하기보다는 오히려 혜종의 소극적인 신변보호책을 비판한 것이다. 이는 왕실은 어떠한 경우에도 왕실자체의 독자적인 군사력 육성은 배제해야한다는 그의 입장을 잘 나타낸 것이라 할 수 있다.

그리고 최승로는 성종이 신하의 의견에 귀를 기울일 것도 권하였다. 제14조에 나타난 제왕의 태도에서 보면 왕은 "마음을 겸양하게 가질 것", "신하를 예우하며", "스스로 교만하지 말고 신하를 접함에 공손함을 생각"하기를 권하고 있는데 이 또한 국왕중심의 왕권전제화를 억제하기 위한 방편이라 할 수 있다.

이처럼 최승로는 왕권의 전제화를 억제하면서 귀족관료층의 권리를 보장하기 위한 여러 가지 건의를 하기도 하였다. 시무 제19조에서 삼한공신의 자손을 등용할 것과 제9조에서는 재직자와 서인을 구분하여 의복의 제도(복식제도)를 정비할 것과 제17조에는 신분의 등급에 따라 집의 크기를 규정하는 가사 제도를 지킬 것을 주장하였고, 제22조에서는 노비의 신분을 규제하여 귀천의 구분을 엄격히 할 것을 주장하였는데 이러한 최승로의 개혁안은 신분제도를 엄격히 지키도록 하여 귀족관료와 공신들의 권위와 특권을 옹호하는데 그 특징이 있다고 하겠다.

이와 같이 최승로는 지방관을 파견하여 호족들의 세력을 약화시킴으로써 이에 따

---

17 943년 태조가 죽고 태조와 라주 오씨 사이에서 태어난 무가 혜종으로 왕위에 오르자 외척인 왕규가 혜종을 암살하고 자신의 외손인 광주원군을 왕위에 앉히려 하였다.

른 중앙집권적 지배체제를 추구하면서도 전제적인 왕권의 수립을 적극 반대하였고 그럴 수 있는 가능성마저도 철저히 봉쇄하자는 입장이었다. 그래서 최승로는 행정 기능의 강화와 법에 따른 정치를 추구하였던 것이다. 그러나 한편으로는 정치권력이 특정한 권신에게 집중되는 것도 단호히 배격하였으며, 공신과 귀족관료의 권위와 특권을 옹호하였다. 그가 말하는 관료는 귀족관료였다. 그러므로 그 관료의 사회적 기반은 귀족이었던 것이다.

위의 사항들을 종합해 볼 때 최승로는 유교사상에 입각한 중앙집권적 귀족정치의 실현을 목표로 노력하였으며[18], 고려 초기의 중앙집권적인 통치체제 정비와 문벌귀족사회의 토대를 마련하였던 것이다.

3) 민생문제와 중국에 대한 태도

최승로는 그가 올린 시무 28조에서 역점을 두고 올린 정책 건의가 바로 민생문제에 관한 것이었다. 최승로는 당시 백성들이 집권층, 사찰, 지방의 호족세력 등에 의해 부당하게 수탈당하고 유린당하는 사실에 주목하고 있었고 이에 따라 여러 조목에 걸쳐 구체적인 개혁책을 제시하였다.

먼저 제13조에서 연등과 팔관회의 축소를 건의하였는데, 그 이유로서 행사를 위해 인력을 널리 징발하여 백성들의 노역이 심히 번거롭기 때문인 것을 들었고, 제6조에서는 불보전곡의 폐단을 시정해야 하며, 제7조에서 지방관의 파견을 건의하는 것도 지방의 호족들이 공무를 빙자하여 백성들을 괴롭히므로 백성들이 견딜 수 없기 때문이라고 하였다. 제10조에서는 승려들의 역·관 유숙금지 건의도 민폐 개선의 초점이 되고 있다.

현재 남아 있는 22개의 조목 중 민생문제와 관련된 것은 제4조, 6조, 7조, 10조, 12조, 13조, 15조, 16조, 17조, 20조, 21조 등 모두 11개조에 달하여 최승로가 얼마나

---

18 이기백, 〈신라통일기 및 고려초기의 유교적 정치리념〉, 『대동문화연구』 6·7 합집, 1969~1970
이기백, 〈집권적 귀족정치의 이념〉, 『한국사』, 4, 국사편찬위원회, 1974

민생문제에 중점을 두었는가를 잘 알 수 있다. 특히 21조에서는 "민력을 쉬게 하여 환심을 얻으면 그 복은 반드시 기도하는 복보다 나을 것이다." 라고 한 것은 민생의 안정이 곧 정치적인 안정과 발전을 가져올 것이라는 그의 사상을 잘 나타내 주는 것이라 할 수 있다.[19]

이러한 최승로의 백성에 대한 태도는 고려이전의 고대적 민중관에 비해 큰 진전을 보였다고 볼 수 있다. 고대사회에서는 백성을 노예적으로 무제한 착취할 수 있다는 것이 일반적인 경향이었지만 최승로의 사상은 이러한 관점에서 탈피하였고, 보다 구체적인 정책과 결부시켜 여러 방면으로 민생의 안정책을 제시하고 있다는 점에서 큰 전진을 보였다고 할 수 있는 것이다.[20]

그리고 최승로는 국내의 문제만을 다룬 것이 아니라 외교적인 면에서도 정책 건의안을 제시했고 그것이 바로 중국과의 관계를 다룬 제5조와 11조이다. 제11조에서 그는 유학자임에도 불구[21]하고 중국(송나라)의 문물을 받아들이되, 맹목적인 도입을 지양하고 우리의 현실에 맞게 받아들여야 한다고 강조하였다. 이와 같은 중국에 대한 태도를 보인 것은 과거 광종의 지나친 친송정책의 태도에서 야기된 혼란을 반성하고 이제부터는 중국에 대하여 우리 민족의 긍지와 자부심을 가지고 중국과의 관계에 임해야 된다는 것을 강조하기 위해서였던 것이다.

또 제5조에서는 중국과의 사무역을 금지하자는 건의를 하였는데, 이는 무역 과정에서 중국의 천시를 받을 수 있다는 염려에서 비롯된 것으로, 중국에 대한 자주성을 지키려고 하였던 그의 노력을 잘 알 수 있는 대목이다.[22] 이처럼 최승로는 개혁안의 상당

---

19 하현강, 〈최승로의 정치사상〉,『한국중세사연구』, 일조각, 1988
20 하현강, 〈최승로의 정치사상〉,『한국중세사연구』, 일조각, 1988
21 대체적으로 유교주의자는 맹목적으로 모화사상에 젖기 쉬운데, 이에 비해 최승로는 중국에 대해 자주적인 입장을 취할 것을 주장하였다.
　하현강, 〈최승로의 정치사상〉,『한국중세사연구』, 일조각, 1988
22 태조는 훈요십조 중 제 4조에서 "우리 동방은 예로부터 당풍을 사모하여 문물, 예악 등의 제도를 따랐지만 방위를 달리하고 땅을 달리한 만큼 인성도 다르니 반드시 구차하게 같이 할 것이 없다."(『고려사』권2 태조세가 26년 하 4월 조.)라고 하였는데, 최승로의 중국관은 이러한 태조의 중국관의 영향을 받았던 것이 아닌가 한다. 또한 최승로가 국내에서 공부하여 가장 높은 지식수준에 도달할 수 있을 정도로 당시 고려의 문화적 기반이 그만큼 성숙했던 점도 요인으로 들 수 있다.(특히 광종조에는 중국에서 이미 없어진 불교관계서적과 효경류를 보내 문화적 기여를 할 정도였음.) 그리고 과거 광종의 지나친 대중국 태도 즉, 열광적인 중국문물 내지 중국출신 인사의 수용도 이러한 최승로의 중국관에 적지 않은 영향을 미쳤다고 할 수 있다.
　하현강, 〈최승로의 정치사상〉,『한국중세사연구』, 일조각, 1988

수가 민생 개혁에 포함될 만큼 민생문제에 대해 불교의 폐단 시정 이상으로 지대한 관심을 가지고 있었으며, 중국과의 관계도 유학자임에도 상당히 자주적인 입장에 섰음을 알 수 있다.

III. 맺음말

지금까지 최승로와 시무 28조, 그리고 그곳에 나타난 최승로의 정치사상에 대해 알아보았다. 종합해 보면 그는 시무 28조를 통해 고려 초기의 국가체제를 정비하고자 하였다. 그의 정치사상을 보면 정치문제에 불교와 토착신앙을 배척하여 유교적 정치이념을 채택하고자 하였고, 지방관의 파견 등을 통해 지방의 호족을 억누르고 중앙집권적 지배체제를 이루면서 왕권의 전제화는 철저히 규제하려고 하였다. 그리고 공신과 귀족관료들의 권위와 특권을 옹호하여 고려 초기 문벌귀족사회의 토대를 마련하였다고 볼 수 있다. 이 외에 민생문제에도 각별한 관심을 가지고 이를 시정해 나가려 하였고, 중국과의 관계도 자주적인 입장에서 보려고 하였다.

이러한 최승로의 사상은 단순히 최승로 개인의 것으로 그친 게 아니라 성종에게 큰 영향을 미쳤으며, 그가 제시한 개혁안이 채택되어 성종대의 새로운 국가체제로 정비되어 유교적 정치이념을 가진 중앙집권적인 문벌귀족국가의 토대를 마련했다는 점에서 최승로와 시무 28조가 갖는 역사적 의의와 중요성은 매우 크다고 할 수 있다.

조선 연대표 (519년간 27명의 왕)

① 태조 (재위기간 1392 ~ 1398년)
- 1393년 : 국호 조선
- 1394년 : 한양천도
- 1398년 : 1차 왕자의난

② 정종 (재위기간 1398 ~ 1400년)
- 1400년 : 2차 왕자의난

③ 태종 (재위기간 1400 ~ 1418년)
- 1401년 : 신문고 설치
- 1405년 : 한성(서울) 천도
- 1413년 : 호폐법 실시, 조선8도 지방행정조직 완성

④ 세종 (재위기간 1418 ~ 1450년)
- 1419년 : 대마도 정벌(이종무)
- 1420년 : 집현전 설치
- 1429년 : 농사직설 편찬
- 1434년 : 자격루 만듦(장영실)
- 1443년 : 훈민정음 창제
- 1445년 : 용비어천가 편찬
- 1446년 : 훈민정음 반포

⑤ 문종 (재위기간 1450 ~ 1452년)
- 1450년 : 동국병감 출간
- 1451년 : 고려사 편찬
- 1452년 : 고려사절요(김종서) 편찬

⑥ 단종 (재위기간 1452 ~ 1455년)
　　　　1453년 : 계유정난(수양대군 정권 장악)

⑦ 세조 (재위기간 1455 ~ 1468년)
　　　　1456년 : 성삼문, 박팽년등 단종 복위도모 처형(사육신)
　　　　1466년 : 직전법 실시
　　　　1463년 : 호운관 설치
　　　　1467년 : 이시애의 난

⑧ 예종 (재위기간 1468 ~ 1469년)
　　　　1469년 : 직전수조법 제정, 천하도 완성, 경국대전 완성

⑨ 성종 (재위기간 1469 ~ 1494년)
　　　　1478년 : 동문선(서거정) 편찬
　　　　1482년 : 폐비윤씨 사약
　　　　1493년 : 악학궤범 완성

⑩ 연산군 (재위기간 1494 ~ 1506년)
　　　　1498년 : 무오사화(조의제문)
　　　　1504년 : 갑자사화(폐비윤씨)
　　　　1506년 : 중종반정(폐왕 연산군 봉함)

⑪ 중종 (재위기간 1506 ~ 1544년)
　　　　1510년 : 삼포왜란
　　　　1517년 : 축성사를 비변사로 개칭
　　　　1518년 : 현량과 실시(조광조)
　　　　1519년 : 기묘사화
　　　　1530년 : 신증동국여지승람(이행) 편찬
　　　　1543년 : 백운동 서원(주세붕) 건립

⑫ 인종 (재위기간 1544 ~ 1545년)

⑬ 명종 (재위기간 1545 ~ 1567년)
　　　　1545년 : 을사사화
　　　　1546년 : 양재역 벽서사건

　　　　　1554년 : 비변사 설치
　　　　　1555년 : 을묘왜란
　　　　　1559년 : 임꺽정의 난

⑭ 선조 (재위기간 1567 ~ 1608년)
　　　　　1575년 : 붕당정치(파벌싸움 동인, 서인)
　　　　　1583년 : 시무육조(이이), 10만양병설 건의
　　　　　1588년 : 소학언행 간행
　　　　　1589년 : 정여립의 역모사건
　　　　　1592년 : 임진왜란, 한산도 대첩
　　　　　1594년 : 훈련도감 설치
　　　　　1597년 : 정유재란, 명량대첩
　　　　　1598년 : 노량해전, 이순신 전사
　　　　　1604년 : 일본 도쿠가와 이에야스 강화(유정)

⑮ 광해군 (재위기간 1608 ~ 1623년)
　　　　　1608년 : 선혜청 설치, 경기도 대동법 실시
　　　　　1610년 : 동의보감(허준) 완성
　　　　　1618년 : 인목대비 유폐
　　　　　1619년 : 명에 원군 지원(실리적 외교)
　　　　　1623년 : 인조반정

⑯ 인조 (재위기간 1623 ~ 1649년)
　　　　　1623년 : 대동법 실시(강원, 충청, 전라도)
　　　　　1624년 : 이괄의 난(인조반정)
　　　　　1627년 : 정묘호란(반금친명정책)
　　　　　1636년 : 병자호란(형제에서 군신관계)

⑰ 효종 (재위기간 1649 ~ 1659년)
　　　　　1652년 : 북벌정책 추진
　　　　　1653년 : 하멜 표류중 제주도 도착
　　　　　1654년 : 1차 나선정벌
　　　　　1658년 : 2차 나선정벌

⑱ 현종 (재위기간 1659 ~ 1674년)
    1659년 : 1차 예송논쟁(복제문제)
    1662년 : 대동법 확대시행(호남지방)
    1668년 : 동철활자 10여 만자 주조
    1669년 : 훈련별대 설치
    1674년 : 갑인예송(복상문제)

⑲ 숙종 (재위기간 1674 ~ 1720년)
    1689년 : 기사환국(남인 집권), 인현황후 퇴출
    1693년 : 울릉도, 독도(안용복) 일본인 쫓아냄
    1694년 : 갑술옥사(노론 집권)
    1708년 : 대동법 실시
    1712년 : 백두산정계비 세움

⑳ 경종 (재위기간 1720 ~ 1724년)
    1721년 : 신임사화(소론, 노론 권력투쟁)

㉑ 영조 (재위기간 1724 ~ 1776년)
    1724년 : 정미환국
    1725년 : 탕평책 실시
    1728년 : 이인좌의 난
    1729년 : 삼복법, 오가작통, 이정법 엄수
    1750년 : 균역법실시
    1760년 : 개천(청계천)준설, 준천사 설치
    1762년 : 사도세자 뒤주 죽음
    1770년 : 동국문헌비고 완성

㉒ 정조 (재위기간 1776 ~ 1800년)
    1776년 : 규장각 설치
    1784년 : 최초 천주교회 창설(이승훈)
    1785년 : 대전통편 편찬
    1791년 : 신해통공(금난전권 폐지)
    1797년 : 연려실기술(이긍익) 편찬

㉓ 순조 (재위기간 1800 ~ 1834년)
　　　　　1801년 : 신유박해(천주교 탄압)
　　　　　1805년 : 안동 김씨 세도정치
　　　　　1811년 : 홍경래의 난(대규모 농민항쟁)
　　　　　1831년 : 천주교 조선 교구 설치

㉔ 헌종 (재위기간 1834 ~ 1849년)
　　　　　1836년 : 기해사옥(천주교 박해)
　　　　　1846년 : 김대건 신부 순교

㉕ 철종 (재위기간 1849 ~ 1863년)
　　　　　1860년 : 최제우 동학 창시
　　　　　1861년 : 대동여지도(김정호) 만듦

㉖ 고종 (재위기간 1863 ~ 1907년)
　　　　　1863년 : 흥성대원군 정권 장악
　　　　　1864년 : 최제우 사형(사도난정 죄목)
　　　　　1866년 : 병인박해, 병인양요 발생
　　　　　1871년 : 신미양요 발생
　　　　　1873년 : 대원군 탄핵(제주도 유배)
　　　　　1876년 : 강화도 조약
　　　　　1882년 : 임오군란(신식군대), 제물포 조약
　　　　　1884년 : 갑신정변
　　　　　1885년 : 거문도사건, 광혜원 설립
　　　　　1889년 : 함경도 방곡령 실시
　　　　　1894년 : 동학농민운동, 갑오개혁, 청일전쟁
　　　　　1895년 : 을미사변(명성황후 죽음), 단발령
　　　　　1896년 : 아관파천, 독립신문(서재필) 창간
　　　　　1897년 : 국호→대한제국, 연호→광무
　　　　　1898년 : 만민공동회 개최, 황성신문 발간
　　　　　1899년 : 독립신문 폐간, 경인선 개통
　　　　　1901년 : 이재수의 난(제주도), 애국가 재정

1904년 : 한일 의정서 체결
1905년 : 포츠머드 강화조약, 을사조약 체결
1906년 : 일제 통감부 설치
1907년 : 국채보상운동, 헤이그 특사파견

㉗ 순종 (재위기간 1907 ~ 1910년)
1907년 : 정미 7조약 체결, 신민회 설립
1908년 : 동양척식주식회사 설립
1909년 : 이토 히로부미(안중근) 저격
1910년 : 한일 합병 조약 공포

🔵 확 잡히는 조선

14세기 후반에 이르러 고려 왕조는 권문세족의 발호로 정치체제가 약화되고 왕권이 쇠퇴하였으며, 밖으로는 이민족의 침입이 계속되는 혼란을 거듭하였다. 이때에 이성계는 조준, 정도전 등 신진사대부와 손을 잡고, 위화도회군을 단행하여 최영 일파를 숙청하였다. 또 전제개혁을 단행하여 경제적 기반을 마련한 뒤, 1392년 이성계는 개성의 수창궁에서 선양의 형식으로 왕위에 올라 1910년 마지막 임금인 순종에 이르기까지 27명의 왕이 승계하면서 518년간 지속되었다.

조선은 유교를 기본으로 예를 중시하였고 한글 창제와 과학 기술 및 농업 기술의 발달 등이 이루어졌으며, 임진왜란을 비롯한 여러 외침을 극복하고, 현재의 한민족과 한국 문화의 직접적 전통의 기반이 되는 문화를 형성한 시기이기도 하다.

🔵 기억할 유물

숭례문(남대문), 경복궁, 창경궁, 종묘, 백자 동화매국문병, 분청사기 음각어문 편병, 안동하회탈 및 병산탈, 대동여지도, 곤여만국전도, 조선왕조실록

🔵 기억할 인물

* **이성계(태조) :** 조선을 건국하고 조선의 기반을 다졌다.
* **세종대왕 :** 훈민정음을 창제하셨다. 이밖에도 수많은 업적을 남겼다.
* **이순신 :** 임진왜란 때 왜군의 침략으로부터 나라를 지켜냈다.
* **전봉준 :** 동학농민운동을 주도했다.
* **허 준 :** 최고의 의학자이며 동의보감의 저자이다.
* **정약용 :** 조선시대의 실학자로 거중기를 만들었다.
* **황 희 :** 조선시대의 충신으로 조선 최장수 재상이었다.

2. 조선 시대

1) 조선의 건국

지방의 호족세력이 왕권을 잡은 최초의 왕조 국가인 고려가 멸망하고 위화도 회군으로 실권을 잡은 이성계가 세운 나라가 조선이다.

이성계는 1392년 7월 17일에 조선의 태조로 즉위하였다. 그 이튿날 명나라 왕조에 임금의 교체 사실을 승인받기 위해 사신을 보냈다. 명나라 홍무제는 "고려 정치는 알아서 할 것이며, 공문이 고려에 도착하는 날 국호를 무엇으로 바꿀지 즉시 보고하도록 하라."고 하였다.

도당에서는 새 왕조의 국호로 '조선'과 '화령'을 내놓았다. 조선은 단군조선, 기자조선등 역사적인 맥을 잇는다는 의미에서, 화령은 이성계의 출생지를 이유로 채택된다 하였다. 두 이름을 들고 사신 한상질이 11월 29일에 명나라에 갔다. 명나라 예조는 두 이름 중 '조선'을 국호로 삼을 것을 결정한 공문을 보냈고, 그 공문이 조선에 전해진 것은 1393년 2월 15일이었다. 그에 따라 1393년부터 조선이라는 국호가 사용되었고, 그 이듬해인 1394년에 수도를 한양으로 정하고 궁궐을 조성하기 시작했는데 새 궁궐 경복궁으로 수도를 옮긴 것은 1395년으로 그때까지도 경복궁은 완공되지 않았다.

조선의 건국은 새 왕조의 건설이라는 의미도 있지만, 우리나라 중세사회로의 재편이라는 의미도 크다.

고려 말기에는 농민들의 경제생활, 계층구조의 변동 등 사회변화가 심하게 나타났다. 권문세족들이 농장규모를 확대시키고 농민을 지배하면서 농민의 저항과 함께 지배층 내부에서도 갈등이 일어 사회개혁이 필요하게 되었다. 당시 중국대륙에서는 원나라가 무너지고 명나라가 일어난 원·명교체기였다. 공민왕대에 중앙정계에 새로 등장하게 된 신흥사대부들은 성리학이라는 새로운 사상을 받아들여 새로운 정치이념으로 권문세족과 부원세력(부원배라고도 하며 원을 등에 업고 출세한 자들을 가리키는 말)을 공격하였다.

한편, 원과의 문제나 왜의 침략으로 전쟁이 많이 일어나면서 신흥 무장세력이 성장하였는데 이성계가 그 대표적인 인물이다. 그는 홍건적과 왜구의 침략을 방어하는데 공을 세우면서 두각을 나타냈다. 우왕과 최영을 제거하고 정국을 장악한 이성계의 세력에 동조한 사람들은 신진사대부 중 급진개혁파인 정도전, 조준 등이다. 그들은 권문세족과 이색, 정몽주 등 온건파를 몰아내고, 개인소유의 논밭인 사전제도개혁을 통해 경제적 기반을 확보하였다. 과전법이라는 토지분급제도를 실시하여 중앙에 거주하는 관인층과 지방의 유력자층에게 토지를 나누어 주고, 그들에게 토지세를 받을 수 있는 권리인 수조권을 주었다. 수조율은 1/10로 한정하여 수조권자가 수조지의 농민을 수탈하지 못하도록 하였다. 그리고 사전을 제외한 토지는 공전으로 국가가 농민에게 직접 수조하는 토지이다. 그 외 전세(田稅)제도를 정비하였다.

위화도 회군으로 실권을 잡았기에 이성계는 회군을 뒷받침할 명분으로 친명정책을 펼쳐나갔다. 원의 연호를 폐지하고 명나라의 연호인 홍무를 사용하고, 원나라의 의복이나 변발을 금지시켰다.

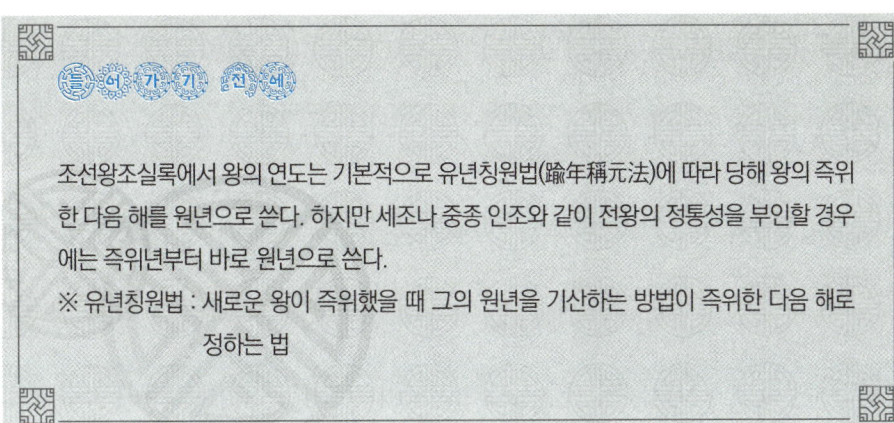

들어가기 전에

조선왕조실록에서 왕의 연도는 기본적으로 유년칭원법(踰年稱元法)에 따라 당해 왕의 즉위한 다음 해를 원년으로 쓴다. 하지만 세조나 중종 인조와 같이 전왕의 정통성을 부인할 경우에는 즉위년부터 바로 원년으로 쓴다.
※ 유년칭원법 : 새로운 왕이 즉위했을 때 그의 원년을 기산하는 방법이 즉위한 다음 해로 정하는 법

2) 왕의 치사로 본 조선 역사

● **제1대 태조**(太祖. 재위 기간은 1392년~1398년까지 6년)

   조선 왕실의 뿌리는 전주 이씨 이한으로부터 시작되는데, 그의 후손들은 수대에 걸쳐 전주 지역의 실력자로 군림했던 것으로 선한다. 이성계의 6대조 이린은 무신 난 때 실력자 이의방의 동생으로 형 이의방의 몰락과 함께 함경도지역으로 귀양을 가게 되었다. 이후 4대조 이안사는 이성계가 즉위 후 목조로 추존되었는데, 강원도 삼척지역으로 망명길에 올랐다가 결국 고려의 영역을 벗어나 원나라의 권력이 미치는 함경도지역으로 피난을 하였다. 태종대에 원나라의 관직을 받고 이름도 개명하고는 동북면 지역(함경도 지역)에서 기반을 다져 이후 익조로 추존된 증조부 이행리, 도조로 추존된 조부 이춘, 환조로 추존된 아버지 이자춘에 이르도록 탁월한 능력을 발휘하며 동북면에 뿌리를 내렸다.
   그러다 원나라가 쇠하고 명나라가 일어서자 공민왕은 반원정책을 펼치며 이자춘을 개경으로 불러 고려의 소부윤 벼슬을 주고 쌍성총관부를 공격하는데 협조할 것을 부탁하였다. 이자춘은 자신의 군사를 이끌고 쌍성총관부를 탈환하며 고려에 적극적으

로 협조하였다. 이 공로로 이자춘은 종2품의 영록대부를 받고 동북면 병마사로 제수되었다. 이성계는 1335년 10월 11일 이자춘의 둘째 아들로 태어났다. 무예에 탁월한 재능을 갖고 있었던 이성계는 아버지 이자춘이 1360년에 병사하자 그 뒤를 이어받아 세력을 키워 나갔다. 이자춘이 죽은 해 10월에 이성계는 독로강의 만호 박의가 일으킨 반란을 진압하면서 공민왕의 신임을 얻게 되었고, 1362년 여진족장수 나하추가 홍원지방을 쳐들어오자 동북면 병마사로 제수되어 그를 격퇴시켜 더욱 주목을 받게 되었다. 이후 1369년과 1370년에 이성계는 공민왕의 명을 받아 만주지역을 점령하기 위해 동녕부를 공격하였으며, 1376년에는 왜구에 의해 공주가 함락당하고 개경이 위협을 받자 왜구토벌에 나섰고, 이후에도 경상도와 전라도 일대를 비롯하여 여러 번 왜구를 토벌하였는데, 백전백승이었고 1388년에는 문하시중의 바로 아래 벼슬인 수문하시중이 되었다. 그는 1356년 쌍성총관부를 탈환할 때부터 1388년 위화도에서 회군할 때까지 30여 년 동안 전쟁을 겪으면서 계속 승리만 거둔 맹장이었다.

 태조 이성계는 백관의 추대를 받아 1392년 7월 17일에 수창궁에서 즉위하였다. 정권을 잡자 신료들이 왕씨를 모두 죽이자고 하였지만 태조는 강화도와 거제도로 유배보내는 것으로 끝냈다. 그러나 동래의 현령 김가행과 염장관 박중질이 공양왕과 왕씨의 미래를 점쳐 보니 공양왕이 47세에 운이 일어나고 50세 이후에 반드시 대인이 될 것이라는 점괘가 나왔다. 이 사실이 알려지면서 왕씨들을 그냥 내버려두어서는 안 된다는 여론이 일어났고, 태조는 강화도에 귀양 가 있는 왕씨들과 거제도에 귀양 가 있던 왕씨들을 모두 바다에 던져버리도록 하였다. 그 후 태조 이성계는 고려 태조 왕건의 꿈을 꾸었다. 왕건은 분에 찬 목소리로 "내가 삼한을 통합하여 이 백성들에게 공이 있거늘 네가 내 자손을 멸하였으니 곧 보복이 있을 것이다."라 하였다. 이성계는 놀라 왕씨 족보에 적혀 있는 일부 사람들을 숙청 대상에서 제외시켰다. 그리고 왕씨를 살해했던 지역에 수륙사라는 절을 세워 죽은 원혼들을 달래 극락으로 환생하기를 기원하였다.

 이성계는 즉위하자마자 역성혁명(성을 바꾼 혁명이라는 뜻)이 하늘의 뜻임을 선포하고, 과거를 통해 관리를 선발할 것과 조세와 형옥부문의 개혁과 유교윤리에 입각한 정치를 펼쳐 나갔다.

숭유억불(유학을 숭상하고 불교를 억압하는 정책)과 중농주의(농사를 천하만사의 근본으로 중하게 여김), 사대교린(살기 위해 명나라에 머리를 숙이는 정책)을 3대 건국이념으로 삼았으며, 법제 정비를 서둘러 1394년(즉위2년) 정도전의 『조선경국전』을 비롯한 각종 법전을 편찬하였다.

즉위한 직후에 이성계는 왕세자 책봉을 서둘렀다. 이성계는 총명하고 권문세가의 딸로 자신의 힘이 되어 준 둘째 부인 강비를 총애하여 그녀의 소생인 여덟째아들 방석을 세자로 책봉하기로 결정하였다. 하지만 정몽주를 살해하고 이성계 등극에 공을 세운 다섯째아들 이방원이 장남 방우를 책봉해야 한다고 주장하였지만 그의 의견은 묵살되었다. 그러자 이방원은 방석을 보필하고 있던 정도전, 남은 등을 제거하고, 세자 방석과 일곱째아들 방번을 살해하였다. 이것이 1398년에 일어난 제1차 왕자의 난(방원의 난)이다. 이성계는 상심하여 그해 9월 둘째아들 방과에게 왕위를 물려주고 상왕이 되었다.

1400년 정월에는 방원의 바로 위의 형인 방간이 제2차 왕자의 난을 일으켰지만 방원이 진압하고, 그해 11월에 제3대 태종으로 등극하자 이성계는 태상왕(선위하여 생존한 왕. 태왕이나 상왕과 같은 말)이 되었지만, 방원에게 옥새를 주지 않은 채 소요산으로 떠났다가 다시 함흥으로 갔다. 이때 태조는 방원이 아버지를 모시러 문안 차 보내는 차사를 올 때마다 죽였는데 '함흥차사'라는 말이 이때 생겼다. 그 뒤로 이성계는 2년이 더 지나서야(1402년) 방원이 보낸 무학대사의 간청으로 한양으로 돌아와 정사로 덕안전을 지어 염불삼매의 나날을 보내다가 1408년 5월 24일 창덕궁 별전에서 74세를 일기로 생을 마감하였다.

1) 서울을 한양으로 정한 배경

새 왕조를 연 이성계에게 있어 고려의 상징인 개성은 구세력들이 언제 반기를 들고 일어날지 몰라서 그리 탐탁한 곳이 아니다. 그래서 그는 새로운 도읍지를 찾아 천도하고 싶어했다. 1394년(태조2) 1월에 계룡산이 거론되었다. 계룡산은 권중화가 태실(궁가의 태를 묻을 곳) 자리로 지금의 전주일대를 잡고서 계룡산의 도읍지도를 1393년 11월에 바친데서 비롯되었다. 1394년 1월에 태조는 곧바로 계룡산 일대를 살펴보고 공사를 지시하였는데, 풍수에 밝던 하륜이 계룡산은 풍수상 흉지에 해당하므로 도읍으로서 적당하지 않다고 상소를 올렸다. 그 건의가 받아들여져 2월에 공사는 중단되고 다시 도읍지를 물색하게 하였다.

　태조는 풍수에 관한 여러 책을 살펴보고 조준과 권중화 등에게 무악을 남쪽에서 찾아보도록 지시하였다. 그런데 답사를 마치고 온 사람들은 무악은 남쪽이 협소하여 도읍지로 적당하지 않다 하였고, 하륜은 개성이나 평양보다 조금 넓다는 상반된 주장을 하였다. 그해 8월 태조는 무학대사를 대동하여 무악의 남쪽으로 직접 행차하였다.

　개성으로 돌아온 태조는 도평의사사의 상소를 받아들여 한양을 도읍지로 결정하고 도성을 짓기 위한 신도궁궐조성도감을 설치하여 심덕부와 이직 등을 판사로 임명하였다. 그리고 1394년 9월에 정도전, 권중화 등을 파견하여 종묘, 사직, 궁궐, 도로, 시장 등을 구획하도록 하고, 12월에 종묘의 터를 닦는 것을 시작으로 공사에 들어갔다. 1395년 1월에는 사직단 공사가 시작되었고, 2월에는 궁궐의 인부들을 농민들 대신 승려들로 대치하여 9월에 궁궐이 완성되고, 경복궁이라고 명칭이 붙여졌다. 그리고 도성축조도감을 설치하여 도성의 축조에 들어갔다.

　도성을 축조하려 할 때, 주위의 둘레를 정하지 못하고 있었는데 어느 날 밤 큰 눈이 내렸다. 아침에 보니 바깥쪽은 눈이 녹지 않은 채 있었는데 안쪽은 눈이 녹아 있었다. 그 안쪽의 형태대로 쌓은 것이 한양도성이라고 전한다.

　그러나 경복궁은 왕이 거처하는 궁궐이 되지 못했다. 조선 2대왕 정종은 도읍을 개경으로 다시 옮겼고, 태종이 한양으로 다시 돌아와서 창덕궁을 세워 그곳에 거처하였다. 그 후 크고 작은 화재가 잇달았으며 복구와 증축을 하여 200여년을 유지했다. 그러나 1592년 임진왜란 때 왜군과 조정에 대한 감정이 폭발한 난민들의 방화로 완전히 불타버렸다. 270년간 폐허상태로 버려져 있다가 지금의 경복궁은 1865년 흥선대원군(고종의 아버지)이 왕실의 권위를 높이기 위한 정책으로 다시 세워진 것이다.

2) 태조 이성계와 무학도사

　조선은 유학을 국가이념으로 하였지만 무학대사는 태조와 긴밀한 관계를 맺었다.
　1327년 경상남도 삼기현에서 태어난 무학대사의 이름은 자초이고, 호는 무학이다. 어렸을 때부터 특출한 재능을 보인 그는 학문을 하는데 있어 누구도 따르지 못할 정도였다. 18세에 송광사(당시 수선사)로 출가하여 능엄경을 공부하여 깨달음을 얻고 스승으로부터 인정을 받았다.
　무학대사는 당시 원나라에서 명성을 얻고 있는 인도의 승려 지공을 찾아 중국으로 떠났다. 무학은 지공스님을 만나 선불교를 배워 그에게 인정을 받았고, 원나라에서 유학을 하고 있던 고려의 큰스님 나옹을 스승으로 모시고 함께 여러 지역을 다니면서 견문과 학식을 넓혔다. 그러나 원에서 돌아온 무학은 당시 공민왕의 왕사로 있던 나옹을 찾아갔으나 나옹의 제자들이 용납하지 않았다. 그는 나옹에게 전법제자임을 인정하는 시를 한 수 받고 전국을 떠돌아다녔다.
　그 무렵 안변에 살고 있던 이성계는, 1만 집의 닭이 한꺼번에, 1천집의 다듬이 소리가 일제히 나는 와중에 서까래 세 개를 지고 허름한 집에서 나오는데 꽃과 거울이 떨어지는 꿈을 꾸었다. 잠에서 깬 이성계는 옆집의 노파를 찾아가 물었으나 노파는 장부의 일을 보잘것없는 여인이 알 바가 아니니 서쪽 설봉산굴 안에 있는 중에게 가서 물어보라고 말하였다.
　이성계가 꿈에 대해 묻자 "여러 집의 닭이 일시에 함께 운 것은 높은 자리에 오르게 되는 것을 의미하고, 서까래 세 개를 진 것은 임금, 왕자를 가리키고, 꽃과 거울이 떨어진 것은 왕이 될 징조이니 함부로 입 밖에 내지 말라."고 말하였다. 이때 만난 중이 바로 무학대사였다.
　이후 이성계는 무학을 스승으로 모셨고, 개국 이후에는 왕사로 받아들였다. 왕사제도는 불교를 믿던 고려시대에 있던 제도로서, 조선시대에는 태조대에만 시행되었다. 따라서 무학대사는 조선조 최초의 왕사이자 마지막 왕사이다.
　이성계가 무학대사를 숭상했던 것은 그가 국책으로는 비록 숭유억불 정책을 내세웠지만 일반 백성들은 불교를 신봉하고 있었으므로, 백성들의 마음을 안정시키려는 의도가 있었던 것으로 보인다.

하지만 불교에 대해 반감을 가지고 있던 태종 이방원은 태조 이성계와 무학 대사의 관계를 좋아하지 않아, 1405년(태종5)에 무학이 입적하였을 때에 이성계의 권고에도 불구하고 무학의 비석을 세우는 일을 중지시켰다. 결국 무학의 비석은 1410년에 정종의 요청으로 변계량에 의해 세워졌다.

● 제2대 정종(定宗. 재위 기간은 1398년~1400년까지 2년)

정종은 태조 이성계와 신의왕후 한씨 소생의 6남 2녀 중 둘째 아들이다. 초명은 방과이며, 왕이 된 뒤의 이름은 경이고, 자는 광원이다.

정종은 성품이 인자하고 용기와 지략이 뛰어나, 17세 때부터 이성계를 따라다니며 무공을 세우고, 1398년(태조7) 제1차 왕자의 난으로 세자로 책봉되었다. 하지만 애초 왕위에 오를 생각은 하지 않았다. 방원의 세력이 너무 커 정종이 왕위에 오른 후에도 정사는 사실 방원의 뜻에 따라 진행되었다.

1399년(즉위년) 수도를 다시 개경으로 옮겨갔으며, 그해 8월 분경금지법을 제정하고 관인이 왕족과 외척들에게 의존하는 것을 금지하며 권력을 가진 귀족들의 힘을 약화시켰다. 제2차 왕자의 난이 일어나자 방원을 세제(왕의 아들로 왕위 계승자를 세자라 하고, 방원은 왕의 동생이므로 세제라 함)로 책봉하였다.

그해에 왕족 및 권력가들의 사병을 혁파하고 병권을 의흥삼군부로 집중시켰다. 제2차 왕자의 난은 방원의 바로 위의 형 방간과 방원의 세력다툼으로 방원이 승리하였다. 방원은 방간을 죽이지 않고 동복형제라는 것을 감안하여 토산으로 유배를 보냈다.

1399년 3월 집현전을 설치하여 장서와 경적의 일을 담당하게 했으며, 1400년(2년) 6월 노비변정도감을 설치하여 노비의 변속을 관리했다. 재위하는 동안에 정종은 정무보다는 격구 등의 오락을 즐김으로써 방원을 안심시키며 관계를 유지하다가, 1400년 11월 방원에게 양위하고 상왕으로 물러났다.

상왕으로 물러난 뒤에 인덕궁에 거주하면서 주로 격구, 사냥, 온천, 연회 등 유유자적한 생활을 하다가 1419년 63세를 일기로 생을 마감하였다.

● **제3대 태종** (太宗. 재위 기간은 1400년~1418년까지 18년)

태종은 이성계의 다섯째 아들로 이름은 방원이고, 자는 유덕이다.

태종은 정종에 의해 세제로 책봉되자, 병권을 장악하며 중앙집권의 틀을 다져나가기 위해 사병을 혁파하고 군사를 삼군부로 집중시켰다. 그리고 도평의사사를 의정부로 고쳐 정무를 담당하고, 중추원을 삼군부로 고쳐 군정을 맡도록 하고, 삼군부에 속한 사람은 의정부에 참여하지 못하게 함으로써 정권과 병권을 분리시키면서 왕위에 오르기 전부터 왕권안정책을 마련하였다.

1400년 11월 조선 3대왕으로 등극하자, 왕권강화를 위한 제도를 펼쳐 나가면서 고려잔재를 완전히 청산하고, 국사제도를 정비해 국방을 강화하고 토지, 조세제도의 정비를 통해 국가재정을 안정시키는 한편, 교육과 과거제도 정착에도 역점을 두었다.

국왕 중심의 통치체제로 6조 직계제라는 제도를 두었는데, 6조는 이조·호조·예조·병조·형조·공조를 말하며, 직계란 육조에서 의정부를 통하지 않고 왕에게 곧바로 업무를 보고하여 결재를 받는다는 뜻이다. 이 제도는 1405년(즉위5년)을 전후하여 시행되다가, 1414년 (14년)을 기점으로 대대적으로 단행되었다.

대외정책에 있어서는 명나라를 상국으로 예를 갖춰 조공을 바치면서 서 적이나 약재, 역서 등을 수입하여 실리를 취하는 동시에 변방을 안정시키는 정책을 썼다. 왜나라에는 왜인범죄 논결법을 마련하여 왜인들의 범죄행위를 다스렸고, 부산포와 내이포에 도박소를 두어 왜인과의 무역을 합법화하였다. 그리고 호구법을 제정하고 호패법을 실시하여 호구와 인구를 파악하였다.

1402년에(2년) 대궐 밖 문루에 큰 북을 달아 백성들이 원통한 일을 호소하거나 상소를 할 수 있도록 하는 신문고제도를 실시하였다. 북을 친 사람의 사연을 임금이 직접 듣고 처리하도록 하는 이 제도는 종사나 목숨에 관계되는 범죄, 자기의 억울함을 고

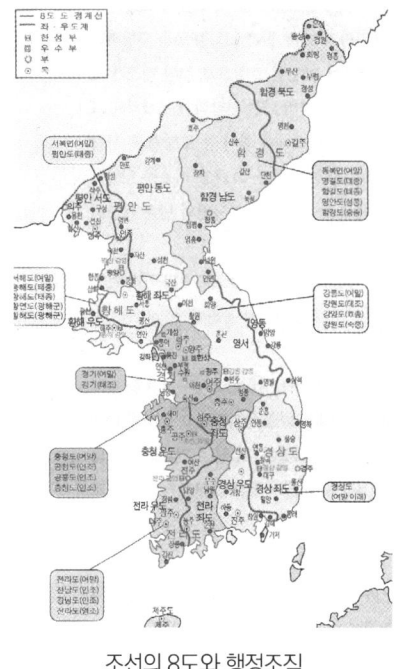

조선의 8도와 행정조직

발하는 자에 한해 소원을 받아들였다.

계비 신덕왕후 강씨의 친척 조사의는 제1차 왕자의 난에 불만을 품고 있었는데, 1402년에 신덕왕후와 왕세자 방석의 원수를 갚고, 태조에게 충성을 바친다는 구실로 태종에게 반기를 들었다. 그에 앞서 10월에 태조가 동북면으로 행차를 떠나자마자 난이 일어났고, 태조를 염탐하러 갔던 관리가 조사의의 병사들에게 피살된 것 등으로 보아 태조가 난에 개입했던 것으로 전한다. 조사의와 그의 아들 홍 등 16명을 사형에 처하고, 안우세와 최저 등 도망해 온 사람들에게는 절개를 지켰다하여 상을 내림으로써 조사의의 난은 진압되었고, 태종의 왕권을 안정시키는 계기가 되었다. 그리고 12월에 환궁한 태조는 실질적인 연금 상태에 들어갔다.

태종은 태조의 뜻을 이어 등극하자마자 한양으로 천도하려 하였으나, 신하들 사이에 의견이 분분해 실행하지 못하다가, 1404년(4년) 9월에 한양천도를 단행하였다.

억불숭유정책을 강화하여 1406년(6년) 3월에는 전국의 사찰에서 가지고 있던 토지와 노비를 국고로 환수하여 사찰의 토지와 노비가 1/10로 줄어들었고, 불교계의 12종파가 7개로 축소되었고, 전국에 242개의 사찰만이 남게 되었다. 이 일은 '7종 242사로의 불교교단 정리'라고 하는 태종대에 가장 가혹한 불교정책으로, 불교계의 버팀목이었던 국사 무학대사가 세상을 뜨고 난 후에 일어난 일이다.

1407년(7년) 7월에는 민무구와 민무질 형제의 옥 사건이 일어났는데 이는 태종의 외척 제거정책이었다.

태종은 양녕대군 위로 아들 셋을 두었으나 모두 병으로 요절하였고 양녕대군은 태어나면서 처가에서 키우도록 했다. 그래서 양녕은 어린 시절을 외할아버지 민제의 집에서 보냈다. 1406년(6년) 태종이 양녕에게 왕위를 넘겨줄 뜻을 밝히자, 모든 신하들은 어명을 철회할 것을 요구하였는데 민씨 형제들만은 희색이 만면했다. 그러다 선위가 철회된 뒤에 그들은 실망하는 기색을 보였다. 그것은 양녕을 통해 정권을 주무르려는 뜻을 가졌기 때문이라고 하여 태종은 민무질과 민무구 형제를 유배 보냈다. 형제는 유배 중에도 임금의 허물을 탄핵하다가, 1413년(13년)에 자결하자 민무휼, 민무회 형제가 두 형에 대한 억울함을 호소하자, 1415년에는 그들에게 사약을 내렸다.

1418년(18년)에는 1404년 11세의 나이로 세자로 책봉되었던, 양녕대군이 방종과 음행을 일삼으며 세자로서의 처신을 지키지 못했다는 이유로 추방되고 충녕대군이 세자에 책봉되었다. 당시 양녕대군에게는 다섯 살과 세 살 된 아들이 있어 그의 큰아들을 세자로 세우려고 했으나 신료들이 반대하자 충녕대군을 세자로 책봉하게 되었다.

태종은 충녕이 세자로 책봉된 지 7일 만에 선위하는데, 충녕이 30세가 될 때까지 병권을 맡고 있겠다는 것이 조건이었다. 그리고 세종이 34살 되는 1422년 55세의 나이로 생을 마감하였다.

● 제4대 세종(世宗. 재위 기간은 1418년 8월~1450년 2월까지 31년 6개월)

세종은 태종의 셋째아들로 이름은 도이다. 1418년 8월 22세의 나이로 태종의 양위를 받아 경복궁 근정전에서 즉위식을 가졌다. 어려서부터 학문을 좋아해 책을 읽을 때는 100번을 반복해서 읽었다고 전한다.

세종은 태종 때부터 벼슬해 온 원로들은 상층에, 자신이 등용시킨 신진 신료들은 하층에 배치하여 신·구세력이 조화를 이루는 정치를 수행하였다. 그리고 중국의 문물들을 조선에 맞게 재창조하여 문화적 융성을 이룩하였다.

태종은 왕권을 강화시키는 제도를 만들고 외척을 배척하여 세종이 안전하게 치세할 수 있도록 기틀을 닦아 놓았다. 그런 발판 위에서 세종은 마음껏 정치력을 발휘하여 수많은 업적을 쌓았다. 그 결과 세종은 조선 역사상 가장 훌륭한 유교정치와 찬란한 민족문화를 꽃피웠고, 또 모범적인 성군으로 기록되었다.

그 중 한글창제는 우리문화를 꽃피우게 한 가장 큰 업적이며, 금속활자들을 비롯하여 역사, 농업, 음악, 과학 등 각 분야를 대표하는 성과물을 책으로 편찬하였다. 또 4군 6진을 개척하여 국토를 확장하였고, 집현전을 통해 우수한 인재를 양성하였고, 인력을 적재적소에 배치하는 인사정책과 신료들의 의견을 효과적으로 수렴하여 지도력을 행사하였다. 세종의 공덕을 기려 후세 사람들은 세종을 '해동의 요순'이라고 칭송하였다.

즉위 초에는 태종이 상왕으로 있어 정치는 태종의 영향 아래 있었다. 세종은 1437년(즉위 19년)을 전후하여 6조 직계제를 의정부 서사제로 변혁하여 왕에게 집중되어 있는 국사를 의정부로 넘기고, 세자로 하여금 서무를 재결하도록 하면서 유연한 정치를 펼쳐나갔다. 세종은 젊은 시절부터 소갈증(당뇨병)을 앓아 6조 직계제의 과다한 정무를 감당할 수 없었던 것으로 전한다.

이렇게 왕권과 신권이 조화된 정치형태는 황희를 비롯하여 맹사성, 최윤덕, 신개 등 의정부 대신들의 신중하고 치밀한 보좌를 받으며 이상적인 유교정치를 구현하게 되었다.

1421년(3년)에 확대, 개편된 집현전은 학문연구기관으로 출발하였으나 국가의 정책을 창안하고 새로운 문화를 창달하는 중심역할을 하게 된다. 엘리트 관료들만 임명될 수 있었고 한번 임명되면 출세가 보장되었다. 그리고 집현전의 관원들에게 성균관, 4학의 교관을 겸임하여 후진양성에 앞장서게 하였고, 언론기관의 언론활동을 감시하기도 하였다. 또한 사가독서라는 유급 휴가제도를 두어 오로지 경전연구에만 몰두할 수 있게 하였다. 세종대의 문화는 집현전을 통해서 이룩된 것이라 할 만큼 집현전의 역할은 지대하였다.

1432년(14년) 건주위(여진족)의 추장 이만주가 침입하는 등 여진족의 침입이 빈번해지자, 1433년 최윤덕을 평안도 도절제사로 삼고 황해, 평안도에 군사 1만 5천을 주어 이 지역을 정벌하게 하였다. 그리고 자작리에 성을 쌓아 자성군이라 칭했다. 이후에도 여진의 침입이 계속되었으나 세종은 포기하지 않고 공격하게 하여 4군을 설치하였다. 또 1435년(17년)에는 김종서를 함경도 도절제사에 임명하여 여진정벌이라는 책임을 맡겨 종성, 회령, 경원, 경흥, 온성, 부령 등의 6진을 개척하였다.

세종은 "내가 있어도 종서가 없으면 이 일을 할 수 없을 것이요, 종서가 있어도 내가 없으면 이 일을 주장하지 못했을 것이다."고 할 정도로 김종서에게 절대적인 신임을 보여 주었다. 그 지역에 자리 잡고 있던 여진족들은 중국 내륙지방으로 근거지를 옮겨갔다. 그러자 육진을 조선의 영토로 만들기 위해 영남에 거주하던 백성들을 강제로 이주시키는데, 이것이 백성들의 원망을 사, 후에 이시애의 난의 원인이 되기도 한다. 그에 앞서 이종무는 1419년 대마도를 정벌하여 왜구의 노략질을 소거하였다.

1443년(25년) 12월에는 훈민정음이 창제되었다. 훈민정음은 우리나라의 말을 우리글로 표현할 수 있다는 자긍심을 갖게 한 너무나 큰 업적이다. 훈민정음을 만들 당시 요동에는 원나라의 파스파문자를 연구했던 연구진의 한 사람인 창찬이 귀양 와 있었는데, 성삼문과 신숙주 등은 그에게 음운학을 배우려고 13번이나 왕래를 하였다고 전한다.

세종은 또 음악을 정비하였다. 당시에는 음악이 단순히 듣고 즐기는 것이 아니라 도를 표현하고, 백성들의 마음을 순화시키고, 바른 정치를 하는 필수적 요건이었다. 의례상 정소를 중심으로 오례(길례, 가례, 빈례, 군례, 흉례 등 다섯 가지의 예법)를 정하고 그에 필요한 음악을 제정하였다. 또 박연을 통해 아악을 정리하였고, 그 외 악기를 제작하고 향악을 창작하게 하였으며, 용비어천가 등의 신악을 창작하였다.

또한 과학 분야에서 당나라와 원나라의 역서를 연구하여 천문학을 발전시킨 것은 과학혁명이라 할 만한 업적이다. 천문학은 서운관에서 주관하였고, 경회루 북쪽에 석축간의대라는 천문 관측대를 설치하여 매일 밤 천문을 관측하게 하였다. 천문학은 농업과 밀접한 관련이 있는 것으로 천문학의 발달은 농업기술의 발달을 가져왔다. 또 별을 관측하는 간의와 혼천의, 해시계, 물시계, 측우기 등의 계량 기구를 고안, 발명하였다.

이 밖에 금속활자의 단점을 보완하여 1434년(16년) 갑인자라 불리는 활자를 만들어 하루에 몇 장밖에 찍지 못하던 것을 40여 장을 찍을 수 있는 개가를 올렸으며, 기름먹에 아교를 섞은 먹물을 개발해 인쇄가 한결 선명하고 깨끗하게 되었다.

또 아들이 아버지를 죽이는 사건이 일어나자, 백성을 교화시키지 못한 것을 자성하며 『효행록』을 펴냈는데, 백성들이 읽지 못할까봐 그림을 붙이고 언해하여 『삼강행실도』를 펴내 백성들에게 널리 읽게 하였다.

세종은 왕비 외에 8명의 후궁에게서 18남 4녀를 두었다. 세종의 비 소헌왕후는 심온의 딸로 왕비에 책봉된 후 외척세력을 견제하는 태종에 의해 아버지 심온이 처형당하는 등 친정이 풍비박산되는 일을 겪으면서도 끝까지 왕비로서의 지위와 품위를 유지했다. 세종은 소헌왕후에게서만 8남 2녀를 두었다. 그 큰아들이 문종이고, 둘째아들이 세조가 되는 수양대군이고, 셋째가 안평대군, 여섯째아들이 금성대군이다.

세종은 성황당, 무당, 풍수지리에 관대하였고, 불교뿐 아니라 백성들의 기타 종교에도 관대하였다고 전한다. 어머니가 학질에 걸렸을 때에는 성황당에서 빌기도 하였고, 신하들의 반대에도 말년에는 불교에 심취하여 대궐 안에 내불당을 짓고 부처를 공양하였다. 세종은 1444년 이후부터는 경복궁이나 창덕궁이 이롭지 못하다 하여 왕자나 종친가로 전전한 것은 풍수지리의 영향이었다. 그러다 결국 세종은 1450년 2월 여덟째아들인 영응대군의 집에서 54세를 일기로 생을 마감하였다.

● 제5대 **문종**(文宗. 재위 기간은 1450년~1452년까지 2년 3개월)

세종과 소헌왕후 사이에 태어난 세종의 큰아들 문종의 이름은 향이고 자는 휘지이다. 문종은 8세에 세자로 책봉되어 29세 되던 1442년(세종 24년)부터 세종을 대신해 섭정을 하면서 정무를 익혔다. 문종은 어린 시절부터 병약한데다 세자 시절부터 업무를 맡아보면서 건강이 악화되었는데, 즉위 후에는 병세가 더욱 심해져 재위기간의 대부분을 병상에서 보냈다.

학문을 좋아해 학자를 가까이 하였으며, 측우기 제작에 직접 참여했을 정도로 천문과 역수 및 산술에 뛰어났고 서예에도 능했다. 유순하고 자상하여 누구에게나 좋은 평을 받았으며, 거동이 침착하고 판단이 신중하여 남에게 비난을 받는 일이 없었다고 전한다. 그러나 지나치게 착하고 어질어 문약함을 벗어나지 못했다.

세종대의 후반기에는 세종이 병석에 눕고, 수양이나 안평 등 다른 왕자들의 세력이 커져 종친들에 대한 탄핵이 잦아 긴장된 분위기가 이어졌다. 하지만 세종은 1442년(세종24년)부터 문종에게 업무를 대신하게 하였다. 세종의 병환으로 번잡한 정무의 일부를 세자로 하여금 처결하게 하도록 첨사원이라는 기구를 설치하고 8년 동안 정무를 익혔다. 세종 말기의 정책은 문종의 치적이라 말해도 과언이 아니다.

문종 즉위 후에도 섭정때와 같이 정책을 추진했다. 특히 군정에 관심이 많아 군을 편제하고 훈련시키는 방법인 '진법'을 완성하고 군제개혁안을 마련하었다. 신라시대에는 화령도, 고려시대에는 김해병서라는 진법이 있었다고 하는데 전해진 것은 없어서 조선시대 진법이 우리나라 고유의 병법 가운데 가장 오래된 것이다. 문종은 건강이 악화되어 1452년 5월 39세를 일기로 생을 마감하였다.

● **제6대 단종**(端宗. 재위 기간은 1452년~1455년까지 3년)

단종은 문종의 외아들로 이름은 홍위이다. 문종의 어머니 현덕왕후는 홍위를 낳은 지 3일 만에 숨을 거두어 홍위는 세종의 후궁인 혜빈양씨의 손에서 사랐다. 혜빈양씨는 단종에게 젖을 먹이기 위해 자신의 둘째 아들을 유모에게 맡기면서까지 단종을 키웠다.

세종은 총명한 홍위를 무척 아껴 8살 때인 1448년(세종30년)에 세손으로 책봉하고 성삼문, 박팽년, 이개, 하위지, 유성원, 신숙주 등 집현전의 학자들을 불러 앞날을 부탁하였다.

단종은 열두 살로 조선조 왕 중에 가장 어린나이로 왕위에 올랐다. 조선왕조체제에서는 왕이 미성년자일 경우에 성인이 될 때까지 보통 서열이 높은 후비가 수렴청정을 하였는데, 당시에는 수렴청정 할 마땅한 사람이 없어 의정부와 육조가 도맡아 하였다. 문종이 죽으면서 김종서와 황보인 등에게 단종을 부탁하였지만, 대신들과 종친들 사이의 대결을 중재할 만한 권위를 가진 사람이 없어 단종은 그야말로 허수아비였다.

1453년(즉위년) 10월 작은아버지 수양대군이 정변(계유정란)을 일으켜 실권이 넘어갔다. 그리고 수양대군의 강권에 문종의 3년상이 끝나기도 전인 1454년에 단종보다 1살이 더 많은 정순왕후 송씨와 혼인을 하였다.

결국 단종은 숙부의 위세에 눌려 왕위를 수양대군에게 물려주고 상왕이 되었다. 이때 성삼문은 옥새를 부여안고 대성통곡을 하여 수양대군이 한참이나 노려보았다고 한다.

단종은 왕위에서 물러난 후 창덕궁으로 옮겼다가 금성대군(세종의 여섯째아들로 수양대군의 아우)의 집으로 옮겼다. 단종의 거처에는 군사 10명을 거느린 삼군진무 2명을 배치하여 주야로 경계와 감시를 했다.

단종이 물러난 지 1년 후인 1456년(세조2년) 6월, 성삼문이 주축이 되어 단종을 복위하려는 사건이 있었다. 세조가 단종을 상왕으로 모시고 명나라 사신을 환영하는 자리에서 성삼문과 박팽년 등은 운검을 들고 칼춤을 추면서 세조와 세자, 한명회, 권람, 신숙주 등을 없애려고 하였다. 그날 마침 성삼문의 아버지 성승과 유응부가 운검을 서게 되어있어 성공을 확신하였다. 그런데 세자가 병이 나 참석을 못하고 장소가 좁다는 이유로 연회가 조촐하게 거행되는 바람에 실행을 하지 못했다. 다음날 그 사실은 함께 거사를 하기로 했던 김질과 그의 장인 정창손이 세조에게 밀고하여 성삼문 일행은 죽임을 당했다. 이때 사육신(성삼문, 박팽년, 하위지, 이개, 유성원, 유응부)의 처와 딸들은 공신들의 여종으로 주어졌는데 성삼문의 아내는 박종우에게, 박팽년의 아내는 정인지에게 주어졌다.

또 1457년(세조3년) 6월, 단종의 장인 송현수와 권완이 단종복위를 했다는 주장이 김정수라는 사람에 의해 발설되면서, 단종은 노산군으로 강등되어 영월로 귀양을 갔다. 그리고 그해에 또 한 차례 금성대군이 단종복위를 도모하는 사건이 일어나자 단종은 일반인으로 강등되어서 그해 10월 24일 사약을 받고 17세의 나이로 생을 마감하게 되었다.

● 제7대 세조 (世祖. 재위 기간은 1455년 윤6월~1468년 9월까지 13년 3개월)

세종과 소헌왕후의 둘째아들인 세조의 이름은 유, 자는 수지이다. 어릴 때부터 명민하고 학문이 뛰어났고, 무예에 능했으며 성격이 대담하였다고 전한다.

단종을 강제로 폐하고 왕위에 오른 세조는 왕권강화정책으로 일종의 내각제인 의정부 서사제를 폐지하고 육조 직계제를 단행하였다. 그리고 성삼문, 박팽년 등이 주모한 단종 복위사건을 계기로 집현전을 폐지시키고, 정치문제를 토론하고 대화하는 경연을 없앴으며 그곳에 설치된 서적들을 모두 예문관으로 옮겼다. 이로 인해 국정을 건의하고 규제하던 기관인 대간의 기능이 약화되고 왕명을 출납하던 승정원의 기능이 강화되었다.

또 왕도정치의 기준이 될 법제를 마련하면서 최항으로 하여금 『경제육전』을 정비하게 했고, 육전의 체제를 갖춘 법전 『경국대전』을 찬술하게 하였다. 1457년(즉위2년)에는 태조, 태종, 세종, 문종대의 치적을 엮은 『국조보감』을 편찬하였다. 1460년(6년)에는 호구를 파악하고 규제하는 법전인 호전을 복구했고, 1461년(7년)에는 형량을 규정하는 형전을 개편하고 완성하였다.

영의정부사는 영의정으로, 사간대부는 대사간으로, 도관찰출척사는 관찰사로, 오위진무소는 오위도총관으로, 병마도절제사는 병마절도사로 관제를 간소하게 개편하였다. 또 현직 관원에게만 수조권(토지세를 받을 수 있는 권리)을 주는 직전제로 토지제도를 시행하여 국비를 튼튼히 하였다.

중앙집권의 강화를 위해 북도출신 수령의 임명을 제한하고, 모반을 방지하기 위해 지방의 병마절도사를 중앙의 문신으로 대체시켰는데, 지방 호족들이 불만을 일으켜 급기야 1467년(13년)에 이시애의 난이 일어났다. 이시애의 난은 조선전기의 가장 큰 국란으로, 중앙권력에 대한 함경북도인의 불만이 원인이었다. 거기에 충청, 경상, 전라도의 주민들을 강제로 함경도에 이주시키는 사민정책으로 인해 그곳으로 이주한 사람들의 불만도 함께 작용했다.

조카를 폐위시킨 세조는 자신의 약점 때문인지 집현전과 경연을 폐지하는 대신 불교를 숭상하는 정책을 폈다. 승려들에게 승려신분증인 도첩을 발급하고, 1462년(8년)에는 원각사를 창건하고, 간경도감(불경을 간행하기 위한 임시 관청)을 설치하여 불경을 우리글로 풀이한 불경언해를 편찬하였다. 이때 간경도감에서 간행된 언해본으로 능엄경, 법화경, 금강경 등이 전해지는데 이는 국어학적으로 매우 중요한 가치를 지니는 것이다.

세조는 즉위기간 동안 단종에 대한 죄책감에 시달렸는데, 말년에는 단종의 어머니이자 형수인 현덕왕후의 혼백에 시달려 맏아들 의경세자가 죽자 현덕왕후의 무덤을 파헤치는 패륜을 범했고, 현덕왕후가 자신에게 침을 뱉는 꿈을 꾼 이후에는 피부병에 걸려 고생하기도 하였다는 이야기가 전한다.

비록 조카와 형제를 죽인 패륜의 임금이었지만, 민생 안정책과 유화적인 외교활동을 벌여 나라를 안정시키고, 문화사업도 활발히 벌였던 세조는 1468년 52세의 나이로 둘째아들에게 왕위를 물려주고 세상을 마감하였다.

● **제8대 예종**(睿宗. 재위 기간은 1468년 9월~1469년 11월까지 1년 2개월)

예종은 세조와 정희왕후 윤씨 사이에서 태어난 세조의 둘째아들로 이름은 황이고, 자는 명조이다. 세조의 맏아들 의경세자가 스무 살 때 이유 없이 시름시름 앓다가 죽자, 예종이 여덟 살 때 세자로 책봉되었다.

예종은 성품이 온화하고 자질이 우수하여 일찍부터 주위의 신망을 받았다고 전한다. 또 효성이 지극하여 세조가 병이 깊어지자 수라상을 직접 챙기고 극진히 간호했다고 한다.

예종의 정비는 한명회의 딸로 일찍 세상을 떠나 한백륜의 딸과 재혼하였는데, 그가 안순왕후 한씨이다.

19세의 나이로 즉위한 예종은 아직 미성년인데다 건강이 좋지 않아 어머니 정희왕후가 섭정을 받았는데, 세조가 죽기 전에 마련한 원상제도의 지원을 받으며 정무를 보았다. 이것이 조선조 최초의 수렴청정이고, 이 섭정은 성종7년(1476년)까지 이어진다.

원상제도는 신하들의 섭정제도로서 예종의 원만한 정사운영을 위해 세조가 죽기 전에 만든 것이다. 세조는 원상으로 한명회, 신숙주, 구치관을 지목해 놓았다.

예종은 즉위하자 직급에 따라 토지를 나누어주고, 당대에 한해 이를 소유하게 한 직전수조법을 본격화하였고, 소작인의 고소권을 인정하는 등 세력가들에 의한 대토지 소유를 억제하였다. 그리고 부산포, 제포(진해), 염포(울산)등의 삼포에서 왜와의 개인 무역을 금하였다. 정치의 잘못을 비평한『역대세기』를 직접 저술하였고,『경국대전』과 『국조무정보감』을 찬술케 하였다.

즉위년에 남이의 옥사사건이 일어나 종친과 무신 중심의 불만세력을 제거하였다. 남이는 태종의 외증손자로 이시애의 난을 진압하는 진압군으로 참전하여 공을 세우고 승진가도를 달리게 되었는데, 세조가 죽자 한명회와 신숙주의 견제를 받기 시작하였다. 남이는 국상 중에도 술과 고기를 먹고 여자와 동침할 정도로 호방한 성격에다 어머니와 동침했다는 소문이 돌면서 예종은 그를 병조판서직에서 해임하였다.

이시애의 난에서 공을 세운 유자광은 모사에 뛰어났는데, 남이가 반역을 꾀하였다고 모함하여 남이는 의금부로 끌려가 문초를 받게 되고 결국은 옥사를 하였다. 남이의 옥사사건은 종친과 무장 세력의 입지가 커지는 것을 경계한 일부 훈신들과 예종의 입장이 맞아 떨어져 발생한 사건이다.

1469년 예종은 치세 14개월을 마감하고 20세의 젊은 나이에 의문의 죽임을 당해 생을 마감하였다.

● 제9대 성종(成宗, 재위 기간은 1469년~1494년까지 25년)

성종은 세조의 맏아들(예종의 형으로 스무 살 때 죽은 의경세자, 후에 덕종으로 추존되었다.)의 둘째아들로, 이름은 혈이다. 태어난 지 두 달도 안 되어 아버지 의경세자가 죽어 세조의 손에서 키워졌는데, 천품이 뛰어나고 도량이 넓고 서화에도 능해 세조의 총애를 받았다. 11살 어린나이에 한명회의 둘째딸과 혼인을 하였다.

예종이 스무 살의 젊은 나이에 갑자기 죽자 다음 왕을 지명해야했는데, 원자 제안군은 당시 다섯 살 젖먹이였고, 적자 외 다른 왕자들을 찾아야 했는데, 죽은 예종의 형이었던 의경세자의 큰아들 월산대군과 둘째아들 자을산군이 거론되었다.

관행으로 본다면 세조의 맏손자인 월산대군이 왕이 되어야 하지만 질병이 많다는 이유로 정희왕후는 자을산군을 지목하였다. 정희왕후가 자을산군을 지목한 배경으로 한명회 때문이었다. 한명회는 세조 이후 예종대까지 정치권의 실세로 있었기에 권력을 잡으려는 한명회와 후계정국의 안정을 위한 정희왕후의 결탁으로 한명회의 사위인 자을산군을 지명했던 것이다. 성종이 열세 살의 나이로 왕위에 오르고 정희왕후의 수렴청정은 계속 이어졌다.

이듬해 1470년(즉위년)에 정희왕후는 종친 구성군을 유배 보내고 왕실을 위협할 수 있는 세력을 제거하였다. 이때 제거된 구성군은 세종의 넷째아들 임영대군의 아들로 이시애의 난 때 세조의 명을 받들어 난을 평정하고 돌아와 오위도총부 총관에 임명된 문무를 겸비한 인물이다. 그리고 정희왕후는 예종의 아들 제안군과 성종의 형 월산군을 대군으로 격상시키고, 월산대군에게 좌리공신 2등에 책봉하여 불만을 누그러뜨려 주었다.

1469년 12월에 호패법을 폐지하여 관의 감시를 줄였고, 경국대전의 교정 작업을 완료했다. 그리고 숭유억불의 정책을 강화하여 불교의 화장풍습을 없애고 도정 내의 염불소를 폐지하여 승려들의 도성출입을 금지하였으며 사대부 집안의 부녀자가 비구니가 되는 것도 금지하였다.

그리고 외촌 6촌내의 결혼을 금하고, 사대부와 평민의 제사에 차별을 두고 4대 명절에 이를 검사하였다. 유교문화를 강화하여 교생들에게 삼강행실을 강습하게 하였다. 구성군사건이후 왕족들의 등용을 금지시켰다. 1476년(7년)에 정희왕후의 수렴청정이 끝났다. 정희왕후는 이로부터 7년 후인 1483년에 세상을 떠났다.

정사를 직접 담당하게 된 성종은 원상제도를 폐지하여 왕명출납과 서무결재권을 되찾았으며, 김종직 등 젊은 사림출신의 문신들을 가까이 하면서 권신들을 견제하였다. 1478년(9년)에는 참판 이하의 문·무신을 교차시켜 권력의 집중현상을 막고 임사홍, 유자광 등 공신세력을 유배시켜 사림 출신의 신진세력들의 진로를 열어 주었는데, 1480

년대 중반에는 이러한 정책으로 세력균형이 이루어진다.

정몽주와 길재의 후손들에게 녹을 주고 그들의 학맥을 잇는 사림세력들을 대대적으로 등용하여 훈구세력을 철저히 견제하였다. 그 결과 주로 영남과 기호(경기도, 황해도 남부, 충청남도의 북부를 포함한 지역)의 중소지주 출신들로 구성된 사림파가 형성되었으며 도학과 의리를 기치로 내걸었다. 사림파의 대표적 인물이 김종직이다.

성리학에 심취하여 도학에 조예가 깊은 성종은 경연을 통해 학자들과 자주 토론하고 학문과 교육을 장려했다. 이와 같은 도학정치사상에 입각하여 1484년(15년)과 1489년(20년)에 성균관과 향교에 학전(교육경비를 충당케 하기 위해 지급한 토지)과 서적을 나누어주어 관학을 진흥시켰으며 홍문관을 확충하고 용산 두모포에 독서당을 설치하였다.

이러한 정책은 편찬사업을 활성화 시켜 다양한 서적이 편찬되었다. 노사신의 『동국여지승람』, 서거정의 『동국통감』, 『삼국사절요』, 『동문선』, 강희맹의 『고례의』, 성현의 『악학궤범』이 간행되었다.

즉위 후에 심사, 수정을 거듭한 끝에 1484년(성종15) 12월에 완성, 이듬해 1월 1일부터 시행한 6전이 '경국대전'(을사대전)이다. 경국대전은 1485년 을사년 1월부터 시행되어 을사대전으로 부르기도 한다. 경국대전은 조선왕조통치의 뼈대가 되는 통일법전으로 우리나라 고유법을 유지, 계승시킨 중요한 법전이다.

1479년(10년)에 좌의정 윤필상을 도원수로 삼아 압록강을 건너 건주야인(여진족)들의 본거지를 정벌하였고, 1491년(22년)에는 함경도 관찰사 허종을 도원수로 삼아 두만강을 건너 거의 모든 부락을 정벌함으로써 조선 초부터 변방을 위협하던 야인세력들을 소탕하여 변방을 안정시켰다.

성종의 여러 정책으로 조선조 개국 이래 최고의 태평성대를 맞았는데, 1479년(10년) 유흥에 빠져 궁 바깥의 규방을 출입하다가 왕비 윤씨가 왕의 얼굴에 손톱자국을 내어 윤씨가 폐비되는 사건이 있었다. 폐비 윤씨는 연산군의 어머니로 이 사건은 나중에 갑자사화의 불씨가 된다. 성종은 자신이 죽은 뒤 100년까지 폐비 윤씨에 대해 논하지 말라는 명을 내렸다. 성종은 재위 25년째인 1494년 38세를 일기로 생을 마감하였다.

● **제10대 연산군**(燕山君. 재위 기간은 1494년 12월~1506년 9월까지 11년 9개월)

연산군은 성종과 폐비 윤씨의 소생으로 19살의 나이로 왕위에 올랐다.

조선이 건국된 지 어느덧 100년의 세월이 흐른 뒤로 사대부들의 양반(문관과 무관을 가리키는 말)체제로 정착되었다. 명목상으로는 군주제였지만 국정운영은 양반들에 의해 좌우되었다. 그래서 연산군은 즉위하자 전제왕권을 수립하기 위해 왕권에 장애가 되는 이념이나 제도 및 정치세력들을 제거하였다.

양반관료들의 이념적 지주인 종묘를 동물원으로 만들었고, 성균관에서 술을 마시고 잔치를 열고, 왕의 일거수일투족을 간섭하던 사간원은 폐지해 버렸다. 그리고 경서를 강론하는 경연도 폐지하였다.

이런 연산군의 정치로 연산군의 할머니인 소혜왕후 한씨 인수대비와 성종의 계비로 모후 폐비 윤씨의 폐출이후 연산군을 돌 본 정현왕후가 충돌하였다. 특히 권력욕이 많고 끊임없이 정치에 간섭을 하는 소혜왕후 한씨와 대립하였는데, 생모 폐비 윤씨의 사사에 관여된 사실을 알고 소혜왕후를 머리로 들이받기도 하였으며 죽은 후에는 3년상을 받을 사람이 못 된다 하여 25일로 장례를 마쳐 유학자들의 비난을 초래했다.

즉위 초기 연산군은 성종말기에 나타나기 시작한 퇴폐풍조와 부패를 일소하기 위해 전국에 암행어사를 파견하여 민간의 동정을 살피고 관료의 기강을 바로잡았다. 또 변경지역에 여진족이 침범하자 귀화한 여진인을 이용해 그들을 회유하며 안정을 꾀하였다. 그리고 유능한 문신들에게 휴가를 주어 독서에 전념하게 하는 제도인 사가독서 제도를 부활하여 학문풍토를 진작시켰고, 세조이후 3대의 『국조보감』을 편찬하게 하였다.

연산군은 국정을 운영하는 동안, 사림파 관료들이 사사건건 간언을 하고 학문을 강요하자 사림파들을 꺼려했다. 그러던 중 1498년 무오년에(즉위 4년) 훈구파와 사림파가 충돌하는 연산군대의 최대의 사건중의 하나인 무오사화가 일어났다.

1498년 7월 『성종실록』을 편찬하기 위해 실록청이 설치되었는데, 당상관에 임명된 이극돈이 사초(사관이 기록해 둔 사기의 초고)하나를 발견하였다. 사초의 작성자는 김일손이고 내용은 김종직이 지은 '조의제문'이었다.

　이극돈이 전라감사시절 세조비 정희왕후의 상중에 기생을 끼고 유람을 하며 뇌물을 받기도 하였다는 사실을 김일손이 사초에 기록했고, 그것을 안 이극돈이 김일손에게 삭제해 줄 것을 요청했지만 들어주지 않았다. 한편, 유자광은 자신의 시액(시를 써서 걸어놓은 현판)을 불태우고 무시한 김종직에게 복수의 마음을 갖고 있었다.

　이극돈은 실록청 총재관 어세겸에게 사초의 사실을 보고할 것을 종용했으나 서두르지 않자 유자광을 찾아갔다. 유자광의 동조를 얻은 이극돈은 세조를 비방한 김종직을 대역죄로 다스리고 관계자를 처벌하라는 상소를 올렸다. 가뜩이나 사림파를 제거하려던 연산군에게는 충분한 구실이 되었다.

　김종직과 김일손은 사림파의 핵심이었고, 이극돈과 유자광은 훈구파의 대표적이었다. 훈구파는 조의제문 연루자의 범위를 김종직의 문하까지 확대시켜 김종직을 칭송했거나 훈구파를 앞장서서 공격한 이복, 임희재, 이원, 표연말, 홍한, 이심원 등을 잡아들여 국문하였다. 그 결과 김종직은 부관 참시되고 김일손은 능지처참(죽인 후 머리, 팔, 다리, 몸통을 자르는 형벌)되었고, 권오복, 권경유, 이목, 허반 등은 참형에 처해졌다. 그 밖의 수많은 인사들이 곤장형 또는 유배를 당하거나 좌천되있다. 연신군은 자신과 대립했던 사림세력과 일부 훈신세력까지 제거하고 조정은 훈구파의 독무대가 되어 갔으며 연산군의 국정은 방만하게 운영되었다.

　연산군은 사치와 향락을 일삼고 패륜적인 행동을 하였다. 국고가 바닥이 나자 연산군은 공신들에게 지급한 공신전을 빼앗고 노비까지 몰수하려 했다. 대신들은 연산군의 지나친 향락을 자제해 줄 것을 간청하며 반발하였다.

　이때를 이용해 정권을 잡으려는 인물이 있었는데, 두 아들이 부마가 되어 예종과 성종과 사돈지간이 된 임사홍이었다. 임사홍은 연산군 비(신비)의 오빠 신수근과 손잡고 연산군의 어머니인 폐비 윤씨의 사건을 연산군에게 고해 바쳤다. 이에 연산군은 제일 먼저 윤씨 폐출에 간여한 성종의 후궁 엄귀인과 정귀인을 궁중 뜰에서 직접 참하고 정씨의 소생인 안양군과 봉안군을 귀양 보내 죽였다. 윤필상, 한치형, 한명회, 정창손,

어세겸, 심회, 이파, 김승경, 이세좌, 권주, 이극균, 성준은 12간으로 지목되어 극형에 처해졌고, 폐비 윤씨에게 약사발을 들고 간 이세좌도 극형에 처해졌으며 그의 가문은 거의 몰살되다시피 했다. 그리고 할머니 인수대비를 머리로 들이받아 부상을 입혔고, 생모 윤씨를 왕비로 추존하여 회묘를 희릉이라 고친 뒤 성종 능에 함께 제를 지냈다.

임사홍은 사태의 여세를 사림파의 난압으로 몰고 가 무오사화 때 화를 입은 박한주, 이누공, 강백진, 김굉필, 이원 등을 유배지에서 사형시켰고, 이미 죽은 정여창, 조위, 남효온 등은 추가로 죄를 입었다.

갑자사화는 1504년 3월부터 10월까지 7개월 동안 피바람을 일으킨 큰 사건이다. 무오사화가 훈구파와 사림파의 대결구도였다면, 갑자사화는 궁중세력과 훈구와 사림으로 이루어진 세력의 충돌로 본다.

갑자사화 이후 연산군의 폭정은 더욱 노골화되었다. 전국에서 선발한 미녀들을 궁중으로 불러 연회를 열고, 사냥을 즐기기 위해 도성을 기준으로 30리 안에 있는 민가를 철거하는 등 학정이 이어지자 전국 각지에서 한글로 쓴 투서가 날아들었다. 이에 연산군은 백성이 언문을 이용하여 왕을 욕되게 한다며 훈민정음의 사용을 금지하고 한글 관계서적을 불태웠다. 그러자 전국에서 왕을 축출하려는 움직임이 일어나기 시작했다.

마침내 1506년 9월, 성희안이 박원종, 유순정과 모의하여 연산군을 폐위시키고 진성대군을 중종으로 앉혔다. 연산군은 왕좌에서 쫓겨난 지 두 달 후인 11월 6일 31세를 일기로 파란만장한 생을 마감하였다. 그는 왕에서 쫓겨나 묘호를 받지 못하고 왕자군의 군호인 연산군으로 불린다.

● **제11대 중종**(中宗. 재위 기간은 1506년~1544년까지 38년)

중종은 성종의 둘째아들이며 계비 정현왕후의 소생으로 연산군의 이복동생이다. 이름은 역이고, 자는 낙천으로 중종반정에 의해 왕위에 올랐을 때는 19살이었다.

중종은 즉위하자 먼저 연산군의 폭정으로 문란해진 나라의 기강을 바로잡고 정치를 정상화시키는데 주력하였다. 미신타파를 위하여 소격서를 폐지하고, 왕의 자문을 담당하던 홍문관의 기능을 강화하고, 경연을 중시하여 정책논쟁의 강도를 높였으며 문신의 월과, 춘추과시, 사가독서, 전경 등을 시행하여 문벌세가들을 견제하였다.

중종은 왕도정치를 앞세워 훈신과 척신들의 세력의 균형을 이루려 하였는데, 중종반정에 성공한 공신세력의 힘이 막강하여 초기에는 조정을 완전히 장악하지 못했지만, 반정 이후 계속되었던 개혁의 분위기에 힘입어 1510년(즉위5년) 영의정 박원종이 죽고, 공신세력이 어느 정도 줄어들자 갑자사화 이후 정치일선에서 물러났던 사림들이 새로운 정치에 대한 여론이 높아졌다.

1515년(10년) 중종은 무오사화로 유배 중이던 김굉필에게 수학한 조광조를 끌어들였다. 조광조는 1510년 사미시에 장원으로 합격하여 진사가 되어 성균관에 입학하였는데, 성리학을 정치와 교화의 근본으로 삼고 도학사상에 입각한 이상사회를 꿈꾸었다.

중종은 조광조의 주장에 따라 유교 교양을 갖추는 기본 학습서인 『소학』을 널리 보급하도록 했다. 소학의 정신을 실천함으로써 성리학적 인간이 될 수 있기 때문이었다. 또 전국적으로 '향약'을 실시하였다. 향약은 중국 송나라 신종 때 여씨 4형제가 창안한 향촌자치규약으로 '여씨향약'이라고도 한다. 1517년(12년)에 『여씨향약언해』를 간행하여 민간에 보급하였다.

1518년(13년) 조광조는 과거제가 경박한 풍습을 조장한다며 사람들의 천거에 의해 인재를 등용시키는 현량과를 실시하기를 주창한다. 이에 따라 1519년에 신진사류 28명이 선발되었는데, 대다수가 조광조의 추종자들이었다. 그들은 홍문관을 비롯하여 사헌부, 사간원, 승정원, 성균관 등 중요기관의 요직에 기용되어 조광조와 뜻을 같이 하였다.

그런데 향약을 실시함에 있어서는 관의 주도로 너무 급작스럽게 이루어져 기존의 향촌세력과 갈등을 빚었고, 현량과에서 등용된 사람들은 거의 조광조를 추종하는 신진 사림파들이어서 공평하지 못하다는 훈구파의 반발을 불러일으켰다.

조광조의 급진개혁은 여러모로 중종을 압박하여 피곤하게 만들었다. 1519년(14년)

11월, 조광조는 중종반정공신 중 공을 지나치게 인정받은 76명의 관작을 빼앗기를 요청했고, 강한 압박에 밀려 76명의 훈작을 삭탈하였다. 그러자 훈구파에서 조광조가 붕당을 조직해 조정을 문란케 하고 있다고 탄핵하였다. 그들은 나뭇잎에 과일즙으로 '주초위왕(走肖爲王)'이라고 써 벌레가 갉아먹게 한 다음 궁녀를 시켜 왕에게 바쳤다. 주초는 조(趙)를 나누어 쓴(파자) 글자로 조광조를 가리키며 조씨가 왕이 되려 한다는 뜻이다. 마침 사림들의 기세에 염증을 느끼고 있던 중종은 홍경주, 남곤 등 훈신들의 탄핵을 받아들여 사림파 숙청작업을 벌인다. 이것이 '기묘사화'이다. 중종은 전교를 내려 조광조, 김정, 김식, 김구 네 사람에게는 사약을 내리고, 나머지는 귀양을 보냈다.

기묘사화가 일어난 날 관학의 유생들이 거리마다 들끓고 천여 명은 대궐 밖 광화문에 모여들어 어쩔 줄을 몰라 했다. 소를 바치려 하던 유생들은 저지당하자 감정이 폭발하여 문을 밀치다가 상처를 입어 얼굴에 피가 가득했고, 망건이 벗겨지고 울부짖는 유생들로 매우 소란했다.

조광조가 제거되면서 개혁정치는 4년 만에 막을 내렸지만, 그의 도학정치는 조선조의 풍습과 사상을 유교식으로 바꾸어 놓는데 결정적인 역할을 하였고, 그 이후 성리학이 학문적으로 더 발전하게 되었다. 그 풍토 위에서 퇴계나 율곡 등의 학자가 등장하게 된 것이다. 중종대의 향약보급은 퇴계와 율곡에 와서 성립된다.

1510년(5년)에 부산포(동래), 제포(창원), 염포(울산)의 3포에서 폭동이 일어났다. 3포에 한해 일본인의 출입과 거주를 허락했었는데, 그곳에 거주하던 일본인들이 조선의 처우에 불만을 품고 폭동을 일으켰다. 제포에 거주하는 일본인 우두머리 오바리시와 야스고 등이 대마도주의 아들 종성홍을 대장으로 추대하여 군사 5천여 명으로 부산포를 공격하여 부산진첨사 이우증을 살해하고, 제포첨사 김세균을 납치하고 이어 웅천과 동래를 공격하였다. 조정에서는 좌의정 유순정을 도순찰사에 임명하고 황형을 경상좌도방어사, 유담년을 경상우포방어사에 임명하여 진압하게 하였으나, 그들이 육상병력 외에 125척의 군함까지 동원하여 수륙양면에서 공격을 감행하여 삼포가 거의 초토화되었다. 그러자 유순정을 경상도 도원수, 우의정 성희안을 도체찰사 겸 병조판서에 임명하여 진압에 만전을 기했다. 결국 폭동은 진압되어 삼포에 거주하던 일인들은 모두 대마도로 도주하였고, 이후 삼포는 완전히 폐쇄되었다. 이때 외침이 있을 때 비상시국에 대비하여 만든 임시기구 비변사가 설치되었다.

1516년(11년)에 주자도감을 설치하여 동활자를 주조하여 『사성통해』, 『속동문선』, 『신동국여지승람』 등이 간행되었다.

1520년(15년)에 원자 호(후에 인종)가 세자로 책봉되었는데, 1534년(29년) 중종의 제2계비 문정왕후가 경원대군(후에 명종)을 낳음으로써 권력투쟁이 일어났다. 세자의 외숙 윤임과 경원대군의 외숙 윤원로와 윤원형을 중심으로 두 외척 사이에 기득권싸움이 일어났다. 이 싸움은 인종이 즉위함으로써 윤임의 세력이 승리한 듯 보였지만, 인종 즉위 후에도 계속되어 명종 즉위년에 을사사화로까지 번진다.

1524년(19년) 심정, 남곤에게 쫓겨났다가 기묘사화이후 복귀하였던 권신, 김안로가 파직되었고, 1525년 유세창의 모역사건이 일어났다. 1527년(22년) 김안로의 아들 김희가 심정과 유자광을 제거하고자 작서의 변을 일으켜 경빈 박씨가 폐위되고, 복성군이 쫓겨나 죽는 등 크고 작은 사건이 연이어 일어났고, 1531년(26년) 김안로의 재등장으로 정국은 혼미를 거듭하였다.

중종대에는 기묘사화이후 간신들이 판을 치는 바람에 정국의 혼미가 거듭되는 가운데, 큰 치적을 남기지 못하고 1544년 57세의 나이로 생을 마감하였다.

● 제12대 인종(仁宗. 재위 기간은 1544년 11월~1545년 7월까지 9개월)

인종은 중종과 장경왕후의 맏아들로 태어났으며, 이름은 호이고, 자는 천윤이다. 인종이 태어난 지 열흘 만에 어머니 장경왕후가 죽어 중종의 제2계비 문정왕후의 손에 키워졌다.

문정왕후는 성격이 표독하고 사악하여 인종을 몹시 괴롭히고 몇 번이나 죽이려고 했다. 인종이 세자로 있을 때 그와 빈궁이 잠들어 있는데 뜨거운 열기가 번져 일어나 보니 동궁이 불타고 있었다. 문정왕후의 부탁을 받은 누군가 꼬리에 화선을 단 쥐 여러 마리를 동궁으로 들여보내 불을 지른 것으로 전해지고 있다. 효자인 인종은 이번에 죽어주는 것이 여러 번 자기를 죽이려한 문정왕후에게 효를 행하는 것이라 생각하고 빈궁만 내보내고 타죽으려 하였는데 밖에서 다급하게 부르는 중종의 목소리를 듣고는 자기가 죽는 것이 문정왕후에게는 효행이 될지 몰라도 아버지에게는 불충이라며 빈궁과 함께 불길을 빠져나왔다고 한다.

인종은 성품이 조용하고, 형제간의 우애가 돈독하고, 효성이 지극한 효자였다. 중종이 병을 앓을 때에는 한시도 곁을 떠나지 않고 병수발을 들었으며 부왕의 쾌유를 위해 산천에 기도를 드렸다.

1545년 1월 인종은 대윤(인종의 외숙 윤임)의 거두 유관을 정승에 임명하는 한편 이언적, 승인수, 김인후 등의 사림을 중용하여 친정체제를 모색하고, 문정왕후의 동생 윤원형을 공조참판에 발탁하여 문정왕후를 위로하였다. 그리고 사망하기 직전에는 기묘사화 때 피해를 본 조광조, 김정, 기준을 복직시키고 현량과를 복구하고 신원조처를 단행하였으나 급작스럽게 죽는 바람에 이 명령은 시행되지 않았다.

인종은 즉위 8개월 만인 1545년 7월 1일, 서른 살의 나이에 생을 마감하였다.

● 제13대 명종(明宗. 재위 기간은 1545년~1567년까지 22년)

중종과 제2계비 문정왕후 윤씨 사이에서 태어난 명종은 인종의 이복 아우이다. 이름은 환이고 자는 대양으로 태어나자마자 경원군에 봉해졌다.

중종은 제1계비 장경왕후 윤씨 사이에서 인종을 낳고, 제2계비인 문정왕후 윤씨는 명종을 낳았다. 이들 두 계비는 같은 파평 윤씨였지만, 왕위 계승을 둘러싸고 민감하게 대립하고 있었다. 이들의 대리권자였던 장경왕후의 오빠 윤임과 문정왕후의 아우 윤원형이 정권을 차지하기 위해 일찍부터 반목하였는데 세간에서는 윤임을 대윤(大尹), 윤원형을 소윤(小尹)이라고 칭했다.

명종은 열두 살의 나이로 왕위에 올랐기 때문에 어머니 문정왕후가 수렴청정을 하였다. 마침내 소윤의 세상이 되어 윤원형은 명종 즉위년에 을사사화를 일으킨다.

윤인경이 현량과 출신기용을 요청하여 사림의 청류들이 조정에 모습을 드러내자 윤원형은 이기, 정순봉, 허자, 임백령, 최보한 등과 대윤일파를 몰아내기로 모의하였고, 문정왕후는 윤원형에게 밀지를 내려 이기, 정순봉, 임백령 등이 대사헌 민제인, 대사간 김광준 등으로 하여금 윤임, 유관, 유인숙을 탄핵하도록 했다. 그런데 백인걸, 유희춘, 김난상 등 중종 말기부터 성장해 온 사림계 인물로 구성된 대간들은 윤대비의 밀지를 부당한 것이라고 반대하였다. 그러자 각 중신들의 의견을 물어 형량을 정하여 윤임은 성주로 귀양 보내고, 유관은 벼슬을 바꾸고, 유인숙은 파직하는 것으로 결정하였다. 하지만 홍문관에서도 문정왕후의 밀지의 부당성을 지적하며 논박하였는데 이때, 백인걸은 소윤의 간담이 서늘할 정도로 용감하게 그 부당함을 따졌다. 다음날 대비는 노하여 백인걸을 의금부에 잡아가두고 윤임을 해남에, 그의 아들 흥인을 낙안에, 유관은 서천에, 유인숙을 무장에 각각 귀양 보냈다. 그리고 강경한 언론을 행사하였던 사간 이하의 관원들을 파직시키는 것으로 사건이 일단락되는듯했으나 권벌이 유관, 유인숙의 억울함을 강력하게 주장하는 상소를 올림으로써 상황이 다시 악화되었고, 강경론자들의 주장에 따라 윤임, 유관, 유인숙은 사사되고 권벌은 체직 당했다.

사건은 여기서 끝나지 않고 경기감사 김명윤이 계림군 유(성종의 왕자 계성군 순의 양자로 윤임의 생질), 봉성군 완(중종의 왕자)을 역모로 고변하고 많은 사림파가 연루되어 변을 당하였다. 그 후 윤임, 유관, 유인숙의 아들들과 계림군의 친인척들이 줄줄이 잡혀와 화를 당했다.

무오사화(1498년, 연산군5년), 갑자사화(1504년, 연산군11년), 기묘사화(1519년, 중종14년)와 함께 조선 4대사화로 불리는 을사사화는 외척간의 싸움에 사림이 피해를 당한 사건이었다.

2년 후인 1547년(즉위2년), 양재역에서 한 벽서가 발견되었다. '여자 임금이 위에서 정권을 잡고, 아래에서는 간신 이기 등이 권력을 농단하고 있으니 이것은 나라가 망할 징조'라는 내용이었다.

이것을 계기로 윤원형 일파는 윤임파에 대한 처벌이 미흡해서 생긴 일이라며 윤임의 잔당들과 사림세력을 제거하고 봉성군 완도 사사하였다.

다시 2년 후인 1549년(4년) 4월, 양재역 벽서사건으로 사사된 이약빙의 아들 홍남이 벽서사건에 연루되어 영월에 귀양 가 있던 중 그의 아우 홍윤을 역모로 무고한 사건이 일어났다. 홍윤은 윤임의 사위로 홍윤과 그 관계자들이 처단되었다. 이때 피해 범위가 넓어 한 면이 텅 비게 될 정도였다. 홍윤의 얼굴도 모르고 죽은 사람도 있었다고 한다.

윤원형 일파는 정적들을 모두 제거하고 조정을 완전히 장악하였다. 명종조차도 그들의 횡포에 눈물을 흘렸다. 윤원형은 평소 자신에게 불만을 토로하던 형 윤원로를 유배시켜 사사했고, 노비출신의 애첩 정난정과 공모하여 정실부인을 독살하고 정경부인자리에 앉혔다. 정난정 또한 윤원형의 권세를 배경으로 부를 축적하였고, 권력을 탐한 조신들은 정난정의 자녀들과 혼인을 하려 줄을 섰다.

윤원형의 세도가 명종이 친정을 한 후에도 이어지자 명종은 그를 견제하기 위해 이량을 중용하였다. 이량은 명종비 인순왕후의 외숙으로 그리 청렴하지는 못한 인물이었다. 명종의 신임을 얻자 그는 이감, 신사헌, 권신, 윤백헌 등과 정치를 농단하였다. 또 축재를 일삼아 그의 집 앞은 항상 시장처럼 사람들로 들끓었다고 한다. 그래서 당시 사람들은 윤원형, 이량, 심통원을 '조선의 3흉'이라 불렀다.

명종은 그를 한때 평안도 관찰사로 내쫓기도 했지만 윤원형의 권력 독점이 심해 그를 다시 이조참판에 제수하였고 이량의 세도와 권력 남용은 다시 시작되었다. 그러자 사림들이 그를 탄핵하기 시작했고, 그는 기대승, 허엽, 윤근수 등의 사림세력을 제거할 음모를 꾸몄다. 이 음모가 조카 심의겸에게 발각되어 1563년(17년) 그는 삭탈관직되었다.

정만종과 박한종의 추천으로 승려 보우는 문정왕후와 인연을 맺게 되었다. 불교중흥이라는 야망을 품은 보우는 문정왕후의 신임하에 1551년(5년) 유신들의 반대를 무릅쓰고 봉은사에 선종을, 봉선사에 교종을 두어 양종제를 부활시켰다. 당시에는 도승법의 폐지로 인해 양민들이 쉽게 중이 되었다. 그리고 승과제가 없어져 승도의 기강이 무너져 있었다. 보우는 여러 가지 폐단을 일소할 수 있는 방법으로 선·교 양종을 부활시키고 도승제를 부활시키려 했다.

1552년(6년) 승과가 부활되면서 휴정, 유정과 같은 인재가 발굴되었다. 결국 도승법과 승과의 부활로 승과에 합격한 승려들이 도첩을 소지한 승려들을 통합하는 방식으로 불교계를 혁신하고 불교세력을 확대시켰다. 그 밖에 승려의 부역동원반대, 유생들의 사찰 출입금지, 사원전에 대한 면세조처가 단행되어 내수사(대궐에서 쓰는 쌀, 베, 잡물과 노비 등에 관한 사무를 맡아 보던 관부)와 양종이 먹고 사는 토지가 나라의 반이 된다고 할 정도로 사원경제의 규모는 급속히 확대되었다. 성리학으로 무장된 이황, 기대승, 박순 등의 사림파가 본격적으로 진출하면서 불교정책을 비판하고 보우에 대한 탄핵이 끊이지 않았다. 하지만 문정왕후와 윤원형이 있어 그들의 비판은 크게 받아들여시지 않았다. 1565년(19년), 보우는 3년 전에 죽은 명종의 세자의 명복을 빌기 위해 대규모 무차대회를 열 계획이었으나, 하루 앞두고 문정왕후가 죽어 불사를 이루지 못했다. 문정왕후가 죽자 보우와 소윤세력이 함께 무너졌다. 보우는 승직이 박탈되고 제주에 유배되었다가, 제주목사 의해 참형되었다. 보우가 죽은 뒤 억불정책시대로 되돌아가 양종제도와 승과제도가 폐지되는 등 심한 억압을 받게 되었다.

마침내 1553년(7년)에 문정왕후의 수렴청정이 끝나고 명종의 친정이 시작되었다.

1555년(9년) 5월, 왜구가 선박 70여척을 앞세우고 전라남도 남해안에 침입하여 성을 포위하였고 어란도, 장흥, 강진, 영암일대에서 약탈을 하였다. 이것이 '을묘왜변'이나. 조선과 일본은 1547년(명종2년)에 정미약조를 맺고 왜인들의 통교를 허락하였지만 여러 가지 규제를 받았고, 일본 전역에 전운이 쌓이자 왜구들은 명나라 해안과 조선 해안지방에서 약탈을 감행하였다. 왜구는 조정의 토벌대에 의해 섬멸되고 대마도와의 무역관계가 악화되자 대마도주는 조선을 약탈한 왜구의 목을 잘라 와, 사과하며 세견선(무역선)의 증가를 간청해오자, 조선은 대마도의 생활필수품을 돕고자 세견선 5척을 허용하였다.

이전부터 많은 도적떼가 있었지만 도적을 체포하는 과정이 지나치게 과열되어 오히려 민폐만 끼치고 있어 백성들은 이중의 고통을 받고 있었다. 1559년(13년) 3월부터 임꺽정의 활동에 대한 기록이 처음 나타났다. 임꺽정은 경기도 양주출생으로 어릴 때부터 힘이 세고 사고를 일으켜 '걱정'시키는 일을 많이하여 붙여진 이름이라 한다. 도적은 임꺽정의 주무대인 항해도 지방에서 더욱 극심했다. 황해도 지역은 일찍부터 해

택지를 비롯한 땅이 많이 개간되었는데, 대부분 왕실과 지배층이 차지하고 농민들은 소작인으로 전락해 있었다. 특히 창주, 안악, 봉산, 재령 등은 염분이 많고 저습한지대여서 농경에 적합하지 않고 갈대가 무성하여 노전이라 불렸다. 이 부근의 백성들은 갈대를 채취하여 삿갓과 밥그릇을 만들어 생계를 꾸려나갔다. 그런데 노전이 황무지라는 구실 하에 권세가의 토지가 돼 버리는 바람에 주민들은 갈대를 권세가에게 구입해야 했고, 1556년(10년)에는 내수사의 소속이 되어 내수사에서 갈대를 구입하게 되어 생존의 어려움을 겪었다.

황해도의 도적을 소탕하려던 개성부 포도관 이억근이 임꺽정 일당에게 살해되면서 임꺽정의 존재가 부상했다. 임꺽정은 일반 민중들의 지지를 받으며 게릴라전을 전개하여 정부에서는 그들을 잡지 못했다. 1560년(14년) 11월 엄가라는 가명을 쓰며 서울 숭례문 밖에 숨어 지내던 모주 서림이 관군에게 체포되었다. 그는 자신의 이익만 추구하는 기회주의적인 인물이었다. 그에 의해 임꺽정의 활동과 비밀이 탄로나 관군은 임꺽정 일당에 대한 소탕작전을 개시하면서 치열한 격전이 벌어졌다. 오랜 기간 격전을 벌이다 수적으로 열세인 임꺽정 일당은 토벌과 추위속에 무기와 식량마저 구하기 어려워 구월산으로 들어가 저항하다, 1562년(16년) 임꺽정이 황해도 토포사 남치운에게 붙잡힘으로써 3년여에 걸친 임꺽정의 난은 일단락되었다. 임꺽정은 체포된 지 15일 만에 처형되었다.

문정왕후의 섭정과 외척 윤원형 일파와 또 다른 외척 이량, 심의겸의 세력에 시달리던 명종은 1567년(22년)에 치세를 마치고 34세를 일기로 생을 마감하였다.

● **제14대 선조**(宣祖. 재위 기간은 1567년 7월~1608년 2월까지 40년 7개월)

선조는 중종의 서자 덕흥군 이초의 셋째아들로 중종의 서손이다. 명종의 유일한 아들 순회세자가 가례를 올린 지 얼마 안 되어 죽어 명종에게는 후사가 없었다. 선조의 이름은 처음에 균이었으나, 명종의 아들 순회세자의 이름 항렬자를 따 연으로 바꾸었다. 왕실의 적손이 아닌 왕실의 방계로는 처음으로 왕위를 계승한 것은 선조가 처음이다. 선조가 왕위에 오름에 따라 선조 2년에 그의 생부 덕흥군이 대원군으로 추존되었다. 대원군이란 왕이 후사가 없이 죽어 종친 중에서 왕위를 계승하게 되는 경우 그 왕의 아버지에 대한 호칭을 일컫는 말이다.

명종이 여러 왕손들을 궁중에서 가르치면서 하루는 "너희들의 머리가 큰가 작은가 알아보려고 한다. 익선관(임금이 정무를 볼 때 쓰는 관)을 차례로 써보라."고 했다. 그런데 나이가 제일 어렸던 하성군(선조)이 관을 두 손으로 받들어 어전에 도로 갖다놓고 머리를 숙여 사양하면서 "이것이 어찌 보통 사람이 쓸 수 있는 것이겠습니까?"하자 기특하게 여겨 마음속으로 왕위를 전할 뜻을 정했다는 일화가 있다. 명종은 하성군을 불러 학업을 시험해 보기도 하고 따로 한윤명, 정지연과 같은 선생에게 가르치게 했다. 하성군은 글을 읽으면서 남들이 생각하지 못하는 것들을 많이 질문하여 선생들이 대답을 제대로 못한 적도 있다.

선조가 16세의 나이로 즉위했기 때문에 명종의 비 인순왕후 심씨가 수렴청정을 했으나, 선조가 친정할 능력이 있다는 판단에 이듬해 17세 때 섭정을 그만 두었다.

즉위 초, 선조는 학문에 정진하고 매일 경연에 나가 정치와 경사를 토론하였으며 제자백가서 대부분을 섭렵하고 성리학적 왕도정치의 신봉자가 되어 사림의 명사들을 대거 등용하였다.

친정을 하게 된 선조는 제일 먼저 과거제를 개편하여 현량과를 다시 실시하면서 기묘사화때 화를 입은 조광조에게 영의정을 증직(죽은 뒤에 관직과 품계를 추증함)하고 이후 억울하게 화를 당한 사림들을 신원하였다. 반면 화를 입힌 남곤 등의 관직은 추탈하였고, 을사사화를 일으켜 윤임, 유관 등을 죽이고 녹훈의 영전을 받았던 이기, 윤원형 등은 훈장을 삭탈하였다. 조광조의 추증(나라에 공로 있는 벼슬아치가 죽은 뒤 그 관위를 높여 주는 일)이나 남곤의 추죄(죽은 뒤에 죄를 따지는 일)는 중종 말년부터 주장되었던 것이 이때 이루어진 것이다.

훈구세력이 정치무대에서 사라지고 정권을 장악한 사림은 명종조에 심의겸의 도움으로 관계에 진출해 있던 선배 사림과 사림정치 하에서 새로이 진출한 후배 사림들 사이에 당쟁이 벌어지게 되었다. 후배 사림들은 선배 사림들을 속물이라 하며 소인으로 몰아세우고 자신들은 군자로 자처했다.

명종의 고명대신으로 선조가 즉위하는 데 결정적인 역할을 담당한 이준경을 필두로 심통원, 민기, 홍섬, 홍담, 송순, 김개 등은 구신을 대표하고 이창, 노수신, 유희춘, 김난상, 이이, 정철, 기대승, 심의겸, 이후백, 신응시, 유성룡, 오건, 김우옹 등은 사림을 대표하는 인물들이다.

1572년(5년) 이준경은 임종에 앞서 붕당의 조짐을 시사하고 그 타파책을 강구할 것을 주장하였고, 이이는 시기와 질투, 음해의 표본으로 이준경을 지목했는데 그의 말은 들어맞아 1575년(8년) 사림들은 동인과 서인으로 분리되어 당파 싸움을 하게 되었다. 동인은 주로 주리철학적 도학을 펼친 조식과 이황의 제자들로 이루어진 영남학파가, 서인에는 주기철학을 주장했던 이이와 성혼을 추종하는 기호학파 인물들이 참여했다.

1572년(5년) 2월, 이조정랑 오건이 자신의 후임으로 김효원을 추천했다. 김효원은 이황, 조식, 김근공의 문인으로 명종조인 1565년에 문과에 장원한 수재였다. 그런데 이조참의 심의겸이 오건의 추천을 거부했다. 심의겸은 윤원형(노윤)의 집에서 김효원을 본 적이 있는데 '권신의 집을 드나드는 소인'이라는 선입견이 항상 남아 있었다. 이후 오건이 관직을 버리고 낙향함으로써 조정에 파문을 남기고 심의겸과 김효원의 알력이 심화되었다. 이후에도 김효원은 심의겸의 저지를 받아 정랑의 문턱에서 고배를 마셨지만 마침내 1574년(7년) 7월 이조정랑에 임명되었다.

나중에 심의겸의 아우 충겸이 김효원의 후임으로 거론되었는데 김효원은 이발을 추천하면서 다시 파란이 일었다. 조정이 불안해지자 이이가 조정책으로 두 사람을 외직에 임명하자고 하여 심의겸은 개성유수, 김효원은 경흥부사로 파견되었다. 그런데 문제는 더 꼬여 분당을 재촉하는 꼴이 되고 말았다.

전랑은 문무관의 인사행정을 담당하던 이조와 병조의 정랑과 좌랑을 일컫는 말로서, 이조정랑은 인사권과 언론권이 집중되어 있는 직책이어서 품계는 낮았지만 당상관도 이조정랑을 만나면 말에서 내려 인사를 할 정도로 여러 가지 특권을 가지고 있어 전랑의 손에 권력의 향배가 달려있다고 해도 과언이 아니었다.

동인과 서인의 당호는 동쪽 건천동(동대문시장 터)에 산 김효원과 그를 추종하는 계열을 동인, 서쪽 정릉동에 살았던 심의겸을 추종하는 계열은 서인이라고 하여 만들어진 이름이다.

동인들은 대체로 이황과 조식의 문인들이 많았고, 동인의 영수로 추대된 허엽(허균의 아버지)은 선배 사림이고, 유성룡, 우성전, 김성일, 남이공, 김우옹, 이발, 이산해, 송응개, 허봉, 이광정, 이원익, 홍가신, 이덕형은 동인의 주축을 이룬 소장파 인사들이다.

서인은 허엽과 대립했던 박순을 영수로 이이와 성혼의 제자들이 많았다. 정철, 신응시, 정엽, 송익필, 조헌, 이귀, 황정욱, 김계휘, 홍성민, 이해수, 윤두수, 윤근수, 이산보 등이 주축이 되었다.

1589년(22년)에는 전주에 사는 정여립이 반란을 도모한다는 비밀보고가 조정에 올라왔다. 정여립은 전주 동문밖에 살고 있었는데, 일곱여덟 살 때 아이들과 놀면서 까치 새끼를 부리에서 발톱까지 토막 낸 일이 있었다. 그의 아버지가 그것을 발견하고 누가 한 일이냐고 묻자 여종이 여립이 하였다고 말하였다. 그날 밤 여립은 잠자는 그 여종의 방에 들어가 여종의 배를 갈라 죽여 버렸다. 어린 시절부터 그의 '악장군' 같은 모습에 사람들은 경악했다. 그는 1570년(3년)에 문과에 급제하여 이이와 성혼의 문하를 왕래하며 학문을 논하며 '공자는 익은 감이고, 이이는 덜 익은 감'이라며 이이를 극구 칭찬하다가 동인으로 전향하고부터는 이이를 '나라를 그르치는 소인'으로 매도하여 선조의 눈 밖에 나버렸다. 이발이 그를 계속 천거했지만 선조는 끝내 그를 등용하지 않았다. 고향으로 내려간 그는 동인들과 관계를 유지하며 재기를 노리며 무뢰한들을 불러 모았다. 그리고 황해도로 간 여립은 안악 사람 변숭복과 박연령, 해주사람 지함두 등과 사귀며 일을 꾸몄다. 그는 전주, 금구, 태인 등 이웃 고을의 여러 무사들과 노비 등 계급의 상하를 막론하고 사람들을 모아 '대동계'를 조직했는데, 1587년 왜구가 전라도 손주도에 침범했을 때는 전주부윤 남언경이 여립에게 군사를 원조 받을 정도의 규모였다.

그는 왕위계승의 절대성을 인정하지 않고 '목자(木子=李)는 망하고, 전읍(奠邑=鄭)은

흥한다.'는 동요가 떠돌자 그것을 옥판에 새겨 지리산 석굴속에 감추어 두었다가 나중에 우연히 발견한 것처럼 꾸몄다.

그 뒤 비밀이 누설된 것을 알고 금구로 달려간 변숭복은 정여립에게 알리고 여립과 아들 옥남 등과 함께 죽도로 달아났다. 진안현감 민인백은 관군을 이끌고 그들을 추격해 여립을 둘러싸자 그는 변숭복과 아들 옥남을 먼저 죽이고 칼자루를 땅에 꽂고 자결했다.

정여립 사건을 계기로 서인들은 주도권을 장악하고자 했다. 서인의 실세 정철이 우의정에 임명되어 이 사건의 조사관이 되면서부터 역옥은 더욱 가혹하게 다스려졌다. 동인의 유력인사들을 연루시켜 처벌하였는데, 김빙은 정여립의 시체를 찢을 때 바람이 차서 눈물이 흘러나오는 것을 닦다가 여립의 죽음을 슬퍼한 것으로 오해받아 죽었다.

기축옥사 때 죽은 사람이 1천여 명이라고 하는데, 죽은 사람들 모두 선조에 대해 비판적인 인사들이라는 특징이 있는 것으로 보아 기축옥사는 서인이 정여립의 모역을 기회로 정계에서 동인을 몰아내고 정권을 장악할 수 있는 계기를 마련한 사건으로 본다. 정여립 모역사건과 기축옥사는 지금까지도 조작된 것인지 아닌지에 대해 의문으로 남아 있는 사건이다.

1590년(23년) 왜의 도요토미 히데요시의 동태가 수상하다는 말이 여러 경로를 통해 조정에 들어오자, 통신사 황윤길과 통신부사 김성일 등을 보내 동향을 살피도록 했다. 그런데 다음해 3월에 귀국한 두 사람의 보고는 서로 상반되었다. 서인 황윤길은 왜국이 한창 전쟁준비를 하고 있으니 침략에 대비해야 한다고 했고, 동인 김성일은 도요토미 히데요시라는 인물이 보잘 것 없고 군사준비도 하고 있지 않으니 전쟁에 대비하는 것은 민심을 혼란스럽게 하는 일이라고 보고했다. 이때 도요토미 히데요시는 '정명가도(征明假道)', 즉 명나라를 정벌하는데 필요한 길을 내줄 것을 요구하며 조선을 압박하고 있었다.

조정에서는 동·서인 간에 대결이 있었으나 당시 동인의 세력이 우세했기 때문에 김성일의 주장대로 전란에 대비하지 않는 쪽으로 결론이 났다. 그런데, 1592년(25년) 4

월 14일 오후 5시에 고니시 부대가 부산포에 도착하였다. 이것이 임진왜란의 시작이었다. 부산을 함락한 왜군은 동래로 갔고 거기서도 승리하며 파죽지세로 북상하였다.

당황한 조정은 유성룡을 총사령관 도체찰사에 임명하고 신립을 도순변사에 임명하는 등 일시 변통적인 조처를 취했다. 그러나 비장한 심정으로 배수에 진을 치고 일대 결전을 벌인 도순변사 신립이 패전하여 달래강(충주)의 혼이 되고 말았다는 소식은 조정을 크게 실망시켰고, 4월 29일 선조는 유생들의 궐기에도 피난을 결심하고 서울을 떠났다. 임금이 도성을 버리는 순간 백성들의 마음속에 임금을 향한 원망과 분노가 경복궁, 창경궁, 창덕궁에 불을 지르고, 형조 장례원에 보관 중이던 노비문서를 소각하는 것으로 표출되었다. 그러자 조정은 극도의 불안감 속에 광해군을 세자로 책봉하고 분조활동을 비상 타개책으로 제시하였다.

선조는 5월 2일에 한양에 이어 개성과 평양이 함락되고 함경도까지 왜군이 침략하자, 요동으로 망명할 채비를 갖추고 의주로 향하기 전 평안도 박천에서 세자 광해군에게 종묘와 사직을 받들고 본국에 머물도록 전했다. 이때 선조의 행재소를 원조정, 세자가 있는 곳을 소조정, 즉 분조라 했다.

광해군의 분조는 공식적으로 1592년 6월부터 1593년 10월까지 약 16개월 동안 활동하였다. 분조에 배속된 관리는 영의정 최흥원 이하 이덕형, 이항복, 한준, 정창언, 김우옹, 심충겸, 황신, 유몽인, 이정구 등 학식과 외교에 뛰어난 인물들이다.

세자 광해군은 평안도, 황해도, 강원도 등지를 돌며 민관군을 위로하고 의병활동을 독려하고 관리들의 보필을 받으며 학문과 경륜을 쌓아 명나라장수 이여송은 조선의 부흥은 세자에게 달려 있다고 말할 정도로 광해군을 신뢰했다. 1593년(26년) 1월 조·명연합군은 평양성 탈환을 이루었는데 이여송의 신뢰에 기반한 것이었다. 광해군은 분조가 해체된 1593년 이후에도 무군사로 활동하며 국란극복의 선봉에서 한 동안 선조를 대신해 전시상황을 주도했음을 알 수 있다.

전국이 왜군에 함락되자 전국 8도에서 의병이 봉기하였다. 의병의 총수는 2만 3천여 명으로 추산되는데, 그 수치가 관군의 25%에 해당한다. 의병활동이 가장 활발하게 전개된 곳은 경상도였고, 그 지역 출신 의병장은 홍의장군으로 유명한 곽재우, 정인홍, 조종도, 곽준, 이로 등이고, 호남을 대표하는 의병장으로는 고경명과 고종후부자와 김천일 등이다. 충청도 지역은 조헌이 있다. 한편 승려의 의병활동도 결코 무시할 수 없는 존재들로서 대표적인 승병장들로는 휴정과 유정, 영규, 처영, 의엄이 있었다.

그리고 남해안에서 이순신이 활약함으로써 전세는 서서히 역전되어 갔고, 명나라의 원병이 참전함으로써 반전하기 시작했다. 1592년(25년) 6월 명나라 1차 원군은 평양전투에서 패전했지만, 1592년 12월 이여송이 4만 3천여 명의 대군을 이끌고 압록강을 건너온 2차 원군이 평양성을 탈환함으로써 반전의 결정적인 계기가 되었다. 그러나 지나치게 자신만만하게 추격하다가 서울 북쪽 벽제관에서 왜군의 기습을 받고 기세가 꺾여서 개성으로 회군하여 평양으로 돌아갔다.

이때 서울을 수복하기 위해 행주산성에 와 있던 전라감사 권율을 중심으로 민관군이 결집하여 빛나는 대승을 거두었는데, 이것이 행주대첩이다. 이 무렵을 전후하여 화의론(和議論), 즉 강화협상이 본격적으로 거론되었다. 명나라 사신 심유경은 화의를 성립시키기 위해 도요토미 히데요시의 본영에까지 들어갔는데 그 노력은 2~3년간 계속되었다. 왜군은 서생포에서 웅천에 이르는 사이에 성을 쌓고 화의의 결과를 기다리고 있었다.

도요토미 히데요시는 명나라에 대해

첫째, 명나라의 황녀를 일본의 후비로 삼을 것.

둘째, 감합인(무역증인)을 복구할 것.

셋째, 조선 8도 가운데 4도를 할양할 것.

넷째, 조선왕 및 대신 12명을 인질로 삼을 것을 요구했다.

그런데 심유경은 이 요구가 받아들여지지 않을 것을 알고 거짓으로 본국 도요토미 히데요시를 왕에 책봉하고 조공을 허락한다는 거짓 내용으로 명나라 조정의 허락을 얻었다. 1596년(29년) 명나라에서는 사신을 파견하여 도요토미 히데요시를 일본 국왕에 봉하는 책서와 금인을 전달하면서 심유경의 거짓화의임이 드러나자, 도요토미 히데요시가 분노하여 1597년 정월에 14만 대군을 이끌고 출정하였다. 이것이 정유재란이다. 후에 심유경은 경상남도 의령에서 명나라장수 양원에게 붙잡혀 죽임을 당했다.

정유재란 때 이순신은 무고로 파직되고 그의 후임으로 원균이 부임해 있었다. 왜군들은 동래, 울산 등지를 점거하여 교두보를 확보한 다음, 남해안 일대를 왕래하며 전세를 관망하였다. 결국 원균이 이끄는 수군이 거제전투에서 참패함으로써 이순신에 의해 마련된 수군의 기반이 붕괴되고 말았다. 왜군들은 이를 계기로 육군은 호남과 호서를 석권하고, 수군은 호남 해안을 점령한다는 두가지 전략으로 사천, 하동, 구례를 거쳐 남원성을 함락하였다. 남원에 이어 전주성이 임진왜란 초기의 상황처럼 파죽지세로 무너졌다.

그러나 명나라장수 양호가 직산 근방의 소사평에서 왜군을 대파함으로써 왜군의 북상이 차단되었고, 해상에서도 이순신이 다시 통제사에 등용됨으로써 전세가 일순간에 반전되었다. 양호가 소사평에서 대승을 거둔 지 열흘 만에 왜구의 서진을 완전히 봉쇄하였다. 이것이 이순신의 명량대첩이다.

두 전투에 타격을 받은 왜군이 주춤한 가운데, 왜군들은 겨울을 나기 위해 남해안으로 모여들며 울산에서 순천에 이르는 남해안 800리에 성을 쌓고 주둔함으로써 전쟁은 한동안 소강상태를 보였다. 이 과정에서 명나라 제독 진린과 이순신 사이에 알력이 생겼으나 이순신이 용의주도하게 대응하여 연합수군의 총지휘권을 이양 받았다.

1598년(31년) 7월 양호의 자리를 만세덕이 대신하면시 조·명연합군의 총공격이 시작되었다. 그러나 도요토미 히데요시가 사망하면서 전쟁의 흐름은 바뀌었다. 왜군은 도요토미 히데요시의 유언으로 비밀리에 회군하고 있었는데, 이 사실을 전혀 모르는 조·명연합군은 왜군의 퇴로를 차단하는 데만 전력했다. 해상에서는 이순신과 진린이 퇴로를 봉쇄하였고 육상에서는 유정의 추격전이 실시되었는데, 유정이 왜군의 뇌물 공세에 매수됨으로써 왜군을 소탕할 절호의 기회를 놓치고 말았다. 왜군은 진린에게도 뇌물 공세를 펴려다 이순신의 저지로 실패하고 독 안에 든 쥐가 되었다. 왜장 고니시는 시마즈에게 구원을 요청하여 1598년(31년) 시마즈가 군함 500여 척을 이끌고 노량을 기습하였는데, 통제사 이순신은 결사항전의 자세로 전쟁에 임해 수많은 적의 군함을 격침시키고 도망가는 적을 추격하다 유탄에 맞아 전사하였다. 시마즈는 겨우 50여 척의 군함을 이끌고 도망하였다.

중간에 휴전이 있었지만 7년간 계속된 왜란으로 수많은 백성들이 생목숨을 잃었고, 농경지의 대부분이 황폐화되었고, 귀중한 문화재가 파손되거나 약탈당하며 조선은 상처투성이가 되었다.

명나라도 국력이 소모되어 얼마 있다 멸망하고 말았고, 일본에서는 도요토미 정권이 무너지고 도쿠가와 정권이 들어섰다.

김효원과 심의겸이 대립할 때는 동인과 서인 양당만이 있었는데, 정여립의 사건이 있고 난 후 서인이 정계에 진출하였지만 인조반정이 있기 전까지 거의 소외되다시피 하고, 동인은 세력이 더욱 성해져 다시 남인과 북인으로 갈라졌고, 북인은 다시 대북과 소북으로, 대북과 소북은 다시 중북, 탁북, 청북, 골북, 육북으로 갈라졌다.

1591년(24년)에 선조가 40세를 넘기자 건저(세자를 세우는 일)를 미룰 수 없다는 논의가 신하들간에서 제의되었는데 이 문제를 제일 먼저 내놓은 이가 좌의정 정철이다. 그런데 선조에게는 적자가 없어 후궁의 소생 중에 세자를 책봉해야 했다. 여러 신하가 논의한 끝에 광해군을 세자로 옹립하기로 결정하고 선조에게 주청을 올리기로 했다. 이 과정에서 이산해는 당시 서인의 거두였던 정철을 제거하기 위해 음모를 꾸몄다. 이산해는 임금이 신성군을 총애하고 있다는 사실을 알고 '정철이 장차 세자 세우기를 청하고 이어서 신성군 모자를 없애버리려 한다.'고 거짓으로 알려 임금의 귀에까지 들어가게 했다.

이를 모르고 있던 정철은 경연에서 '세자를 세워야 한다.'는 말을 꺼내자 선조는 분노해 정철을 삭탈관직 하였다. 이후 세자 책봉문제는 거론되지 못했고, 임진왜란이 일어나자 분조해야 할 상항에서야 광해군을 세자에 책봉하게 되었다.

다시 정권을 잡은 동인들은 서인들에 대해 숙청을 감행하고, 이 과정에서 동인은 다시 북인과 남인으로 나누어졌는데 정철의 치죄과정에서 사형을 시켜야 한다는 과격파는 이산해와 이발이 속한 북인으로, 귀양을 보내야 한다는 온건파는 유성룡과 우성전은 남인으로 나뉘었다. 유성룡이 영남출신이고 우성전의 집이 남산 밑에 있어 남인으로, 이발의 집이 북악산 밑에 있어 북인이라고 불렸다.

1607년 겨울 선조는 병세가 악화되자 밀지를 내려 대신들을 불러 세자에게 임금의 자리를 물려준다는 전교를 내리자 유영경이 반대하였다. 이이첨, 이경전을 통해 정계의 동정을 파악하고 있던 정인홍이 '유영경이 동궁을 동요시키고 좌의정, 우의정 등이 이를 부추긴다.'고 비판하자 선조는 오히려 정인홍, 이경전, 이이첨을 유배 보냈다. 이 때부터 선조는 세자 광해군이 문병 올 때마다 심하게 내쳤는데 광해군은 정신을 잃고 땅에 엎드려 피를 토하기까지 했다. 그러다 선조가 사망하고 광해군이 즉위하자 유영경을 위시한 소북은 궁지에 몰렸다.

외척을 없애고 신권중심의 뛰어난 정치를 펼쳤지만, 임진왜란을 막지 못해 유약하고 우유부단한 왕으로 인식된 선조는 1608년 57세를 일기로 생을 마감하였다.

● **제15대 광해군**(光海君. 재위 기간은 1608년~1623년까지 15년)

광해군은 선조의 둘째아들로 이름은 혼이고 어머니는 공빈 김씨이다. 공빈 김씨는 임해군과 광해군을 낳고 27세의 나이로 세상을 떠났고, 그때까지 후사가 없던 의인왕후 박씨가 두 왕자를 길렀다.

광해군은 임진왜란이 일어난 1592년(선조25년) 분조체제 아래서 세자로 책봉되어 조정의 일부를 맡아보긴 했지만 전시라서 책봉례도 제대로 갖추지 못하였고 정식으로 세자에 책봉된 것이 아닌 상태로 임무를 수행하였다. 하지만 선조는 광해군보다는 넷째아들 신성군을 더 총애했다.

당시는 왕위 계승자가 선정되면 중국으로부터 고명을 받는 것은 통과의례였다. 조정에서는 1594년(선조27년) 1월부터 1596년(선조27년)까지 여러 차례 광해군을 세자로 책봉해 줄 것을 요청했지만, 명에서는 적자도 아니고 서자 중 장자도 아닌 광해군을 세자로 책봉하는 것을 쉽게 허락할 수 없다며 허락하지 않았다. 1600년(선조31년) 6월 중전 박씨가 죽고 2년 후 선조는 김제남의 딸인 인목왕후를 비로 맞아 열네 번째 만에 적통인 영창대군을 보게 되었다. 정비의 소생이 태어나자 선조는 세자를 바꾸려는 생각을 가지게 되었다. 당시 실권을 잡고 있던 유영경을 위시한 소북파가 이 뜻을 알아차리고 세자를 영창대군으로 바꾸려고 했으나 선조가 죽는 바람에 광해군이 즉위하게 되었다. 선조는 죽기 전에 유영경, 한응인, 신흠, 허성, 박동량, 서성, 한준겸을 고명대신으로 하여 '영창대군을 잘 보살펴 주길 바란다.'는 내용의 서찰을 남겼다.

광해군이 즉위한 후에도 명에서는 예의를 아는 나라라고 자랑하면서 장자를 폐하고 차자를 세우는 일을 마음대로 할 수 있느냐며 여전히 광해군을 왕으로 인정하지 않았다. 명에 사신으로 가 있던 이호민 등이 임해군이 중풍으로 선조의 무덤을 지키고 있고, 광해군에게 왕위를 사양했다고 변명을 하였는데 이 말이 사태를 더욱 악화시켜 명에서는 자초지종을 조사하겠다고 했다. 이에 조정에서는 영의정 이원익 이하 문무관, 종실 등 18,805명의 연명으로 광해군을 추대한 까닭을 적어 북경으로 보냈지만 진상조사단을 조선에 파견하였다. 그때 임해군은 왕위를 도둑맞았다며 노골적으로 불만을 표현하고 있었다. 명의 사신들은 광해군을 먼저 만나고 모반죄로 강화 교동에 유배중이던 임해군을 유배지에서 옮겨 대질시키며 위기를 넘기고, 또 명의 사신들에게는 수만 냥의 은과 인삼을 주었다. 이런 우여곡절 끝에 즉위 이듬해인 1609년 6월에 명의 인준을 받아 책봉례를 행하였다. 광해군은 임전 때 분조의 세자로 책봉된 때부터 즉위까지 17년간이나 정통성을 인정받지 못하는 가운데 심적으로 상처를 받게 되었다. 그 상처는 왕위를 지키는 것에 대해 민감하게 만들었다.

광해군은 즉위 한 달 만에 귀양을 가 있던 정인홍, 이이첨, 이경전등을 불러들여 정계를 개편했다. 적자 영창대군을 지지했던 유영경은 눈치 빠르게 사직을 자청했지만 광해군은 이를 즉시 허락하지 않았다. 그러다 정인홍, 이이첨 등 대북 세력의 아우성에 유영경의 사직을 허락하고 7월에 유영경, 이홍로, 이효원 등 소북의 거물들이 모두 죽임을 당하거나 귀양을 갔다. 대북의 세력 중 이원익, 이항복 등은 형제의 도리를 들어 임해군을 귀양만 보내자 하고 정인홍, 이이첨 등은 역적을 두둔한다고 비난하여 광해군은 임해군을 우선 교동으로 귀양 보냈다. 그러나 임해군은 이듬 해 의문의 죽임을 당하였다.

임해군이 죽고 나서도 옥사는 계속되었는데 1612년(4년) 2월 '김직재의 옥' 사건이 일어났다. 김직재, 황혁, 김백함 등이 진릉군을 왕으로 추대하려는 반역을 꾀했다고 무고를 당한 사건이다. 진릉군은 선조의 여섯 번째 왕자 순화군의 양자로서 임해군의 뒤를 이어 희생된 두 번째 왕족이었다.

또 1613년(5년) 4월 25일는 조령에서 동래의 온 장수를 살해하고 수백 냥의 은을 강탈해 여주로 달아났던 서인의 거두 박순의 서자 박응서를 비롯하여 서양갑, 심우영, 박치인, 박치의, 이경준, 허홍인 일곱 명의 서자들이 체포되었다. 이들은 서얼금고법으로 벼슬길이 막혀버린데 대한 불만을 품고 있었던 세력이었다. 이이첨은 이 사건을 이용하여 영창대군을 없앨 음모를 꾸몄다. 그의 친척 이의숭을 박응서에게 보내 '너는 곧 사형될 것인데 소를 올려 반역을 고발하면 정훈에 기록될 것.'이라는 말을 전한다. 박응서는 귀가 솔깃하여 이이첨이 시키는 대로 '우리들은 단순한 도적이 아니고 국구(국왕의 장인, 부원군이라고도한다) 김제남과 영창대군을 임금으로 받들려고 도모한 것.'이라는 허위자백을 하였다. 결국 박응서는 사면되었고, 서양갑은 고문을 이기지 못하고 김제남, 영창대군, 인목대비를 엮어 넣어 옥사는 돌이킬 수 없게 확대되었다. 서양갑은 자기 어머니가 고문을 당하는 것을 보고 광해군이 자신의 어머니를 죽이니 나도 광해군의 어머니(인목대비)를 죽여야겠다는 생각에 말을 꾸몄던 것이다.

결국 김제남은 서소문 밖에서 사약을 받고, 영창대군은 강화로 유배되어 방에 가두어놓고 아궁이에 불을 지피어 죽게 했다. 그때 아홉 살 어린 나이였던 영창대군은 밖을 향해 어머니를 부르다 죽어갔다.

이후 대북세력은 영창대군의 어머니 인목대비를 단호하게 처리할 것을 주청하였다. 광해군은 형제를 죽이는 것은 전례가 있는 일이지만 모후를 폐위한다는 것은 용납할 수 없었다. 그런데도 폐비론은 1617년(9년)까지 끊임없는 논쟁을 되풀이하면서 계속되었다. 마침내 공개토론으로 가부를 물어 대비 폐출을 결정하자는 이이첨 등의 주장이 받아들여졌다. 그에 반대하였던 이항복, 기자헌, 정홍익, 김덕함 등은 귀양길에 올랐다.

1618년(10년) 인목대비는 호가 깎여 '서궁'이라 칭해지고 왕족으로서 특권과 대우를 모두 박탈당한 채, 1623년(15년) 3월까지 서궁(덕수궁)에 유폐되어 일반 후궁보다 못한 대우를 받았다. 이이첨이 백대형을 사주하여 대비를 죽이려 했을 때 대비의 꿈에 선조가 슬픈 기색으로 나타나 사태를 예고해 주어 대비 침전에 궁인이 누워 있다가 대신

화를 당함으로써 대비는 변을 면하였다. 이 밖에 광해군의 이복 아우 능창군(인조의 아우)도 모역죄로 죽임을 당했다.

1609년에 임진왜란 이후 단절되었던 일본과 기유조약을 맺어 평화가 회복되었다. 이는 일본의 끈질긴 노력 끝에 체결된 것으로 일본과의 통교를 수락하기 위해 대마도주와 맺은 조약이다. 주요 내용은 대마도주에게 내린 세사미두(조선 세종 때부터 해마다 대마도주에 내리던 쌀)는 100가마로 하고, 세견선(일본에서 정기적으로 건너오는 사신을 보내는 사송신이나 무역선)은 20척으로 하고, 특송선은 3척으로 하되 세견선에 포함하고, 수직인(조선의 관직을 얻어 우대를 받은 일본인)은 1년에 1회 조선에 와야 한다는 것 등이다.

1610년(즉위2년) 선조 초반 때부터 논의되었던 사림 5현(김굉필, 정여창, 조광조, 이언적, 이황)의 분묘 종사가 이루어졌다. 이것은 성리학 지상주의에서 도학적 정통으로 간주된다는 중요한 의미가 된다.

선조는 사림 5현에 대해 부정적이었지만 광해군은 관심이 높아 이지굉의 주도로 대대적으로 추진하였다. 5월 한 달은 이 문제로 조용한 날이 없을 정도고 사림들은 적극적이었는데 드디어 광해군의 허락을 받아 좋은 날을 택해 9월 5일 김굉필, 조광조, 이황은 동쪽에, 정여창, 이언적은 서쪽에 봉안함으로써 절차를 마무리하였다. 이로써 5현이 가지는 도학상의 지위는 확고해졌다. 그러나 정인홍은 이언적과 이황을 5현으로 인정할 수 없었다. 정인홍은 자신의 스승 조식이 5현에 포함되지 않아 불만이었다. 그래서 다음해 4월 이언적(회재), 이황(퇴계)의 행위와 처신을 조목조목 비판하는 이른바 상소문 회퇴변척소를 올렸다.

이언적과 이황은 조식과 함께 당대를 풍미한 사상계의 거장이었다. 이황과 조식은 동갑이고, 이언적은 그들보다 열 살이 위였는데 세 사람은 한자리에 모인 적이 없을 정도로 사이가 가깝지 않았고, 조식의 제자로서 정인홍은 스승과 이황의 불화를 너무나 잘 알고 있었다.

정인홍이 회퇴변척소를 올리자 500명의 성균관 유생들은 곧바로 상소하여 정인홍을 유적에서 삭제했다. 유적의 삭제는 곧 유림에서 매장되는 것을 뜻하며 엄청난 모욕이고 불명예였다. 그러나 광해군은 정인홍을 두둔하고 주모자를 금고형으로 다스리자 유생들은 단식투쟁을 하였다. 정인홍은 권력을 유지하였지만 스승을 현양(顯揚)할 목적은 이루지 못하고 정구와 그를 추종하는 사람들이 퇴계학파로 합류하는 바람에 남명학파의 기반을 흔들어 놓았다.

1614년(6년) 조목이 도산서원의 퇴계사당에 배향되었다. 퇴계에게 300여 명의 제자가 있었는데 도산서원에 배향된 것은 그가 유일했다. 조목이 도산서원에 배향되기 위해서는 조정의 인가가 필요했는데, 정인홍이 협조하지 않고서는 북인정권의 공식적인 인가를 받을 수 없는 상황이었다. 그런데 정인홍이 적극적으로 찬성했다. 그것은 조복의 배향을 허용함으로써 정적 유성룡을 제압할 수 있었기 때문이다. 조목은 유성룡의 정치노선에 제동을 걸고 실각시킨 공로가 있었던 것이다.

1616년(8년), 건주위 알동(회령) 출신의 누르하치가 58세의 나이로 후금을 세웠다. 여진족은 만주에 기거하면서 1115년 금을 세워 한때 그 세력을 떨쳤었는데 원에 망하고 명나라에 복속되면서 해서위, 건주위, 야인위로 나뉘어 명의 지배를 받고 있었다. 그 중 건주위와 야인위가 우리나라 국경을 자주 침범하였는데 세종 때 4군 6진은 이들을 정벌하고 설치한 것이다. 누르하치는 주위 여러 부족을 차례로 토벌하면서 세력을 넓히더니 조선과 명 양국이 임진왜란에 시달리고 있는 틈을 타, 만주지방에 세력을 확장하여 후금을 세운 것이다. 그리고 명에 선전포고를 하였다.

명은 1만 명이라도 파병할 것을 조선에 요구하였다. 이에 조선은 1618년(10년) 7월 형조참판 강홍립을 도원수에, 평안병사 김경서를 부원수에 임명하고 포수 3,500명, 사수 6,500명을 파병하면서 강홍립에게 '대의명분상 어쩔 수 없이 출병하는 것이니 형세를 보아 향배를 정하라.'는 밀지를 내렸다. 1619년 2월 조·명연합군 47만은 6만의 후금에게 대패하였고, 강홍립은 무조건 항복했다. 조정에서는 강홍립을 신하의 절개를 잃었다 하여 그 처자를 치죄하자고 하였지만 광해군은 일축해 버렸다. 얼마 후 누르하치는 출병이 부득이 했음을 이해한다는 국서를 보내고 광해군도 후금과 우호적 관계를 원한다는 회신과 막대한 물자를 보내 주었고 누르하치는 강홍립 등 10여 명을 제외한 포로 전원을 석방해 주었다.

1621년(13년) 심양과 요양이 함락된 후 명의 모문룡이 의주로 들어온 일이 있었는데,

후금은 조선이 명을 돕고 있다며 불쾌감을 드러냈다. 광해군은 정충신을 보내 어쩔 수 없는 입장을 변명하였다. 이처럼 광해군은 과단성 있고 실리적인 외교정책을 펼쳤다.

1623년(15년)에는 대동법을 강원, 충청, 전라도로 확대하였다. 즉위년인 1608년에 그 실효성을 검토하기 위해 경기도에서만 처음 실시하였는데 농민들의 호응을 얻자 확대한 것이다. 대동법이란 각 호가 부담하는 공물, 진상 및 지방의 관수 등 잡다한 세목을 노지로 단일화시켜 부과하도록 하여 토지 1결당 흰쌀 12말을 납부하게 한 법이다. 국가는 대동미를 공인들에게 나누어주고 필요한 물품을 구입하여 납부하도록 하였다. 이 일을 맡은 관청이 선혜청이었는데, 이처럼 국가가 일괄적으로 관리하게 됨으로써 방납의 폐해를 시정할 수 있었다.

이 대동법이 전국적으로 실시하는 데는 이후 100년이란 세월이 걸렸고, 1894년(고종31년) 세제개혁이 있기까지 대동법은 계속적으로 실시된다. 대동법이 전국적으로 실시하는 데 100년이 걸린 것은 이권과 관련하여 지방의 토호와 서리 및 지방관리들, 방납(납공자의 공물을 대신 바치고 납공자에게 그 두 배를 받는 것)을 담당했던 상인들, 이들과 연계된 중앙 관리들이 자신의 이권이 사라지자 거세게 반발했기 때문이다. 그러나 대동법은 역사적인 대세였다.

안으로는 부국강병책을 모색하고 밖으로는 실리외교노선을 걸었던 광해군은 병화(兵火)로 손실된 서적간행에도 힘을 써 『신증동국여지승람』, 『용비어천가』, 『동국신속삼강행실』 등을 다시 간행하고 『국조보감』을 다시 편찬하였고, 실록보관을 위해 임진왜란 때 소식된 네 곳의 사고를 대신하여 적상산정에 사고를 설치하였다. 허균의 『홍길동전』과 허준의 『동의보감』이 나온 것도 광해군대의 일이다.

하지만 대북세력이 득세하며 정계에서 소외되었던 소북세력은 계모 인목대비를 유폐하고 명을 버리고 오랑캐 청과 친하며 사대를 거부하였다는 명분으로 인조반정을 일으켜 광해군은 1623년 폐위된다. 그리고 강화도로 유배되었다가 다시 제주도로 이배되었다. 그는 심부름하는 사람들에게 멸시를 당하면서도 분개하지 않고 굴욕을 참으며 초연하게 살다 18년간의 유배 생활을 마치고 1641년 67세를 일기로 생을 마감하였다.

● **제16대 인조**(仁祖. 재위 기간은 1623년~1649년까지 26년)

    인조는 선조의 다섯째아들 정원군의 맏아들로 선조의 서손이다. 그래서 광해군의 서조카가 된다. 인조의 이름은 종, 자는 화백, 호는 송창으로, 1607년 능양군으로 봉해졌다. 인조는 태어날 때에 붉은 광채가 빛나고 기이한 향기가 진동하였으며 그 외모 또한 비범했다고 전한다. 오른쪽 넓적다리에 검은 점이 많았는데 선조는 이것이 한 나라 고조의 상이니 누설하지 말라고 했다. 광해군은 인조가 애지중지 키워지는 것을 보고 그를 별로 좋아하지 않았다.

    1623년 3월 12일 밤, 서인의 세력과 함께 무력으로 정난을 일으켜 왕위에 오른 인조는 맨 먼저 인목대비의 존호를 복원했으며, 광해군의 총애로 권세를 부렸던 김상궁을 참형시키고 그간에 세도를 부렸던 이이첨, 정인홍 등을 처형하고 서인의 미움을 샀던 수백여 명을 유배 보냈다. 특히 이이첨은 평소에 원수진 사람들이 많았는지, 참형을 당하자 도성 사람들이 그의 시체를 난도질하여 온전한 데가 없었을 정도였다.

    반정을 주도한 인물은 능양군(인조)이다. 능양군의 동생 능창군은 사람들로부터 군왕의 자질을 갖고 태어난 인물이라는 소리를 많이 들었다. 능양군과 능창군은 선조가 총애했던 정원군의 아들로, 능창군은 신성군의 양사였다. 능창군이 1615년(광해군7년) 광해군에 의해 죽임을 당하자 아버지 정원군은 실의에 빠져 지내다 병을 얻어 몇 년 후에 죽었다. 인조반정의 명분은 광해군이 동기를 살해하고 모후(인목대비)까지 폐비한 반인륜적 행위와 명에 대해 사대를 하지 않았다는 것이었지만 그 외 여러 사건이 능양군으로 하여금 반정을 일으키도록 부추긴 원인이 되었다.

    광해군도 인목대비를 폐비하는데 있어서는 끝까지 반대하였다. 그리고 명에 대한 사대는 부흥하고 있는 후금의 침략을 사전에 막을 수 있어서 조선의 안정을 위한 실리 외교였다. 당시 반정공신 중에는 개인의 부귀에 마음을 두지 않고 순전히 종묘사직을 위해 일어난 사람은 최명길, 장유, 이해 등 몇 명에 지나지 않았다고 회고할 만큼 당파끼리의 알력이 매우 크게 작용을 하였던 때였다. 결국반정은 밖으로 드러난 명분보다는 당파끼리의 알력이 더 크게 작용을 한 것이다. 반정이 일어난 지 1년도 채 안 되어 일어난 이괄의 반란은 그것을 반증하는 사건이다.

광해군의 중립적인 외교정책으로 후금의 세력을 어느 정도 규제할 수 있었으나 인조가 즉위하면서 표방한 친명정책은 금을 자극해 후금과의 사이에 팽팽한 긴장감이 돌았다. 그래서 인조는 장만을 도원수에 임명하고 이괄을 부원수겸 평안병사에 임명하여 북방을 수비하도록 했다. 북방수비대의 병력은 1만5천 정도로 그 중 주력부대 1만 명은 부원수의 지휘 아래 있었다. 북방의 안녕은 이괄의 손에 있다고 해도 과언이 아니였으나, 인조반정 때 공이 컸음에도 2등 공신으로 책봉된 이괄이 평안병사겸 부원수로 임명되어 외지에 부임하게 되어 불만이 컸고, 정권을 장악한 공신들은 반대세력에 대한 경계가 심해 반역음모 혐의로 잡히는 자가 적지 않았다. 이괄도 그 피해자의 하나다. 1624년(즉위2년) 1월, 중앙의 서인들은 이괄의 병력을 이용해 북인세력을 제거하기 위한 음모를 꾸미고 문회, 허통, 이우 등이 이괄과 이괄의 아들 이전, 한명련, 정충신, 기자헌, 현집, 이시언 등이 변란을 꾀하고 있다고 고변하였다. 그러나 확인 결과 무고한 것이 밝혀졌고 조사담당관들은 문회, 허통, 이우 등을 사형시켜야 한다고 주장했다. 그러나 서인 집권세력들의 반대에 부딪쳐 이괄의 아들 이전과 한명련 등을 중앙으로 압송하여 국문하고, 기자헌 등 역모 혐의가 있는 40여 명의 관료들을 하옥시키기로 하였다. 아들을 압송하기 위해 금부도사가 영변으로 오고 있다는 소식을 접한 이괄은 분노했다. 그러잖아도 이괄은 서인세력을 별로 좋아하지 않았다. 이괄은 아들을 잡아가기 위해 온 금부도사와 선전관을 죽이고 한성으로 압송되던 한명련을 구출해 반란에 가담시켰다. 그리고 다른 주군도 가담하여 이괄이 1만2천의 군사를 이끌고 영변을 출발한 때가 1624년 1월 24일이었다.

반란군의 소식을 접한 도원수 장만은 병력을 동원하여 이를 저지하고자 하였으나 임진강에서 패하였다. 그 소식을 접한 인종은 그날 밤 서울을 떠나 피난길에 올랐는데, 따르는 백성이 없었고 한강변에 닿았을 때는 사참들이 배를 언덕에 숨겨놓을 정도로 인심을 잃고 있었다.

이괄은 한양에 입성하여 백성들의 열광적인 환영을 받았다. 관청의 서리와 하인들은 의관까지 갖추고 나왔고, 시민들은 길을 깨끗이 쓸어내고 황토를 깔아주기까지 했다. 이괄은 선조의 열 번째 왕자 흥안군을 새 임금으로 세웠는데, 흥안군은 당시 엉뚱한 짓을 하기로 소문이 나 있던 사람으로 이괄 등에게 벼슬을 내리고 군사들에게 술과 고기를 잔뜩 먹이는 등 너무도 당당히 임금행세를 하자, 백성들 사이에 사세가 오래가지 못하겠다는 말이 나돌았다.

결국 이괄은 장만이 이끄는 관군에게 패하여 이천까지 달아나다 자기와 한편이었던 기익헌, 이수백 등에 의해 죽임을 당함으로써 진압이 되었지만 왕이 도성을 버리고 피난할 정도로 큰 사건이었고, 이괄의 북방수비대가 도성으로 내려옴으로써 변방수비에 허점이 노출되었다. 그리고 반란군의 세력이었던 한명련의 아들 한윤이 후금으로 도망가 국내의 어수선한 상황을 알리며 남침을 종용하여 결국 '정묘호란'을 초래하고 말았다.

1616년 모든 여진족을 정벌하며 후금을 세운 누르하치는 1619년 사르호산 전투에서 조·명연합군을 물리친 후 명의 세력을 눌렀다. 1627년(5년) 후금의 태종은 3만의 대군을 동원하여 조선을 침공하였다. 이른바 정묘호란이었다. 후금군이 의주성을 함락하고 평산까지 진격하자 인조는 강화도로 세자는 전주로 각각 피난하였고, 전국 각지에서는 의병이 일어나 후금군의 퇴로를 위협했다. 이에 후금군은 조속한 화의를 추진하여 '형제의 맹약'을 맺고 정묘화약을 체결한 후 철군하였다.

1636년(14년) 4월 국호를 청으로 바꾼 후금은 1616년(광해군8년)에 맺은 '형제의 맹약'을 파기하고 '군신의 관계'를 강요하며 군사 3만을 지원하라고 요구하였다. 조선이 이에 응하지 않자 12만 군사를 이끌고 침략하였다. 이것이 '병자호란'이다.

조선은 청나라가 쳐들어올 것을 예상하여 의주, 안주, 평양, 창주, 평산 등 변방 요지의 방어병력을 인근의 산성으로 이동시켜 청군의 남하를 지연시키도록 조치하였으나, 청군은 산성의 존재가 무력하게 소규모 병력을 잔류시켜 아군의 기동을 막으면서 주력군은 수도권을 향해 빠른 속도로 남하하였다. 1636년 12월 8일에 압록강을 넘은 청군의 선봉부대는 6일 만에 서울근교에 진출하여 서울과 강화도를 잇는 도로를 차단하였다. 청군이 압록강을 넘어온 지 5일 만에야 보고를 받은 조정은 종묘의 신주와 왕실 및 조정 관료의 식구를 먼저 강화도로 피신시키고 이어 인조와 세자가 강화도로 떠났으나 이미 청군이 그 길목을 점령해 버린 뒤였다. 하는 수 없이 다시 도성으로 돌아온 인조가 우왕좌왕하는 사이 청군은 홍제원까지 진출하여 최명길이 청군의 진영으로 가서 선봉장 마푸타와 회담을 하면서 청군의 도성 진입을 지연시키는 동안 12월 14일 밤 10시에 인조는 남한산성으로 들어갔다.

다음날 아침, 남한산성에 당도한 청군의 선봉대 4천여 명은 피곤한 몸으로 주력부대와 합류할 시간을 벌기 위해 '왕자를 인질로 하겠다.!'며 화의를 제기하였다. 이에 정부군은 강경척화노선으로 급선회하는 한편, 산성을 고수하고 각도의 근왕병(왕을 구원하는 병력)을 기다리며 반격할 전략을 세우는 동안 공격할 기회를 놓쳤다. 이어 청군의 주력부대 중 하나인 좌익군이 19일 산성의 동서, 남방 일대에 포위망을 구축하고 12월 22일 대규모 공격을 시작하였고, 다음 날에는 두 배나 되는 청병이 공격을 하였다. 이에 인조는 청병이 진용을 갖추기 전에 성문을 열고 나가 공격하여 전과를 올렸다. 관군은 사기가 충천해졌는데 12월 24일 진눈깨비가 내려 인조는 향을 사르고 절하며 날씨가 개기를 기원하였는데 어의가 다 젖어 추위로 안색이 창백해지자 주위 모든 신료들이 함께 울었다.

청병이 전과를 거두지 못하자 전략을 바꾸어 산성으로 통하는 모든 도로를 봉쇄하여 아군은 성에 고립되었다. 충청, 전라, 경상에서 올라온 근왕병도 수도권지역으로 진출하였으나, 청군의 공격을 받아 패퇴하거나 전진하지 않고 형세를 관망하느라 산성의 위기는 심각해졌다. 12월 29일 아군은 무모한 출성을 시도하였지만 청군의 기만책에 빠져 참패를 당했다. 그러는 사이 12월 30일 청 태종 본대가 서울을 거쳐 산성으로 진군했다. 청군은 삼전도에 지휘소를 설치하고 포위망을 구축하는 한편 근왕병의 지원을 차단하여 산성의 상황은 더욱 악화되었다.

1637년(14년) 1월 23일 밤부터 이튿날 새벽까지 청군은 네 차례에 걸쳐 대공세를 해왔다. 25일 아침 청군은 산성에서 500보까지 근접하여 계속 강화를 요구하였고, 다른 한편으로는 강화도를 공격하였다. 청군은 수전에 경험이 풍부한 한인사병을 보유하고 있어 수전에 약하지 않았다. 험준한 요새 갑곶을 버리고 강화성으로 물러나 수성하겠다는 검찰사 김경징의 오판은 청군이 강화도에 쉽게 접안할 기회를 주었고, 김경징은 퇴각 명령을 내린 후 육지로 도망가고 남아있던 100여 명의 장졸은 모두 전사했다. 청군이 강화성을 대대적으로 공격하자 남문을 지휘하던 김상용은 문루에서 화약상자에 불을 붙여 자폭하고 강화성은 함락되었다. 1월 26일 아침 왕비와 왕자, 관료 및 그 가족들은 청군의 경비 하에 삼전도의 청 태종 본진에 수용되었다. 청군은 이 사실을 남한산성에 보내어 국왕의 항복을 독촉하였다.

인조는 항복할 결심을 하고 산성에 들어와 진을 친 지 45일 만인 1월 30일 산성을 나섰다. 남색의 군복을 입고 세자, 대신, 승지 등 500여 명의 신료들과 함께 삼전도로 향했다. 수항단(항복을 받기 위해 청군이 설치한 건물)에서 인조를 기다리고 있던 청 태종은 국왕이 도착하자 자리에서 일어났고, 인조는 말에서 내려 단 아래로 나아가 단상을 향해 세 번 절하고 아홉 번 머리를 조아리는 '삼배구고두(여진족이 천자를 배알할 때 행하는 의식)'를 하며 강압적인 항복조건을 모두 수락하였다. 청 태종은 인조를 좌측 상석에 앉도록 하여 모든 제후 중에 가장 우선한다는 것을 보여 주어 조선의 반감을 최소화하였다. 인조는 소파진을 경유하여 배를 타고 한강을 건너 늦은 밤 서울에 당도하여 창경궁 양화당으로 나아갔다. 이후 청 태종은 삼존도에 '대청황제공덕비'를 세워 자신의 공덕을 찬양하도록 강요했다. 이것이 우리에게 잘 알려진 '삼전도비'이다.

삼전도에서 인조가 굴욕적으로 항복을 한 후 청은 인조의 첫째아들 소현세자와 빈궁, 둘째아들 봉림대군, 셋째 인평대군 그리고 척화론자(청과 화친하기를 반대하는 사람들)인 오달제, 윤집, 홍익한을 심양으로 끌고 갔다.

청군은 철수하는 도중에 단도의 동강진을 공격하면서 조선에게 병선을 요청하였고, 도적질을 일삼으며 50만에 달하는 조선 여자들을 끌고 갔다. 이들은 돈을 받고 여자들을 조선에 돌려주었는데, 대부분 빈민출신이라 돈을 치르고 찾아올 입장이 못 되었고, 더러는 비싼 값을 치르고 찾아오는 경우도 많았지만 돌아와서는 순결을 지키지 못했다는 이유로 이혼을 하게 되어 정치, 사회문제로 대두되기도 했다. 이러한 상처는 인조와 서인이 대명 사대주의에 빠져 광해군의 중립외교의 실리노선을 제대로 파악하지 못한 것이 원인이었다. 인조는 1649년 5월 55세를 일기로 생을 마감하였다.

● 제17대 효종(孝宗. 재위 기간은 1649년~1659년까지 10년)

효종은 인조의 둘째아들로 이름은 호이고 자는 정연이다. 1619년에 향교동에 있는 인조의 잠저(왕위에 오르기 전에 살던 집)에서 태어났다. 어머니는 한준겸의 딸 인열왕후 한씨이고, 비는 장유의 딸이다.

세자에 책봉되었을 때 봉림대군은 두 차례에 걸쳐 극구 사양하였으나 다른 어떤 신료들의 반대 상소도 없었다.

어진 사람들을 존경하고 예우하는 것에 지극했던 효종은 즉위하자마자 김집, 송준길, 송시열 등을 비롯하여 권시, 이유태 등을 조정으로 불러들였다. 그들은 인조 때에는 아무리 불러도 나오지 않던 초야의 학자들이다.

인조 때에 권세를 다투던 낙당의 김자점과 원의 원두표는 왕이 바뀐 지 두 달도 채 못 되어 관직에서 물러났다. 효종은 즉위한 지 한 달이 조금 지난 6월 22일에 사헌부와 사간원에서 영의정 김자점의 파직을 청했으나 듣지 않다가, 1650년(즉위1년) 봄에 홍천현으로 유배 보내고 6월 24일에 사헌부가 원두표를 분당의 책임을 물어 파직하기를 청하자 원두표는 관직에서 물러났다. 이로써 정치세력의 판도도 크게 바뀌어 8월에는 이경석, 정태화, 조익이 삼정승이 되었고, 김상헌이 영돈녕부사, 김집이 대사헌, 송준길이 장령, 송시열이 진선이 되었다. 이에 따라 조정의 요직에 주로 남인들이 중용되었고, 효종의 배청 분위기는 송시열의 북벌론에 근거하여 추진하게 된다.

유배당한 김자점은 복수의 칼날을 갈았다. 반정 일등공신이며 30여 년 동안 정권의 실력자이기도 했던 그는 역관 이형장을 시켜 새 왕이 옛 신하들을 몰아내고 청나라를 치려 한다고 청에 고발하였다. 그러자 청에서는 6명의 사자를 보냈으나 어찌된 영문인지 이형장의 변심으로 청국 사신들은 김자점의 죄를 논하며 청나라에 성을 쌓은 이유만을 물었고, 영의정 이경석과 조경이 책임을 지는 것으로 마무리되었다. 그런데 이듬해 12월에 해원부령 이영과 진사 신호가 또 다시 김자점의 반역 음모를 고변하여 김자점과 연루된 사람들이 처형당하고, 인조의 애첩 조귀인도 처형당함으로써 권신 김자점 일당은 모두 사라지게 되었다.

1650년 김육과 김집이 대동법실시를 두고 정면충돌하는 사건이 발생했다. 김육이 삼불가퇴론을 내세우며 김집을 조롱하자, 김집이 낙향하였고 송시열과 송준길이 효종에게 김집의 낙향을 만류해 줄 것을 간청했지만 효종은 김육을 두둔했다. 대동법은 김육 등의 건의를 받아들여 1632년(인조10년)에는 충청도에, 1657년(효종8년)에는 전라도 연해안 각 고을에 실시하여 성과를 거두었다.

김집을 당주로 한 산당은 송준길, 송시열, 유계, 이유태, 윤선거 등을 당인으로 삼아 연산, 회덕을 중심으로 강력한 세력을 형성하고 있었다. 그런데 김집이 낙향하자 송시열, 송준길은 회덕으로, 이유태는 금산으로, 유계는 공주로 돌아가 산당은 완전히 퇴진하였고, 이후 약 9년 동안 정계에서 물러났으나 1650년 김육이 죽고 북벌이 구체화되면서 김집이 재입조하여 조선후기 정치사의 흐름이 바뀌게 된다.

효종은 즉위 3년째에 접어들면서부터 북벌을 위한 군사정책을 강행하기 시작했다. 먼저 어영군을 확장하고 제도를 개편하여 군사력을 정비하였는데, 그 재정적 부담이 크자 김육 등이 북벌을 반대하고 나섰다. 그러나 효종은 굽히지 않고 1천 명의 도성 상주병력을 확보하였고, 훈련도감과 더불어 어영청은 국왕을 호위하는 수도경비군영이 되었다. 그리고 친위병인 금군의 전투력을 향상시키기 위해 600여 명의 금군을 전원 기병화시키고 1655년(6년)에는 정원을 1,000명으로 확장시켰다. 특히 제주도에 표류한 네덜란드인 하멜 일행을 훈련도감에 배속시켜 신식 조총을 제작하게 하였다. 그리고 가정에서는 좋은 말을 기르고 마을에서도 수백 명을 모아 활과 조총 쏘는 법을 가르치기도 했다. 유형원은 『중흥위략』을 지어 적국의 지형과 요새 등을 낱낱이 기록해 두기도 했다. 그러나 북벌의 기회는 오지 않았고, 러시아가 청을 침략해 주길 은근히 바라고 있는데 오히려 청의 출병 요구로 러시아 정벌을 나서게 되었다.

15세기 후반 몽고족의 오랜 지배 하에서 벗어난 러시아는 자원이 풍부한 흑룡강 유역으로 진출하여 1651년에 흑룡강 우안의 알바진 하구에 성을 쌓고 그곳을 근거지 삼아 모피를 수입하고 활발한 활동을 전개하고 있어 인근 수렵민들과 분쟁이 끊이지 않고, 청나라 군사와도 충돌하게 되었는데 이듬 해 러시아인들이 송화강 방면으로 활동 범위를 넓혔다. 그러자 청나라에서는 영고탑에 있는 군사를 보내 이들을 축출하려 했으나 구식 장비의 청군으로서는 총포를 가진 러시아를 대적할 수 없게 되자 청나라가 조선의 조총군의 위력을 믿고 원병을 요청한 것이다. 이에 조선은 1654년(5년) 4월 16일 조총군 100명과 초관, 기고수 등 50여 명을 거느리고 출정하여 청군과 함께 영고탑을 출발하여 러시아군과 대치하였다. 조선 조총군은 7일 만에 러시아의 기세를 꺾고 조선 군사는 전승을 거두고 6월에 조선으로 개선하였다. 이것이 '제1차 러시아(나선)정벌'이다.

그러나 이후에도 러시아인의 활동은 계속되고 청군의 출정이 번번이 실패하자, 1658년(9년) 3월 청은 또다시 칙서로 200명의 조총수를 요청하였다. 이에 혜산진첨사 신류는 조총수 200명과 초관, 기고수 등 60여 명을 인솔하고 3개월분의 군량을 싣고 영고탑으로 향하였다. 그리고 청군과 합류하여 6월 송화강과 흑룡강이 합류하는 곳에서 러시아군의 주력부대를 거의 섬멸하였다. 이것이 '제2차 러시아 정벌'이다. 이 두 차례의 러시아 정벌은 효종의 북벌계획을 간접적으로 실현한 것으로 조선군의 사격술과 전술이 뛰어났음을 입증하는 사건이었다.

1653년(4년)에는 네덜란드 상선이 일본 나가사키로 가다가 제주도에 난파된 일이 있었다. 하멜 등 30여 명은 서울로 압송되어 14년간 조선에 억류되었으나 하멜은 1666년(현종7) 9월 4일 깊은 밤에 탈출에 성공하여 일본의 나가사키를 경유해 1668년 7월 암스테르담에 귀환했다. 1668년에 귀국하여 조선에서 겪은 일을 적은 『하멜표류기』를 펴냈는데 유럽에 처음으로 조선 사정을 알리게 된다.

1658년(9년)에 몇 년 간의 공백기 끝에 산당의 영수로 성장한 송시열이 조정에 발탁되어 올라왔다. 송시열은 1648년(효종 즉위년)에 임금에게 올린 시무책에 북벌을 도모하는 것이 상책이라고 건의한 바 있지만 송시열의 북벌론은 명에 대한 종속관념에서 출발된 추상적이고 관념적인 것으로 효종의 북벌론과는 입장이 크게 달랐다. 하지만 효종은 송시열을 북벌론을 함께 할 수 있는 사람으로 간주하고 송시열에게 권력을 주고 전면에 내세워 정치적으로 제휴하고 자신의 정치적인 입지를 강화하고 사림세력의 반발을 억제하고자 했다. 반면에 송시열은 송준길 등 산당인사들과 재야의 친산당 인사들을 등용하여 세력기반을 강화하고자 했다.

효종이 북벌을 치인(治人)의 실천적 과정의 하나로 양병과 군비확장을 통해 무력으로 청에 당한 치욕을 씻고자 한 반면 송시열은 치인보다는 수신, 양병보다는 민생안정, 무력보다는 군주로서의 덕을 닦는 것을 우선시했다. 즉 치욕을 씻기 위해서는 수신을 먼저 해야 한다는 것이었다. 그러면서 송시열은 효종의 군비확장을 간접적으로 비판했다.

1659년(10년) 3월, 드디어 효종과 송시열은 단독 대담에 들어갔다. 조선사회에서는 아무리 임금이 신하를 신뢰하더라도 반드시 승지와 사관이 함께 입회하게 되어 있었다. 그러나 내시까지 모두 다 물리치고 둘이서만 대담하였다. 송시열은 '북벌을 위해서는 우선 내수가 필요하고, 내수는 반드시 학문에 기초를 두어야 한다.'는 입장을 고수하였고, 효종은 '송시열의 산림(덕과 학식은 높으나 벼슬을 하지 않고 시골에서 책만 읽는 선비)으로서의 정치적 위상을 빌려 통치와 북벌의 명분과 실리를 추구하고자 했다.'라고 두 사람의 입장은 이렇게 달랐다.

그런데 독대가 있은 지 두 달도 채 되지 않아 효종은 갑자기 죽음을 맞게 되었다. 효종은 오른쪽 귀 밑에 작은 종기가 있었는데, 갑자기 종기의 독이 얼굴에 번져 눈을 뜰 수가 없었다. 의관 신가귀가 귀의 나쁜 피를 뽑아내기 위해 얼굴에 침을 놓았는데 혈맥을 잘못 찌른 탓에 엄청난 양의 피를 쏟고 유언 한 마디 못하고 죽고 말았다.

효종의 죽음에도 타살설이 주장되고 있다. 다른 의사들의 반대에도 불구하고 유독 신가귀가 침을 놓을 것을 주장한 것과 침을 놓기 위해서는 약방 제조의 승인이 있어야 했는데 이 절차를 무시하고 무리하게 처방을 한 것, 또 효종이 엄청난 양의 피를 흘리는 순간에도 응급처치가 제대로 이루어지지 않았다는 점에서 음모가 보여 풀리지 않는 의문으로 남아 있다.

효종은 그해 봄 신하들을 불러 연회를 벌인 다음 생의 마지막 시를 구성지게 읊었다. 효종은 신료들을 돌아보며 '9월에 단풍이 들면 다시 부르리라'하고 말하고는 이내 '훗날의 모임을 어찌 기약할 수 있으리오.'하며 우울한 기색을 보였다.

군비강화와 유능한 무장을 등용시키고, 10만의 정예군을 육성하며 북벌을 준비했던 효종은 그 꿈을 이루지 못하고 1659년 5월 4일 41세를 일기로 생을 마감하였다.

● 제18대 현종(玄宗. 재위 기간은 1659년 5월~1674년 8월까지 15년 3개월)

현종은 효종의 장남으로 이름은 연이고, 자는 경직이다. 효종이 봉림대군으로 심양에서 인질생활을 하던 1641년에 태어났다. 어머니 인선왕후는 조선중기 한문 4대 문장가 중의 한명인 신풍부원군 문충공 계곡 장유의 딸이며, 비는 돈령부영사 김우명의 딸인 명성왕후였다.

현종 때는 외적의 침입이 있었던 것도 아니고 내부에 반란이 있었던 것도 아니었는데 예론을 둘러싼 서인과 남인의 정쟁속에서 두 차례의 예송논쟁을 치르며 좌불안석 고단한 세월을 보내야 했다. 그래서 현종 치세기간을 예송정국 혹은 예론정쟁의 시대라고 말한다.

효종의 승하로 북벌은 중단되었지만 송시열은 여전히 북벌을 외치며 조야를 호령하였다. 효종의 신임과 존경을 받았던 송시열은 현종을 임금으로 대우하지 않았다.

현종은 부왕 효종의 상례일체를 송시열과 송준길에게 일임하였다. 두 사람은 예학의 대가 김장생의 제자였기에 적합하다고 여겼다. 송시열은 윤휴와 박세채 등에게 의견을 물었다. 윤휴는 "대통을 이은 군주라면 그에게 종통(宗通)과 적통(嫡統)이 적용되어 장자(長子)로 간주하고 참최삼년복을 입어야 한다."고 하였으나 송시열은 효종의 경우는 3년복을 입지 못한다고 하였다. 3년복을 입지 못한 네 가지 규정 중 '서자가 뒤를 이었을 경우'에 해당하기에 기년(1년)만 상복을 입어야 한다고 주장하여 그에 따라 예를 진행하였다. 서자를 첩자가 아닌 중자(적·장자를 제외한 전처소생)로 해석했기 때문이다.

그런데 1년 뒤 연제(소상)를 두 달 앞둔 3월, 허목이 '효종은 첩자(妾子)가 아니므로 기년복은 당치도 않다.'고 이의를 제기하고 상소를 올렸다. 허목의 논지는 효종의 정통성을 강조한 것으로 남인의 예설의 기초가 되었다. 이에 송준길은 허목뿐 아니라 윤휴까지도 공격하였다. 논의의 중점은 '서자'라는 용어에 있었는데, 허목은 서자를 첩자라 보았고 송준길, 송시열을 위시한 서인들은 적장자 외의 중자를 뜻하는 것으로 보았다. 왕을 비롯한 신료들은 허목의 주장이 옳다고 생각하는 사람들이 많았다.

그런 와중에 허목의 논의를 지지하는 윤선도의 상소가 올라온 뒤부터는 완전히 정치관의 뜨거운 감자가 되었다. 윤선도는 예론에 대한 비판과 함께 송시열과 송준길의 성품이 어질고 후덕하지 못하며 어리석은 사람들이라고 노골적으로 비판하였다. 결국 예송은 『경국대전』과 『대명률』을 근거로 국제기년복으로 귀결되었다. 부모가 자식의 상을 당했을 때는 장, 차남을 가리지 않고 일년복을 입는 규정에 따라 일년복인 중자복을 입어야 한다는 것이다. 이로써 허목, 윤휴, 윤선도, 조경, 홍우원 등 명망 있는 남인들과 권시, 김수홍 등 3년설에 동조한 일부 서인들은 현종대 내내 벼슬에 나오지 못했다. 하지만 중앙정가 뿐 아니라 영남유생 유세철 등 1천여 명이 올린 상소에서도 3년설의 타당함이 강조되었고 송시열이 비난을 받았다. 이것이 1659년 기해예송의 전말이다.

이 논의는 장, 중자를 명확히 해두지 않은 절충적 결정이었기에 또 다른 문제를 일으킬 불씨가 되었지만 일단 소강상태에 놓여 있다가 1666년(즉위7년) 새로운 국면으로 접어들었다. 이조정랑 김수홍은 송시열에게 송시열의 예가 잘못되었다고 장문의 편지를 보냈고 송시열의 후퇴를 종용하고 나섰다. 그리고 때맞춰 유세철이 주동이 되어 1천여 명의 영남 남인들이 연명한 영남유소가 임금에게 올려졌다. 예소는 잘못된 예에 대한 비판이었지만 배경에는 서인을 징계에서 몰아내려는 뜻이 있었다. 송시열 지지파와 윤휴와 허목의 지지파의 의론이 분분하자 현종은 예송에 관한 유생들의 상소가 있을 때에는 과거를 보지 못하게 한다고 하며 금지령을 내렸다.

그러나 1674년(15년) 2월 23일 인선왕후(효종의 왕비 장씨, 현종의 어머니)가 죽자 또 다시 복제문제가 제기 되었다. 대왕대비(자의대비)를 기준해서 볼 때 인선왕후가 장자의 부인인가?, 중자의 부인인가? 하는 문제였다. 이는 차자(次子)로서 왕위에 오른 효종을 장자(長子)로 볼 것인지 중자(衆子)로 볼 것인지 명백히 해두어야 풀리는 문제였다. 서인들은 효종을 시종일관 인조의 차남으로 보고 있었다.

현종은 이틀 동안 네 차례에 걸쳐 빈청회의를 주재하면서 「의례」에 나오는 '중자가 대통을 이으면 장자가 된다.'는 결론을 얻어내고자 했다. 그러나 서인의 여러 신료들은 수긍하지 않았지만 왕은 서인들이 주장하는 대공설(만 9개월간의 상복을 입는 것)을 배격하고 남인의 기년복설(1년 상복을 입는 것)의 제도엔 따르라고 명하였다. 이 과정에서 현종은 외척 김석주(현종의 장인의 조카)의 도움을 받았다. 이것이 1674년 일어난 갑인예송의 전말이다. 이 예송에서 남인들의 직접적인 참여는 없었다. 윤선도는 이미 죽었고, 윤휴와 허목도 간여하지 않았으며, 서인 중에 송준길도 죽었고 송시열은 참여하지 않았다.

대공복으로 정할 당시의 예관이었던 조형, 김익경 등이 처벌되었고, 예론을 잘못 쓴 책임으로 영의정 김수흥도 쫓겨났다. 또 이들을 풀어 줄 것을 요청하거나 현종의 독단을 비판하던 서인들도 대거 유배되거나 삭탈관직 되었고, 남인의 영수 허적이 영의정 자리에 앉는 것으로 남인 관료의 진출은 예고되었다. 그러나 현종이 갑작스럽게 승하하는 바람에 본격적인 남인의 시대는 조금 더 기다려야 했다.

예송으로 뜨거웠던 현종의 중요한 업적으로는 1662년(3년) 호남지방에 대동법을 확대 시행하였고, 1668년(9년)에 동철활자 10만 여 자를 주조하였으며 혼천의를 다시 만들어 천문과 역법의 연구에 이바지한 것을 들 수 있다. 현종은 1674년 8월 18일, 34세의 젊은 나이에 생을 마감하였다.

● **제19대 숙종**(肅宗. 재위 기간은 1674년~1720년까지 47년)

숙종은 현종의 하나밖에 없는 아들로 이름은 순이고, 자는 명보이다. 1661년 8월 15일에 태어나 7살 때인 1667년에 왕세자로 책봉되었고, 1671년 4월 광성부원군 김만기의 딸과 혼인을 하였다.

숙종이 14살 어린 나이에 즉위한 때는 갑인예송 후 남인이 서인세력을 축출하려는 시기였다. 숙종은 즉위하자마자 송시열에게 현종의 묘비를 짓도록 했다. 그러자 진주 유생 곽세건이 선왕 현종의 죄인에게 묘비문을 짓게 한 것은 잘못된 일이라며 상소를 올렸다. 이에 양사에 포진해 있던 서인들은 곽세건을 흉도로 몰아 멀리 귀양 보낼 것을 주장하였다. 그러나 숙종은 남인 허적의 말에 따라 과거를 보지 못하게 하는 처벌만 내리고 현종의 묘비문은 김석주에게 짓도록 했다.

그리고 송시열의 제자 이단하가 쓴 현종의 평생에 지낸 일을 기록한 글을 지었는데 복제개정에 대해 모호하고 간략하게 서술하였다. 숙종은 여러 번 선왕 때에 예를 그르친 예관과 대신들을 분명하게 지목하여 고쳐 쓰게 하였고, 또 '송시열이 인용한 예'를 오인례(誤引禮)로 고치게 했다. 이로써 송시열의 예를 그르친 죄는 공식화되었고, 현종의 장례가 끝나자 탄핵이 시작되었다. 송시열은 파직되어 덕원으로 유배되었다가 웅천으로 옮겨져 위리안치(도망치지 못하도록 가시로 울타리를 치고 가두어 둠)되었다. 그리고 허목이 이조참판이 된 후에는 정계는 완전히 변화정국이 되었다.

송시열 유배 직후부터 남인 일부에서는 고묘, 즉 예를 바로잡은 일을 종묘에 고하자는 주장이 계속되었다. 고묘 죄인은 사형을 면하기 어려워 고묘되면 송시열의 처단은 정해진 것이었다. 이후 1677년(즉위3년)까지 유림들이 고묘를 주장하여 찬반논란이 계속되는 가운데 1679년(5년)에 강도흥서 사건이 일어나면서 또다시 고묘론이 대두되었다. 강도흥서는 종통이 차례를 잃어 당화가 심해졌으니 국통을 바로잡고 붕당을 제기하기 위해 소현세자의 손자인 임천군을 왕으로 추대해야 한다는 내용이었다. 그와 비슷한 시기에 송시열, 송준길의 문인인 생원 송상민이 기해년 이후 예설을 논하게 된 시말과 여기 차례로 죄를 지은 사건들을 낱낱이 열거한 책자를 만들어 바쳤다. 남인들은 두 사건을 두고 송시열을 처단하지 않았기 때문에 일어난 사건이라며 서인세력을 완전히 제거하고자 하였다.

인조의 셋째아들 인평대군에게는 네 아들이 있었는데, 첫째아들은 복녕군이고 삼복으로 불린 세 아들은 복창군, 복선군, 복평군이다. 그들은 남인 정권의 핵심인물이었는데, 1675년 3월 숙종의 외할아버지 김우명이 삼복이 궁중을 드나들면서 궁녀와 간통하여 자식을 낳았으니 국문하라고 청하였으나 당사자들이 완강하게 부인하여 처벌하지 않았다. 그러자 이번에는 삼복의 외숙 오정위가 허목과 윤휴를 움직여 삼복사건 비리를 조사할 것을 건의하자 상황이 난처해진 김우명은 의금부에 자진출두 하였다. 이때 아버지를 위해 대비가 나서서 울면서 삼복의 간통사실을 장황하게 늘어놓아 복창군은 영암으로, 복평군은 무안으로 유배되고 그들의 상대인 나인 두 사람은 삼수와 갑산에 유배되었다. 삼복은 4개월 후에 유배에서 풀려나 다른 빌미를 잡히지 않으려고 조용히 지냈다.

숙종과 통할 수 있는 삼복이 견제를 받자 남인들은 진출이 용이하지 않았다. 반면 김석주 등의 외척은 세력이 커졌다. 김석주는 일에 직접 간여하지 않고 뒤에서 조종하는 무서운 정치가였다.

1680년(6년) 경신환국이 일어났다. 환국이란 정국이 한꺼번에 전면적으로 바뀌는 것을 말한다. 그해 3월 허적은 그의 조부 잠이 시호를 받는 것을 축하하는 연을 베풀면서 허락도 없이 궁중에서 쓰는 기름먹인 장막을 사용하였다. 그때 마침 비가 내려 임금은 장막과 차일을 가져다주라 했지만 이미 허락도 없이 사용하고 있는 것을 알고는 노하여 내시를 거지 차림을 하여 정탐하게 하였다. 허적은 김석주와 김만기를 초청하기 위해 자신의 서자 견을 다섯 번이나 보냈는데, 두 사람을 없애려한다는 소문이 돌아 김석주는 참석하지 않고 김만기는 늦게 도착해 독살당할 것을 염려하여 돌림잔이 오면 받지 않고 남의 잔을 빼앗아 마셨다. 서인은 김만기, 오두인, 이단하 등 몇 사람뿐이고 모두가 기세등등한 남인인 것을 보고 사태가 급박하다고 보고받은 숙종은 유혁연, 신여철, 김만기를 패초(나라에 급한 일이 있을 때 왕이 신하에게 패를 보내 부르는 것)했다. 그리고는 훈련대장직을 남인인 유혁연에서 서인인 김만기로 교체하고, 총융사에는 신여철, 수어사에는 김익훈 등 모두 서인으로 교체한데 이어 김수항을 영의정, 정지화를 좌의정, 남구만을 도승지, 조지겸을 이조좌랑에 임명하는 등 서인들로 요직을 채우고 남인들을 축출하였다.

사실 차일사건은 구실이었고, 남인에 염증을 느끼고 있던 숙종을 믿고 외척 김석주가 꾸민 정치극이었다. 경신환국이 일어난 지 7일 후에 김석주의 밀객인 정원로, 강만철, 허건 등이 복선군 남을 옹위하려 한다고 고변하여 허건은 능지처참을 당했고, 허적은 삭직되어 내쫓겼다가 사사 당했다. 그리고 송시열의 영원한 숙적 윤휴 역시 복선군 형제와 친분이 돈독했다는 죄목에 의해 사사되었다. 전후 한 달간 종친세력과 연결된 100여 명의 남인들이 여러 죄목으로 처벌되었다.

1681년(7년) 9월, 기호학파의 거장으로서 서인의 절대적인 추앙을 받는 이이(율곡)와 성혼(우계)이 문묘에 종사(종묘에 신주를 모시는 일)되었다. 그러자 남인들의 반발이 거세었다. 남인들의 우율(우계와 율곡)의 학문적 순수성에 대한 논쟁과 인신공격이 끊이지 않았다. 우율의 종사가 처음 거론된 것은 1623년(인조1년)이었으나, 학문의 집단과 권력의 세력이 맞물려 치열한 공방전을 벌이며 소강상태를 보이다 1680년 경신환국으로 남인이 축출되고 서인이 집권하면서 문묘종사가 다시 거론되어 어렵게 이루어졌다.

경신환국 이후 김석주는 군사문제에 있어서도 주도적인 위치를 견지하여 관리사라는 직책으로 대흥산성을 관장하는 한편 1682년(8년)에는 병조판서로서 금위영의 창설을 주도하였다. 금위영은 훈련별대, 정초청의 병력과 훈련도감의 일부 병력을 주축으로 창설된 군영으로서 궁성을 숙위하는 것이 주된 임무였다. 이로써 인조반정 이후 중앙군영의 핵심으로 부상한 5군영(훈련도감, 총융청, 수어청, 어영청, 금위영)이 완성되었다.

1684년(10년) 김석주가 죽음으로써 훈척의 기세가 조금 위축되었지만 노·소간의 갈등은 더욱 격화되는 가운데 숙종 12년에 들어서면서 부터는 나인 장씨를 둘러싼 '궁중의 비사'가 새로운 주제로 대두되었다. 1680년(6년)에 숙종의 첫째부인 인경왕후(김만기의 딸)가 자식을 낳지 못한 채 죽고, 계비로 들인 인현왕후 민씨도 수년이 지나도록 자식을 낳지 못하였는데 인경왕후 사망이후 들어온 궁녀 장씨가 숙종의 은총을 독차지하자 대비 명성왕후가 매우 간사하고 악독해 보이는 궁녀 장씨를 내쳤다. 중전 민씨는 명성왕후가 죽자 장씨를 다시 불러들였고, 장씨는 숙종의 총애를 믿고 점점 교만하고 방자해져 갔다.

어느 날, 부교리 이징명이 장씨를 추방해야 한다는 상소를 올렸는데 복창군과 복선군의 심복 장현의 종질녀였던 장씨를 통해 남인들이 조정에 다시 등용되어 보복이 일어날 것에 대한 우려 때문이었다. 하지만 이징명은 파직되고 장씨는 숙원에 봉해져 더욱 융숭한 대우를 받았고 장씨가 머물 별궁을 지으면서 남몰래 공사를 진행했다. 신하들은 미색에 빠진 숙종에게 장씨 때문에 화란이 닥칠 것이라며 계속 이의를 제기하였고, 1687년(13년)에는 장씨를 배척한 김창협의 상소로 인해 그의 아버지 김수항이 성 밖으로 쫓겨나는 사건이 발생하였다.

1688년(14년) 장씨가 왕자 균(훗날 경종)을 낳자, 장씨의 친정어머니가 딸의 산후조리를 위해 궁중에 들어오면서 동평군 소유의 덮개있는 가마를 타고 왔다. 이를 본 이익수와 이언기가 가마를 불사르는 한편, 장씨 어머니의 무엄함을 규탄하는 상소를 올리자 숙종은 몹시 분노하였다.

1689년(15년) 1월 10일, 숙종은 원자의 명호를 정하기 위해 영의정 김수흥 등 8명의 대신들을 소집했다. 후궁의 소생이라도 일단 원자가 되면 나중에 왕비가 왕자를 낳더라도 먼저 원자가 된 그가 세자로 책봉될 것을 염려한 신하들은 몹시 당황하였다. 그러나 숙종은 5일 후 원자의 명호를 종묘사직에 고했다. 그러자 송시열이 명호를 정한 것이 너무 성급한 조치라고 상소를 올렸다. 마침 서인정권으로는 자신의 뜻을 관철하기 어렵다고 생각한 숙종은 송시열의 상소를 빌미로 서인들에 대한 대대적인 축출을 감행하였다. 이것이 '기사환국'이다.

숙종은 남인들과 함께 송시열을 비롯한 100여 명의 서인을 정계에서 축출하고, 김수항, 김수흥 등을 처벌하였다. 서인과 남인을 오가며 농락하던 김석주의 가산은 모두 몰수되자 외아들 도연은 자살하였다.

그리고 이이와 성혼을 문묘에서 출향시켜 그들의 위판을 땅에 묻어 버렸고 인현왕후 민씨를 폐출하였다. 민씨의 아버지 민유중가 서인의 거물이었기 때문이다. 신하들이 폐비문제를 반대하였는데도 숙종은 단호했다. 상소를 올린 오두인과 박태보는 역적보다 더 심하게 극형으로 다스리며 차후에도 이 같은 상소를 올리는 사람은 중벌로 다스리겠다고 했음에도 상소는 끊이지 않았다. 그러나 승정원에서 모두 기각했다.

민비는 하얀 가마에 태워져 안국동 본가로 가고 민비의 자리는 희빈 장씨가 차지했다. 장씨에 대한 숙종의 총애는 날로 높아 장씨의 오빠 장희재는 덩달아 승진되어 한성부우윤 겸 총융사가 되었다.

1689년(15년) 6월 3일, 귀양지 제주에서 조사를 받으러 서울로 압송되어 오던 송시열이 서울에서 내려가던 의금부도사의 행렬과 정읍에서 마주쳤는데 그곳에서 사사의 명이 집행되어 사약 두 사발을 마시고 파란만장한 생애를 마감하였다. 이때 자손에게 남긴 '시제자 손질손등'이라는 친필유서는 지금까지 세상에 전해지고 있다.

1694년(20년) 3월 23일 폐비복위를 모의하던 서인 일당들이 그들의 일당이었던 함이완의 고변으로 잡혀 들어왔는데, 그 음모를 알고 있던 우의정 민암이 목숨만은 보장해 준다는 조건으로 함이완으로 하여금 고변케 했다. 음모는 노론측의 김춘택과 소론측의 한주혁을 중심으로 이루어졌다는 것이 밝혀졌다. 그런데 3월 29일 서인인 김인이 숙빈 최씨에 대한 독살설을 고변함으로써 숙종은 심경의 변화를 일으켰다. 숙빈 최씨는 숙종의 총애를 받는다는 이유로 장씨에게서 목숨을 부지하기 어려울 정도로 온갖 고초를 겪고 있었는데 장씨는 최씨가 임신하여 아들을 낳게 될 것이 두려워 괴롭혔던 것이다. 그것이 사실이든 아니든 숙종은 차츰 민비를 폐비시킨 것을 후회하고 그리워하면서 민비가 살고 있는 안국동 쪽을 바라보며 한숨짓는 일이 많아졌다. 왕비 장씨와 그 편당들에 대해 염증을 느끼고 있던 숙종은 갑술환국을 단행하여 기사환국 이후 물러났던 서인을 다시 등용시켰다. 갑술환국은 순비 최씨를 배후에서 조종한 김춘택의 모의에 대한 결실이었다. 환국이 단행된 날 영의정에 남구만, 훈련대장에 신여철, 병조판서에 서문중, 이조판서에 유상운 등 서인이 대거 기용되었다. 또 김수흥, 김수항의 관작이 회복되었고, 송시열도 복관되었다. 기사환국 때 위판을 땅에 파묻었던 이이와 성혼도 다시 문묘에 배향되었다.

숙종은 폐비문제를 거론하면 역적의 죄로 다스리겠다는 명령을 철회하고 민씨에게 '권간에게 조롱당하여 잘못 처분한 것을 이제 깨달았다.'는 내용의 편지를 전했다. 민씨는 얼마 후 폐출당해 나갔던 요금문을 통해 다시 궁궐로 들어왔다. 민비의 복위는 장씨의 폐위를 의미하는 것으로, 장씨는 다시 희빈으로 강등되었고 그의 부모에게 내렸던 작호도 모두 거두어들였으며 그녀의 오빠 장희재는 제주도로 귀양을 보냈다.

그러나 세자문제는 쉽지 않았다. 소론 대신 영의정 남구만과 우의정 윤지완 등은 장희재에게 형벌을 주면 그 여파가 희빈 장씨에게 미칠 것이고 왕세자 또한 불안하게 되니 장희재를 용서해야 한다고 주장하다가, 노론으로부터는 차후의 화복을 염려하고 자신의 총애를 굳히려는 계책이라고 공격을 받았다. 숙종 또한 동궁을 위태롭게 하는 자는 역률로 다스리겠다고 하고 남구만의 견해를 받아들여 장희재를 섬에 위리안치하는 것으로 마무리 지었다. 그러나 그 후로도 장희재를 극형에 처하라는 요구는 끊이지 않았다.

희빈으로 강등된 장씨는 시녀에게 민비의 침전을 엿보게 하는가하면 취선당 서쪽에 신당을 설치하고 두 세 명의 나인들과 민비에 대한 저주의 기도를 올렸다. 그 가운데 1700년(26년) 민비는 4월 갑자기 병이 들어 다음해 8월 14일에 세상을 떠났다. 이때 숙빈 최씨는 울분을 참지 못해 숙종에게 장씨가 인현왕후를 저주하는 기도를 올렸다는 사실을 숙종에게 고했다. 숙종은 장씨를 자진하라는 비망기를 내렸으나, 소론 대신들은 세자를 생각해서 용서하라고 항변하였고 숙종은 죄상을 밝히기 위해 장희빈과 관련된 나인과 무녀들을 연일 국문하였다.

　1701년(27년) 장희빈이 사사되자, 세자문제가 현안으로 대두되었다. 1694년(20년)에 숙빈 최씨가 연잉군을 낳았고, 그로부터 5년 후에는 명빈 박씨가 연령군을 낳았다. 숙종은 갑술환국 이후 세자를 냉대하고 있었다. 세자를 못마땅하게 여기는 노론과 세자를 보호하고 나선 소론의 싸움은 사활을 건 혈전으로 노골화되었다. 소론 유생 임부와 남인 유생 이잠은 세자 보호를 계속적으로 주장하다가 1706년(32년) 죽임을 당하였다.

　숙종대는 조선중기 이래로 계속되던 당쟁이 절정에 이른 시기로 당파 싸움으로 인한 폐단이 심화되었던 때였다. 숙종은 어린 나이로 즉위했는데, 즉위 초부터 어린 나이답지 않게 큰소리로 중신들을 질책하는 일이 빈번했다. 대신들의 유배 보내거나 사사도 거리낌 없이 행하는 독선적이고 파격적인 모습을 보였다. 그의 독선적인 정치는 때론 당쟁을 부추기고 때론 조절하면서 당파를 적절하게 이용하였다.

　1714년(40년) 소론의 영수 윤증이 죽고, 1715년에『가례원류』가 간행되었다. 가례원류는 중국과 조선의 가례를 모아 엮은 책으로 윤선거(윤증의 아버지)와 유계가 공동으로 편찬에 착수하였는데, 이를 완성하지 못하고 두 사람 모두 죽자 윤증이 탈고하여 보관하고 있었다. 그런데 유계의 손자 유상기가 윤증에게 한 마디 상의도 없이 이이명에게 간행을 청탁하여 숙종의 재가를 받고 윤증에게 원고반납을 재촉하였다. 윤증의 문인 유상기는 사제 간의 예절 없는 행동을 한 윤증이 기가 막혔다. 서로 간에 불경한 언사가 오가다가 윤증이 유상기에게 원고를 넘겨주어『가례원류』는 간행되었는데 이것은 또 다른 문제를 불러왔다. 숙종은 윤증의 편을 들어준다.

숙종은 자신이 존경하던 윤증을 비방했다는 이유로 장암 정호의 발문을 문제 삼아 유상기를 파직시켰다. 그러자 이 기회를 놓칠세라 소론들은 권상하가 지은 서문을 문제 삼아 삭제를 요청했다. 그러자 숙종은 『가례원류』는 사가의 문제이니 조정에서 거론하지 말 것을 명령하였다. 그때 정언 조상건이 권상하를 변호하는 글에서 윤증이 스승을 배반한 행위를 거론하여 숙종을 자극하였다. 마침내 숙종은 조상건을 유배시키고, 유상기를 스승을 배반한 죄인으로 몰아 나주로 유배보냈다. 그리고 동맹휴학을 선동한 유생 윤봉오를 일정기간 과거시험을 보지 못하게 하여 사태를 마무리 지었다.

1716년(42년) 판중추부사 이어가 송시열을 옹호하고 윤증을 비방하는 상소를 올리면서 또다시 조정은 노론과 소론의 대결로 혼란에 빠졌다. 그런데 숙종이 은근히 동조하는 기색을 보이자 노론들은 윤증을 연일 공격하였고 소론도 이에 질세라 반격을 멈추지 않았다. 숙종은 노론 권상하, 정호, 민진원을 파직 또는 삭탈관직하고 조태채와 김창집을 파직시켰다. 그러나 이것은 숙종의 정치적인 연막이었다. 숙종은 송시열과 윤증이 서로를 비방했던 회니시비의 사건 근원인 윤선거 묘비명과 '신유의서'를 가져오라 하여 두 글을 읽어 본 후, '신유의서에는 윤증이 송시열을 비난한 글이 많지만 묘비명에는 송시열이 윤선거를 욕한 내용이 없다.'는 판정을 내리고 윤선거, 윤증 부사에 대한 선정(선대의 어진 이를 일컫는 말)의 사용을 공식적으로 금지시킴으로써 그 문인들의 명분과 정통성이 여지없이 무너져버렸다. 2년 전에 윤증의 영전에 애도시를 올렸던 숙종이었다. 이 사건이 소론을 배척한 처분한 '병신처분'이다. 이 처분 이후 대대적인 인사교체가 단행되어 소론이 대거 축출되고 노론세력이 등용되었다. 이 일은 세자에 대한 숙종의 불만과 맞물려 있었다. 세자를 두둔하는 소론을 제거함으로써 세자의 교체에 대한 희망을 암시한 것이다.

이 사건은 정유독대로 이어진다. 이듬해 1717년(43년) 7월, 숙종은 이이명을 불러 그와 단독으로 대화를 주고받았다. 사관과 승지도 물리친 자리여서 무슨 대화가 오갔는지 알 수 없지만, 독대 후 곧바로 대신회의를 소집하여 세자의 대리청정을 공식적으로 발표하였다. 대신회의에 참석한 사람 중에 소론은 한 사람도 없었고 노론의 핵심인물인 좌의정 이이명, 판중추부사 이유, 영의정 김창집 등이었다.

숙종은 당시 안질을 앓아 왼쪽 눈은 거의 실명 상태였고, 오른쪽 눈도 희미하여 상소문의 작은 글자를 읽을 수 없었다는 것이 표면적인 이유였지만, 사실은 대리청정하는 동안 문제가 생기면 그것을 구실 삼아 세자를 퇴진시키려는 속셈이 있었다. 숙종은 희빈 장씨가 사사된 후 세자를 냉대하는 것이 노골적이었다. 그간에 연잉군과 연령군은 훌륭하게 성장하여 숙종은 은근히 세자를 교체하고 싶어 했다. 숙종은 형 연잉군(훗날 영조)보다 5살 어린 연령군을 더 총애하여 그를 세자로 올리고 싶어 했다. 그런데 1719년(45년) 연령군이 병사함으로써 신하가 임금을 선택해야 하는 기현상은 사라졌다.

당쟁을 이용하여 전제정치를 폈던 숙종은 연령군이 사망한 이듬해인 1720년 47년간의 긴 치세를 마치고 60년 생의 일기를 마감하였다.

● **제20대 경종**(景宗. 재위 기간은 1720년~1724년까지 4년)

경종은 숙종의 첫째아들로 1688년(숙종4년) 10월 28일에 태어났다. 이름은 윤이고, 자는 휘서이다. 장희빈이 그의 어머니이다.

경종은 숙종시대의 노론과 소론의 당쟁 속에서 자라 3년간 숙종의 대리청정 기간을 보내고 숙종이 승하한 후 왕위에 올랐다.

숙종대의 병신처분 이후 정권을 잡은 노론은 경종 즉위에도 여전히 정권을 장악하였지만 이복동생인 연잉군(영조)을 지지했고, 소론은 세자인 균(경종)을 지지하고 경종을 업고 정세를 갖고 싶어 했다.

두 세력 간의 갈등은 소론의 유생 조중우가 경종의 생모 희빈 장씨의 추숭문제에 대해 거론한 것과 노론의 윤지술이 숙종의 지문에 경종의 어머니 희빈 장씨가 인현왕후 민씨를 시역한 죄로 사사당한 사실을 명문화하지 않은 것을 문제 삼은 것으로 첫 대립을 보였다. 경종의 입장에서는 자신을 역적의 아들로 간주한 노론이 괘씸했지만 그들의 세력에 눌려 조중우를 죽이는 것으로 결론 내렸다.

1721년 8월, 사간원 정언 이정소가 연잉군의 세제 책봉에 대한 상소를 올려 경종은 그것을 허락하였다. 즉위한 지 1년밖에 안되어 세제를 책봉하는 일은 매우 이례적인 일이었다. 한편, 경종비 어씨(선의왕후)는 자신이 아들을 둘 희망이 없다고 생각하고 종친 중에 소현세자의 후손인 밀풍군의 아들(경종의 9촌 조카)을 입양하여 세자로 삼으려 하는 움직임이 있었다.

세제책봉이 불시에 이루어지자 노론과 소론의 정면대결이 일어났다. 그런 불안한 정국에서 왕세제는 사임소를 올리고 노론은 소를 올린 소론들을 귀양 보내고 세제책봉한지 두 달 후에 대리청정을 추진하였다. 노론들은 세제를 동석하여 가부를 결정하도록 했고, 경종은 대리청정을 허락하였다. 즉위 1년 밖에 안 된 34세의 젊은 임금을 두고 한 대리청정은 왕권을 침해하는 행위였다.

소론 좌참찬 최석항은 경종의 마음을 돌리려 했고, 조정과 성균관 학생이나 각 도의 유생들이 대리청정 명을 거두라는 상소를 올려 경종은 그 뜻을 받아들였다. 그런데 며칠 후 경종은 다시 대리청정을 시행하라 했는데 노론이 이번에는 어찌 된 일인지 대리청정을 거두라고 간하였다. 그러나 경종이 대리청정을 고집하자 노론들도 다시 그것에 동의하였는데 소론 우의정 조태구가 경종에게 대리청정을 다시 거둘 것을 간하자 노론들도 또 그것에 동의하였다. 결국 대리청정은 경종의 허락 하에 무산되었다. 대리청정을 두고 몇 번씩 번복한 노론 대신들은 소론의 비난을 받고 소론들은 정치적으로 유리하게 되었다.

그리고 두 달 후인 1721년 12월 소론의 급진파 김일경 등 7명이 연명으로 상소 글을 올렸고, 경종은 그것을 받아들여 김창집, 이이명, 이건령, 조태채 등 노론 4대신을 위리안치의 명을 내렸다.

그 밖에 50~60명의 노론이 처벌되면서 또 한 차례의 환국이 전개되었다. 그리고 1722년 3월, 지관으로 이름 난 목호룡이 김일경의 사주를 받아 노론 명문가 자제들이 경종을 시해하려는 역모를 꾸몄다고 고변하였다.

역모의 주동자 김용택, 이천기, 이기지, 김성행 , 백망 등은 모진 고문에도 승복하지 않아 죽었고, 김일경은 이 문제를 세제책봉과 대리청정의 문제와 결부시켜 노론 4대신은 사사되었다. 또 60여 명의 노론계 인사들이 살육되고 수십 명의 사람들이 유배되었다. 신축년과 임인년에 걸쳐 8개월간 계속된 이 사건이 신임옥사(신임사화)이다.

건강하지 않은 몸으로 불안한 정국을 부왕의 냉대를 견디며 자식 하나 남기지 못한 경종은 1724년 8월 20일 게장과 생감을 먹고 복통과 설사를 거듭하다 5일 뒤인 8월 25일 짧은 치세 4년을 마감하고 37세를 일기로 생을 마감하였다. 일설에 경종이 아이를 낳지 못한 것은 어머니 장희빈이 사약을 받던 날 그의 하포를 잡아당기는 바람에 남자 구실을 하지 못하게 되어 그렇다고 한다.

● **제21대 영조**(英祖. 재위 기간은 1724년 8월~1776년 3월까지 51년 7개월)

영조는 숙종의 둘째아들로 경종의 이복동생이다. 이름은 금이고, 자는 광숙으로 1694년(숙종20년) 9월 13일 창덕궁 보경당에서 태어났다. 어머니는 장희빈에게 수모를 당했던 무수리 출신의 숙빈 최씨이다. 1699년에 연잉군에 봉해지고, 1721년(경종1년)에 왕세제에 책봉되었다.

세자 시절부터 붕당의 폐해를 보아 온 영조는 즉위하자, 탕평책에 대한 강력한 의지를 가지고 정국을 주도하였다. 노론의 명분론에 힘입어 왕위 계승이 이루어졌지만 노·소당쟁을 적절히 제어하면서 왕권을 유지하려 애썼다.

영조는 즉위 직후 소론의 이광좌, 유봉휘, 조태억을 삼정승에 임명하는 한편, 노론의 영수 민진원을 석방하여 노론의 숨통을 열어 주었다. 영조는 소론의 불만을 달래는 한편 노론의 공격을 적절하게 유도하여 소론의 급진파를 제거하는데 성공하고 소론의 불안감을 이용하여 노론이 진출할 수 있는 계기를 마련하여 노론정권을 구성하고자 했다.

1725년 정월 승지 윤봉조의 대 소론공격소를 계기로 소론의 축출이 본격화되었다. 이조참판 이세최, 이조참의 조원명을 파직한 다음 윤봉조를 전격 기용하는 한편 모든 삼사관원을 노론으로 충원했다. 그리고 3월 정호와 민진원이 신임옥사 문제를 거론하자 영조는 신임옥사를 무옥으로 단정하는 처분을 내렸다. 노론의 4대신을 비롯하여 화를 당한 노론사람들이 대대적으로 신원되었다. 이것이 1725년 '을사처분'이다.

이 일로 노론과 소론의 공방전이 가열되자, 영조는 화평을 위한 조처라 강조하고 대신들에게 탕평의 구현에 동참할 것을 부탁하였다. 그러나 신임옥사에 대한 복수의 칼을 뽑아 든 노론은 소론을 일망타진할 생각으로 이광좌, 조태억, 유봉휘 등 소론대신들을 처벌할 것을 요구하였다. 영조는 이 사상을 사사하고 유봉휘를 유배시키고 이광좌와 조태억을 파직하여 노론을 진정시켰으나 노론은 성에 차지 않은 듯 유봉휘, 조태억, 이광좌의 죄를 더할 것을 요구하는 정청(시위)을 벌였다.

　영조가 국왕의 권위를 버리고 오열하는 모습으로 감정에 호소했으나 설득도 위협도 통하지 않았다. 노론의 영수 민진원은 자신의 거취를 걸고 앙숙 이광좌의 치죄를 요구하고 나섰다. 고심 끝에 영조는 민진원을 좌의정에서 해임하였다.

　이런 와중에서 영조는 노·소론을 완충하기 위해 형조판서 홍치중을 발탁하여 좌의정에 앉히고 조도빈을 우의정에 앉혀 탕평을 펼쳐나갔다. 그러나 영의정 정호가 홍치중을 정면으로 비난하자 영조는 정호를 영의정에서 파직하고 홍치중을 좌의정에 임명하는 한편, 민진원계와 대립하던 노론의 수장 이의현을 우의정에 임명했다.

　1727년(즉위3년) 4월 유봉휘가 유배지에서 죽자 노론들의 소론을 향한 공세는 더욱 강화되어 영조는 다시 한 번 기로에 서게 된다. 노론과 제휴할 것인가?, 소론을 등용할 것인가? 심사숙고한 끝에 영조는 소론으로 정국을 전환하였다. 이것이 1727년 '정미환국'이다.

　이 환국으로 2년 전 노론의 손에 일어났던 을사처분의 번복이 불가피해졌다. 충역(충의와 반역) 시비가 다시 갈리게 되었다. 이이명, 김창집, 이건명, 조태채는 다시 죄인의 신세로 전락하고, 임인옥사 역시 무옥으로 간주되어 김용택, 이천기도 역적의 굴레에서 벗어났다. 영조 초반의 정국은 번복되는 충역시비로 혼란하여 탕평을 제대로 펼쳐나가기에는 무리였다.

　이러한 흐름속에 또 하나의 사건이 일어나는데 1728년(4년)의 이인좌의 난이다. 영조는 즉위 초에 경종의 죽음에 대한 의문 때문에 시달림을 받았다. 경종이 갑자기 사망하자 '동궁에서 보낸 독이 든 게장을 먹고 죽었다.'는 말이 나돌았고, 격분한 소론과 남인들은 영조를 군주로 인정하지 않고 경종의 원수를 갚는다는 명분으로 반란을 준비하였다.

반란의 주모자는 호남의 박필현, 호서의 이인좌, 영남의 정희량으로 그들은 상호 긴밀한 연대와 개별적인 공작을 통해 무신당을 결성하는데 성공하였다. 서울에서는 이하, 이사성, 민관효, 양명하, 남태징 등이 입당하였고, 지방에서는 나만치, 조상, 조덕규, 임서호 등이 참여했는데 그들은 대부분 소론과 남인의 명가 출신이었다. 이 외에도 지방군인, 향임층, 중인층과 하층민까지 포섭을 하였다.

그런데 정미환국으로 노론이 집권하자 명분이 약화되었다. 게다가 박필현이 태인현감으로 부임하자 관망의 태도로 변하였다. 그러나 이인좌는 거사를 계속 추진해 1728년(4년) 3월 15일 청주성을 점령하였다. 충청병사 이봉상과 영장 남연년을 살해한 다음 사방에 '경종의 원수를 갚고 소현세자의 증손 밀풍군 탄을 새로운 왕으로 추대하자.'는 격문을 띄워 동참을 호소했다. 영남에서는 정희량, 이웅보가 3월 13일에 거사키로 했으나 여의치 않아 3월 20일에 안음에서 반란을 일으켜 안음, 거창, 합천을 점령하면서 기세등등했다. 그들은 이인좌군과 합세하기 위해 북진을 재촉했다. 또 3월 19일에는 박필현이 호남에서 거병하여 전라감사 정사효와 합세하기 위해 전라감영으로 향했으나 정사효가 공갈과 협박을 하며 호응하지 않자 도주하였다.

반란군의 북상을 보고 받은 조정에서는 탁남과 관련이 있다고 파악하고 내응(內應)을 저지하기 위한 조처로 윤휴, 민암, 이의징 등 기사 대신의 자손을 투옥하였고 김일경, 목호공의 가속을 체포했다. 그리고 4도 도순무사인 병조판서 오명항을 총사령관으로 토벌작전을 펼쳤다.

반란군과 관군이 용인, 안성에서 처음 충돌하였다. 오명항은 반군의 진격로를 염탐하고 비밀리에 병력을 이동시켜 놓은 상태에서 반군은 대패하였다. 이인좌는 죽산에서 체포되어 서울로 압송되었고, 진로가 차단된 다른 지방의 반군들은 철수하였고, 정희량 등 주모자 21명이 체포되어 처형당함으로써 반란은 평정되었다.

반란은 소론들에 의해 주도된 것이어서 사건 이후 소론이 위축되긴 했으나 영조는 정치의 안정을 위해 탕평에 더욱 기울이게 된다. 그리하여 영조는 반란을 진압하는 과정에서 믿음을 준 탕평파를 주목하였다. 어영대장 조문명은 영조를 호위하였고 조현

명, 박사수, 이광덕은 난을 진압하는데 직접 참가하였다. 그들은 또 노론을 설득하여 난을 진압하는데 동참하도록 하여 영조의 신임을 얻었다.

탕평파는 노·소를 공평하게 등용하여 전국이 안정을 찾기를 바랐다. 그러나 원임대신과 도승지 김흥경 등 노론이 집단적인 사퇴를 하여 어려운 상황에 빠지자 탕평파는 좌의정 홍치중에게 협조를 하였고, 홍치중은 노론 4대신의 신원문제를 거론하며 신축옥사를 충의로, 임인옥사를 반역으로 구분하는 견해를 제시하였다. 여러 논의를 거쳐 결국 1729년(5년) 8월에 4대신 중 이건명, 조태채는 신원을 하고 이이명, 김창집은 죄인으로 하는 결정을 했다. 이것이 기유처분으로 '반충반역'의 절충안이다.

근본적으로 문제가 해결된 것은 아니지만, 노·소공존의 틀을 마련한 노력의 결과이다. 노·소 모두 이를 흔쾌하게 받아들이지 않았지만 영조는 탕평책을 더욱 확대시키며 몇 번의 개각과 조정을 거쳐 신임옥사가 조작에 의한 무옥임을 밝혀 피해를 당한 사람에 대한 신원책을 강구하는 경신처분(1740년(16년) 6월 13일)을 내렸다.

그리고 1741년(17년) 전랑(문무관의 인사 행정을 담당하던 이조와 병조의 정랑과 좌랑을 일컬음)의 권한을 제한하고 인원을 감축하는 조처가 있었다. 이조 정랑은 반드시 홍문관의 젊은 유신 중에서 명망과 덕이 있는 인물을 엄선했는데, 전랑에게는 3사(사헌부, 사간원, 홍문관)의 청에 의한 요직을 선발하는 '통청권'이라는 특권이 있었다. 전랑에게 주는 특권은 대신의 권한을 견제하기 위한 것으로, 사림정치를 유지시키는 중요한 장치였다. 그런데 전랑이 누구냐에 따라 권력의 향배가 결정되는 일이 갈수록 더해지자 전랑 쟁탈전이 벌어지자 전랑의 통청권을 제한하는 조치를 내렸다. 옥당의 홍문록(홍문관의 제학이나 교리를 선발하기 위한 제1차 인사기록)에 등록하여 전랑직이 비어지는 대로 차례차례 전랑이 되었다. 그리고 인원을 한 명씩 감원하여 정랑 2명, 좌랑 2명으로 규정하였다.

현실적으로 효과를 보았다고는 할 수 없지만 영조는 꾸준히 탕평론을 펴면서 공평한 정책을 실시하는 가운데 1749년(25년) 세자 선에게 대리청정을 하게 하였다.

영조와 세자는 성격의 차이로 갈등을 겪었다. 영조는 천출 출신(무수리)의 어머니를 두어 당쟁이 있던 때에도 그를 비호하는 세력이 없어 목숨을 보존하기 위해 학문에만 열중한 까닭에 외곬적인 성격으로 자라났다. 첫 아들인 효장세자는 즉위 전 정빈 이씨와의 사이에서 태어났지만 9세로 요절했다.(4년) 그리고 둘째이자 마지막 아들인 사도세자는 7년 뒤에 태어났다. 그때 영조 나이가 41세였다. 세자를 일찍부터 친모의 슬하를 떠나 왕세자인 동궁의 처소인 저승전에서 자라 세자수업을 받게 했다. 그런데 그곳에는 경종과 경종비를 모시던 나인과 상궁들이 있었다. 그들은 영조와 세자 사이를 이간질하였고, 세자는 학문을 소홀히 하고 그들과 놀이를 즐기며 자랐다. 세자가 대리청정을 하게 되면서 두 사람은 자주 충돌하였다. 세자가 대리청정을 하자 남인, 소론, 소북세력 등은 세자를 등에 업고 정권을 장악하려 하였고, 정순왕후 숙의 문씨 등은 영조에게 세자를 무고하여 세자는 영조에게 자주 불려가 문책을 받곤 했다. 세자는 그로 인한 심리적 압박 때문에 1758년(34년)이후 부터는 병증으로 궁녀를 죽이거나 미행을 자주 하는 가운데 1761년(37년) 세자는 영조도 모르게 관서 지방을 유람하고 돌아오기도 하였다. 사람을 죽이고 내수사의 재물을 낭비하는 등 세자의 문제적인 행동은 세자를 경계하던 노론에게 좋은 빌미가 되었다.

　1762년(38년) 5월 나경언이 세자가 내시들과 결탁하여 역모를 꾸미고 있다는 고변서를 형조에 올리자 영조가 친국(왕이 직접 죄를 묻는 일)을 했다. 영조가 친국을 하는 도중 나경언은 자신의 옷에서 세자의 비행 10조목을 적은 글을 꺼내 왕에게 올렸다. 세자의 잦은 미행, 왕손모를 죽인 일, 낭비 등에 관한 것이었다. 대신들은 대부분 그 사실을 알고 있었지만 영조는 그때서야 세자의 비행을 알게 되었다. 이 사건은 나경언을 죽이는 것으로 일단락되었지만 윤5월 13일에 영조는 세자의 친모 영빈에게서 세자의 비행에 대해 또 이야기를 듣자 세자를 불러들여 자진할 것을 명하였다. 세자는 땅에 엎드려 관을 벗었고, 맨발로 머리를 땅에 조아리게 하였다. 땅바닥에 조아린 세자의 이마에서 피가 흘렀다. 이 소식을 듣고 달려온 세손이 관과 포를 벗고 세자의 뒤에 엎드리자 영조는 김성응 부자에게 세손을 데려가게 했다. 영조는 거듭 자결할 것을 명하였고, 여러 신하들이 말리자 세자를 폐서인으로 강등하고는 뒤주를 가져오게 하였다. 영조는 세자를 뒤주에 들어가게 하고 손수 뚜껑을 닫고 자물쇠로 잠근 뒤 널판지를 덮고 큰 못을 박은 후 동아줄로 묶어 봉하게 하였다. 세자는 뒤주에 갇힌 지 8일 만인 5월 21일 그 안에서 굶어 죽었다. 이것이 '임오화변'이다.

영조는 후에 세자를 죽인 것을 후회하고 죽음을 애도한다는 뜻으로 '사도'(思悼) 라는 시호를 내려 사도세자라 불리게 되었다. 세자가 죽은 후 정국은 사도세자를 동정하는 시파와 당연하게 여기는 벽파로 나뉘어 새로운 국면을 맞이한다.

세도정치가 이어졌던 당시의 정국은 당쟁의 세력들에 의한 권력다툼이 사건을 만드는 형국이었다. 형조에 고변서를 올린 나경언은 계비 김씨의 아버지 김한구와 그 일파인 홍계희, 윤급 등의 사주를 받은 것이다. 크게는 노론과 소론 그리고 그 안에 노론 내의 비외척세력과 외척세력의 갈등, 작게는 영조와 세자의 갈등이 종합되어 사건을 일으킨 것이다.

영조는 죄수의 인권에 관심을 보였는데 주리를 틀어 국문하는 압슬형을 폐지하고, 사형수에 대해 초심, 재심, 삼심을 거치게 하는 삼복법을 엄격히 시행하도록 하여 사형에 신중을 기하게 하였다. 1774년(20년)에는 사가에서 형벌을 가하는 것을 금지시켰으며, 판결을 거치지 않고 죽이는 남형과 남성의 포경을 자르는 경자 등의 가혹한 형벌도 금지시켰다. 그리고 백성의 억울한 일을 왕에게 직접 알릴 수 있는 신문고제도를 부활시켰다.

그리고 주목할 만한 경제정책으로는 1750년에(26년) 실시한 균역법을 들 수 있다. 균역법(均役法)은 종전에 양인이 두 필씩 부담하던 군포를 한 필로 줄이는 대신 부족한 경비를 다른 세원을 통해 보충한 제도이다.

1763년(39년)에는 일본에 통신사로 갔던 조엄이 고구마를 가져와 흉년이 들었을 때 굶주린 사람들을 위한 구황 식량수급에 획기적인 변화를 가져왔다.

학문을 즐겼던 영조는 스스로 서적을 찬술하였으며, 인쇄술을 개량하여 일반 백성들이 볼 수 있도록 많은 서적을 간행하였다.

당쟁의 소용돌이 속에서 세자까지 죽인 영조는 10여 년 동안 병석에 누워 있다가 세손에게 대리청정을 맡긴 지 두 달 후인 1776년 3월에 51년 7개월의 긴 치세 기간을 마치고, 83세를 일기로 생을 마감하였다.

● 제22대 정조(正祖. 재위 기간은 1776년~1800년까지 24년)

정조는 사도세자와 혜빈 홍씨 사이에서 1752년 9월 22일 창경궁 경춘전에서 태어났다. 이름은 산이고, 자는 형운, 호는 홍재이다. 아버지 사도세자가 죽고, 자식 없이 죽은 영조의 장자 효장세자의 양자로 입적되어 세자 수업을 받았다. 두 달간 병석에 누운 할아버지 영조의 대리청정을 거쳐 25세의 나이로 왕위에 올랐다.

정조는 억울하게 죽은 아버지에 대한 상처와 당쟁의 소용돌이 속에서 자라나 할아버지 영조가 추진하던 탕평책을 이어가기 위해 '탕탕평평실'이라는 편액을 침전에 걸어놓았다.

정조의 탕평책은 충(忠)과 역(逆)을 명확히 구분하여 색목(色目)의 구별없이 오로지 충한 자만을 등용하는 의리탕평책을 지향했다. 의리란 왕에 대한 충성을 의미하며, 당파 구분 없이 왕의 절충론을 따르는 완론들을 주로 기용하였다. 선조의 허물로 후손의 5대까지 벼슬길이 막히는 부당한 일이 없도록 인재라면 색목에 관계없이 등용하였다.

즉위 초에 정조는 정국의 안정을 위해 비대한 노론의 비위를 맞추기 위해 윤선거 부자의 관작을 추탈하였다가 왕권이 강화된 이후에는 각 정파의 사정을 고려해 의리를 인정해 주는 의미에서 윤선거 부자의 벼슬을 다시 복관시킨 일도 있었다.

탕평책을 실시하기 위한 정조대의 효율적인 기구는 정조 즉위년(1776년)에 설치한 규장각으로 대표된다. 규장각은 정조의 즉위년에 창설하여 그해 9월에 역대 왕들의 어제, 어필 등을 정리, 봉안하고 서적을 수집하거나 편찬하는 왕실도서관으로 출발하였다. 문화정치를 표방하며 세워졌지만 단순한 왕실도서관이 아니고 정권의 핵심적 기구로 정조의 개혁정치를 이끌어 나가기 위한 측근세력의 양성소의 구실을 하게 된다. 정조는 세손시절 '개유와'라는 도서실을 마련하여 경사자집(중국의 옛 서적 가운데 경서, 사서, 제자, 문집)의 모든 책을 섭렵할 정도로 학문을 좋아하여 '호문의 왕'으로 일컬어진다. 유생들이 올린 상소에 대한 정조의 비답은 변설과 논리를 갖춘 장문이자 명문으로 유명하여 조선시대 역대 군왕 중 가장 문장이 좋은 왕으로 전한다.

정조는 즉위하자마자 그의 즉위를 방해하거나 그를 경호하던 홍국영을 살해하려던 홍인한, 정후겸, 홍상간 등의 외척세력을 제거하였다. 고립되어 지내던 세손에게 충고와 조언을 아끼지 않으며 보호해 주던 홍국영에 대한 정조의 신임은 절대적이었다. 세손 시절부터 정조를 경호하고 춘방관이 되면서부터 세손의 신임을 얻기 시작한 홍국영의 세도정치는 외척세력을 제거하는 것과 동시에 시작되었다. 즉위 초의 외척세력 제거는 홍국영의 책략과 외척세력의 전횡에 대한 폐해를 알고 있던 정조의 뜻이 맞물려 이루어진 사건이었다. 나경언으로 하여금 아버지 사도세자의 비행 10조목을 올려 사주했던 홍계희의 손자 홍상범이 전흥문, 강용휘 등을 사주하여 정조를 죽이려 했던 사건이 있고 난 후 정조는 자신의 친위체제를 강화하기 위해 숙위소를 세우고 홍국영에게 숙위대장직을 맡기고 그 권한을 대폭 강화하였다. 정조의 신임을 한 몸에 받은 홍국영은 병권까지 장악하게 되면서 세도가 하늘 높은 줄 모르고 치솟게 되었다. 정조 시해미수사건에는 혜경궁 홍씨의 친동생 홍낙임도 관련되어 있었는데, 정조는 장인 홍봉한과 혜경궁 홍씨를 위로하는 차원에서 홍낙임을 특별히 석방하였다.

　홍국영은 자신의 누이동생 원빈을 정조의 후궁으로 들였지만 원빈이 소생 없이 1년만에 죽자, 정조의 이복동생 은언군의 아들 담을 자신의 양자로 삼아 조카라고 떠벌리고 다니며 정권을 독점하기 위해 왕비 효의왕후를 독살하려는 계획까지 세웠다. 그리고는 노론계 산림 송덕상을 시켜 왕에게 왕세자 책봉을 청하는 상소를 올리게 하였다. 마침 정조는 홍국영의 농간에 염증을 느끼고 있었다. 그리하여 정조는 여러 신하들로 하여금 탄핵을 유도하여 홍국영 스스로 물러나게 하려던 중 정조의 측근 김종수의 상소를 계기로 홍국영의 세도정치는 1780년(정조4년)에 가산을 몰수당하고 전리로 방출되면서 막을 내렸다. 이후 고향으로 내려간 홍국영은 울화를 견디지 못하고 병을 얻어 죽고 말았다.

　홍국영의 몰락 이후 정조는 관료기강을 쇄신하고 인재를 배양하기위해 1781년(5년) 2월 규장각의 기능을 재정비하고 본격 가동시켰다. 규장각은 승정원과 홍문관을 대신하여 국왕의 통치를 직접 보좌해 주는 선도적기관이 되었다. 규장각 각신들은 국왕의 새로운 정책을 추진하는 이론을 뒷받침해 주는 보좌관이자 정조의 가인으로, 학식과 덕행을 겸비한 인물 중 정조가 가장 신임하는 사람을 선발하였다. 때문에 규장각 각신으로 임명된다는 것은 왕의 절대적인 신임을 얻는 것뿐만 아니라 관료로서 더없는 영광이었다. 정조대에 재직한 각신은 모두 38명으로 그 중 남인 채제공은 정조대 탕평을 이끌어 나간 대표적인 인물이었다. 규장각의 사무를 보좌한 잡직에 검서관이라는 것이 있었는데 검서관원 4명 모두 서얼이 임명되었던 것이 매우 특이하였다. 1779년(3년)에 대검서관에 이덕무, 유득공, 박제가, 서이수가 발탁되었다.

1788년(2년) 채제공이 우의정으로 발탁되면서 숙종 20년 갑술환국 이후 관계진출의 길이 막혀 있던 영남 남인들의 중앙 진출의 길이 열렸다. 그 해 정조는 남인 채제공, 노론 김치인, 소론 이성원을 각기 3정승에 앉혀 본격적인 탕평을 추진하였다.

채제공을 믿고 영남 안동의 유림들은 이진동을 필두로 상소와 『무신창의록』을 가지고 상경했다. 이 책은 1728년 이인좌의 난이 일어났을 당시 반란군에 항거하여 공을 세우거나 순사한 경상도의 안동 등 13개 고을 유림의 행적을 기록한 책이다. 당시 승정원은 노론이 포진하고 있어서 그들의 상소문은 받아들여지지 않았는데 상경한 지 6개월이 접어들던 11월에 왕의 효창묘 행을 틈타 간신히 상언할 수 있었다. 정조는 그 책자를 밤새 읽고 또 읽고는 책자에 수록되어 있는 인사의 포상과 책자 간행을 지시하며 이진동을 비롯한 영남유림들을 접견하였다.

정조는 손수 교서를 써서 이들을 격려하였고, 유림들은 안동향교에 왕의 교서를 봉안하였다. 이로 인해 정조는 최대의 유림세력이 있는 영남을 자신의 외곽세력으로 확보할 필요성을 느끼고, 1792년 3월 퇴계 이황을 제사하는 도산서원 앞에 과장을 개설했는데, 이때 입장한 유생이 7,228명이고, 그 가운데 거둬들여진 시험답안지가 3,632장이었다. 시험지는 정조가 직접 채점을 하여 강세백, 김희락을 합격시켰고, 그날의 시사를 기념하기 위해 과장이 설치되었던 곳에 시사단을 세웠다.

그로부터 한 달 후 사도세자를 신원하는 영남 유림의 만인소가 1만여 명이 연명으로 올라왔다. 만인소는 우여곡절 끝에 정조의 손에 들어갔다. 정조는 즉위 당시 영조의 명에 따라 종통상 효장세자를 이었음을 분명히 하고 사도세자의 신원문제를 거론할 시에는 엄벌에 처하겠다고 말한 바가 있다. 그러나 소를 읽은 정조는 그 동안 가슴 속에 묻어 두었던 한에 목이 메었다. 간신히 진정을 한 정조는 영조가 생전에 내렸던 금령과 자신이 즉위 초에 밝혔던 입장을 거론하며 임오의리(사도세자의 죽음에 관한 일)를 밝힐 수 없다고 하였다. 사도세자의 신원문제를 들먹여 당파간의 혼란과 시비논쟁을 일으키는 것은 왕권강화에 전혀 도움이 되지 않는 것을 간파하고 정조는 유림들에게 거듭 고향에 돌아갈 것을 종용하였다. 3차 상소까지 올렸던 유생들은 결국 정조의 간곡한 설득 끝에 왕의 교서를 갖고 귀향했지만 이로써 정조의 남인들에 대한 배려와 관심을 얻기에는 충분했다.

　1789년(13년) 7월에 경기도 양주 배봉산에 있던 사도세자의 능인 영우원을 수원의 화산으로 이장하기로 결정하고 '돌아가신 아버지인 현부에 융성하게 보답한다.'는 의미로 현릉원으로 이름을 지었다. 능의 이장은 효심에서 이루어진 것이지만 한편으로는 수원지역을 개혁의 진원지로 삼으려는 정치적 목적이 깔려 있는 것으로, 5군영의 통합과 화성의 축조, 수원도호부의 읍치를 이전하고 수원상권 부양책을 추진하였으며, 장용 외영의 화성편제 등으로 구체화되었다.

　화성 축조에 대한논의는 1789년 12월에 본격적으로 이루어졌다. 100년 전에 화성 축조를 역설했던 유형원을 이조참판에 추증하고 1794년(18년) 2월에 착공을 하여 재정의 부족으로 일시 중단되기도 했지만 2년 6개월 후인 1796년(20년) 9월에 완공되었다. 그 공사가 한창 진행되던 1795년 윤2월에는 어머니 혜경궁 홍씨의 회갑잔치를 치르기 위해 화성에 모시고 갔고, 공사가 끝난 뒤에는 총 10권 9책으로 이루어진 『화성성역의궤』를 편찬하였다. 이 책은 건물배치도, 사용된 도구의 부분도, 공사에 관련된 모든 경비, 인력, 물자, 기계 등이 상세히 기록된 공사 보고서로서 동서 역사상 유례가 없는 건축사의 사료로 전한다.

　화성은 정조 왕권의 경제적, 무력적 기반으로 조성된 것이다. 당시 군영은 5군영으로 나누어져 있었는데, 정조는 왕권강화를 위해서 일원적인 군영체제로 개편해 나가고자 하였다. 1785년(9년)에 설치된 국왕의 호위대인 장용위를 1788년(12년)에 장용영으로 개칭하였고, 1793년(17년)에 내영, 외영제가 확립되면서 장용영은 제도적으로 대폭 정비되었다. 장용내영은 수도 한성부에 설치하였고, 장용외영은 화성에 설치하였는데 특히 현릉원과 국왕 행차시 행궁지역에 설치된 장용외영은 화성의 축조와 밀접한 연관을 가졌고, 실제로 내영보다 중요시되었다. 왕권강화를 위한 친위부대의 성격이 농후한 장용영과 화성신도시의 발전은 정조가 사망함으로써 물거품이 되었다.

1791년(15년) 천주교도 박해 사건인 신해박해가 일어나 윤지충, 권상연 등이 사형당하였다. 천주교를 신봉하던 윤지충이 모친상을 당해 천주교 의식에 따라 상을 치르자, 맹렬한 비난을 받았다. 그의 인척이자 천주교도인 권상연이 그를 비호하고 나서면서 정치적 쟁점화가 되었다. 서구문화 수입을 공격하는 벽파와 천주교를 신봉하거나 묵인하는 신서파가 서로 갈라져 충돌하자 정조는 윤지충과 권상연을 국문케 하여 사형시켰다. 그리고 천주교를 사학으로 단정하고 천주교 서적수입을 금지시켰다. 이 사건 이후 벽파 쪽으로 대세가 기울었고, 그로부터 4년 뒤인 1795년(19년)에는 중국인 주문모 신부가 밀입국하는 사건이 생기면서 벽파는 또 한 번 기세를 떨쳤다.

1800년(24년) 5월 정조는 임오의리를 공개적으로 천명하고 '오회연고'를 발표했다. 오회연교란 임금이 다섯 번째 회일(그믐날. 당시는 30일)에 경연석상에서 하교하였다는 뜻으로, 정조는 탕평정치추진을 위한 통치술을 신하들에게 자세하게 밝혔다. 정치원칙은 시대에 따라 달라지는 것이라고 함으로써 영조가 옳다고 처분한 노론의 정치원칙도 바뀔 수 있음을 암시하였고, 또한 다음번 재상은 노론이 기피하는 남인 강경파 중에서 나올 것을 암시하였다. 그리고 임오의리를 바로 잡되 관련자를 처단하지는 않을 것을 밝혔다. 그리고 재상을 쓸 때는 반드시 8년 정도 시련을 준 다음에야 8년을 믿고 쓴다고 하여 오회연교는 정국을 얼어붙게 만들었는데, 정조는 오회연교를 발표한지 28일 만에 사망하고 말았다.

정조의 사망을 두고 남인들 사이에서는 벽파 집단과의 권력투쟁에서 패해 독살 당했다는 소문이 떠돌았고, 영남사림 중에는 관아에 나가 시위를 벌이는 사람도 있었다. 정약용도 그의 저서에서도 정조의 독살 가능성을 암시하는 글을 적었다. 정조가 재상을 쓸 때는 반드시 8년 정도 시련을 준 다음에야 8년을 믿고 쓴다는 내용에 주목하면 다음 번 재상은 남아있는 남 인 계열의 이가환이나 정약용이었다.

정조의 탕평을 뒷받침했던 세력은 남인 채제공계열과 노론 시파계열이었는데 그들은 가문이나 당색을 초월하는 공조기반이 없어 정조가 죽은 이후에 그들 개혁진영은 급속히 와해되고 만다.

호학의 군주로서 탕평정책을 펼쳐 학식을 갖춘 인사들을 등용하여 문예부흥기를 이루게 했던 정조는 1800년 6월 28일 창경궁의 영춘헌에서 49세를 일기로 생을 마감하였다.

● 제23대 순조(正祖. 재위 기간은 1800년 7월~1834년 11월까지 34년 4개월)

순조는 정조의 둘째아들로 창경궁 집복헌에서 태어났다. 이름은 공이고, 자는 공보이다. 정조의 큰아들이 일찍 죽어 그가 세자에 책봉되었다. 순소는 성품이 온화하며 매우 검소한 생활을 하였다. 궁궐 안에서 연회를 즐기지 않았고 공식적인 모임 외에는 비단옷 대신 무명옷을 입었다. 장막도 낮춰서 사용하였고, 궁궐의 정원이나 수레 등에도 화려한 것을 꾸미지 않았다. 또 논어나 맹자 등 성현이 지은 책를 가져오라 할 때는 '가져오라'고 하지 않고 '받들고 오라'고 명했다.

즉위할 당시 순조는 11살이어서 대왕대비 정순왕후가 수렴청정을 하였다. 정순왕후는 영조의 계비로, 사도세자의 부도덕과 비행 10조목을 상소하도록 나경언을 사주했던 김한구의 딸이다. 나경언의 상소사건 이후 정순왕후는 사도세자를 동정하는 시파를 미워하고 벽파를 옹호하였다. 정순왕후는 수렴청정을 시작하면서 먼저 사촌오빠 김관주를 이조참판직에 앉히고 벽파들을 대거 등용하였다.

노비는 전근대 사회토지와 함께 국가나 개인의 가장 소중한 재산이었는데 1801년 1월 공노비를 해방하는 큰 사건이 있었다. 공노비라 하면 내수사(대궐에서 쓰는 쌀, 베, 잡물, 노비 등에 관한 사무를 맡아보던 관부)와 각 궁에 소속된 내노비와 중앙관청 소속의 사노비를 말하는데 재산으로 인식해 왔던 노비를 양인으로 만들어 국가의 양역에 편입시킴으로써 국가를 부유하게 하고자 했던 것이다.

이어 1801년 2월에 천주교에 대한 탄압(신유박해)이 있었다. 정순왕후는 사학(사악한 학문)을 물리친다는 척사의 기치를 걸고 정치적 탄압에 들어갔다. 천주교가 조선에 본격적으로 전파된 것은 18세기 말부터로 천문, 수학, 지리, 농학 등의 서양학문과 함께 전파되었다. 특히 정약용, 이가환은 뛰어난 문장과 단아한 선비모습으로 추종자들이 많았는데, 두 사람이 서학에 심취하자 많은 사람들이 모두 서학을 추종하였다.

1791년(정조15년)에 신해박해가 있었지만 1800년에는 교인이 1만에 이르렀다. 그러자 천주교를 사학으로 규정하며 성토하고 그와 관련된 인물을 비난하는 상소가 끊이지 않았다. 천주교를 비호하던 남인 시파의 채제공이 죽고 정조도 세상을 떠나자 본격적으로 박해의 바람이 불어 닥쳤다. 일찍부터 채제공과 이가환, 이승훈을 공격하던 벽파의 영수 심환지가 1798년(정조22년) 우의정에 이어 영의정에 올라 정권을 장악하고 있었는데 신유박해가 일어나자, 이 기회를 놓치지 않고 홍봉한의 아들 홍낙임을 역적의 주모로 몰면서 남인들을 대거 숙청하였다.

대왕대비는 채제공 일파와 사이가 좋지 않았던 목만중을 대사간에 임명하여 수사를 맡겼다. 목만중은 이가환, 이승훈, 정약용, 정약전, 정막종, 홍교만, 홍낙민, 이기양, 권철신 등을 통해 중국인 신부 주문모가 그 배후 인물임을 밝혀냈다. 천주교도를 색출하는데 오가작통법을 동원하였다.

오가작통이란 1485년(성종16년) 한명회의 발의에 따라 채택되어 조선시대에 촌락을 효과적으로 지배하기 위해 호적의 보조조직으로 다섯 가구를 한 통으로 묶어 주로 호구를 밝히고 범죄자를 색출하며 세금을 징수하고, 부역에 동원하고, 가까운 이웃을 보호하는 조직으로 이용되었다. 그런데 그것을 이용해 다섯 집끼리 서로 천주교도가 있는지 감시하고, 그 중 한 집에서라도 천주교도가 나오면 다섯 집이 모두 화를 입게 되었다. 이렇게 연루되어 죽은 사람이 전국적으로 수만 명에 달했다.

신유박해는 왕실 탄압으로도 이어졌는데, 1801년 여름부터 사도세자의 아들이며 정조의 이복동생인 은언군 인과 정조의 어머니 혜경궁 홍씨의 동생 홍낙임과 규장각 관료 윤행임을 처형하였다. 은언군을 죽임으로써 정순왕후는 왕손의 씨를 말려버렸다. 신유사옥 이후 정순왕후는 안전한 벽파 중심의 조정을 세울 수 있었다.

1801년 9월, 정약용의 맏형 정약현의 딸 명련의 남편 황사영이 충청도 토굴에 숨어서 봄부터 이루어진 천주교 박해의 전말과 대응책을 비단에 적어 비밀리에 중국 북경의 구베아 주교에게 보내려고 하였다. 그런데 사전에 발견되어 능지처참되었고, 그의 어머니와 작은아버지, 아내와 아들은 모두 귀양길에 올랐다. 황사영 백서에는 조선교회를 재건하고 신앙의 자유를 획득할 수 있는 방안으로 청나라 황제가 조선정부에 선교사를 받아들이도록 할 것을 요청하였고, 그렇지 않으면 조선을 청나라의 한성으로 편입시켜 감독하게 할 필요성을 말하였다. 아울러 서양의 배 수백 척과 군대 5만~6만 명을 조선에 보내어 조정이 신앙의 자유를 허용하도록 굴복시키는 방안 등이 제시되어 있었다. 그것을 본 조정에서는 너무 놀라 관련자들을 즉각 처형함과 동시에 천주교인들에 대한 탄압을 더 한층 강화하였다. 그리고 백서의 사본이 중국에 전달되어 주문모 신부의 처형 사실이 알려질 것을 염려하여, 그해 파견된 동지사에게 황사영 백서를 요약하여 청나라 예부에 제출하게 하여 그간의 박해가 정당했음을 설명하도록 하였다.

1802년에(2년) 순조는 시파였던 김조순의 딸을 왕비로 맞이하였는데 그녀가 순원왕후이다. 이 혼인은 안동김씨 60여 년 세도정치의 서막이었다. 그리고 같은 해에 시파의 군사적, 경제적 기반이던 장용영을 재정부족에 허덕인다는 이유로 혁파하였다.

1803년(3년) 12월에 정순왕후가 수렴청정을 거두어 순조는 1804년(4년)부터 직접 정사를 보기 시작하였다. 하지만 순조는 국구 김조순과 외조부 박준원의 힘에 눌려 허위에 앉아 있는 것과 다름없었다. 이른바 김씨의 세도정치가 시작되었다.

김조순을 중심으로 안동김씨가 권력의 핵심인 비변사를 장악하였고, 김조순은 규장각 제학, 검교 등의 관직을 역임하면서 권력기반을 다져갔다. 정순왕후는 1805년 1월에 죽었다.

1806년(6년) 벽파의 김달순이 임오의리에 대해 말을 꺼내며 사도세자를 두둔한 영남만인소의 주모자 이우를 처벌하고, 사도세자로 하여금 잘못을 시인하게 했던 박치원과 윤재겸에게 벼슬과 시호를 내려주기를 청하였다. 그러자 평소 김달순과 적대관계에 있던 김명순이 형조참판 조득영으로 하여금 김달순을 비판하며 탄핵하게 하여 경상도 남해현의 한 섬으로 귀양 보내졌다가 4월에 사사되었다. 이 사건으로 벽파는 정치적 철퇴를 얻어맞고, 시파정권이 들어서는 계기가 되었다. 그리고 김조순의 안동김씨 세력은 반남박씨 세력과 풍양조씨 조득영의 후원을 받아 본격적인 세도를 부리기 시작하였다.

안동김씨의 시조는 고려의 개국공신 김선평인데, 후손들은 뚜렷한 벼슬자리가 없었으며, 성종 때 김종직과 교유하였던 김계행이 문과에 급제하면서 안동김씨 가문의 문호를 열었다. 이후 여러 자손들이 번창하였고, 김창협의 6형제가 모두 이름을 날려 6창이라 불렸다. 신임사화 이후 김원행은 기호학계를 대표하는 학자로 부상하였다. 순조대에 시파와 벽파의 싸움에서 정순왕후를 등에 업은 경주김씨는 정순왕후가 죽자 힘을 잃었고, 시파가 득세하면서 시파의 길을 걷던 안동김씨 세도의 길이 열린 것이다. 세도의 핵심인물은 김조순, 김좌근, 김문근, 김병기이다.

안동김씨의 세도가 오래 지속될 수 있었던 것은 그 조상들이 충절과 학문을 숭상해 온 덕택이었다. 정유길의 외손자 김상용과 김상헌은 안동김씨와 동래정씨는 정치적으로 밀월관계를 유지하였다. 서울 회동(지금의 회현동)에서 대대로 벼슬을 해 온 동래정씨는 조선조에서 정승을 가장 많이 낸 집안이다. 일찍이 송시열은 정씨 집안을 큰 기러기와 고니에 비유하고 자기 집은 지렁이라고 차이를 둔 적이 있었다. 헌종이 죽고 후사를 세울 때 강화에 가서 강화도령 원범을 데려와 왕위에 등극시키는 데 공헌한 정원용도 정유길의 후손이며 안동김씨의 외가이다. 정원용은 김조순이 발탁하여 영의정에까지 이르렀다. 그리고 철종의 비가 된 김문근은 영은 부원군에 봉해져 모든 정사를 결정하였다. 김씨 세도는 순조대에 이어 헌종을 이어 철종대까지 이어진다.

18세기를 전후해서는 상업과 수공업이 발달하고 인삼이나 담배 등 돈을 벌려고 재배한 상품작물의 재배가 활발하여 부를 축적한 새로운 계층이 발생하였다. 특히 평안도 지방은 정부의 규제에도 대청무역이 활발해 개성 상인과 의주상인 중 거상으로 성장한 사람들이 많았고, 1801년에 해방된 공노비들이 평안도 지역의 광산으로 몰려들기도 하였다.

1811년(11년)에 홍경래의 난이 일어났다. 평안도 용강군 화장골에서 평민의 아들로 영웅 기질을 갖고 태어난 홍경래는 어려서부터 힘이 장사인 데다 무예가 출중하여 전쟁놀이를 즐겼다. 열다섯 살에 외삼촌 유학권에게 글을 배웠는데, 외삼촌은 '경래는 글재주가 비범하나 뜻이 순수하지 못하니 장래를 주의하라.'는 내용의 편지를 그의 아버지에게 부쳤고, 자기가 가르치기 어렵다며 집으로 돌려보냈다. 그래서 홍경래는 혼자서 경전과 역사를 공부하였다. 홍경래는 평안도지방에서 실시한 향시에는 합격했으나 본시험인 회시에는 응시하지 않았다. 조선은 건국 초부터 서북지역의 백성을 인재등용에서 배제해왔기 때문에 서북인들의 원한은 쌓일 대로 쌓인 상태였다. 홍경래는 주로 시국에 불만을 품고 있는 자들과 부를 축적하여 새로운 지배층으로 성장한 평안도와 항해도의 신흥부자들, 황해도, 평안도일대의 상인들과 벼슬길이 막혀 현실에 불만을 품고 있던 양반지식층에 접근하여 당을 만들어 수년 동안 직접 무기를 만들었다. 홍경래당에 모인 일반백성과 천민들의 숫자는 수천 명에 이르렀다. 홍경래는 10년간 준비해 온 거사를 일으켰다.

1811년(11년) 12월 홍경래와 우군칙, 김창시 등은 정부에 진면전을 선포하였다. 홍경래는 평서대원수로, 부원수는 김사용, 부모주 김창시, 선봉장에는 이제초·홍총각, 후군장에는 윤후검, 총지휘자는 이희저로 삼고 봉기하였다. 봉기군은 남진군과 북진군으로 나누어 거병 열흘 만에 각 고을의 호응을 얻어 가산, 곽산, 정주, 선천, 철산 등 7개 지역을 석권하였다. 마침 겨울이라 얼음이 얼었을 때를 이용해 청천강을 건널 계획이었으나, 큰 비가 내려 얼음이 녹아 전략을 바꾸어 1812년(12년) 1월에 정주성을 점거하였고, 선천부사 김익순(삿갓 김병연의 할아버지)이 자진 항복하여 봉기군을 박천 송림에 주둔시켰다.

그런데 함종부사 윤욱렬과 곽산군수 이우식 등의 합세로 다시 정주성으로 들어가 활과 조총으로 무장한 관군과 4개월간 공방전을 펼쳤다. 순무중군 박기풍이 정주성 밖에 주둔하자 성 안에서는 술렁거리기 시작하였다. 그 틈을 타 김익순이 김창시의 목을 베어 성을 빠져나왔다. 김익순은 홍경래 앞에 무릎을 꿇어 감옥에 갇혔었는데, 김사용이 홍경래에게 건의하여 족쇄를 풀고 돈과 쌀, 고기 등을 보내 위로하였다.

김익순은 서울에 가도 목숨을 보전하기 어렵다며 봉기군에 합류하여 홍경래에게 문안을 드리고 봉기군과 어울려 술을 마시기도 하였다. 그러다 봉기군이 불리해지자 김창시의 목을 베어 빠져나왔다. 그러나 김익순은 역적으로 낙인찍혔고, 1812년 3월에 처형당하였다. 그의 손자 김삿갓은 성장하여 그 사실을 알고 방랑을 하게 되었다. 이후 김익순은 1897년에 신원되고 1908년에 관작이 회복되었다. 한편, 가산군수 정시는 봉기군이 무릎을 꿇으라고 할 때 무릎이 잘릴지언정 적을 위해 꿇을 수 없다고 버티다 칼에 맞아 죽임을 당해 충신으로 남았다.

정주성 전투가 불리해지자 조정에서는 박기풍을 파직하고 유효원을 보냈다. 유효원은 정주성 북쪽에 흙을 파고 땅속에 길을 만들어 포를 매설한 뒤 옆 구멍으로 화승에 불을 질러 넣어 성을 폭파하였다. 성을 지키던 봉기군이 놀라 달아나자 병사를 정돈하고 입성하여 사방을 포위한 후 공격하였다. 그때 홍경래는 탄환을 맞고 죽어 홍경래의 목은 상자에 담겨 서울로 보내졌고, 우군칙 등도 모두 사로잡혀 서울로 암송됨으로써 봉기군은 평정되었다. 그러나 이후 농민항쟁은 1815년(15년)에 용인에서 이응길이 일어났고, 1827년에 제주도에서 일어나는 등 역모와 함께 끊이지 않다가 1894년 동학농민전쟁으로 이어졌다.

1827년(27년) 2월, 순조는 효명세자에게 대리청정을 하게 하였다. 효명세자의 이름은 대이고, 자는 덕인이며, 호는 경헌이다. 1809년(9년) 8월 9일 창덕궁에서 순조와 안동김씨 김조순의 딸 사이에서 태어났다. 1812년(12년) 왕세자에 책봉되어 1817년(17년) 3월에 공부를 시작하였고, 11살이 되던 1819년 10월에 풍양조씨 조만영의 딸과 혼인하였다. 조만영의 아버지 조엄은 일본에서 고구마를 가져와 기근에 허덕이던 백성들에게 구황작물이 되게 해 주었던 사람이다. 순조는 홍경래의 봉기를 전후한 시기부터 중풍을 앓아온데다 안동김씨의 세도에 반감을 갖고 있었다. 그래서 세자를 대리청정하게 하여 세자의 처가인 풍양조씨 인사를 정계에 등용시키려 하였다.

대리청정으로 집권한 효명세자는 먼저 '신임사화'는 소론이 노론을 정계에서 축출하기 위해 조작한 것이라는 영조 때의 신임의리를 다시 밝혔다. 이어 그 동안 척족들의 정치참여에 반대하였던 노론인사를 중심으로 정치세력을 재편하였다. 그리고 종묘와 경모궁의 예식절차를 서두르게 했다는 이유로 안동김씨 계열인 전임 이조판서 이희갑, 김재창과 현임 이조판서 김이교를 감봉하였다.

대리청정기간 동안 가장 핵심적인 인물은 김로였다. 심환지의 재종인 심현지의 외손 이인보는 왕권강화를 위한 소를 올려 김로를 지지하였다. 또 조엄의 외손자 홍기섭은 세자의 장인 조만영, 조인영과 내외종간으로 그는 풍양조씨 편에 섰다.

세자는 불안한 정국을 이끌기 위해 김로, 이인보, 홍기섭, 김노경에게 이조, 병조의 인사권과 경제권을 맡겼고, 처가인 풍양조씨 조만영, 조인영, 조병현으로 하여금 측면에서 후원하도록 하였다. 한편, 세자는 정치적으로 소외되어 있던 소론, 남인, 북인도 등용하였지만, 권력의 핵심기구라 할 수 있는 비변사는 측근이 장악하였다.

그러나 효명세자의 대리청정은 길지 못했다. 1830년 윤4월 22일에 피를 토하고 쓰러져 5월 6일에 22세를 일기로 생을 마감함으로써 3년 3개월의 대리청정은 끝이 났다. 효명은 익종으로 추존되었다.

세자가 죽음으로써 풍양조씨의 세력이 멈칫하고 안동김씨 세력이 다시 일어나 김로, 김노경, 홍기섭, 이인보를 모두 유배 보냈다. 하지만 풍양조씨 세력은 헌종대에 다시 일어난다. 순조는 1834년 45세를 일기로 생을 마감하였다.

● **제24대 헌종**(獻宗. 재위 기간은 1834년 11월~1849년 6월까지 14년 7개월)

헌종은 순조의 손자이자 익종(효명세자)과 조만영의 딸 신정왕후의 아들로 1827년(순조27년) 7월 18일에 창경궁 경춘전에서 태어났다. 이름은 환이고, 자는 문응이며 호는 원헌이다.

헌종은 여덟 살 어린 나이로 즉위하여 대왕대비 순원왕후 김씨가 14세 때인 1840년(즉위 6년)까지 수렴청정을 하였다. 즉위한지 3년 된 1837년 에 11세의 나이로 김조근의 딸(효현왕후)을 아내로 맞았으나, 1843년(9년) 8월에 사망하여 이듬해 10월 홍재룡의 딸(효정왕후)을 왕비로 맞았다.

정조의 아우 은언군의 손자를 왕으로 추대하려는 역모사건이 계속해서 일어났는데, 1836년(2년) 남응중이 남경중, 남공언 등과 모의하였으나 사전에 발각되어 능지처참 당했는데, 1844년(10년)에 민진용의 역모사건이 또 일어났다. 민진용은 뛰어난 의술로 이원덕, 박순수, 박시응 등을 포섭해 정조의 아우 은언군의 손자 원경을 왕으로 추대하기로 했으나 사전에 발각되어 주모자는 모두 능지처참 당하고 원경 또한 사사되었다.

1839년(5년)에는 또 다시 천주교 탄압사건(기해박해)이 일어났는데, 1838년 겨울부터 시작되어 1840년 봄까지 1년 넘게 지속되었다. 이조판서 조만영과 형조판서 조병현과 그를 후원하던 정치세력이 주가 되어 척사정책이라는 명분으로 박해가 이루어졌다. 1839년 5월 25일, 대왕대비는 천도교도의 체포에 총력을 기울이라는 새로운 명령을 내렸는데, 안동김씨 실세 김유근이 죽고 그와 가깝게 지내던 유진길이 체포되었다. 그러자 7월에는 수원으로 피신했던 프랑스 신부 앙베르가 자수하였고, 교도들이 심하게 박해를 받자 앙베르는 모방과 샤스탕 신부에게 자수를 권해 두 신부도 자수하였다. 세 신부와 유진길, 정하상이 처형되었고, 12월에는 박종원, 이문우 등 10여 명이 처형되어 한 해 동안 모두 70여 명이 처형되었다.

1845년(11년) 6월 기해박해 때 프랑스 선교사를 탄압하고 처형된 사건을 구실 삼아 프랑스 해군소장 세실이 군함 3척을 이끌고 충청포 홍주의 외연도에 들어왔다. 세실은 프랑스왕의 이름으로 헌종에게 세 신부를 처형한 진위여부를 물으며, 만약 죄가 없는데도 처형한 사실이 밝혀지면 원망을 초래할 것이며 이듬해에 전선을 보낼 때 그 이유를 회답하라는 협박 문서를 전하고 돌아갔다. 이에 헌종은 영의정 권돈인과 문제를 상의하여 천주교도를 뿌리 뽑는다는 명분으로 조선최초의 신부 김대건을 9월 16일 새남터에서 처형하고 뒤이어 9월 20일에 임치백, 현석문, 한이형 등이 처형되었다. 이것이 1846년에 일어난 '병오박해'이다.

김대건은 1831년 프랑스신부 모방에 의해 신학생으로 발탁되어 1836년 마카오에 있는 파리 외방전도회 동양경리부에서 신학공부를 하고, 1845년 2월에 상하이에서 사제품을 받고 조선인 최초로 신부가 되어 그해에 귀국하였다. 귀국 후 그는 천주교 조선교구 제3대 교구장인 주교 페레올과 함께 포교활동을 하던 중 처형되었다.

1년 후인 1846년 6월에 프랑스군함 글로아르호가 세실 소장이 준 국서에 대한 답을 받으러 오다가 전라도 만경의 고군산열도 해안에서 폭풍을 만나 좌초되어서 1개월간 머물렀는데, 그곳 주민들이 선원 700여 명에게 물과 양식을 공급해 주었다. 그들은 중국 상해에서 빌려온 영국 배를 타고 무사히 귀국하였고, 조정에서는 청나라 예부에 서한을 보냈다. 그 서한이 프랑스에 전달될 가능성은 없지만 이 서한이 역사상 서양과의 첫 외교문서가 되었다.

1840년에 12월에 순원왕후의 수렴청정이 끝나자 안동김씨의 세력이 다소 위축되면서 풍양조씨의 세력이 우세해졌는데, 조만영의 동생 조인영이 1841년(7년)에 영의정이 되면서 안동김씨 세력을 누르고 풍양조씨의 세도를 구축하였다. 조만영의 아들 조병구와 조득영의 아들 조병현이 함께 조씨 세력의 중심인물이 되었는데 조병현은 예조판서, 형조판서, 대사헌, 병조판서, 이조판서를 두루 역임하였다.

6년의 수렴청정기간과 9년여의 친정기간을 합쳐 14년 재위기간 동안에는 국가 재정의 근본이 되는 전정, 군정, 환곡의 삼정이 매우 문란해졌다.

글쓰기를 좋아한 헌종이 직접 지은 시문을 모은 『원헌집』 5권이 장서각에 보관되어 있고 『열성지장』, 『동국사략』, 『문원보불』, 『삼조보감』을 찬수하는 업적을 남겼다. 호색한이기도 했던 헌종은 풍양조씨와 안동김씨의 권력투쟁에 휘말리다가 1849년 6월 6일 창덕궁에서 후사도 없이 스물셋 젊은 나이에 생을 마감하였다.

● **제25대 철종**(哲宗. 재위 기간 1849년 6월~1863년 12월까지 14년 6개월)

철종은 사도세자의 증손으로 정조의 아우 은언군의 손자이다. 전계 대원군 광과 용성부 대부인 염씨 사이에 셋째아들로 태어났다. 초명은 원범이었고, 즉위한 뒤의 이름은 변, 자는 도승이다. 1849년에 헌종이 후사 없이 죽자 순원왕후의 명으로 왕위를 계승하였다.

원래는 덕흥대원군의 종손 이하전을 헌종의 후사로 내정해 놓았었다. 그런데 충청감사로 있다가 직제학으로 전보되어 올라온 안동김씨 세도가 김수근이 형 김좌근에게 그 소식을 듣고는 이하전의 주변에는 벽파세력만 있어 자신의 시파가 화를 당하게 된다며 대통을 전계군의 셋째아들로 잇게 하라고 말하였다. 그리고 자신의 동생 김문근의 딸과 혼인시키면 김씨 세력이 든든해질 것이라고 말하자 김좌근이 순원왕후를 찾아가 원범을 후계자로 정하게 하였다.

원로대신 정원용은 안동김씨 세력의 명령으로 의장과 문무관료를 거느리고 강화도 전계군의 집으로 갔다. 전계군은 1844년(헌종10년) 형 회평군의 옥사로 가족과 함께 강화도에 유배되어 학문과 거리가 먼 농사꾼으로 혹시 화를 당할까 조심스럽게 살고 있었는데 뜻밖에 들이닥친 의장행렬에 정신을 잃고 안절부절 못하였다.

원범은 급하게 봉영의식을 행한 뒤 1849년 6월 8일 덕안군에 봉해졌고, 그 다음 날 창덕궁 희정당에서 성인식을 올린 뒤 빈전에서 옥새를 받고 인정문에서 조선 25대왕으로 즉위하였다. 철종은 순조의 대통을 이어 순원왕후의 아들이 되었다. 아무런 준비 없이 갑자기 왕이 된 철종은 대왕대비인 신정왕후의 수렴청정을 받아야했다.

탈상을 하고 1851년(즉위2년) 9월에 순원왕후의 집안인 김문근의 딸을 왕비(명순왕후)로 맞이하였다. 이로써 김문근이 영은부원군이 되면서 국구로서 정사를 돕게 되어 안동김씨의 세도가 이어지게 되었다.

1852년(즉위3년)부터는 친정을 하였지만 안동김씨의 세도 아래서 독자적으로 일을 처리하지 못했다. 요직을 임명할 때도 '교동 아저씨(김좌근)가 아는 일인가?'하고 물을 정도였는데, 예외적으로 강화도에 살 때 훌륭한 관원이라는 말을 들은 적이 있던 딱 한사람 이시원이 인사서류에 올라오면 비록 두 번째나 세 번째 후보 자리에 있더라도 꼭 임명하였고, 개성 유수 자리가 비었을 때는 철종이 직접 이시원의 이름을 써넣어 임명하기도 하였다.

철종은 빈민구호에 적극성을 보였다. 1853년(5년) 봄에 관서 지방에 기근이 들자 선혜청에서 5만 냥, 사역원에서 거둔 인삼세 중에서 6만 냥을 내려 구제하였는데, 여름에 심한 가뭄에도 식량이 없어 구제하지 못하는 실정을 안타깝게 여겨 재물을 절약할 것과 탐관(탐욕에 찬 관리)오리(청렴하지 못한 관리)의 징계를 명하였다. 1856년(8년) 봄에 화재를 입은 여주 민가 천여 호에 은전과 약재를 내려 구휼하였고, 함흥에서 화재를 입은 백성에게 3천 냥을 지급하였다.

기학의 대가 최한기가 지도의 자료와 재정을 지원하여 1861년(12년) 김정호가 '대동여지도'를 판각하여 간행하였다. 대동여지도는 162,000분의 1 축적으로 남북은 22단(1단이 120리)으로 나누어져 있고, 각 단은 6치 6푼의 폭(한 폭은 80리)으로 하며 가로로 접을 수 있게 하였다. 22단을 순서대로 장을 맞추면 세로 7m 가로 3m에 달하는 커다란 한 장의 조선전도가 되었다. 이 지도에는 산과 산맥, 하천의 이름과 모양, 바다, 섬, 마을을 비롯하여 관청, 병영, 성터, 역참, 도로 등이 상세히 기록되어 있다. 당시 조정내신들은 지도의 정밀함과 상세함에 놀라 나라의 기밀이 누설될 것을 염려해 판각을 압수하였고 1864년에 옥사하였다.

1862년(13년)에 전국곳곳에서 민란이 일어나는데 그 시초는 2월 4일경상도 단성에서 시작되어 2월 18일 진주에 이어 경상, 전라, 충청, 경기, 함경도로 퍼져나가며 37차례에 걸쳐 일어났다. 삼정의 하나인 환곡의 폐단에서 비롯되어 '삼정의 난'이라고도 하고, 임술년에 일어난 민란을 통칭하여 '임술민란'이라고도 한다.

이때는 철종의 말기 이며 안동김씨의 세도의 말기이기도 하다. 그 동안 세도가의 도움으로 관리가 된 자들은 백성들의 고혈로 세도가에게 뇌물을 바치고 자신들의 권력과 일신만 살찌우고 있었다. 환곡을 거두는 것 중 관리들이 착복하는 것이 반에 이르러 백성들이 겪는 고통은 이루 말할 수가 없었다.

삼정의 난의 도화선이 된 경상도 단성현은 몇 천 호에 불과한 작은 고을이었는데 환곡의 총수가 10만3천여 섬에 이르렀다. 그 가운데 아전들이 착복한 환곡은 5만2천여 섬에 달했다. 또 토지세율을 정액 이상으로 징수하는 도결을 걷거나 자기 고을의 환곡을 비싸게 팔고 다른 고을의 곡식을 싸게 사서 메워 놓는 일이 거듭되면서 백성들의 고통이 점점 커졌다. 이러한 백성들의 고통을 잘 알고 있던 사간원 정언을 지낸 김인섭의 아버지 김령이 관아에 들어가 현감을 핍박하면서 꾸짖자 관속들은 백성들과 김령 부자를 마구 때렸다. 이에 분노한 백성들은 인사 및 기타서무를 담당하는 이방과 균역 사무를 담당하는 창색의 집으로 몰려가 불을 지른 뒤, 객사에 모였다가 다시 읍내장터로 몰려가 모임을 갖고 각지의 부자들에게 음식을 공급하게 하고 며칠 동안 시위를 하였다. 이에 현감 임병묵은 서울로 달아났다. 김령은 암행어사 이인명에게 잡혀 의금부에 체포되었다가 목사 정면조와 정원응이 조정에 호소하여 풀려났다.

단성에 이어 진주민란은 2월 18일에 일어났다. 진주민란의 직접적인 원인은 경상도 우병사 백낙신의 탐학에 있었다. 백낙신은 부임하면서부터 갖은 방법을 동원하여 농민들을 수탈하여 5만 냥에 달하는 돈을 모았다. 그리고 도결(고을 아전이 공전이나 군포를 축내고 그것을 메워 넣으려고 결세를 정액 이상으로 받는 것) 8만4천여 냥을 호별로 배당하여 일시에 내게 하였다. 그러자 우병영에서도 이 기회를 이용하여 그 동안 착복한 환곡 7만2천여 냥을 농가에 분담하여 강제로 징수하고자 하였다. 이에 진주유곡동에 사는 유계춘과 김수만, 이귀재 등이 백성들이 다 알아볼 수 있는 한글 격문을 붙이고 통문을 돌려 봉기하였다. 봉기군은 스스로를 초군이라 부르며 머리에 흰 수건을 두르고, 불참하는 자에게는 벌금을 부과하고 반대하는 자의 집을 헐어, 농민들이 속속 시위대열에 참여하여 수만에 이르렀다. 진주성 밖에서 하룻밤을 새운 봉기군들은 이튿날 백낙신과 진주목사 홍병원으로 부터 그들의 요구를 들어주겠다는 공문을 받아냈다. 그러나 흥분한 백성들은 우병사를 둘러싸고 부정한 관리 권준범과 김희순을 불태워 죽였으며, 4일 동안 향리들을 붙잡아 네 명을 때려죽이고 수십 명은 부상을 입었다. 그리고 부잣집을 습격하여 23개면 126호를 파괴하고 재물을 빼앗았다. 당시 피해액은 10만 냥에 이르렀다. 조정에서는 2월 29일에 부호군 박규수를 진수안핵사(지방에 어떤 일이 생겼을 때 그 일을 조사하기 위해 보내던 임시 벼슬)로 파견하여 사태를 수습하게 하였으나 5개월이 지나서야 사태가 수습되었는데 농민측은 효수 10명, 귀양 20명, 곤장 42명, 미결 15명이었고, 관변 측은 귀양 8명, 곤장 5명, 파직 4명 미결 5명이었다.

그 뒤 민란은 충청도와 전라도로 번져갔다. 당시 조선의 3대 폐단은 충청도 양반, 전라도 아전, 평안도 평양의 기생이었다. 전라도 관찰사 김시연은 대표적인 탐관이었다.

1862년 3월 27일에는 익산 농민 5천여 명이 불법적인 도결의 시정을 요구하면서 관청을 습격하여 군수 박희순을 납치하고 인신과 병부를 빼앗았다. 김익의 종손인 김시연은 서울로 도망가고 조정에서는 이정현을 안핵사로 임명하여 주동자를 처형하고 관찰사 김시연과 군수 박희순을 귀양 보냈다. 이어 4월 16일에는 전라도 함평에서 정한순의 주동으로 민란이 일어나 조정의 명을 받은 익산 안핵사 이정현이 정한순 외 주동자는 처형되고 현감 박명규는 귀양을 보내서 사태를 수습하였다.

임술민란의 사태가 커지자 조정에서는 5월 26일 삼정이정청을 설치하고, 봉기의 원인이 된 삼정제도의 개선방안을 마련하여 '삼정이정절목' 41개 조를 제정하여 반포하였으나, 지주들의 반대에 부딪혀 시행된 지 불과 70일 만에 없었던 것으로 되고 말았다. 또 이해 5월과 6월에는 가뭄이 들고 7월에는 심한 물난리가 생겨 흉흉한 민심은 쉽게 가라앉지 않았다.

1862년 7월 김순성과 이긍선 등이 이하전(흥선대원군 이하응의 형)을 왕으로 추대하여 모반을 도모하였다고 오위장 이제두가 무고하여 이하전이 사사되었다. 헌종이 죽고 후사를 논의할 때 순원왕후는 이하전을 후계자로 내정해 놓았었다. 그러나 안동 김씨는 시파가 화를 당하게 된다며 대통을 철종으로 잇게 했는데 후환을 없애기 위해 촉망받던 종실 이하전을 죽였다. 이하전의 동생 흥선대원군은 아들을 위해서도 파락호(행세하는 집안의 자손으로서 방탕한 짓을 하여 눈 밖에 난 사람) 행세를 하며 생명보전을 하며 훗날을 엿보았던 것이다.

1840년 아편전쟁에서 중국이 영국에 패하자, 당시 웬만한 지식인이라면 그 다음 차례가 조선이라는 것을 감지하고 있었다. 최제우는 밀려오는 외세를 물리치고 민심을 수습하기 위해서는 서학에 대응할 수 있는 새로운 학문과 종교를 제창할 필요성을 절실히 느끼고 어리석은 백성을 구제하겠다는 뜻으로 이름을 제우(濟愚)로 바꾸었다. 전국 여러 곳에서 민란이 일어나 어수선한 가운데 17년의 수도생활 끝에 최제우가 동학을 창도하여 교세가 확산 되었다. 1862년(13년) 12월에 각 지역에 교도들을 조직적이고 체계적으로 관리하고자 각 지역의 책임자로 접주를 두고 그 지역을 접소라고 하였는데 1863년까지 13개의 접소를 확보하게 되었다.

동학이 전국적으로 확산되자 최세우와 그의 제자들에 대해 체포령을 내리고 1863년 11월 20일 선전관 정운구를 파견하였다. 최제우는 경주에서 체포되었고, 서울로 압송하려는 도중에 철종이 갑자기 승하하여 대구 감옥으로 이송되었다. 결국 1864년(고종1년) 2월 29일 처형이 결정되어 3월 10일 대구 장대에서 41세의 젊은 나이로 생을 마감하였다.

안동김씨 세력 밑에서 정사를 제대로 펼 수 없었던 철종은 말년에 술과 궁녀를 가까이 하며 살다가, 1863년(재위14년)만인 12월 8일에 33세를 일기로 생을 마감하였다.

● **제26대 고종**(高宗. 재위 기간은 1863년 12월~1907년 7월까지 43년 7개월)

고종은 흥선군 이하응의 둘째아들로 어머니는 여흥부대부인 민씨이다. 아명은 명복이고, 자는 성임이다.

고종이 왕위에 오를 수 있었던 건 흥선군과 익종의 비 신정왕후 조대비의 협력이 있었기 때문이다. 신정왕후는 3년간 세자로서 대리청정을 했던 순조의 아들 효명세자(익종)의 비로 안동김씨 가문에게 제대로 대접을 받지 못해 흥선군과 동병상련의 처지에 있었다. 흥선군은 사도세자의 둘째아들 은신군의 양자로 입적되었던 남연군의 아들로 영조의 현손(손자의 손자)이다. 흥선군은 호신책으로 파락호 행세를 하며 신정왕후에게 줄을 대어 장래를 대비하였다. 마침내 철종이 후사 없이 갑자기 승하하자 때가 온 것이다. 똑똑하지 못한 장남 재면을 대신하여 둘째아들 명복을 조대비의 양자로 삼아 죽은 남편 익종의 대통을 잇게 한 다음 익성군으로 봉한 뒤 즉위하게 하였다.

고종은 12세 어린 나이에 즉위하여 신정왕후 조대비가 3년 동안 수렴청정을 하였다. 흥선군 이하응을 흥선대원군으로 봉하고, 1864년 1월부터 1873년 11월까지 대권을 그에게 위임함으로써 대원군의 10년 세도가 시작되었다. 당시 조선은 안동김씨의 60년 세도정치 아래 왕권은 한층 추락하고, 서학이 전래되어 유교사회의 전통은 이미 동요하고 있었다. 게다가 삼정의 폐단으로 나라 질서가 문란하여 중간관리는 배가 불렀지만 국고는 텅 비고 백성은 지칠 대로 지쳐 있었다.

대원군이 제일 먼저 손을 댄 것은 인사행정이었다. 외척 김씨 세력을 밀어내고 신분의 차별 없이 인재를 등용하였다. 다음은 국가기구정비에 나서 비변사의 기능을 축소시키고, 의정부와 삼군부의 기능을 부활시켰다. 비변사는 원래 임진왜란 이후 비상시국에 대비하여 만든 임시기구였는데, 점점 중앙정부의 최고 정무기관이 되어 왕권을 능가하는 권한을 행사하며 세도정치를 받쳐 주었다. 그리고 경국대전을 비롯한 역대법전을 참고하여 『대전회통』, 『육전조례』, 『오례편고』등 법전을 편수하여 법질서를 바로 잡아서 정치기강을 확립하고 중앙 집권적인 국가체제를 완비하였다.

대원군의 시책 중 크게 주목받는 것은 서원철폐와 호포제실시, 경복궁 중건이다. 서원은 향교와 마찬가지로 선현에 대한 제사와 교육을 담당하고 있는 사립교육기관이다. 서원은 뛰어난 학자를 배출하여 학문발전에 크게 기여하면서 많은 토지와 노비를 하사받고 면세와 면역의 특권까지 받아 가며 크게 성장하였다. 그러나 중기 이후 유생들이 곳곳에 서원을 짓고 지방 유림의 세력기반이자 당쟁의 근거지가 되면서 역을 피하려는 자들이 모여들어 도적의 소굴로 변해 버리는 역기능도 있었다. 1865년에는 대표적인 서원인 송시열이 창건한 만동묘와 화양서원에 철폐명령이 내려졌는데 대원군이 젊은 시절 유람을 갔다가 유생들에게 발길질을 당했던 곳이기도 하다.

국가기강을 바로 잡기 위해 손을 대야 했으나 유가(儒家)의 선현을 모신 서원에 감히 아무도 손을 못 대고 있던 것을 대원군이 과감하게 철폐령을 내렸다. 전국 600여 개의 서원 중 47개소만 남기고 모두 허물고 서원의 유생들을 쫓아버리고 항거하는 자는 죽이라 명하였다. 크게 놀란 유생들은 대궐로 몰려가 울부짖기도 하고 나라 안이 물 끓듯 시끄러웠다. 그러나 대원군은 포도대장 이경하를 시켜 유생들을 두들겨 강 건너로 쫓아내게 하였다. 그러나 여러 고을에서는 유림을 두려워하여 서원을 철폐하지 못하고 있었다. 그러자 격분한 대원군이 한 고을의원을 파면하고 중징계를 가하자 그제야 일제히 명에 따랐다. 이어 대원군은 6도에 암행어사를 보내 사족(士族)으로서 평민에게 해를 끼친 자의 죄를 다스리고 재산을 몰수하게 하였다. 이 조치로 권력으로 세도를 부리던 집 사람들은 숨을 죽였고 백성들의 반응은 좋았다.

서원을 철폐한 결과 많은 땅과 노비가 환수되어 국가재정이 늘어나게 되었지만 유생들의 원성은 훗날 대원군의 앞길을 막는 걸림돌이 된다.

대원군은 왕권을 높이기 위해 경복궁을 중건하였다.(1865~1868년) 1865년(2년)에 영건도감을 설치하고 중건을 시작하였지만 예산이 없자 국민들에게 노동력과 재물의 제공을 호소하여 재화를 자진 납부하는 사람에게 벼슬과 포상을 내린다고 하여 기부금을 거두었는데 그것을 '원납전'이라고 한다. 종친들과 왕을 비롯한 서울에서 바쳐진 돈이 10만 냥이 되고 10개월 뒤에는 500만 냥에 달하였다.

그런데 1866년(3년) 3월에 방화로 추측되는 화재로 그 동안 전국에서 벌채해 온 큰 재목들이 모두 숯덩이가 되었다. 그래도 대원군은 뜻을 굽히지 않고 공사를 진행하였다. 계속해서 원납전도 받고 강원도 산중의 거대한 재목을 벌채하고, 심지어 민간신앙 대상이었던 지방의 나무까지 벌채를 해왔다. 그래도 경비가 모자라자 농민들에게 결두전이라 하여 단위 면적 1결당 100문의 돈을 부과시켰고, 그래도 부족하자 이를 충당하기 위하여 도성을 출입하는 사람들에게 통행세를 물리고 당백전이라는 화폐를 주조하였다.

당백전은 종래 사용하던 일당백전 엽전인 상평통보의 100배에 달하는 돈으로 당백전의 발행은 물가고를 초래하여 국민생활을 압박하는 결과를 낳았다. 마침내 착공한 지 2년 만에(고종5년. 1868년) 경복궁이 중건되었다. 태조 때 창건하여 임진왜란 때 불타 버린 뒤 270여 년간 방치되어 있던 궁을 2년 만에 복구한 것이다.

환곡제를 사창제로 바꾸어 1867년(4년)에 시행하였다. 본래 빈민구제책으로 시행되던 환곡제도가 관리들의 고리대로 변한 것을 김병학의 건의를 받아들인 것이다. 또 1871년(8년)에는 상민에게만 군포를 부과하던 것을 신분에 관계없이 각 호마다 2냥씩 징수하게 하여 양반에게까지 부과하게 하는 호포제를 바꾸었다.

가히 혁명적이라 할 만큼 용기와 결단력을 가지고 내치를 한 대원군은 대외정책에 있어서는 쇄국정책을 펼쳤다. 문호개방을 요구하는 외국열강들에 대해 통상을 완강히 거부한 쇄국정책은 천주교도들을 외세의 앞잡이로 규정하고 박해로 이어졌고, 그로 인해 병인양요와 신미양요와 같은 큰 사건이 일어났다.

대원군의 부인과 고종의 유모가 착실한 천주교도였기 때문에 대원군이 집정했을 때 천주교도들은 희망적이었다. 1860년 영·불연합군이 북경을 점령하자, 러시아는 이를 중재해 준 대가로 천진조약을 통해 연해주를 확보하여 조선과 러시아는 두만강을 사이에 두고 국경을 접하게 되었다. 그로부터 조선은 러시아로부터 통상을 자주 요구받게 되었다. 대원군은 프랑스와 동맹을 맺어 러시아의 남침을 저지하자고 건의한 승지 남종삼의 의견을 받아들여 조선에서 활동하는 프랑스주교 베르뇌와 다블뤼 주교에게 연락을 취하려 했으나 차질이 생겼고, 마침 북경을 다녀온 동지사 이흥민이 청국에서 천주교도 탄압이 이루어지고 있다는 보고를 받으면서 대신들도 외세를 배척하는 분위기가 되었다. 서양신부도 서양오랑캐와 한통속이고 조선의 천주교도들은 그들의 앞잡이라 생각하고는 대대적으로 천주교도에 대한 박해가 가해졌다.

1866년 1월 베르뇌 주교, 다블뤼 주교 등 프랑스신부 9명과 홍봉주, 남종삼, 정의배, 전장운, 최형 등 주요 신자들과 수천 명의 교인들이 전국에서 체포되어 서울의 새

남터와 충남 보령의 갈매못 등지에서 순교하였다. 이것이 1866년의 병인박해로 신유사옥, 기해사옥과 더불어 3대 사옥이며 그 중 병인사옥이 가장 심하였다. 병인사옥은 병인양요를 일으키는 계기가 되었다.

병인박해 때 참수형으로 희생된 천주교도들을 현양하기 위해 세운 절두산 성지.
원래는 잠두봉이었으나 목이 잘려 죽어 절두산이라 불리기 시작했다.

천주교도에 대한 박해가 이루어지는 과정에서 리델 신부는 충청도 해안에서 배를 타고 헌진에 있는 프랑스 극동함대사령관 로즈제독에게 천주교도 박해 사실을 알렸고, 로즈 제독은 북경 주재 프랑스 대리공사 벨로네에게 이 사실을 즉각 알렸다. 벨로네는 가까운 시일 내에 조선을 쳐서 국왕을 갈아치울 것이라는 공문을 청국에 보냈다. 청국은 양국의 중재에 나섰지만 대원군은 프랑스가 조선의 일에 웬 참견이냐는 식이었고, 로즈 제독과 벨로네 공사는 조선을 정복하겠다고 하였다.

1866년 8월 10일 로즈 제독은 3척의 군함을 거느리고 산동의 지부항을 출발하였다. 로즈 제독의 군함이 리델 신부와 통역사겸 수로 안내인으로 조선인 신자 3명을 함께 태우고 경기도 작약도 앞바다에 도착한 것은 8월 15일 이 중 한 척은 암초에 걸려 손상되었고, 두 척이 한강으로 진입하여 18일 양화진을 거쳐 서강에 도착하여 서울을 정찰하고는 조용히 돌아갔다. 이후 조정에서는 연안의 경비를 강화하고 각 읍에 성을 쌓고 배를 수리하느라 부산해졌고, 유학자들은 척사를 주장하는 상소를 올렸다.

대원군은 프랑스가 재침할 것을 예상하였다. 아니나 다를까, 9월 5일 프랑스 함대 7척이 일본 요코하마에 주둔하고 있던 군대까지 실어 600여 명의 병력으로 물류도 앞바다에 집결하였다. 한강의 수로가 좋지 않다고 판단한 그들은 다음날 강화도 갑곶진을 점령하였고, 다음날 강화부를 공격하였다. 강화부는 간단히 점령되었고 다음날 통진부를 습격하여 약탈과 방화를 하였다. 대원군의 명을 받고 군사 2천을 거느린 이용희가 프랑스군에게 격문을 보내자 그들은 프랑스와 조약을 체결할 것을 요구하였다. 그러나 로즈 제독은 조선의 강한 대응으로 40일 만에 물러났다.

로즈 제독은 물러나면서 강화읍에 불을 지르고 그 동안 약탈한 서적과 무기, 금, 은괴 등을 군함에 싣고 갔다. 이후 대원군의 쇄국정책은 천주교도에 대한 탄압과 더불어 더욱 강화되었고, 프랑스 함대가 쳐들어 올 것이라는 소문이 조선에 나돌았다.

그런 가운데 1866년 8월 백령도를 거쳐 대동강을 거슬러 평양에 들어온 이양호가 또 있었다. 미국의 배 제너럴셔먼호였다. 장마로 불어난 강물을 거슬러 만경대까지 올라온 그들이 종군 이현익을 납치하며 난폭한 행동을 하자 분노한 평양 군민들이 달려들어 충돌이 빚어졌다. 평양감사 박규수가 화공을 명하여 배를 공격하고 셔먼호는 불에 타 버렸다. 배에서 뛰쳐나온 선원들은 평양 군민들에게 잡혀 몰매를 맞고 죽었다. 셔먼호는 미국인 프레스톤의 배로 영국의 메도즈 상사가 임대하고 있었다. 메도즈 상사는 조선과 교역을 희망하였고 그 배에 탄 토머스는 포교의 꿈을 갖고 있었지만, 선원들은 완전무장하고 대포 2문을 갖춘 무장상선이었다. 결국 이 사건은 훗날 신미양요의 원인이 된다.

1868년 4월 18일에는 상하이에서 장사를 하던 독일 상인 오페르트가 680톤짜리 차이나호를 빌려 타고 충청도 덕산군 구만포에 상륙하여 덕산군아를 습격하여 무기를 빼앗고 그날 밤 대원군의 아버지인 남연군의 묘소를 파헤쳤다. 오페르트의 배에는 한국인 천주교 신자 최선일과 상해의 미국 영사관 통역 젠킨스 외 서양인 8명과 20명의 말레이인, 100명의 중국인 수부가 함께 타고 왔다. 오페르트는 병인양요가 있기 직전인 1866년 2월과 6, 7월에 두 차례에 걸쳐 충청도 앞바다에 와 지방관헌에게 통상 의사를 밝히면서 국왕을 보게 해 달라는 요구를 한 적이 있었다.

야사에 의하면 남연군의 묘터가 원래 절터였던 것을 대원군이 명당인 것을 알고 주지승을 매수하여 부친의 유골을 이장하였다. 대원군의 세 형은 요괴의 꿈을 꾸고 두려워했는데 대원군은 석회를 끓여 부어 묘광을 단단히 덮어 두었다고 한다. 그래서 그랬던지 오페르트가 묘를 파헤칠 때 삽이 들어가지 않았고 곡괭이도 튀기만 하고 더 이상 파지지 않아 시간만 보내다 해안의 조수가 빠져나갈 시각이 되어 도굴을 포기하고 줄행랑을 쳤다고 전한다.

오페르트는 또 영종도에 상륙하여 총을 쏘아 대며 성으로 쳐들어가려고 하였다. 수비병들이 반격을 하여 오페르트 일행 두 명이 죽고 오페르트는 달아났다. 일개 상인이 남의 나라 왕실의 무덤을 파헤치는 참으로 어처구니없는 사건이다.

셔먼호 사건 후 미국은 조선과 통상조약을 맺으려 두 차례에 걸쳐 탐문항행을 하다 1871년 3월 27일 미국의 아시아 함대 사령관 로저스는 콜로라도 호를 기함으로 군함 5척에 군사 1,230명, 대포 85문을 탑재하고 드디어 조선원정에 나섰다. 그들은 원정에 앞서 일본 나가사키에서 보름동안 해상 기동훈련을 마친 상태였다.

로저스의 함대는 인천 앞바다에 도착한 뒤 서울로 가기 위한 수로를 탐색하겠다고 일방적으로 통보를 하고 강화해협에 들어섰다. 함대가 손돌목에 이르렀을 때 조선의 강화포대에서 사격을 시작했다. 이것은 유사 이래 조선과 미국 간에 처음으로 발생한 군사적 충돌이다. 로저스는 사죄와 손해배상을 요구하며 10일 후에 보복하겠다고 하였지만 조선은 거부하였다.

4월 24일 미국측은 초지진에 상륙하여 공격작전을 개시하였다. 10개 중대에 포병대, 공병대, 의무대, 사진 촬영반을 동원하여 수륙양면의 공격을 하였다. 미국해병대는 별다른 저항을 받지 않고 초지진을 점령하고 그곳에 야영을 하였고, 다음날 덕진진을 공격하여 덕진진까지 점령하였다. 다음 공격지는 강화의 진무중군 어재연의 사령부가 있는 광성보였다. 450명의 미국해병대와 600여 명의 조선병력이 한 시간 가량의 공방전 끝에 광성보도 미군에게 함락되었다.

미군측 집계에 의하면 조선군의 피해는 어재연 형제를 비롯하여 진무영 천총 김현종, 광성별장 박치성 등 전사자 350명과 부상자 20명이었고, 미군은 전사자 3명과 부상자 10명이었다. 조선측에서는 군민의 사기를 고려하여 전사자를 53명으로 축소해 기록해 놓았다.

그때 미군을 이끈 사람은 미국 남북전쟁에 종군하여 용맹을 떨친 블레이크 중령이었다. 이것이 1871년의 신미양요로, 광성보에서의 전투는 블레이크가 '그렇게 협소한 장소에서 그렇게 짧은 시간 내에 그처럼 많은 불꽃과 납덩이와 쇠붙이가 오고가는 그렇게 화약과 연기가 가득한 전투를 본 적이 없다'고 회상할 정도로 격렬하였다.

로저스는 지진에서 철수하여 본 함대로 돌아가 조선정부의 의사표시를 기다렸지만 그에게 간 것은 부평부사 이기조의 이름으로 미국의 침략행위를 맹렬히 비난한 공문이었다. 로저스와 함께 온 청국주재 미국공사 로우는 조선국왕 앞으로 공문을 전하라 하였지만 이기조는 접수를 거부하였고, 로저스는 20여 일 후인 5월 16일 철수하였다.

식민지로 삼기 위한 정복전쟁과는 다른 미국의 이러한 포함외교가 일본과 중국, 동남아 등에서는 성공을 거두었지만 조선에서는 실패하였다. 미국의 아시아 함대가 조선에서 패하고 돌아갔다는 소문이 퍼져 미국은 망신스러워하고, 조선은 기고만장하여 대원군은 전국에 척화비를 세워 쇄국에 대한 의지를 재삼 다졌다.

그리고 2년 후인 1873년, 경복궁중건에 필요한 경비를 마련하기 위해 원납전을 강제로 거두며 통행세를 받고, 당백전으로 인해 물가를 치솟게 하는 것 등으로 인해 백성들에게 원성을 사게 된 대원군이 물러났다. 그때 고종은 22살의 나이였다. 고종은 열다섯 살 때인 1866년에 민씨를 비로 맞았는데, 대원군은 외척이 득세할 가능성이 적은 집안을 택해 자기 부인 집안인 민씨 집안에서 왕비를 들였다. 그러나 어릴 때부터 총명했던 민비는 왕비에 오른 지 몇 년이 지나자 왕실정치에 관여하기 시작하면서 시아버지 흥선대원군과 정적이 되었다.

16세기부터 남미와 아프리카 등지를 식민지로 개척한 서구열강은 19세기 접어들면서 동아시아 쪽으로 손길을 뻗치기 시작했다. 산업자본에서 독점자본으로 성장한 제국주의 열강들이 자국의 상품을 팔 해외시장이 필요했기 때문이다. 이른바 보호무역주의에서 자유무역주의로 전환한 시기였다. "상품이 자유롭게 국경을 넘어가지 못하면 군대가 국경을 넘어간다."는 말이 떠돌며 문을 닫고 응하지 않을 경우 군함에서 대포를 쏘아 무력으로 행사하는 포함외교를 행사하였다.

1875년 9월 또 정체모를 배 한 척이 강화해협의 초지진 포대에 접근하였다. 병인양요와 신미양요를 겪은 강화도 수비대는 잔뜩 긴장하여서 배에 포격을 가하였다. 그러자 배에서 뛰어나온 군사들이 포대 공격에 대한 보복이라며 영종도에 상륙하여 약탈과 방화를 하였다. 조선전사자는 35명이었는데 일본쪽은 경상자 2명뿐이었다. 일본군은 영종도에서 대포 36문과 화승총 130정을 약탈해 갔다. 이배에는 흰 천 가운데에 빨간 동그라미 하나를 그린 깃발을 단 일본 소속의 운요호(운양호)로, 그해 5~6월에 남해안과 농해안을 떠돌며 시위포격을 하며 조선군민을 불안하게 했던 일본 군함 3척 중의 하나였다.

이듬해 일본에서 특명전권대신에 구로다, 부대신에 이노우에, 미야모토, 모리야마 등 4명의 전권사절단을 조선에 파견하였다. 조선에서는 접견대관 신헌, 부관 윤자승, 종사관 홍대중이 이들을 상대하여 1876년 2월 11일 강화포 연부당에서 제1차 회담이 열렸다. 일본 메이지유신의 공신인 구로다는 운요호 사건을 거론하며 일본의 일장기를 모독했다고 비난하는 한편 조선도 속히 국기를 제정할 것과 일본과의 입약통상을 요구하였다. 회담을 하는 동안 일본함대에서는 가끔씩 대포를 쏘며 공포스러운 분위기를 만들었다.

조선 조정에서는 김병학과 홍순목 등 대부분의 대신들은 강화를 반대하였고 우의정 박규수는 강화하자는 쪽이었다. 당시 영국과 단교 중이었던 청국은 조선에 분쟁을 원하지 않고 남하하는 러시아세력을 고려하여 일본과 조약을 맺는 것을 굳이 저지할 의사가 없었다. 결국 조정에서는 의논 끝에 강화하는 것으로 방침을 굳혀 1876년 2월 27일 강화도 연무당에서 조선대표 신헌과 윤자승, 일본 대표 구로다와 이노우에가 조일수호조약(강화도 조약)을 맺게 되었다.

강화도조약은 조선이 맺은 최초의 근대적 조약으로, 제1조는 '조선국은 자주국으로서 일본국과 평등한 권리를 보유한다.'로 시작되며 모두 12개조의 조약으로 되어 있다. 종래 양국의 통상지였던 부산 초량하에서 무역사무를 처리하며, 원산항은 1879년 8월에, 인천항은 1881년 2월에 개항할 것과 일본이 자유로 조선해안을 측량하고, 영사의 파견과 재판권 등에 관한 내용이 있다. 그해 8월에는 수호조규부록과 무역규칙이 성립되었다. 부록에는 개항장 10리 이내에서 일본인이 자유로이 여행하고 조선 내 일본화폐 유통의 허가 등의 내용이 있고, 무역규칙에는 일본 수출입품의 관세면제라는 사상 초유의 무관세 조항이 들어 있다.

이 조약은 근대적 조약이지만 불평등하고 일방적인 조약이며 군사적 위협이 가해진 가운데 체결된 강제조약이었다. 일본에서는 미리부터 준비되어 있던 정한론을 실행하는 첫 단계였지만 조선에서는 아무 준비도 없는 상태에서 강제로 근대화의 문호를 연 조약이었다.

병인양요와 신미양요 때 척화주전론을 펼쳤던 화서 이항로의 제자 최익현은 도끼를 메고 궁궐 앞에 엎드려 오랑캐와 교류하려면 먼저 도끼로 목을 치라고 상소를 올리며 위정척사론(우리의 바른 도로 그릇된 도를 물리쳐야 한다는 논리)을 외치기도 했지만 조약은 체결되고 말았다.

조약체결 이후 조정에서는 1876년, 1880년 두 차례에 걸쳐 일본에 수신사를 파견하였고, 1881년에는 일본에 신사유람단을, 청국에는 영선사를 파견하였다. 2차 수신사로 일본을 방문하고 돌아온 김홍집 일행은 『조선책략』을 조정에 바쳤다.

이 책은 일본 주재 청국공사관의 참찬관 황준헌의 저술로 러시아의 남침을 막기 위해 조선은 중국과 친밀히 하고 일본과 손을 잡으며 미국과 연합해야 한다는 내용이 골자로 되어 있다. 조정에서는 서양오랑캐 미국과 손을 잡으라는 것을 의아하게 생각하며 관리와 유생들에게 돌려 읽혔다. 그 결과 1881년 3월, 유생 이만손을 우두머리로 '영남인 만인의 상소'가 올라왔고, 강원도 유생 홍재학이 '만언척사소(일만자 상소)'를 올렸다. 홍재학의 상소는 고종에 대한 정책을 과격하게 비판하는 내용이어서 홍재학은 능지처참을 당했다.

대원군이 일선에서 물러난 후 고종은 1881년 1월 대원군이 설치한 삼군부를 없애고 통리기무아문을 설치하는 등 개화정책을 추진하였는데, 외국 사절을 접대한다거나 사절단과 유학생 파견, 행정기구 개편과 신식군대 창설 등의 개화정책을 펴는 가운데 재정적인 부담이 커졌다.

그 결과 각종 조세가 증가하여 백성들의 부담이 가중되자 대원군의 쇄국정책을 지지하는 세력이 고무되기 시작했다. 이런 와중에 안기영 등이 대원군의 서자이며 고종의 이복형인 이재선을 등에 업고 정권전복을 꾀하다가 모두 처형당하는 사건이 일어났다. 이를 계기로 민씨 척족정권은 대원군파와 남인 계열의 수구파에 강력한 탄압을 가하고 자기네 정권 기반을 다졌다.

신식군대 별기군

1881년 4월 고종은 신식 군대를 양성하기 위해 별기군을 창설하였고, 12월에는 군사제도에 대개혁을 하여 종래 5군영(훈련영, 응호영, 금위영, 어영, 총융영)을 폐지하고 무위영, 장어영을 설치하였다. 무위영 소속이었던 별기군은 일본의 지원 아래 일본식 훈련을 받으며 구식군인들에 비해 월등한 대우를 받았고, 군대가 개편되면서 많은 군병들은 실직하여 방황하는 처지에 놓이게 되었다.

제국주의

　제국주의는 넓은 뜻으로는 국가가 영토나 세력범위를 확대할 목적으로 펼치는 활동이나 정책을 말하고, 좁은 뜻으로는 자본주의가 고도로 발달하여 자본의 독점이 일어나고 자본수출이 왕성해진 단계를 말한다. 19세기 말부터 열강들은 이 단계에 이르러 식민지 회득경쟁에 나섰는데, 국내에서는 반동(진보적인 운동에 반대하는 보수적인 운동)정치·군국주의를 실시하고, 국외에서는 식민지 지배와 타민족의 억압을 강화시켰다. 일본은 제국주의에 근대화로(명치유신) 발빠르게 대응하였고, 서구열강들에 비해 비교적 늦게 열강의 대열에 끼어 한반도를 기지로 하여 만주로 세력을 뻗쳐 나가고자 하였다.

정한론

　일본 내에서 일어났던 '조선을 공략해야 한다'는 주장을 정한론이라고 한다. 1868년, 일본은 막부정권(장군이 정무를 맡아 보던 곳을 막부라고 하며 그들의 정권을 막부정권이라고 한다)을 전복하고 천황 중심의 절대주의 체제를 확립하였는데, 이것이 명치유신이다. 명치유신 이후 일본은 안으로 힘을 모으고 밖으로 힘을 뻗쳐 나가고자 조선을 1차 정복대상으로 삼고 궁극적으로는 중국대륙으로 진출하려고 하였다. 일본은 왕정복고를 조선에 알리고 국교회복을 청하였으나 대원군은 이에 응하지 않았다. 1873년에 일본 내에서도 정한론이 정치 문제화되어 찬성하는 쪽과 반대하는 쪽의 대립이 격화되어 서남전쟁이라는 반란으로 이어진 바 있다.

1882년 6월 5일, 차별대우를 받던 구식군인들이 13개월치의 급료 중 한 달치를 받던 중 양도 모자란 데다 돌과 겨가 섞인 쌀을 받으면서 그간에 쌓여 있던 불만이 폭발하였다. 군인들은 선혜청 당상 민경호 집을 습격하고 빈씨 척족정권 인사들의 집과 일본공사관을 공격한 데 이어 창덕궁에 쳐들어가 척신을 살해하고 왕비를 수색하였다. 이른바 '임오군란'이다.

　군인들이 반란을 일으킨 틈을 타, 개항 이후 쌀값이 폭등하여 생활이 어려워진 서울 시민과 빈민들이 반란에 가담하여 일본인 교관 호리모토를 죽이고 일본 공사관을 습격하며 반일투쟁으로 번졌다. 민씨 정권을 몰아낸 그들은 대원군을 내세워 잠시 정권을 장악하였다. 복귀한 대원군은 왕비의 사망을 발표하고 5군영과 삼군부의 복설을 지시하는 등 개혁에 착수하였으나 청군이 대원군을 납치하면서 30일 만에 무너졌다. 궁녀로 변장하여 음성에 숨어 있던 민비는 청군에게 도움을 요청하였고, 왕비의 요청을 받은 청군은 이태원과 왕십리 등을 다니며 군인들을 마구 죽였다. 이 사건은 청군의 조선에 대한 간섭과 침탈을 강화하는 계기가 되었다.

　일본이 임오군란으로 입은 자신들의 피해 보상문제 등을 거론하며 군함 4척, 수송선 3척에 1개 대대의 병력을 보내 조선을 위협하자, 우리나라에 와 있던 청군이 중재를 하여 1882년 7월 17일 조선과 일본사이에 제물포 조약이 체결되었다. 일본이 조선측에 내건 내용은 조선측의 50만원 배상, 일본 경비병의 일본공사관 주둔, 공식 사과를 위한 수신사 파견, 군란 주모자 처벌 등이다.

　임오군란이 일어난 지 2년 반의 세월이 지난 1884년, 우정국 낙성축하연이 벌어지던 양력 12월 4일 밤 김옥균, 홍영식, 박영교, 박영효, 서광범, 서재필, 변수 등이 혁명을 일으켰다. 그들은 일찍이 세계정세에 눈을 뜬 박규수와 오경석, 유대치 등으로부터 개화학습을 받은 개화청년들이었다. 그들의 뒤에는 일본이 있었다.

훈련받는 별기군

임오군란 이후 청군은 조선에 3천의 군사를 주둔했다가 프랑스와 충돌하면서 1,500명을 빼내어 갔다. 그 틈을 타 일본은 전에 개화당이 요청했던 차관 300만 엔과 군사 150명을 제공하겠다고 김옥균 등을 충동질하였다. 김옥균, 박영효, 홍영식 등의 개화당은 청에 의존하려는 민씨 중심의 세력을 물리치고 새 정부를 세우려는 목적으로 정변을 일으킨 것이다. 이것이 갑신정변이다.

그들은 안국동 별궁에 불을 질러 척신들이 왕이 있는 궁궐로 급히 돌아갈 때 그들을 암살할 계획을 세웠으나 계획이 실패하자 김옥균 등이 궁궐로 들어가 고종에게 청군이 변을 일으켰다고 하고 일본군에게 호위하게 하여 경운궁으로 모셔 갔다. 그리고 개화당은 왕을 알현하고자 궁으로 들어오던 민태호, 한규직, 이조연, 민영목, 윤태준 등의 정적을 살해하고, 다음날 새 정권을 수립하였다. 당시 주요 실세는 이재원(좌의정), 홍영식(우의정), 박영효(전후영사 겸 좌포도대

갑신정변의 주역들 김옥균, 서광범, 박영효, 홍영식

장), 서광범(좌우영사 겸 우포도대장), 김옥균(호조참판), 박영교(도승지), 서재필(병조참판 겸 정령관), 윤치호(참의교섭통사사의), 변수(도상), 이재면(좌찬성), 이재완(병조판서), 이재순(평안도관찰사), 호순형(공조판서), 조경하(판의금), 김윤식(예조판서), 윤웅렬(형조판서), 김홍집(한성판윤) 등이다.

그런데 민비와 신정대비는 경운궁이 좁아 불편하다며 창덕궁으로 가기를 청했다. 넓은 창덕궁은 개화당의 소수병력으로 방어하기에 불리해 김옥균은 거절하였지만 일본공사는 일본군이 청군을 방어할 수 있다고 호언하였다. 이에 고종이 환궁을 명해 왕과 민비 등은 창덕궁으로 옮겨갔다. 이후 청군이 창덕궁을 향해 대포를 쏘며 공격을 해 오자 불리하다 느낀 일본군이 빠져나갔고, 정변군도 삽시간에 무너져 달아났다. 국왕을 호위하던 홍영식, 박영교와 사관생도 7명이 피살되었고, 김옥균, 박영효 등은 일본공사 일행과 함께 탈출하였다. 정변은 이렇게 삼일 만에 무너진 '삼일천하'였다. 김옥균과 박영효 등은 겨우 몸을 피해 며칠 후 인천에서 배를 타고 일본으로 망명하였다.

정변 후 일본은 군함 7척과 육군 2개 대대를 거느린 외무경 이노우에 가오루를 조선에 파견하여 조선정부와 담판을 벌여 두 나라는 1885년에 한성조약을 체결하기에 이른다. 조선정부는 사죄하고 배상금 11만 엔을 지불하며, 일본공사관 신축비 2만 엔을 부담하라는 등의 전문 5조의 조약으로 실로 어처구니없는 적반하장격의 조약이었다.

또 청과 일본은 자국군의 철수를 합의하고 앞으로 조선에 파병할 경우에는 상대국에 미리 알릴 것을 골자로 한 텐진조약을 맺었다. 그러나 청국은 조선에 대한 일본의 야심이 굉장한 것을 알고는 조선에 대한 내정간섭을 더욱 강화하였다.

1885년 3월 1일 영국의 동양함대 사령관 도웰이 이끄는 3척의 군함이 거문도를 점령하였다. 그리고 열흘쯤 후 청국주재 영국공사 오코너는 러시아의 불법점령에 대비하여 잠시 거문도에 정박한다고 통고해 왔다. 이로부터 영국, 러시아, 청, 조선 사이에 외교적 갈등이 지속되다가 청군의 주재로 1887년 2월 27일 영국군은 거문도를 떠났다. 러시아가 아프가니스탄 국경의 요지인 메르브를 점령한 뒤 또 하나의 요지 펜제를 점령하면서 두 나라 사이에 긴장이 고조되었다.

영국은 러시아의 남하정책을 저지한다는 구실로 블라디보스토크를 공격하기 위해 거문도를 기지로 삼으려 했던 것이다. 결국 영국이 거문도에서 물러났고 그 사건이 조선에 미친 영향은 크지 않았지만 러시아가 해로를 통한 동아시아 진출에 한계를 깨닫고 시베리아 횡단철도 착공계획을 세우는 원인이 되어 거문도사건은 세계사를 바꾼 큰 사건이 되었다.

1891년 5월 러시아가 시베리아 횡단철도를 착공하자 일본은 긴장하였다. 철도가 완공되면 블라디보스토크 항을 기지로 러시아의 군사력이 위력을 발휘하게 될 것이고, 일본은 한반도를 통해 대륙으로 진출할 길이 막히게 되기 때문이다. 그래서 일본은 만주와 한반도를 확보하기 위한 작전을 서두르게 된다.

개항 이후 불평등한 무역구조가 확대되면서 삼정의 문란과 농민에 대한 수탈이 더욱 강해지자 농민들의 항쟁이 계속되어 1890년에서 1893년 사이에 집중적으로 일어났다.

동학 농민군의 백산 봉기

그런 어지러운 와중에 1860년에 창시된 동학은 천대만 받고 살아온 농민들에게 감명을 주며 널리 퍼져나갔다. 조정에서 동학교도에 대한 탄압이 심해지자 동학간부들은 1892년 10월에는 충청도 공주에서, 11월에는 전라도 삼례역에서 대규모집회를 열고 교조신원운동을 벌여나갔으나 성공하지 못했다. 그러자 40여 명의 교도들이 서울로 올라가 상소를 하였으나 강제 해산을 당하였다. '척양척왜'를 내세운 그들은 이듬해 1893년 3월 10일에 보은에서 대규모집회를 열었으나 관군의 무력탄압으로 해산되었다. 교주 최시형은 그때 행방을 감추었다. 이러한 동학의 집회에는 농민들이 많이 참여하였고, 이러한 집결세력은 대규모 농민전쟁을 발생시키는 데 힘이 되었다.

동학 창시자 최제우

1894년 1월 10일 전봉준이 1천여 군민을 이끌고 고부군 관아를 습격하였다. 전라도는 물산이 풍부하여 국가재정도 이 지역에 크게 의존할 정도로 중요한 곡창지대이나 농민들은 대대로 관리들의 가렴주구에 시달렸다. 1892년 고부군수로 부임해 온 조병갑은 갖가지 명목으로 백성들을 수탈하고 멀쩡한 사람을 잡아들여 죄를 뒤집어 씌워 재물을 강탈하였다. 또 면세를 약속하고 농민에게 황무지를 개간하게 한 뒤 추수기에 가서는 세금을 받고, 태인 현감을 지낸 자기아버지 공덕비를 세운다고 1천 냥을 강제로 거두는 등의 일로 백성들의 원성이 높았다.

조병갑이 부임했을 때 마침 농민들은 자신들의 노동력으로 동진강에 쌓은 만석보에 대한 물세를 과중하게 받는 것에 항의하며 물세를 낮추어 달라고 호소하고 있었다. 그런데 조병갑은 한술 더 떠 강의 하류에 필요하지도 않은 보를 새로 쌓고는 추수기에 농민들에게 높은 물세를 징수하여 700여 섬을 착복하였다. 참다못한 농민들 40여 명이 고부군 관아에 진정서를 올렸으나 매질만 당하였다. 그때 진정서를 써준 사람이 그 지역 동학접주로서 훈장이었던 전봉준이었고 전봉준도 농민들과 갇혔다가 겨우 풀려났다.

전봉준은 동지 20명과 함께 마을 집강에게 보내는 사발통문(주모자를 숨기기 위해 관계자를 사발 모양으로 둥글게 뼁 돌려적는 통문)을 작성하고 마침내 1894년 1월 10일 1천여 명의 군민을 이끌고 고부군 관아를 습격하였다.

간신히 탈출한 조병갑은 전라감사 김문현에게 불순한 농민들이 난리를 일으켰다고 보고하였으나, 조병갑의 죄를 알게 된 정부에서는 박원명을 고부군수로 임명하고 이용태를 안핵사로 삼아 사태를 수습하게 하였다. 그러나 이용태는 그것을 동학교도 탄압의 기회로 여겨 동학도에게 죄를 돌려 명부를 작성하고 교도들의 집을 태우고 동학도들의 처자까지 잡아다 살해하였다. 그러자 농민들은 격분하여 동학교도와 함께 다시 일어났다. 3월 하순 전봉준은 동지 김개남, 손화중과 모의하여 동학교도들과 농민들을 고부의 백산에 집결시킨 뒤 4대 강령을 발표하였다.

1. 사람을 죽이지 말고 물건을 해치지 말라.
2. 충효를 다해 세상을 구하고 백성을 편안케 하라.
3. 일본 오랑캐를 몰아내고 성도를 깨끗이 하라.
4. 군사를 서울로 몰고 가서 권세가들을 몰아내자.

소식을 듣고 백산을 찾아오는 농민이 금세 1만여 명에 다다라 그들은 고부, 태인, 금구, 부안을 점령하면서 전국으로 확산되었다. 전라감사 김문현은 군사 250명과 보부상대 5천 명을 동원하여 농민군들을 토벌하게 하였으나 창토현 전투에서 패하자 농민군은 사기충천하여 정읍, 흥덕, 고창을 점령하고 무장으로 진입하였다.

전주성에 입성했던 농민군들은 양호 토사 홍계훈과 전주확약을 맺고 전주성 점령 10일 만에 철수하였다. 그리고 전라도 53개 읍에 집강소(농민자치기구)를 설치하고 동학교도들이 각 읍의 집강이 되어 치안과 행정을 담당하였다. 전봉준은 금구, 원평을 중심으로 전라우도를, 김개남은 남원을 중심으로 전라좌도를 관할하였다. 기록에 의하면 집강소에서 내세운 폐정개혁은 갑신정변 당시 김옥균 등이 내세운 혁신정강보다 앞선 것이다.

전봉준의 농민군이 전라도를 휩쓸고 있을 때 충청도 동학농민군은 최시형의 뜻에 따라 거사에 반대하고 종교운동에 주력하고 있었다. 하지만 동학 중진들이 농민운동에 참여할 것을 권고하며 접주들에게 통문을 띄워 충청도 천산현에 수천 명의 교도들이 집결하였으나 최시형은 동학농민군을 해산시켰다.

농민군이 전주성을 점령하였을 때 정부는 청군에게 파병을 요청하였다. 원세개의 보고를 받은 북양대신 이홍장은 파병을 명해 제독 정여창이 2척의 군함을 끌고 인천으로 향하였고, 총병 섭사성은 육군 900명과 대포 4문을, 제독 섭지초는 1,500명의 육병과 대포 4문을 거느리고 아산으로 향하였다. 아산에 상륙한 청군은 육병 2,800명, 포가 8문이었다. 텐진조약에 따라 청군의 파병을 보고받은 일군도 파병을 결정하고 전시에 설치되는 군통수기관인 대본영을 설치하고 육해군 동원령을 내렸고 히로시마의 제5사단이 조선으로 출동하였다. 오오도리 일본공사 등이 서울로 입성했을 때는 동학농민군과 관군의 타협이 이루어진 뒤에서 조정과 청군이 일본의 입성을 항의하였으나 일본 정부는 조선을 상대로 내정개혁을 요구하며 조선과 청국이 체결한 모든 조약을 폐기할 것을 주장하였다.

그 동안 청국의 대표로 조선의 내정과 외교를 간섭해 왔던 원세개가 신변의 위기를 느끼고 텐진으로 가 버리고 난 4일 후 일본은 대원군을 앞세우고 경복궁을 기습해 들어갔다. 일본은 대원군을 앞세워 조선정복 전쟁을 추진한 것이다. 이후 군국기무처를 설치하고, 다음 달에 김홍집 내각이 들어섰다. 이것이 갑오개혁의 시작으로 이후 중앙관제와 사회제도를 대폭 바꾸는 등 최근 10여 년 동안 원세개의 위압 아래 있던 조건 조정이 일본의 수하로 들어갔다.

김홍집 내각이 들어서기 전 일본은 공식적으로 전쟁을 선포하고 풍도 앞바다의 청국 군함을 기습하여 격침시켰다. 그리고 9월 말부터 전쟁은 만주와 요동, 산동반도로 확산되어 갔다. 이것이 갑오년의 청·일 전쟁이다.

청군과 일본군의 전쟁이 심상치 않자 전봉준은 동학농민군을 이끌고 재봉기 하였다. 종교적 입장을 고수했던 충청도의 동학교도들도 동참하여 전라도 삼례역에 모인 동학농민군의 수는 11만에 달했다. 손병희 휘하의 1만 명의 북접군이 청산에 집결한 뒤 논산에서 남접과 만나 공주로 향하였다. 그들은 대·일전쟁을 위해 다시 일어선 것이다. 동학 농민군은 목천의 세성산에서 일본군이나 다름없는 관군과 처음 접전을 벌였다. 신식총을 든 관군과 숫자는 많았으나 죽창을 든 농민군의 싸움의 결과는 뻔하여 동학농민군은 수백 명의 사상자를 내고 패주하였다. 다음에는 공주 우급치를 사이에 두고 일주일간 치열한 공방전을 벌였으나 농민군이 참패하였다.

북상하던 김개남은 청주에서 관군의 공격을 받아 전주로 후퇴하다가 다시 태인으로 후퇴하던 중 체포되었다. 손병희의 북접부대는 순창까지 몰렸다가 본거지인 충청도로 북상하던 도중 패해 충주에서 해산하였다. 그리고 강원도, 황해도 등에서도 동학농민군이 패하고 지도자들 대부분이 처형되면서 농민군들은 해산하였다. 정읍을 거쳐 순창으로 들어가 은신하면서 재기를 다짐하던 전봉준은 갑자기 들이닥친 관군에게 피로리에서 잡혀 서울로 압송되었다. 전봉준은 신문을 받은 뒤 1895년 3월 29일 손화중, 김덕용, 최경선 등과 함께 사형 당하였다.

동학농민의 반란이 있던 중에 청·일전쟁이 일어났고, 전쟁이 진행되는 과정에서 갑오개혁이 추진되었다. 3차 개혁까지 추진되었던 갑오개혁은 우리나라 역사상 그렇게 단기간에 걸쳐 이루어진 개혁이 없을 정도로 짧은 기간에 많은 개혁이 이루어졌다. 그래서 갑오개혁은 역사에서 이전의 전근대와 근대를 구분 짓는 분기점이 되는 것이다.

1894년 7월 27일에서 12월 17일까지는 1차 개혁, 이후 1895년 7월 7일까지를 2차 개혁, 1896년 2월 초순까지를 3차 개혁 시기로 구분한다. 1차 개혁 때에는 군국기무처라는 기관을 설치하고 정치, 경제, 사회 각 방면에 걸쳐 208건의 개혁안을 의결하였다.

1차 개혁안은 갑신정변이나 농민군의 폐정개혁안의 상당부분을 받아들인 근대적 개혁안이었으나 토지제도에 대한 개혁은 지주의 입장을 옹호한 것이었다. 정치개혁에서는 종전의 6조에 외무와 농상을 더해 내무, 외무, 탁지, 군무, 법무, 학무, 공무, 농상무 등의 8아문으로 명칭을 바꾸었다. 또 3사 등 대간제도를 폐지하고 경무청을 신설하여 강력한 경찰기구를 구비하였다. 관료제도도 18품계를 12등급으로 조정하였고, 과거제도도 폐지하였다. 신분제에서는 양반과 상민의 신분차별을 없애려 하였는데 양반세력이 반발하여 관리임용에서 신분차별을 폐지하는 것으로 축소하였다. 경제면에서는 재정기관을 탁지부로 일원화하였고, 은본위제도의 화폐제도를 실시하고 도량형을 통일하였다.

1894년 12월 일본은 대원군을 제거하고 갑신정변 때 일본에 망명한 박영효를 불러들여 김홍집, 박영효 연립내각을 구성하고 군국기무처를 폐지하였다. 또 정부 각 부서이 일본인을 고문관으로 앉혀 개혁에 직접 간여하였고 고종으로 하여금 '홍범 14조'를 발표하게 하여 청의 간섭과 왕실의 정치개입을 철저히 배제하였다.

청·일전쟁에서 청이 일본에 굴복하고 1895년 4월, 청의 이홍장과 일본의 이토히로부미가 시모노세키에서 강화조약을 맺었다. 이 조약으로 청국은 조선의 독립을 확인하고 군비 2억 냥을 배상하며 랴오둥 반도와 대만 등을 일본에 할양하였고, 조선에는 청 세력 대신 일본세력이 대거 진출하게 되었다.

1895년 10월 8일 새벽, 일본은 왕궁을 습격하여 민비를 시해하였다. 주한 일본공사 미우라의 지시로 일본군 수비대를 무력으로 삼고 일본공사관원, 영사경찰, 신은기자, 낭인배 등이 경복궁을 침입하며 민왕후를 살해하고 시신을 불태워 버리는 만행을 저질렀다. 이것이 을미사변이다. 민왕후는 1897년 명성황후로 추존되었다. 이 사건은 미우라가 이토내각의 지시를 받아 자행한 것으로 알려졌다.

김홍집 내각은 일본의 만행을 덮으며 단발령을 단행하자 전국에서 의병들이 일어났다. 의병은 1896년 1월 하순 이소응이 춘천에서 일어난 것을 시작으로 전국으로 확산되었는데 아관파천 후 고종이 해산을 명령하자 중단되었다. 1896년 2월 11일, 위험을 느낀 이범진, 이완용 등 친러파가 러시아와 짜고 고종과 황태자를 러시아 공사관(아관)으로 데려가는데 성공하였다.(아관파천) 친러파는 1895년 11월 미국인 선교사와 짜고 미국 공사관으로 고종을 데려가려다 실패하고 아관파천에 성공한 것이다. 그 후 총리대신 김홍집을 비롯한 개화파 관료들은 난민들에게 살해, 유배되거나 일본으로 망명함으로써 갑오정권은 무너지고 개혁도 중단되었다.

아관파천 후 고종은 친일세력을 제거하고 총리에 김병시, 궁내부에 이 재순, 총리대신서리 겸 내부대신에 박정양, 법부에 조병직, 외부대신 겸 학부에 이완용 등 친미파 중심의 내각을 결성하고 러시아 공사관에서 정사를 보았다. 러시아는 조선 내정에 개입한다는 인상을 없애기 위해 다양한 인물을 기용하는 것에 동조하였다. 한편 일본은 고종을 환궁시키기 위해 은밀히 반러 분위기를 고조시켰고, 조선자체 내에서도 왕이 남의 나라 공사관에 기거하는 것을 꺼려 왕을 환궁시킬 기회를 만들고 있었다.

고종이 러시아 공사관에서 경운궁(지금의 덕수궁)으로 옮겨온 것은 그곳으로 간 지 1년 후인 1897년 2월 20일이었다. 러시아 공사관에서 경운궁은 느린 걸음으로 5분이면 갈 수 있는 곳이다. 그렇게 짧은 거리를 다시 오는데 1년이 걸렸다. 고종을 경복궁이 아닌 경운궁으로 모신 이유는 경복궁은 너무 넓은 데다 뒤에 산을 끼고 있어 유사시에 방어가 어렵기 때문이었다. 그래서 경운궁에 경비시설을 갖추고 왕을 그곳으로 모신 것이다.

1897년 10월, 고종은 아홉 번의 사양 끝에 창제 즉위 건에 재가를 하고 창룡포를 입고 원구단에서 황제 즉위식을 거행하였다. 그리고 다음날 대한제국을 선포하였다. 마한, 진한, 변한의 삼한을 아울러 큰 한이라는 뜻으로 '대한'으로 나라 이름을 정하고, 연호는 '광무'로 하였다. 대한제국 선포를 러시아나 프랑스, 일본, 영국, 미국 등이 공식적으로 승인하였으나 그들은 대한제국을 대수롭지 않게 여겼고, 청국은 독자적인 연호를 사용하며 감히 제국을 칭한 것에 대해 청·일전쟁의 패배보다도 자존심 상하는 일로 받아들였다.

1896년 4월 7일, 조선 최초로 민간신문 독립신문이 창간되었다. 갑신정변의 실패로 미국에 망명 중이던 서재필이 귀국하여 정부의 지원을 받아 창간한 것이다. 당시 조선에는 1895년에 일본신문 한성신보가 일본의 침략정책과 이익을 대변하며 간행되고 있었다. 독립신문은 국문판, 영문판으로 구성되었는데, 한글판은 양반층보다도 일반 민중에게 조선의 상황을 알리고,

독립신문

영문판은 해외의 독자들에게 한국을 알렸다. 이후 서재필이 1898년 봄에 정부와의 마찰로 추방된 이후에 독립신문은 윤치호가 주필을 담당하였고, 독립협회가 해산된 이후에는 아펜셀러, 킴벌리 등이 주필을 담당하였다. 1899년 12월 4일 폐간될 때까지 3년 8개월간 정치, 경제, 사회, 문화, 교육 등 각 방면에 걸쳐 수많은 명 논설을 남겼다.

독립신문이 창간된 지 3개월 후인 1896년 7월2일, 서울에서 독립협회가 결성되었다. 독립협회는 반일적 사교단체인 정동클럽을 모태로 한 모임으로 독립신문처럼 관의 후원 하에 독립을 표방하여 결성된 것이다. 이후 1898년 12월까지 약30개월간 대표적인 정치단체로 활약하였다. 그리고 1896년 자주독립의 염원으로 서대문 밖 영은문(조선 초엽부터 중국의 사신을 맞아들이던 문)터에 5천 명 내외의 관민과 학생이 운집한 가운데 독립문을 세웠다.

조선의 자주독립에 대한 열망이 독립신문과 독립협회, 독립문으로 상징되며 고조되었다.

1898년(35년) 5월, 청나라에서는 백련교의 한 종파인 의화단을 중심으로 '청조를 일으키고 서양과 기독교를 배척하자!'는 운동이 하북과 산동성에서 일어났다. 1900년 4월에 의화단 세력이 북경까지 육박하자 열국의 공사관에서는 청조에게 진압을 요구하였다. 그러나 청나라의 시태후와 보수파들이 그들을 의민이라 치켜세우고 영국, 프랑스, 독일, 미국, 러시아, 이탈리아, 오스트리아, 일본 등 8개국 연합군이 천진에서 북경으로 향했다. 이에 청조의 감군과 의화단은 북경 외국의 공사관을 포위하였으나 연합국 군대가 승리를 거두고 강화조건 12개조가 청조에 전달되었다. 이때 일본군은 연합국 군대병력의 40%를 차지하여 그 위상을 한층 높였다.

의화단 봉기가 만주로 확산되자 러시아에 비상이 걸렸는데 난이 진압된 이후에도 러시아가 만주에서 철수하지 않자, 1902년 러시아의 남하에 대비하여 일본은 중국과 조선, 영국은 중국에서의 이익을 서로 인정하는 영·일동맹을 맺었다. 한편 청국과 러시아는 3차에 걸쳐 군대를 철수한다는 협정을 맺었으나 러시아는 만주와 압록강 유역으로 군대를 이동시키고 압록강 삼림채벌권 행사를 명목으로 용암포에 진출하였다.(1903년 5월)

독립협회와 만민공동협회의 주역 서재필

서재필은 갑신정변 주역 중 한 명이다. 정변이 실패하자 일본으로 도망갔다가 미국으로 망명을 했다. 이때 서재필은 간신히 목숨을 구했지만 그의 부모와 형제, 아내, 아들은 역적으로 규정되면서 모두 처형되거나 자살했다.

서재필은 1890년 미국 시민권을 취득해 공식적으로 미국 국민이어서 3년 후에는 의사가 되고 백인 여성을 아내로 맞아들이고, 병원을 개업하기도 했다. 1895년에 들어선 김홍집 내각에 의해 갑신정변 주모자들에 대한 역적 혐의를 벗었다. 김홍집과 함께 내각의 주역으로 참여하고 있던 박영효가 서재필에게 귀국을 권고했고 그해 12월 귀국했다. 그리고 이듬해 서재필은 오늘날의 국회에 해당하는 중추원의 고문으로 활동하기 시작했다.

그는 한국이 근대화하려면 무엇보다 국민 계몽부터 시작해야 한다고 생각했다. 아관파천 후 2개월이 지난 1896년 4월 7일, 서재필은 독립신문을 만들었다. 정부로부터 지원을 받은 우리나가 최초의 민간신문이 탄생됐다.

서재필은 독립신문을 통해 국민 계몽운동을 시작했다. 그리고 배재학당에서도 강좌를 진행했다. 이 과정에서 서재필은 계몽운동을 강력하게 이끌 단체가 필요하다고 생각했다. 그렇게 해서 7월 2일 탄생한 것이 독립협회이다.

독립협회에는 이상재, 윤치호, 이승만 등 쟁쟁한 개화파 인사들과 이완용, 안경수 등 정부 관리들이 참여했다. 서재필은 미국국적이라서 고문직만 맡았다.

　독립협회는 독립문을 만들고, 고종에게는 환궁을 촉구했다. 고종이 환궁한 후에는 정부와 대한제국 수립을 추진하였다. 하지만 독립협회는 곧 정부와 대립하기 시작했는데 독립협회가 주장한 입헌군주제 요구를 정부가 받아들이지 않았기 때문이다. 게다가 러시아의 절영도(부산 영도)를 일정 기간 통치하려는 요구를 친러파 정부가 들어주려 하자 독립협회가 강하게 반대했다. 이때부터 독립협회와 정부는 서로 으르렁대기 시작했다. 1898년 3월 10일 독립협회가 대형집회를 열었는데 1만여 명의 시민이 서울 종로에 모였다. 이 집회가 바로 만민공동회이다. 그들은 서양 열강의 이권침탈을 강력하게 비판했다. 러시아인 재정고문과 군사교관을 해고하고, 한로은행을 폐지하라고 촉구했다. 이것은 민중이 공개 집회를 통해 정부에 개혁을 촉구한 첫 사례라고 할 수 있다. 독립협회의 요구는 어느 정도 수용됐지만 고종의 심기는 불편했고, 정부 인사들이 독립협회에서 탈퇴했다. 그리고 러시아와 일본도 독립협회를 배척하면서 모두 서재필을 추방하려고 안달이 났다. 외세에 의존하지 않는 자주적 근대화는 너무나도 어려운 것이다. 하는 수 없이 1898년 5월 서재필은 미국으로 돌아갔다. 서재필은 떠났지만 독립협회의 입헌군주제 추진운동은 계속됐다. 1898년 10월에 열린 만민공동회에서는 헌의 6조 개혁안을 제안했다. 일본에 의존하지 않고, 외국과 이권계약을 체결할 때는 신중하게 하며, 정부 예산을 투명하게 운영하고, 언론과 집회의 자유를 보장하라는 내용이었다. 일단 고종은 이 헌의 6조를 받아들이겠다고 했지만 독립협회가 황제를 몰아내고 총화국을 세우려 한다는 친러파의 이간질에 넘어가고 말았다. 마침내 11월 독립협회를 해산시키고 간부를 모두 체포되었다. 마지막 개혁의 기회를 스스로 걷어찬 것이다.

　그 후 대한제국 정부는 더욱 러시아 쪽으로 기울었다. 일본은 러시아를 그대로 두면 안 된다고 생각했다. 과거에 청 제국을 격파한 일본이니 러시아와도 싸우지 못할 이유가 없다고 생각한 일본은 1904년 러시아를 상대로 전쟁을 일으켰다. 일본의 승리로 더 이상 간섭할 나라가 없게 되자 일본은 한반도를 식민지로 만드는 작업에 속도를 올리기 시작했다. 이토 히로부미가 파견됐고, 1905년 11월 7일 을사조약을 체결했다. 을사조약을 통해 일본은 한국의 외교권을 빼앗았다.

그러자 우국지사들이 일제히 들고 일어났다. 친일파로 변신한 이완용을 비롯해 을사오적을 처단해야 한다고 외쳤고 전국에 저항의 불길이 타올랐다.

이처럼 러시아와 일본이 만주에서 우월권을 둘러싸고 각축을 벌이던 중 1904년 2월 8일 여순항과 9일 인천항에서 러시아 함대를 기습 공격하고, 다음날 일본은 공식적으로 선전포고를 하였다. 마침내 러·일전쟁이 발발하였다. 일본의 전쟁 비용 17억 엔 중에서 8억 엔을 영국과 미국에서의 외채모집으로 보충했다. 일본은 남의 돈을 쓰면서 전쟁을 계속하는 것이 무리였고, 러시아는 1905년 2월 혁명을 앞두고 정세가 불안하여 두 나라는 서둘러 전쟁을 끝마치기를 바라고 있었다. 영국과 미국은 일본을 적극 지원하였고, 프랑스는 영국과 충돌하지 않기 위해 중립을 택했으며, 독일은 러시아를 지원하였다.

일본은 대마도전투로 승기를 잡은 뒤, 미국에 중재를 의뢰하였다. 영국과 프랑스는 독일과 대항하기 위해 러시아가 더 이상 약화되는 것을 바라지 않았고, 미국은 일본이 너무 크는 것을 원하지 않았다. 열국들은 이권을 위해 서로 동맹을 맺었는데, '영일동맹'의 개정과 '카스라-태프트밀약' 등이다.

1905년 7월 29일 미국 국방성장관 태프트와 일본 수상 카스라 간에 '카스라-태프트밀약'을 맺었다. 주요 내용은 일본은 필리핀에 대해 아무런 침략적 의도를 품지 않고 미국의 지배를 확인할 것, 극동의 평화를 유지하려면 일·미·영 3국이 실질적으로 동맹관계를 확인할 것, 러일 전쟁의 원인이 된 조건은 일본이 지배할 것을 승인할 것 등이다. 영국과 일본은 8월에 제2차 영·일동맹을 맺고, 조선과 인도의 상호 지배를 승인하였으며, 루즈벨트의 중재로 일본과 러시아는 8월 초부터 4주간 강화회담을 하고 미국에서 3국(일·미·러)이 포츠머드 조약을 맺고 전쟁을 마무리하였다. 그 조약에서 러시아는 일본이 남만주와 조선을 지배하는 것을 승인하여 일본은 조선을 지배하는 데 꺼릴 것이 없게 되었고, 마침내 일본은 그 여세로 조선과 을사보호조약을 맺게 되었다.

러·일전쟁을 하면서 일본은 조선에 군대를 주둔시키고 조선을 압박하여 1904년 2월 23일 일본전쟁에 적극 협력하라는 내용의 제1차 한일의정서를 체결하였다. 이어 3월에는 군대 이름을 한국임시파견대에서 조선주차군으로 바꾸고 서울에 사령부를 두었다. 그리고 4월에는 함경도에 러시아 군대가 나타날 위험이 있다는 구실로 함경도 지역에 군정을 실시하였다. 이어 7월에는 군사경찰훈령을 공포하여 조선의 치안을 일본군이 담당하도록 하고 열차의 운행을 방해하거나 전신줄을 끊는 사람은 군율로 다스리도록 하였다. 당시 곳곳에서는 일제의 침략에 항의하여 철도를 파괴하고 전신줄을 절단하여 처형되는 일이 있었다. 그리고 8월에는 제1차 한일협약을 맺어 본격적으로 내정간섭을 하였다. 일본은 대한제국 정부 각 부서에 일본이 추천하는 사람을 고문으로 둘 것과 일본의 승인 없이 외국과 조약을 맺지 말 것 등을 규정하고 친일 미국인 스티븐스를 외교 고문으로 앉혔다.

  1905년 11월 17일에 일본군을 동원하여 왕궁을 포위한 가운데 조선의 외교권을 박탈하는 을사조약을 강제로 맺고 조선을 보호국으로 만들었다. 이처럼 일본은 러·일 전쟁 중에 한국을 차지할 조건을 성숙시켜 놓기 위해 조선을 압박하고(한일의정서, 제1차 한일협약), 열강과 적절한 타협을 하여 조약을 맺고(카스라-태프트 밀약, 제2차 영일동맹, 포츠머드 조약), 마침내 (제2차 한일협약)에 도달하여 한국을 손아귀에 쥐게 되었다.

하세가와 대장과 함께 통감부로 향하는 이토 히로부미 (앞쪽)

  조약을 맺기 전에 일본은 이토 히로부미를 특과대사로 파견하여 한국의 외교권을 일본이 행사한다는 내용의 한일협약안을 제시하였다.(11월 15일) 조정과 대신들이 거부를 하자 각부 대신들을 일본 공사관에 불러들여 계속 협박을 하며 익히 해왔던 방법대로 일본군을 요소요소에 배치하여 공포 분위기를 조성하였다.(11월 17일) 고종도 회의에 나가지 않고 거부하자 이토는 헌병을 대동하고 궁중으로 들어가 대신 한 사람 한 사람에게 조약체결에 대한 가부를 물었지만 대신들은 완강히 거부하였다. 그러자 일본 헌병이 들이닥쳐 강경한 대신들을 연행해 가고 이토는 나머지 대신들을 계속 협박하였다. 대신들이 조약 일부를 수정하기를 요구하며 황실의 안녕을 보장한다면 요구대로 하겠다고 하였다. 이토는 다시 회의를 열어 일부를 수정하였고, 대신의 과반수가 서명을 하였으니 통과되었다 하고 조약을 선언하였다. 1905년 11월 18일 새벽 2시였다.

하지만 강제와 협박에 의해 형식적인 의결만 거쳐 이루어진, 고종의 서명도 공식적 명칭도 없는 조약 아닌 조약이었다. 일제는 고종의 공식적 위임을 받아내기 위해 갖은 수단을 다 동원하였지만 고종은 차라리 목을 베어가라는 자세로 거부하였다. 결국 일본측은 대신들을 협박하여 날인을 받는데 그쳤다. 고종은 이 조약이 무효임을 대외에 선언하기 위해 일주일 뒤인 11월 24일 미국에 체재 중인 황실 고문 헐버트에게 조약체결 사실을 알리고 미국 정부에 전달할 것을 요구하였다. 그러나 조약체결 전에 일제는 열강들과 타협하며 서로 체결한 조약이 있어 효과를 거둘 수가 없었다.

군대의 협박 아래시 서명한 대신 이완용, 이근택, 권중현, 박제순, 이지용을 을사오적이라 하지만 진짜 5적은 일제의 이토, 카스라, 고무라, 하야시, 하세가와이다. 조약을 맺은 다음 날 언론인이자 우국지사인 장지연은 황성신문에 '시일야방성대곡'(이날을 목놓아 우노라)이라는 제목으로 사설을 실어 일본 관헌에게 체포되었고, 박은식이 대한매일신보의 사설을 통해 일제의 침략을 규탄하였다. 그리고 전국 각지에서 조약을 반대하고 무효를 주장하는 분노가 들끓으며 양반 유생들의 상소와 자결투쟁으로 이어졌다. 11월19일 의정부참찬 이상설과 전 참찬 최익현이 상소를 올렸고, 민영환은 오적의 처단을 요구하며 목숨을 끊었다. 전 의정부대신 조병세도 조약의 부당성을 항의하는 유서를 남기고 음독 자결을 하였다.

을사조약

일본국 정부와 한국 정부는 양 제국을 결합하는 이해 공통의 주의를 공고히 하고자 한국의 부강의 실(實)을 인정할 수 있을 때까지 이 목적을 위해 아래의 조관을 약정함.

제1조 일본국 정부는 동경의 외무성을 경유하여 금후에 한국이 외국에 대한 관계 및 사무를 감리·지휘할 것이요, 일본국의 외교 대표자 및 영사는 외국에서의 한국의 신민 및 이익을 보호할 것임.

제2조 일본국 정부는 한국과 타국 간에 현존하는 조약의 실행을 완수하는 임무를 담당하고 한국 정부는 금후 일본국 정부의 중계를 거치지 않고서는 국제적 성질을 가진 어떤 조약이나 약속을 맺지 않을 것을 서로 약속함.

제3조 일본국 정부는 그 대표자로 한국 황제 폐하의 궐하에 1명의 통감을 두되 통감은 오로지 외교에 관한 사항을 관리하기 위하며 경성에 주재하고 친히 한국 황제 폐하를 내알할 권리를 가짐. 일본국 정부는 또한 한국의 각 개항장 및 기타 일본국 정부가 필요하다고 인정하는 지역에 이사관을 설치할 권리를 갖되 이사관은 통감의 지휘 하에 종래 재한국 일본 영사에게 속했던 모든 직권을 직행하고 본 협약의 조관을 완전히 실행하기 위하여 필요로 하는 모든 사무를 맡아 처리할 것임.

제4조 일본국과 한국 사이에 현존하는 조약 및 약속은 본 협약에 저촉하지 않는 한 모두 그 효력이 계속됨.

제5조 일본국 정부는 한국 황실의 안녕과 존엄을 유지할 것임을 보증함.

을사조약에 따라 일제는 통감부를 설치하고 조선의 외교권을 빼앗고 다른 나라에 있던 조선의 공관과 외교관을 철수시키고 일본이 대신하였다. 일본은 먼저 조선화폐를 없애고 일본 화폐만 쓰도록 하여 조선의 화폐, 금융체계를 일본경제에 예속시켰다. 1905년부터 1909년까지 실시한 화폐정리 사업으로 조선화폐는 고철이 되어 버려 많은 조선인이 재산을 잃었고 그만큼 전 재산이 일제의 손에 넘어갔다.

1906년에는 호구조사를 철저히 하여 세금을 받을 수 있는 호수를 두 배로 늘렸고, 세금의 파장이 많은 부분을 차지하는 토지세를 늘리기 위해 토지 기초 조사작업을 추진하였다. 그 외 갖가지 명목을 붙여 가옥세, 연초세, 주세 등 세금 종목이 늘어났다. 이런 착취로 1910년의 재정 규모는 1906년의 세배에 이르렀다. 또 '황무지 개간에 관한 규정', '국유 미간지 이용법' 등 갖가지 악법을 만들어 토지를 빼앗고, 1908년에는 왕실 소유이던 역둔토와 궁방전까지 빼앗았다. 악명 높은 동양척식주식회사가 여러 회사에 나누어 주어 이런 토지를 관리하게 하였다. 물론 이 돈은 조선을 식민지로 만드는데 사용하였다. 통감부에서 실시한 식민화정책은 조선을 일본 공업을 위한 식량 원료 공급지와 상품소비지로 정착시켜 우리 경제를 전반적으로 몰락시켰다. 이에 조선 농민의 생활은 더욱 어려워져 땅과 일자리를 잃은 조선 농민은 고향을 등지고 압록강과 두만강을 건너 만주나 연해주로 떠나갔다. 1910년 한일합병 직전까지 고향을 떠난 사람은 무려 60만 명이나 되었다.

한편 고종은 1907년 4월 20일에 네덜란드 헤이그에서 열리는 만국평화회의에 이준, 이상설, 이위종 등 세 사람의 밀사를 보내 을사조약의 부당성과 일제의 침략 행위를 폭로하여 세계열강의 도움을 받으려 하였지만,(헤이그 밀사 사건) 반식민지 국가들에게는 참가조차 허용되지 않아 아무런 효과를 거두지 못하였다. 말

민영환

이 평화회의이지 제국주의 국가들끼리 식민지를 사이좋게 나누어 가지는 잔치 자리였다.

헤이그에 파견된 밀사 이준·이상설·이위종

고종은 이에 앞서 일제의 압제에 대항하여 비밀외교를 추진하며 1904년 11월 이승만을 미국에 파견하였고, 1905년 2월 상하이에 밀사를 파견하여 러시아 공사 파블로프를 통해 러시아 황제에게 밀서를 전달하기도 하였다. 헤이그 밀사 사건은 그 열장선 상에서 이루어 진 것이다.

열사들은 회의에 참석하지는 못했지만 비공식 통로를 통해 일본침략의 실상과 한국의 요구를 실은 글을 각국 대표에게 전달하고 신문에도 실었다. 그리고 7월 9일에 열린 각국 기자단의 국제협회에서 이위종은 '한국의 호소'를 프랑스어로 절규하듯 읽어 내려갈 수 있었지만 각국 언론의 동정만 샀을 뿐 아무런 도움을 얻지 못했고, 이준 열사는 7월 14일 현지에서 갑자기 운명하는 불행을 맞고 말았다.

사태가 이러하자 피 끓는 애국 청년들은 침략자와 매국노를 직접 처단하는 투쟁에 나서 1908년 전명운과 장인환이 샌프란시스코의 오클랜드 역 앞에서 친일 미국인 스티븐스를 처단하였고, 1909년 안중근은 하얼빈 역에서 조건 침략의 원흉 이토 히로부미를 쏘아 죽였다. 그리고 이재명은 명동성당에서 벨기에 황제의 추도식을 마치고 나오던 을사오적의 우두머리 이완용을 칼로 응징하였으나 실패하고 순국하였다.

홍릉 조선 26대 왕 고종과 비 명성황후 민씨를 합장한 무덤이다

1907년 7월 3일, 일본은 남산에 배치된 일본군의 대포로 궁궐을 조준해 놓은 상태에서 이토가 외무대신 하야시와 함께 입궐하여 고종에게 "음험한 수단으로 일본의 보호권을 거부하려거든 차라리 일본에 선전포고하라."고 협박하였다. 그리고 7월 19일 고종을 강제로 퇴위시켰다.

7월 20일 오전 8시, 경운궁의 중화전에서 고종도 황태자도 참석하지 않은 상태에서 양위식이 행해졌다.

고종은 1919년 1월 21일 덕수궁의 함녕전에서 68세를 일기로 한 많은 생애를 마감하였다. 고종은 일제에 의해 독살된 것으로 추정하고 있다.

● **제27대 순종**(純宗. 재위 기간은 1907년 ~1910년 8월까지 3년)

　순종은 창덕궁 관물헌에서 고종과 명성황후 사이에서 태어난 둘째아들로 이름은 척, 자는 군방이며 호는 정헌이다. 태어난 다음해에 세자로 책봉되었고, 1882년 9살 때 영의정 여은부원군 문태호의 딸을 세자빈으로 책봉하여 안국동 별궁에서 비를 맞이하였다.(순명효황후) 비의 성품은 효성스러웠는데 민비왕후 시해 현장에서 누구의 것인지 모르는 피가 잔뜩 묻은 옷을 뒤집어쓰고 혼비백산해 있다가 그때 놀란 것 때문인지 병약해져서 1904년에 세상을 떠났다는 설이 있다. 같은 해 순종은 해풍부원군 윤택영의 딸을 황태자비로 맞았다.

　황제가 된 이후 연호를 융희로 고쳤고, 동생인 영친왕을 황태자로 책립했다. 그리고 거처를 덕수궁에서 창덕궁으로 옮겼다.

　고종이 강제 퇴위당한 5일 뒤인 1907년 7월 14일, 일본은 이완용과 이토 사이에 비밀리에 한일신협약(정미 7조약)을 체결하였는데 국정전반을 일본인 통감이 관리하고, 정부 각부의 장관을 일본이 임명하는 이른바 차관정치를 시작하였다. 일본은 정미 7조약의 부속 각서에 있는 대로 한국군대는 재정부족을 이유로 강제로 해산시켰다. 8월 1일 서울 시위대 해산식이 있던 날은 시위대 제1연대 박승환이 분을 못 이겨 권총으로 머리를 쏘아 자결하자, 격분한 사병들이 일본인 교관을 난사한 후 시가전에 들어가며 대치하였는데 한국군 68명이 전사하고 100여 명이 부상당하였다. 1909년 7월에는 기유각서에 의해 사법권마저 강탈해 갔다.

한일신약협약

  1907년 일본이 우리나라를 강점하기 위해 강행한 7개 항의 조약으로 정미 7조약이라고도 한다. 을사조약으로 이미 식민지화를 추진한 일제는 헤이그 밀사사건을 트집 잡아 고종을 강제 퇴위시키고, 허울만 남은 대한제국을 말살하기 위하여 법령제정권, 관리임명권, 행정권 및 일본 관리의 임명 등에 관한 항의 조약을 제시, 하루 만에 이완용과 이토 히로부미 사이에 조인되었다. 이로써 일제는 행정 실권을 장악, 한국인 대신 밑에 일본인 차관을 임명하고, 경찰권을 위임받아 군대를 해산시키고 언론을 탄압하여 1910년 마침내 대한제국의 국체를 말소하고 한일합병을 성사시켰다.

안중근

1909년 10월 26일, 안중근이 하얼빈 역에서 주권을 강탈한 원흉이며 초대 통감이었던 이토 히로부미를 저격하였다. 러시아의 코프체프와 약 25분간의 열차회담을 마치고 열차에서 내린 이토가 러시아 장교단을 사열하고 환영 군중 쪽으로 발길을 옮길 때 안중근은 이토를 향해 3발의 탄환을 쏘았다. 안중근은 현장에서 체포되었고, 이토는 곧 숨을 거두었다. 그때 안중근의 나이 31세였다. 안중근에 대한 재관은 비밀로 진행되었는데 논리정연하게 일본 제국의 만행을 성토하는 진술을 하여 재판장들과 검찰관들을 탄복하게 한 안중근은 이듬해 3월 26일 여순 감옥 형장에서 사형을 당하였다.

그로부터 두 달 후인 1910년 5월 육군대신 데라우치가 3대 통감으로 한국에 부임하여 헌병경찰제를 강화하고 일반 경찰제의 정비를 서둘렀다. 한국 경찰은 이미 1907년 일본경찰에 통합됨으로써 사법권, 경찰권 외에 일반경찰권까지 빼앗긴 것이다. 그리고 8월 22일, 이완용, 이용구, 손병준 등 친일세력으로 만들어진 일진회를 앞세워 마침내 한일합병조약을 조인하였다. 전문 8개조로 되어있는 있는 조약의 제1조는 "대한제국황제는 한국 정부에 관한 일체의 통치권을 완전하고도 영구히 일본군 황제폐하에게 양여함."이라 되어있었다. 한국민이 반발할 것을 예상하고 조약발표를 유보하였다. 8월 25일 정치단체의 집회를 일절 금하고 원로대신들을 연금한 후에 순종에게 나라를 일본에 이양한다는 조칙을 내리게 하고, 8월 29일 관보와 신문지상에 합병 소식을 발표하게 하였다.

8월 초부터 통감부와 일본 정부 사이에는 합병 후의 국호와 황실의 호칭 문제, 합병 협력자의 매수 등에 관한 내용의 비밀전문 수백 통이 오간 것으로 전한다. 그때 오간 비밀문서에 의해 대한제국은 조선으로, 고종태황제는 이태왕 전하로, 순종황제는 이왕 전하로 낮추어 불렸다. 대한제국 붕괴 후 순종은 왕으로 강등되어 일제에 의해 이왕 전하로 불리며 창덕궁에서 거처하다 1926년에 53세를 일기로 굴욕적 인생을 마감하였다.

북관대첩비와 조선왕조실록

　2005년 10월에는 일본 야스루니 신사에서 100년 동안 방치되어 있던 북관대첩비가 우리나라에 인도되었다. 그 북관대첩비는 원래 놓여 있던 함경도 길주(김책시)에 세워지기 위해 2006년 3월 1일에 북한으로 보내졌다. 북관대첩비는 임진왜란 때 함경도 의병장 정문부가 왜군을 격퇴한 공로를 기려 1709년 세워졌다가 1905년 일본에 반출되었던 것이다.

　일본 강점기에는 수많은 국보급 문화재가 일본으로 반출되었는데, 그 중 조선왕조실록이 포함되어 있다. 조선왕조실록은 1913년 초대 총독이었던 데라우치가 오대산 사고에 보관되어 있던 것을 무력을 동원하여 일본으로 가져가 동경대 부속도서관에 보관해 두었었는데, 관동지진 때 불 타 787권 중 46권만 남았다. 남아 있는 46권은 그때 마침 어떤 학자가 빌려가 화재를 피해 무사할 수 있었다. 2006년 3월, 조선왕조실록 환수위원회가 출범하여 고이즈미 일본 수상과 도쿄대 총장 앞으로 '조선왕조실록 반환요청서'를 보내는 등 실록을 되돌려 받기 위해 노력한 끝에 최근 되돌려 받았다.

　조선왕조실록은 국보 제154호이며 유네스코 세계문화유산에 등재되어 있다.

정몽주와 정도전의 사상과 특징에 대해 설명하시오.

1. 시대배경

정몽주와 정도전이 생존하던 시대는 고려말기의 시대상황은 대내적으로는 원의 세력을 뒤로한 권문세족들의 권력남용과 대 토지소유로 말미암아 국가 재정과 경제가 파탄으로 치닫고 있었으며, 외세 홍건적과 왜구의 침입으로 국가는 황폐하고 민심 또한 흉흉했던 시기였다.

또한 대외적으로는 원·명교체기의 시기로서 세력이 비대해진 명으로부터 쌍성총관부반환을 구실로 많은 압박을 받던 시기라 할 수 있다. 이런 시기에 요동정벌이란 명분으로 고려는 군사를 파견하지만 이성계의 위화도회군으로 군사적인 혁명이 일어나서 고려의 국운이 다해가고 있는 시기였다.

2. 정몽주와 정도전의 사상과 특징

먼저 정몽주와 정도전에 대해서 살펴보기로 하자. 한 스승을 모시고 동문수학했으며 권신세력에 맞서 행보를 같이 했던 어제의 동지가 이제는 피를 부르는 정적으로 돌아섰다. 바로 정몽주와 정도전이 그들이다.

5살 차이인 정몽주와 정도전은 명망 높은 성리학자 이색의 밑에서 함께 공부했고 형뻘인 정몽주가 후배인 정도전에게 「맹자」를 선물하며 배움을 격려했을 정도로 두 사람은 한때 서로 존경하고 의지했던 사이였다. 권세가의 농장확대로 인한 향촌 구성원의 광범한 유망 속에서 재지 중소지주 출신인 두 사람은 일종의 위기의식을 공유했고 또 불교에 더 이상 희망을 걸지 않은 것도 마찬가지였다.

권신 이인임의 친원정책에 반대하여 각각 경상도 언양과 전라도 회진으로 귀양길에 올랐을 때, 명의 무리한 공물요구를 무마하기 위해 성절사, 서장관으로 사행길에 동행했을 때, 그리고 공양왕 옹립에 힘을 모을 때까지 두 사람은 누가 보아도 신진사대부의 양대 기둥이었다.

그러나 사전개혁 문제가 제기되면서 권문세족과 기득권을 가진 사대부사이에 밀월이 이루어졌고 정도전은 진정한 개혁을 위해 '고려왕조라는 판을 깨야 한다.'는 편에 섰지만, 정몽주는 그 반대편에 섰다. 그 뒤로 정몽주의 정도전 탄핵, 그리고 정도전, 이방원의 정몽주 제거라는 숨 가쁜 정국이 이어졌다. '군신-부자-장유'의 명분을 유지하는 지침서로 「춘추」를 강조했고 교육론, 수양론을 통한 개인의 도덕성 회복을 주장하며 불교를 어느 정도 긍정하는 속에서 사전개혁에 반대의사를 표명, 결국 반동의 낙인이 찍혔던 두 사람의 스승 이색, 정몽주가 스승 이색의 길을 그대로 따라 걸었다면 정도전은 나름의 길을 간 셈이다.

정몽주가 스승을 본받아 서울의 5부학당, 지방의 향교설립과 같은 교육진흥에 동분서주하며 기존 고려왕조의 유지에 힘쓰는 동안 정도전은 이성계, 조준등과 함께 사전개혁에 반대하는 고려왕조의 마지막 뿌리를 뽑는데 정진했다.

정도전이 학계 주류에서의 일탈을 감수하면서까지 「주례」를 탐독했다는 것은 이미 널리 알려진 사실이다. 하, 은, 주 3대의 이상사회를 목표로, 인간내면을 중시하기보다는 제도자체, 체제 이념자체를 중시하는 정치론으로 정도전은 현실에 대응하는 과정에서 스승, 선배와 다른 길을 간 것이다.

쉽게 정몽주는 고려의 신하로서 고려라는 테두리 안에서의 개혁을 통해서 성리학적인 명분론을 제시하고 이것을 실천하려한 온건주의파였다면, 정도전은 이미 회복이 불가능한 고려사회를 없애고 역성혁명을 통해서 새로운 왕조의 개창을 주장한 정몽주와는 다른 현실적 명분론을 주장한 급진파라 할 수 있다. 역사적인 평가를 보면 정몽주를 시대의 충신으로 그리고 정도전을 그렇지 않은 것으로 인식하는 사관도 있는데 어찌 보면 이 시대의 내·외적 상황을 보면 정몽주가 그린 것은 이상주의이고 현실에는 안 맞는다고 생각된다. 정도전이 진정으로 나라를 위한 사람이었다는 평가도 있다. 개인적으론 정도전의 방법이 급진적이긴 했어도 나라를 위한 충심이었다고 생각한다.

계유정난과 단종복위운동에 대하여 논하시오.

I. 머리말

　조선왕조는 이성계로 대표되는 신흥무인세력과 정도전 등의 신진사대부가 결합된 혁명파의 역성혁명으로 건국된 왕조이다. 신진사대부는 조선의 통치이념을 유교로 삼았고, 왕도정치(王道政治)[23]를 국가경영의 이념으로 삼았다. 하늘의 이치를 밝히고, 백성의 마음을 바로 잡는 것이 군주의 도리였고, 백성은 명분과 의리로써 나라와 군왕을 받드는 것이 의무였다.

　특히 성리학적세계관은 두 임금을 섬기지 않고, 불의를 당했을 때는 자기 절개를 지키는 것이 본분이라고 생각했고, 그러한 세계관은 충절의 인물을 배출하는 구실을 하였다. 하지만 이러한 성리학적세계관에 반하는 사건이 발생하니, 바로 조카의 왕위를 빼앗고 왕위에 오른 세조와 세조의 반정을 도운 신숙주와 권람 등 공신세력 이 일으킨 계유정난과 왕위의 선양이 바로 그것이다.

　단종의 왕위를 빼앗은 수양대군은 성리학적세계관에 반하는 행동이었기 때문에, 왕권의 정당성이 결여되어 있었다. 이러한 정당성의 결여라는 단점을 보완하기 위해 세조는 패도정치를 실시하여 저항세력의 저항을 막으려 했다. 하지만 성삼문, 박팽년 등

---

[23] 인과 덕에 의한 정치.(↔패도정치)

의 문관과 유응부, 성승 등의 무관이 모의하여 단종의 복위를 모의 한 이른바 단종복위운동을 전개하였으나 실패로 끝나고, 이후 이들은 모두 목숨을 잃고 그들의 부녀자는 공신들에게 하사되는 등 조선왕조 500년 중 가장 비극적이고 처참한 살육이 행해지는 옥사의 원인이 되었다.

이후에도 단종복위운동은 계속되었으나 실패하였고, 단종은 노산군으로 강등되었다. 그리고 마침내 단종은 목숨을 잃었다. 이후에 오랜 기간에 걸쳐 단종의 복권과 단종복위운동의 참여자에 대한 추존이 시행되었다.

본고에서는 계유정난의 과정과 세조의 왕위찬탈이 이후의 조선왕조에 미치는 여파, 그리고 단종복위운동의 원인과 전개과정 그리고 실패원인과 그 결과에 대해 고찰해 보고자 한다.

II. 계유정난

1. 단종의 즉위

단종은 1441년(세종23년) 7월 23일 동궁인 창덕궁 자선당에서 문종과 현덕왕후 권씨의 외아들로 태어났고, 이름은 홍위라 하였다. 단종은 1448년(세종30년) 4월 3일 8세 때에 왕세손으로 책봉되었으며, 1451년(문종원년) 8월 10세 때 왕세자로 책봉되었다가 1452년(문종2년) 5월 14일 승하하자, 5월 18일에 창덕궁 근정전에서 12세의 어린 나이로 왕위에 오른다.

심신이 허약했던 문종은 재위3년도 채우지 못하고 세상을 떠났는데, 생전에 어린 세자가 걱정이 되어 집현전 학사인 성삼문, 박팽년, 신숙주에게 세자를 간곡히 돕기를 명하였고, 죽기 전에도 영의정 황보인, 우의정 김종서 등에게 어린 세자를 잘 보필하도록 유언을 남겼다.

나이어린 군주가 등극하면 궁중에서는 가장 서열이 높은 후비가 수렴청정을 하는 것이 일반적인 예였으나, 당시 단종이 즉위할 때는 궁중에 대왕대비도 없었고 모후인 권씨는 세자빈으로 있을 때 단종을 출생하고 산후욕으로 이틀 만에 사망하였다. 그리고 세종의 후궁 혜빈 양씨, 문종의 후궁 귀인 홍씨와 양씨가 있었으나, 이들은 정치적 발언권을 행사하지 못하고 모든 정치적 권력은 문종의 유언을 받은 황보인과 김종서 등의 고명대신(顧命大臣)[24]이 잡고 있었다. 그렇기 때문에 당시의 정치적상황은 왕권이 약하고 신권은 강한 군약신강(君弱臣强)의 상태였기 때문에, 재상들의 황표정사(黃標政事)[25]같은 비정상적인 정국운영을 초래하였다.

2. 계유정난의 과정과 그 여파

1) 계유정난의 과정

신권이 왕권의 우위에 서면서 왕권은 약화된 상황에 처했고 이러한 상황에 불만을 가지고 있었던 세력은 종친들이었다. 종친들 중 대표적인 인물은 세종의 제 2자인 수양대군[26]과 제 3자인 안평대군, 제 6자인 금성대군 등이었다. 특히 수양대군과 안평대군은 서로 세력경쟁을 벌여 대립된 위치에 놓여 있었는데, 수양대군이 정치적 야심을 갖고 주위에 문무에 뛰어난 인물들을 모은 반면, 안평대군은 정치적 관심보다는 문학·예술의 동호인을 끌어들이고 있었다.

수양대군은 일찍 어린 조카가 세자로 책봉된 것 자체가 불만스러워 했으며 문종의 승하가 가까워 오자 자신에게 단종을 보필하도록 문종의 명령이 있기를 무척 기대하였다. 물론 이 기회를 이용하여 정권을 장악하겠다는 의도가 있었다. 그러나 황보인, 김종서에게 어린 단종을 보필하라는 문종의 유언이 있자 속으로는 앙앙불락(怏怏不樂)

---

24 선왕(先王)의 임종 시에 국가의 대사, 즉 후계문제·장례절차·선정당부 등을 부탁 받은 대신(大臣)을 말한다.
25 전조(銓曹)에서 의정부 대신들과 상의하여 황표(黃標)하면, 임금이 형식적으로 이를 낙점하던 일.
26 10대부터 유부녀를 겁탈하다 남편에게 발각되어 도망간 적도 있고, 경기도 포천 왕방산에서 노루 사슴 사냥으로 20여 마리를 잡는 신무(神武)을 보여준 수양대군의 면모를 세종은 상당히 신경을 썼다. 본래 수양대군은 진양대군(晋陽大君) 이었는데 세종의 명으로 수양대군으로 바뀌었다. 그 이유는 수양산에서 절개를 지키다 굶어 죽은 백이·숙제처럼 절개를 지키라는 의미가 반영되어있었다. 세종은 수양대군이 어린 조카인 성왕을 성군으로 만든 주나라의 주공(周公)처럼 되기 바랬지만 수양대군은 단종의 왕위를 빼앗고 만다.

하였다.

　기회를 노리고 있던 수양대군은 자신을 따를 사람들이 필요했는데, 권람과 한명회는 이 기회를 자신의 출세로 이용하기 위해 수양대군의 밑으로 들어갔다. 수양대군과 그의 무리들은 많은 사람들에게 신망이 있던 안평대군을 제거하려는 음모를 꾸미고 있었다. 당시 안평대군만이 수양대군에게 바른 소리로 충고 할 수 있었기 때문에 안평대군만 없으면 만사는 순조롭게 진행될 수 있으리라 생각했기 때문이다.

　처음에 한명회가 세조에게 배알하니, 세조가 한번보고 옛 친구와 같이 여겼다. 인하여 말하기를, "역대의 왕조의 운수는 혹은 길기도 혹은 짧기도 하여 비록 고르지는 아니하지만 ……중략……"
"두루 오랜 옛날의 일을 보건대, 국가에 어린 임금이 있으면 반드시 옳지 못한 사람이 정권을 잡았고, 옳지 못한 사람이 정권을 잡으면 여러 사특한 무리가 그림자처럼 붙어서 뜻밖의 화가 항상 이로 말미암아 일어났습니다. 그때 충의로운 신하가 있어서 일어나 반정을 한 뒤에야 그 어려움이 곧 형통해지니 ……이하생략……[27]"

　위의 사료에서 한명회가 수양대군에게 반정할 것을 피력하고, 자신의 역할이 필요함을 은근히 암시하고 있다. 명분은 사특[28]한 무리를 없앤다는 것이지만, 그 저의는 수양대군의 집권과 한명회 자신의 출세임을 알 수 있다.

　권람과 한명회를 얻은 수양대군은 훈련원으로 매일 나가 활을 쏘면서 무사들과 사귀어 자신의 수하로 끌어들였다.

　계획적으로 세력을 키우던 수양대군은 권람, 한명회와 함께 영의정 황보인, 좌의정 김종서 등이 안평대군 이용과 한패가 되어 음모를 꾸민다는 소문을 퍼뜨리면서 제거할 계획을 세웠다. 1453년(단종1년) 10월 10일 새벽에 수양대군은 권람, 한명회, 홍달손 등을 불러 김종서 등을 제거하기로 약속했다. 수십 명의 무사가 수양대군의 후원

27 「단종실록」 권5, 단종 1년 3월.
28 못되고 악함.

에 모여 활을 쏘고 술을 마시며 거사를 의논했다. 송석손, 민발이 옷자락을 잡으면서 단종에게 먼저 말씀드려야한다고 만류했으나 수양대군은 이를 뿌리치고, 갑옷을 입고 김종서의 집으로 향했다. 수양대군은 김종서를 불러내 방심한 틈을 타서 철퇴를 내리쳐 해쳤다.

수양대군은 궁궐로 들어가 '김종서가 모반하였으므로 주륙(誅戮)하였는데, 사변이 창졸간에 일어나 상계(上啓)할 틈이 없었다.'고 사후에 상주하였으며, 곧 이어 단종의 명이라고 속여 중신을 소집한 뒤, 사전에 준비한 생살계획에 따라 황보인, 이조판서 조극관, 찬성, 이양 등을 궐문에서 죽였으며, 좌의정 정분과 조극관의 동생인 조수량 등을 귀양 보냈다가 죽였으며, 수양대군의 친동생인 안평대군이 '황보인, 김종서 등과 한 패가 되어 왕위를 빼앗으려 하였다'고 거짓 상주하여 강화도로 귀양 보냈다가 후에 사사하였다. 이처럼 김종서 등을 역적으로 몰아 죽인사건을 계유정난이라고 부른다.

이 사건 뒤로 수양대군은 정권을 장악하고 '영의정부사판이병조겸내외병마도통사(領議政府事判吏兵曹兼內外兵馬都統使)'라는 직함을 받았다[29]. 이와 함께 정난에 가담한 수양을 비롯한 정인지, 권람, 한명회, 양정 등 43인을 정난공신으로 책봉하여 수양대군이 국왕으로 즉위할 수 있는 기반세력을 구축하였다.

아아! 경은 주공[30]의 훌륭한 재주를 갖추고, 또 주공의 큰 공까지 겸하였고, 나는 성왕[31]처럼 어린 나이로 또 성왕처럼 많은 어려움을 만났다. 이미 성왕이 주공에게 책임 지운 일로써 숙부에게 책임 지웠으니, 마땅히 주공이 성왕을 도운 것처럼 나를 도와서 위와 아래가 서로 닦으면 무슨 우환인들 구제하지 못하랴. 네 충성과 공렬을 돌아보니 의지함이 실로 깊다.[32]

---

29 의정부의 최고지위인 영의정으로 동시에 문신과 무신의 인사 부서인 이조판서와 병조판서를 겸임하며, 아울러 내외의 군사를 통솔하는 내외 병마도통사를 맡음. 이는 조선왕조 관료조직의 최고 요직을 전부 장악한 결과이다.
30 주왕조를 세운 문왕의 아들이며 무왕의 동생. 무왕과 무왕의 아들 성왕을 도와 주왕조의 기초를 확립하였다.
31 중국 주나라 제2대 왕. 아버지 무왕이 죽었을 때 어렸으므로 무왕의 아우 주공 단이 섭정이 되었다. 동이로의 원정에서 귀환한 뒤 기초를 다지고 주공 단과 소공 석의 보좌를 받아 차세에 힘썼고 그로부터 강왕 시대에 걸쳐 주나라의 성시를 실현했다고 한다.
32 『조선왕조실록』, 단종 13권 3년 정월 24일.

단종은 주나라 성왕과 주공의 고사에 의거하여 숙부인 수양대군에게 주공처럼 자신을 잘 도와달라고 부탁하였다. 단종은 숙부인 수양대군이 두렵기도 했으나 한편으로는 믿었다. 단종에게 교서를 받은 정난공신들은 전을 올려 "신 등은 감히 다시 뒤의 공을 도모하여 더욱 평소의 절개를 다하지 않겠습니까?"[33]라고 맹세까지 했다. 하지만 1년도 안 지나서 한명회와 권람은 단종을 압박하여 왕위를 선양하도록 만들었으며, 세조는 사양하는 척 하다가 마지못해 받는 것처럼 행동했다.

2) 계유정난이 조선왕조에 미친 여파

세조는 왕위에 등극하는 과정에서 자의든 타의든 간에 집현전 학사들의 도움이 컸으며, 그에 따라 학사들은 공신책봉에도 참여하였다. 게다가 집현전이 인재의 산실이라는 사실을 잘 알고 있었던 세조는 경연을 열성적으로 하려고 했으며 집현전에 대해서도 예우를 다하려고 힘썼다.

하지만 단종복위운동이 집현전을 중심으로 벌어진 사실을 알고는 매우 분노하였으며 즉각 집현전을 파하고, 경연을 정지하였으며, 그곳에 소장하던 서책들은 홍문관에서 관장하게 하였다. 그리고 집현전에 부제학 이하 관직을 혁파하고, 직제학[34] 2명과 직전[35] 2명을 관각[36]의 예에 의하여 다른 관직으로 겸임시켰으며 서연관 녹관 6명도 43명으로 정하고 이름만 남겨두었다. 그리고 그 뒤로 아예 집현전의 명칭조차 없애고 경연도 거의 열지 않았다.

집현전이 폐지되자 자연스럽게 사가독서[37]도 없어졌고, 이에 따라 국가적인 차원에서 인재양성의 길이 막혔다. 사가독서제도는 성종조에 가서야 복원 되었다.

집현전을 중심으로 열리던 경연이 중지됨에 따라 대신들의 경연을 다시 회복시키

---

33 『조선왕조실록』, 단종 3년 정월 25일.
34 조선시대 집현전의 종삼품 관직.
35 조선시대 집현전의 정사품의 관직.
36 조선 시대에, 홍문관·예문관·규장각을 통틀어 이르던 말.
37 조선시대에 인재를 양성하기 위하여 젊은 문신들에게 휴가를 주어 학문에 전념하게 한 제도.

라는 요청이 빗발쳤다. 하지만 세조는 경사[38]에 뜻을 두는 것은 좋은 일이라고 하면서도 수용하지 않다가, 결국에는 옛날 성현도 경연을 하지 않았다면서 경연제도자체를 부정했다. 대신에 세조는 매달 초하루와 보름에 성균관 학도와 예문관 사신을 불러 강론하면서 경연을 대신했다. 그러나 이 강론마저도 왕도정치를 추구하는 것이 아니라 패도정치에 필요한 경연이었다. 계유정난이 조선왕조에 미친 첫 번째 여파는 국가차원의 인재양성의 길이 막혀 실제로 세조가 통치한 기간에 인재다운 인재를 양성하여 배출한 사례가 없다는 것이다.

두 번째 여파는 세조대에 수많은 공신들이 배출되었다는 것이다. 세조가 즉위하는 과정과 즉위 후에 책봉된 공신의 수는 134명이다.[39] 훈척들을 중심으로 정치에 참여시켜 핵심요직에 배치함으로써 덕망이 높은 인물들은 요직에서 배척되어 유학정치의 붕괴를 초래했다. 그리고 이들 공신들은 훈구파가 되었는데, 이들은 자신들의 정권유지를 위해 사화를 일으켰다.

세 번째 여파는 세조가 불교를 유교보다 존중하는데서 일어났다. 이는 유학정치의 근간을 흔들어 버리는 병폐를 초래했다. 불교를 신봉한 세조는 집권하면서 불교 진흥정책을 펼쳤고 유교서적보다 불교서적을 많이 간행하였고, 정인지는 이에 불만을 가져 이의를 제기했다가 국문을 당했다. 세조는 학자들의 불교에 대한 비판을 자신에 대한, 즉 왕의 권위에 대한 도전으로 인식하였다. 불교가 융성하면서 세속에서는 법회를 비롯하여 많은 불사가 공공연하게 행해졌다. 게다가 사찰에 쌀과 물품을 자주 내려주기도 하였으며 많은 국비를 들여 사찰을 지어주기도 했다. 그러니 승려가 급속도로 증가할 수밖에 없었고, 승려들은 많은 사회적 문제를 일으켰으나, 관원들은 그들을 처벌할 수 없었고, 민가에서는 호랑이보다 승려를 더 무서워한다는 이야기까지 돌게 되었다.

네 번째 여파는 세조가 경학[40]보다 사장[41]을 중시하였는데 이에 따라 훈구파는 사장에 능한 자들이 되었다. 사장을 중시하는 풍조는 성종조에도 이어졌고, 집현전 학사

---

38 경서와 사기
39 계유정난을 도운 정난공신 43명과 세조가 단종의 뒤를 이어 왕위에 오르게 도운 좌익공신 46명 마지막으로 함경도의 호족 이시애가 일으킨 난을 진압한 적개공신 45명을 말한다.
40 중국 유가(儒家) 경전의 글자·구절·문장에 음을 달고 주석하며 연구하는 학문.
41 문사를 통칭하는 말로 시와 문장 짓는 것을 중시하는 학문.

로서 세조에게 협조하여 공신에 책봉된 훈구 관료들은 그대로 성종조에 정계와 문단을 장악했다.

성종은 훈구를 견제할 필요가 생겨 점차 김종직을 필두로 사림파를 대거 등용하기 시작했다. 이렇게 등용된 사림들은 경학을 중시했고, 훈구파와 정치적인 대립은 물론, 문학적인 대립도 서서히 나타나기 시작했다. 훈구파와 사림파는 암암리에 서로 갈등을 해왔고, 훈구파는 사림파에 대한 앙심을 품게 된다. 그러던 중 연산군 4년에 이르러『성종실록』을 편찬하는데 사관으로 참여한 김일손은 김종서, 황보인 등에 관한 기록과 사육신에 관한 기록을 기술하였고, 스승인 김종직이 저술한「조의제문(弔義帝文)42」을 사초에 수록하였고, 유자광은 「조의제문」을 구절마다 풀이하여 연산군에게 아뢰고 처벌하기를 주청했고, 김종직 제자들은 거의 모두 연루되어 조사를 받았고 많은 사람이 죽음을 면치 못하는 무오사화가 발생했다.

III. 단종복위운동

1. 단종복위운동의 배경

단종복위운동은 세조 즉위가 부당하다는 문제의식에서 촉발된 것이었다. 비록 선양의 형식을 갖추기는 했으나, 나이가 어린 단종을 물러나게 하고 숙부인 수양대군이 왕위에 오른데 대한 문제를 제기한 것이다.

그리고 세조는 1455(단종3년) 윤6월 11일 을묘에 그의 아우인 금성대군의 역모를 계기로 드디어 왕위에 올랐다. 이 사건은 수양대군의 집권에 불만을 품고 금성대군이 세종의 후궁인 혜빈 양씨와 결탁하고 혜빈의 소생왕자, 문종사위 정종 등의 종실세력과 무사들을 비밀리에 규합하여 역모를 꾀하였다는 것이다. 금성대군의 역모사건이 발생하자, 단종은 자신이 나라 안팎의 일을 알지 못해 간사한 무리들이 계속해서 발동

---

42 조선 전기의 학자 김종직이 수양대군(세조)의 왕위 찬탈을 비난한 글.

한다는 이유로 수양대군에게 선양할 뜻을 밝히고 있었다. 이에 모든 관료들과 수양대군이 사양하였으나 결국은 수양이 선위교서를 받으며 왕위에 올랐다. 비록 단종의 선양이라는 형식으로 세조가 즉위하게 되었지만 일련의 정황들을 본다면 그것은 자발적인 것이 아니었던 것을 알 수 있다. 단종은 금성대군의 역모사건으로 수양대군을 견제하고 자신을 지원할 수 있는 종친세력을 잃게 되었다. 고립무원의 상황에 처한 단종은 막강한 권력을 가진 수양대군에게 왕위를 내줄 수밖에 없는 상황에 놓이게 된 것이다.

이러한 세조의 즉위에는 성리학적 통치이념에 근거하여 왕과 관료들의 합의가 전제되어 있는 왕위계승방식을 거스르고 있다는 가장 큰 문제점이 있었다. 정상적인 왕위 계승방식이란 국왕의 적장자가 왕위를 잇는 것으로 가장 일반적이고 통상적인 방식이라고 할 수 있다. 조선조에 있어서 적장자 계승은 세종대에 이르러서야 가능해졌다. 세종에서 문종으로, 문종에서 단종으로 이어진 즉위방식이 그것이다. 이는 그 이전에 이루어진 정종에서 태종, 세종으로 이어지는 왕위 계승방식과는 다른 정통성을 보여주는 왕위계승이었다. 정치적 실권을 장악했던 태종이 주도했던 왕위 계승에는 그 정당성을 둘러싼 논란이 일어 정국운영에 무리가 초래될 수 있었기 때문이다. 하지만 세종대부터 정착된 적장자 계승은 자연스럽게 왕권행사의 정당성과 정국의 안정을 보장받을 수 있게 해주었다. 하지만 수양대군은 이러한 계승방식의 전통을 정치적 실권에 의거하여 깨트린 것이었다.

수양대군의 집권은 단종이 정상적인 왕권을 행사할 수 있을 때까지 그를 보좌해준다는 점에서만 허용될 수 있었던 것이다. 따라서 세조가 그 허용한도를 넘어서 즉위를 도모함으로써 명분의 취약성을 피할 수 없는 것이 되었다. 또한 단종 보필을 기대했던 유학자인 관료들은 세조의 즉위로 인해 부사이군(不事二君)이라는 가장 기초적인 군신윤리를 위협받게 되었고, 이것이 그로부터 등을 돌리게 되는 주요원인이 되었다.

세조 즉위가 부당하고 단종복위가 정당하다는 인식은 단종복위운동 주동자인 성삼문이 고변자인 김질에게 모의참여를 회유하면서 단종복위의 명분으로 정의확립을 제시하고 있었던 것으로 뒷받침된다. 성삼문은 단종과 지금의 세자인 도원군이 후대에 왕위를 다투게 된다면 상왕을 보필하는 것이 정도라고 완곡하게 표현하고 있었다. 나이가 어린 단종이 성인이 된다면 반드시 왕위에 올라야 하며, 자신들은 그 단종을 보필해야 한다는 당위성이 전제되고 있는 것이다.

2. 단종복위운동의 전개

단종복위운동의 전개 과정을 도식화 하면 다음과 같다.

세조 1년(1455) 겨울 집현전 출신 주동자 및 권자신 등의 주요 참여자 단종 복위 결의		
↓		
권자신이 모친인 아지 통해 단종에게 거사(擧事)의 뜻을 알림		가족을 중심으로 사건 참여자 포섭
↓		
세조 2년(1456) 4월 20일 을미고명사신 윤봉·금여(乙未誥命使臣 尹鳳·金輿) 일행 도착		
5월 단종이 금성대문 구가(舊家)에 왕래함	5월 11차례의 혜성 출현	명사신 연회에서의 거사(擧事) 결정
↓		
5월 성삼문이 성균 사예(成均 司藝) 김질을 회유하여 그의 장인인 우찬성(右贊成) 정창손 포섭 시도함		
↓		
6월 1일 명사신 연회에서의 거사 계획이 실패하고 후일 도모를 기약		
↓		
6월 2일 경자(庚子) 김질의 고변으로 거사 계획 발각		

〈출전〉「世祖實錄」卷3, 2年 4月 20日 乙未 ;「世祖實錄」卷4, 2年 6月 2日 庚子 ;「世祖實錄」卷4, 2年 6月 7日 乙巳)

거사일의 구체적인 시행계획은 다음과 같다. 이들은 명 사신 연회일을 거사일로 잡고, 거사당일 세조와 공신을 제거하고자 하였다. 이를 위해 연회장에는 중추원의 성승, 박쟁, 유응부가 단종과 세조 호위를 위한 별운검의 직책을 띠고 진입하기로 하였다. 이들이 제거 대상으로 삼은 인물은 세조와 신숙주, 윤사로, 한명회, 권람 등의 세조의 최측근세력이었다. 이 날 연회장에는 박팽년의 매부인 봉여해도 사용원 별좌로서 입장하여 거사를 돕기로 약속하였다. 도진무 김문기는 연회장에서의 거사가 성공할 경우 밖에서 반발할 자들을 진압할 수 있는 병력을 지원할 계획이었다. 거사를 실행하는 당일이 되자 단종이 권자신에게 성사를 기원하는 칼을 내려주었고, 단종 유모의 종인 아가지의 남편 이오는 궁궐 내 창고인 내상고에서 칼자루를 꺼내 별감 석을중을 통해 권자신에게 전달하는 등 궁내의 무기를 지원하고 있었다. 사건에 참여키로 한 문신들은 창덕궁의 집현전에 모여 진행상황을 주시하기로 하였다. 그러나 거사당일 창덕궁 연회장이 좁다는 이유로 세조가 별운검[43]을 없애라고 명하면서 계획은 수포로 돌아가고 말았다. 이후 세조가 관가[44]할 때 노상에서 거사할 것을 기약하였으나, 다음 날 김질의 고변으로 모의가 발각되었다.

3. 단종복위운동의 실패 원인

단종복위운동은 참여자의 일원이었던 김질의 고변으로 발각되었다. 따라서 단종복위의 모의는 결과적으로 시도조차 이루어지지 못하고 실패한 사건이었다. 모의내용을 통해서 단종복위운동의 실패원인은 다음과 같이 조망해 볼 수 있다. 우선 단종복위 이후의 정국운영방향이 제시되고 있지 않았다는 점이다. 모의과정에서는 단종복위 이후의 운영방향이나 지향점에 대한 고민이나 모색이 드러나고 있지 않다. 다만 오직 단종복위의 당위성만이 사건 모의이유로 제시되고 있었던 것이다. 실제 모의과정에 참여한 것은 소수 주동세력과 그 가족들이 중심이 되었으며 기타 참여자들은 대개

---

43 조선 시대 운검을 차고 임금의 좌우에 서서 호위하는 임시 벼슬아치. 큰 잔치나 회합에서 임금이 거동할 때 유능한 무장이나 신뢰할 수 있는 신하들을 골라 임명하였음.
44 임금이 들에 나가 백성이 농사짓는 것을 살피는 일.

모의가 성공한 이후에 지원을 약속하고 있었다. 또한 별운검을 제거하라는 세조측의 조치에 모의계획 자체가 무산되면서 다음을 기약했다는 점은 사건의 추진과정이 소수의 주동세력에게 의존하고 있었음을 반영한다. 그리고 모의계획이 무산된 바로 다음날 김질이 모의를 고발하였던 것이다. 그는 사건참여자의 일원이었지만, 사건 주동자와 혈연 등의 관계로 결속되지 않았었다. 성삼문은 단종을 복위할 경우 다수의 관료를 회유할 수 있는 정치적 영향력을 가진 대신인 정창손을 포섭하기 위해 거사 직전에 정창손의 사위인 김질을 끌어들였던 것이다. 따라서 김질은 이전부터 소수주동자와 그들의 가족을 중심으로 진행되던 모의에 대한 절실함이 상대적으로 덜한 상황에서 모의성공에 대한 불안감을 갖고 고변한 것으로 추정된다.

4. 단종복위운동의 결과

단종복위운동이 김질의 밀고로 실패로 돌아가면서 참여자[45]들은 모두 9차에 걸쳐 처형되었다.[46] 이들의 가족 중 부녀자는 공신들에게 하사되었고, 전토는 일체 몰수당했다. 정권에 도전하는 세력에 대한 단죄조치가 내려진 것이다.

단종복위운동을 주도한 인사들에 대해서 가혹한 형벌조치가 내려졌으나, 세조와 공신세력은 상왕의 존재자체를 불안하게 여겼다. 제2, 제3의 단종복위운동을 우려했던 것이다. 결국 이들은 단종의 장인 송현수를 역모로 엮었고, 이를 단종과 연루시켜 노산군으로 강등시킨 후 세조3년 6월 강원도 영월로 유배시키는 조치를 취하였다. 이와 함께 단종의 생모 현덕왕후 권씨를 서인으로 강등시키는 조치도 강행하였다.

한편 세조의 이해 왕자신분을 박탈당한 뒤 역모의 혐의로 경상도 순흥으로 귀양을 갔던 금성대군은 순흥에서 부사 이보흠과 제2차 단종복위운동을 주도하였다. 금성대군의 계획은 순흥을 근거지로 하여 순흥부 군사 670명을 이용해 주변고을을 점령한

---

45 이 참여자들 중 남효온이 『육신전』에 소개된 성삼문·박팽년·하위지·이개·유성원·유응부를 가리켜 사육신이라 부르며 조선 중기 이후 충절을 상징하는 인물로 여겨졌다.

46 1차·유성원, 박팽년, 허조. 2차·이개, 하위지, 성삼문, 서숭, 박중림, 김문기, 유응부, 송석동, 권자신, 윤영손. 3차·이오, 4차·황선보, 5차·무녀, 6차·심신, 박기년, 이정상, 이지영, 7차·최지지, 최득지, 권저, 최사우, 박인년, 이의영, 김감, 봉여해, 김선지, 이호, 이유기, 박대년, 성삼성, 성삼고, 정관, 장귀남, 이말생 8차·최면, 9차 – 이휘

후 일부 군사를 죽령과 조령에 보내 한양과의 통신을 차단하고 영남을 장악하여, 전국에 격문을 띄워 동지를 규합한 다음 영월에 유배된 단종을 순흥으로 모시고 와서 복위에 대비하여 힘이 모이면 한양으로 진격하여 수양대군을 몰아낸다[47]는 계획이였다.

하지만 금성대군의 역모사실은 안동부사 한명진이 세조에게 알리는 한편 군사 500여명을 지휘하여 순흥부를 급습, 금성대군을 체포하면서 실패로 돌아가게 되었다.

금성대군의 2차 단종복위운동은 단종에게도 치명적인 결과를 안겨주었다. 세조는 금성대군에게 사약을 내려 사형에 처하고, 순흥은 반역의 고을이라 하여 풍기군에 합쳐 혁파하였는데, 이리하여 순흥은 지도에서 사라지게 되었다. 그리하여 순흥은 숙종 때까지 폐허로 남아있었으며 영남 선비들은 세조에 대한 원한이 사무치게 된 결과를 가져오게 되었다.

그리고 금성대군의 2차 단종복위운동의 여파로 같은 해 10월 24일 노산군에게 사약이 내려졌다. 노산군이 사망하자 시신을 거두지 못하고 그대로 방치했다가 강물에 던졌는데 영월 호장[48] 엄홍도가 관을 준비하여 염을 하고 동을지에 무덤을 만들어 장사지냈다. 이때 엄홍도 친척들은 화가 미치는 것을 두려워하여 말렸으나 그는 "옳은 일을 하고 해를 당하는 것은 내가 달게 생각하는 바다."라고 하면서 단종의 시신을 자기의 선산 양지 바른 곳에 묻고 장사 지내었다.[49]

5. 단종과 단종복위운동 참여자들의 복권

이후 조정에서 폐서인[50]으로 강등된 단종에 대한 분묘[51], 사묘[52], 제축[53] 및 복위[54]에

---

47 이성무, 1998, 『조선왕조사』 1. 건국에서 현종까지, 동방미디어
48 조선 시대 향리직의 우두머리.
49 이긍익편, 1966, 『국역연려실기술』, 「단종조고사본말」, 민족문화추진위원회
50 벼슬이나 신분적 특권을 빼앗아 서민이 되게 함. 또는 그렇게 된 사람.
51 무덤.
52 사당과 무덤.
53 제사 때에 읽어 신명께 고하는 글.
54 폐위되었던 제왕이나 후비가 다시 그 자리에 오름.

대한 논의가 세조 이후 정치구조의 역학관계에 따라 거론되기 시작하였다. 즉 세조 이후 훈구세력과 대립하던 사림세력에 의하여 조심스럽게 우선 분묘에 대한 문제부터 거론되기 시작하였다. 즉, 중종11년(1516) 노산의 묘를 봉심하도록 하였고, 선조13년(1580) 강원 감사 정철이 장계하여 노산군의 묘를 수축할 것을 건의하자 봉묘와 표석을 세우고 치제토록 했다. 사묘도 광해군2년(1610) 노산군의 사당을 세우도록 하고 부인 송씨도 아울러 배향하도록 하였다.

폐서인으로 강등된 노산군에 대한 복위상소가 숙종24년(1698) 전 현감 신규에 의하여 나타났다. 이보다 먼저 숙종7년(1681) 연신 이민서의 의논을 받아들여 노산군을 추봉하여 노산대군으로 하였다. 신규의 상소는 노산의 위호를 추복하고 선비의 위호도 추복하자는 내용이었다. 이에 대하여 숙종은 대신 유신에게 물어보고 종친, 문무백관, 대소 관원 490여인을 모아 뜰에서 의논하여 다음과 같은 결론을 내렸다. 즉 노산군은 시호는 순정안장경순돈효(純定安莊景順敦孝), 묘호는 단종, 능호는 장이라 추상하고 왕후의 시호는 정순, 휘호는 단량제경(端良齊敬), 능호는 사라 추상하였다.

이로써 상왕에서 노산군, 노산군에서 서인으로 강등되었던 단종이 승하한지 241년만에 국왕으로 복위되었으며 아울러 왕비였던 송씨도 정순황후로 복위되었다. 이와 함께 능묘도 단종 능을 장릉, 왕비 능을 사릉으로 불리게 되었다.

단종의 복위와 함께 사육신에 대한 복관도 이루어지게 되었다. 성종때 김종직이 성삼문을 충신이라고 국왕에게 아뢴 시기부터 시작하여 인조 때 경연관 한주가 세조의 말을 빌려 박팽년 등에 대하여 '당대에는 난신이나 후세에는 충신이다'라는 말을 되새겼으며, 선조 때 경연에서 남효온의 『육신전』을 거론하였고, 효종3년(1652) 전 태학생 조경이 육신 후손의 녹용을 건의하였고, 효종8년(1657) 찬성 송준길이 성삼문, 박팽년의 배향을 건의했으며, 숙종5년(1679) 영중추부사 허적이 노량진의 육신 분묘에서 봉식을 건의하였고, 숙종17년(1691) 국왕이 육신묘의 치제를 지시하고 이어서 비망기를 내려 성삼문 등 육신의 복관 치제를 명하였다. 한편 현종10년(1669) 우의정 송시열이 경연에서도 엄흥도 후손의 녹용을 건의하였고, 숙종24년(1698) 우의정 최석정이 호장 엄흥도의 육신사 배향과 관직증직을 건의하였다. 이에 따라 숙종25년(1699) 엄흥도를 공조좌랑으로 추증하고, 이어서 영조19년(1743)에는 공조 참의에 추증되고, 순조 33년(1833) 공조판서에 가증되고, 고종4년(1877) 충의공의 시호가 내려졌다.

단종복위운동 참여자의 복권과정을 정리하면 다음과 같다.

15세기 후반 사림세력의 중앙진출은 단종복위운동 참여자의 복권논의에도 영향을 미쳐, 사림세력을 중심으로 그 복권이 건의되거나 거론되었다. 반면 국왕을 비롯한 공신세력의 입장은 신중론 내지는 유보론으로 볼 수 있다. 이러한 신중론은 국왕의 입장에서 본다면 선왕대에 결정된 사안을 번복했을 때 가져올 정치적 여파를 의식한 것으로 볼 수 있다. 또한 공신세력의 입장에서 본다면 신권위주의 정국흐름을 유지하고자 하는 의식의 산물이다.

17세기에 단종복위운동 참여자에 대한 복권과정은 대체로 사림계신료들 중심으로 논의가 이루어지고 있다. 선조대 박계현이나, 효종대 조경이나 송준길 등이 이에 해당된다. 뿐만 아니라 『노릉지』[55]의 편찬과정에서 송시열이나 김상헌을 비롯해 박세채 등 당대 대표적 유학자들의 손을 거쳐 이루어졌다. 이들이 단종복위운동 참여자에 대해서 복권을 거론하는 것은 절의정신(節義精神)의 표방이었다. 반면 국왕이나 국왕의 측근 인사들은 이에 대해 부정적인 인식을 보이고 있다. 특히 선조의 경우는 『육신전』에 대해서 소각하려는 의도까지 비추었음은 이를 반영한다.

숙종대 이후 논의자체가 국왕주도하에 이루어지는데 사육신 복권을 비롯해 상당수의 복권조치들이 그러했다. 이는 군신분의(君臣分義)[56] 확립을 위한 것이며 궁극적으로는 왕권강화의 논리였다.

정조대 이후에는 그 대상층이 이전보다 확대되었는데, 이는 정조가 자신의 정치기반 확대를 위해 지방사족을 육성하려는 정책의 연장이었다. 즉 정조는 종래까지 거론되지 않았던 단종복위운동 참여자의 신원이나 복권 등을 추진하면서 이들의 후손들과 관련인들을 자신의 지지기반으로 삼고자 하였다.

---

55 2권으로 이루어 졌으며 1권에는 단종의 출생부터 사망 후 1698년(숙종 24) 복위될 때까지의 사실을 편년체로 기록하고, 다음으로 분묘의 관리, 남효온의 단종 복호상소, 사묘·제축의 사실 등을 실었다. 2권에는 노릉을 소재로 한 시문을 수록하고, 그 뒤에 부록으로 황보인·김종서·허후·사육신·정보.금성대군 유·생육신등의 전기와 무오사화에 관한 기록을 실었다.

56 임금과 신하 사이에 있어야 할 직분과 도리.

Ⅳ. 맺음말

왕위에 대한 야망이 있었던 세조는 어린 단종이 왕에 즉위하자 그를 보필하는 황보인, 김종서 등의 세력과 대립했고, 계유정난을 통해서 반대파를 제거하고 정권을 잡은 후 그의 공신들을 중요요직에 앉혔다. 이후 치밀한 계략을 통해서 1455년 6월 11일에 단종을 상왕으로 추대하고 세조로 즉위하였다. 하지만 세조의 즉위는 성리학적 통치이념에 근거하여 왕과 관료들의 합의가 전제되어 있는 왕위계승방식을 거스른다는 점에서 정당성이 없는 왕권이었고 이에 성삼문, 박팽년 등의 집현전 세력과 유학자들의 비판과 단종복위운동의 원인이 된다.

두 차례의 단종복위운동은 모두 시행되기 전에 밀고로 실패로 돌아갔으며 많은 피의 바람을 불게 하였다. 그리고 단종은 노산군으로 강등되었다가, 서인으로까지 강등되며 마침내 죽음을 맞이하게 된다.

단종복위운동의 의의를 살펴보면 먼저 왕권의 정통성을 바로잡기 위한 실천운동이라고 할 수 있다. 정당하지 못한 과정으로 왕위에 올랐기에 세조의 정권은 도덕성이 결여되었고, 절의와 지각있는 신하들에게서 왕권의 정통성을 인정받기 어려웠기 때문에 성삼문, 박팽년을 비롯한 사육신 등은 세조의 부당성을 성토하여 단종을 복위하려 추진한 것이다. 그렇기 때문에 단종복위운동은 도덕이 바로서지 못한 정권을 몰아내고 왕실의 정통성을 바로 잡으려는 실천운동이라 말할 수 있다.

두 번째로 후세에 공의가 살아 있다는 사실을 보여주었다. 세조정권이 단종보다 공적이 많다고 해서 세조정권의 부도덕성이 정당화될 수는 없다. 더구나 세종이 이룩한 유학정치를 파괴시키고, 문화적 성과를 제대로 계승하지도 못했으며, 패도정치를 강행한 여파로 정국이 파행으로 치달아 소인이 횡행하고 군자가 움츠러드는 시대를 초래한 책임에서 세조는 자유로울 수가 없다. 이러한 정황으로 볼 때 세조정권은 누가 보아도 분명 탄생하지 않았어야 하고, 비판받아야 마땅했다. 단종을 보필해야할 신숙주와, 정인지마저 세조에게 빌붙어 의리와 양심을 저버리고 세조의 왕위찬탈을 도와주어 명성과 부귀를 얻었다. 이러한 현실에서 사육신은 양심에 따라 단종복위운동을 벌이고 대의를 세상에 알림으로써, 영달을 바라보며 부러워하던 선비들을 각성시키고 충의를 만천하에 떨쳐 공의가 살아 있음을 몸소 보여주었다. 따라서 단종복위운동은 후세의 사가들에게 시비를 가리고 충역을 바로잡는데에 대한 근거를 마련해주었다는데 큰 의미가 있다고 본다.

역사가 중요한 이유는 과거의 일을 거울삼아 다신 그런일이 재발되지 않도록 교훈을 얻을 수 있기 때문이라고 생각한다. 자신들의 목숨을 바쳐서라도 선왕에 대한 충의를 지키려고 했던 사육신과 단종복위운동 참여자들의 정신은 돈과 명예만 쫓고 도덕과 의리를 저버리는 풍조가 강한 오늘날에 교훈이 되는 것이라 생각한다.

참고문헌

〈단행본〉

이성무, 1998, 「조선왕조사」 동방미디어

〈논문〉

김경수, 2006, 「세종 대 단종복위운동과 정치세력의 재편」, 『사학연구』 제83호, 한국사학회

김호일, 2002, 「조선 세조대 단종 부위운동의 재조명」, 『중앙대학교 인문학연구』 제33집, 중앙대학교인문과학연구소

양지하, 2008, 「세조 2년(1456) 단종복위사건의 성격」, 이화여자대학교 석사학위논문

이근호, 2006, 「16~18세기 '단종복위운동' 참여자의 복권 과정 연구」, 『사학연구』 제83호, 한국사학회

이향배, 2007, 「세조의 왕위 찬탈 여파와 단종 부위운동의 의미」, 『동방한문학』 제32집, 동방한문학회

진상원, 2007, 「단종복위 모의자들의 신원과 추존」, 『역사와 경계』 제64집, 경남 사학회

진성규, 1998, 「세조의 집권과정과 순흥」, 『중앙사론』 10·11, 중앙대학교 중앙사학연구소

참고문헌

국사편찬위원회 조선왕조실록·http://sillok.history.go.kr/main/main.jsp

국사편찬위원회 한국역사정보통합 시스템 - http://www.koreanhistory.or.kr/

논술로 다지는 조선 III

'을사조약 왜 무효인가?'에 대해 설명하시오.

1905년 국제정세는 1905년 5월 러시아 함대 침몰하였고, 9월 영국과 미국은 러시아와 일본의 전쟁이 일본에게 유리하게 전개되자 일제의 한반도 독점지배권을 인정하고 러시아와 포츠머스조약을 체결하게 도와주었다. 포츠머스조약은 러시아 제국정부가 일본제국이 한국에서 정치, 군사 및 경제상의 탁월한 이익을 갖는다는 것을 인정하고, 일본제국 정부가 한국에서 필요하다고 인정하는 지도보호 및 감리의 조처를 하는데 이를 저지하거나 간섭하지 않을 것을 약정하는 내용이다. 또한 이 시기 일본은 미국의 필리핀지배를 인정하고 미국은 일본의 조선지배를 인정하는 가쓰라 태프트 밀약체결도 있었다.

1. 을사조약의 체결과정

서울 중구 정동에서 1905년 11월 5일 이토 히로부미는 고종을 알현하는 자리에서 외교권박탈을 내용으로 하는 신협약안 친서를 전달하였지만 고종은 이를 거절하였다. 그러나 닷새 후 이토 히로부미는 고종에게 조약체결을 강요하였다.

고종과 독대 후 10일 손탁호텔에서 참정대신 한규설 외 8대신과 의논, 설득 강요하였으나 역시 조약체결에 실패하였다. 그러나 끈질긴 그들의 강요아래 11월 17일 오전

11시 회담이 일본공사관에서 다시 시작되었다.

그러나 한규설의 강한 반발에 부딪혔고, 헌병들의 감시 하에 각료들은 오후 2시에 덕수궁으로 다시 소집하였다.

오후 3시 고종의 어전회의에서도 대책수립이 이루어지지 않자 이토 히로부미와 하야시 곤스께는 일본헌병 수십 명의 옹위 아래 회의장에 들어가서 대신 각각에게 결정을 강요하였다.

오후 8시 이토 히로부미가 직접 회의를 열었고, 고종이 참여한 가운데 각료의 의견을 따른다는 말로서 대신들을 회유하였다. 그러나 대신 한규설, 민영기, 아하영 등은 조약체결에 끝까지 반대하였다. 그러나 이완용, 이지용, 이근택은 대세상 불가피하다며 일본의 요구를 수용하려 하였다.

오후 11시 한규설이 자리를 박차고 나가자 궁궐밀실에 한규설을 감금하였다. 이를 본 박제순, 권종현은 겁을 먹고 조약에 승인하려 하였다. 이완용, 이지용, 이근택, 박제순, 권종현 이들이 바로 을사오적이다.

일본 측의 형식적인 양보와 수정으로 한국 외교권의 접수, 일본 통감부의 설치 등을 중요내용을 하는 조약을 강제 통과시켰다. 하지만 국새를 찍는 일이 불가능하자 외무대신 박제순의 도장을 탈취하여 박제순과 일본공사 하야시사이에 조약을 체결하고 18일에 이를 발표하였다.

이때부터 을사조약 체결은 국권을 침탈당한 것과 다름없는 우리의 굴욕적인 역사가 시작되었다. 을사조약의 강제체결로 국민들은 비탄에 잠겨 이완용의 집을 불태우고 시장을 열지 않았으며 암살단과 의병단도 결성되었다. 또한 장지연이 황성신문에 일제의 기만적인 침략행동과 을사5적을 규탄하고 국권회복을 위해 국민이 떨쳐 일어서야 한다는 호소를 내용으로 하는 '시일야방성대곡'이라는 논설도 실었다.

2. 을사조약의 강압성

을사조약의 체결과정을 보면 우리는 을사조약이 강압적으로 이루어졌음을 볼 수 있다. 사안의 중요성으로 정식조약이 되어야 했으나 협약형식으로 돌렸다. 큰 강제성과 결함이 있고, 협약의 이름조차 붙여지지 않았으므로 국제사회에서 조차 법적무효라고 1906년 프랑시스레이라는 프랑스 법학자가 주장하였다.

또 전행의 한·일의정서를 보면 조선의 독립보장의 내용이 있었다. 이 내용은 을사조약과 맞지 않으므로 을사조약이 법에 위배되고 UN에서도 을사조약을 무효로 판정지었다.

II
근대 사회

대한제국과 일제 강점 연대표

1910년 : 경찰권 박탈, 한일 합방 조약(주권박탈), 경술치국 발표
조선 토지조사사업(1910~1918)
1914년 : 대한광복군 정부수립
1917년 : 대동단결선언
1918년 : 무오(대한)독립선언서(최초독립선언서) 조소앙 작성
1919년 : 3.1 만세운동, 상하이 임시정부수립
1920년 : 청산리 전투 승리(김좌진)
1923년 : 어린이날 제창(방정환)
1925년 : 조선공산당(김재봉) 창립, 미쓰야협약(총독부마쓰야&친일 만주 장작림)
1926년 : 6.10 만세운동(민족 유일당운동 전개)
1927년 : 신간회 조직 결성
1929년 : 광주 학생 항일운동
1930년 : 한국독립당 결성
1931년 : 신간회 해체결의
1932년 : 이봉창 의거, 윤봉길 의거(홍커우 공원)
1934년 : 한글 맞춤법 통일안 제정, 진단학회 조직 결성
1935년 : 조선총독부 학교에 신사참배 강요
1936년 : 베를린 올림픽 마라톤 우승(손기정)
1937년 : 동북항일연군 보천보 주재소 습격
1938년 : 한글 교육 금지
1940년 : 일본 창씨개명 실시, 한국광복군 창설

1941년 : 대일 선전 포고함(임시정부)
1943년 : 일본 징병제 실시
1944년 : 조선건국 동맹결성
1945년 : 알타회담, 8.15광복, 조선건국 준비 위원회 결성

대한제국과 일제 강점기

1. 일제의 무단통치와 식민지 체제

우리나라에서 근대를 구분하는 시기는 1876년 강화도 조약체결 혹은 갑오개혁 이후부터인데, 본 책을 왕조중심으로 기술하다 보니 장을 구분하지 못하고 부득이하게 1910년대부터 구분 짓게 되었다.

1910년 8월 29일 강제로 한일병합조약을 맺은 일본은 식민지 수탈체제로 재편해가며 본격적인 식민지 정책을 펼쳐 나갔다. 식민지에 판매할 특정 상품과 투자할 자본이 취약했던 일본은 무단통치에 의한 경제수탈의 형식을 띠었다.

일본 통치는 세 시기로 나뉘는데, 1910년~1919년까지의 무단통치시기, 1920년 ~1930년까지 문화통치시기, 1931~1945년까지는 전시체제기이다. 1910년대 무단통치기는 총칼을 앞세워 식민지 수탈체제로 재편하면서 토지조사사업과 화폐개혁, 철도설치, 회사령을 통해 조선민중을 수탈하던 시기이다. 1920년대 문화통치 시기는 1910년대 무단정치의 억눌린 감정이 폭발하여 1919년 3·1운동이 일어나자 조선 민족을 분열시키고 민중을 억압하고 수탈하기 위해 더욱 교묘하게 기만적으로 문화통치를 한 시기이다.

1930년대의 전시체제기는 1929년 세계에 경제대공황의 바람이 불자. 일본은 공황에서 벗어나기 위해 침략전쟁을 추진하면서 조선에 전시체제 식민지 수탈정책을 펼치던 시기이다.

조선총독부

1) 조선총독부 설치

1910년 7월에 3대통감으로 조선에 온 데라우치 마사타케는 한일병합이 된 해 10월에 조선총독부를 설치하고 초대총독이 되어 재빨리 식민지 통치기구를 정비해 나갔다. 조선총독은 입법, 사법, 행정과 군권까지 한손에 쥔 최고 실력자였고, 조선은 '총독의 말이 곧 법'인 세상으로 바뀌었다. 총독부 밑에 직속자문기관으로 중추원을 두어 이완용, 송병준, 김윤식 등 친일고관들로 채웠지만 중추원은 형식적인 기구에 불과했다.

또 치안확보라는 구실로 헌병 경찰제도를 두고 군대의 경찰인 헌병이 경찰을 지휘하며 일반 경찰업무까지 관여하였다. 총독부 직속기관으로 중앙에 경무총감부를 두고 헌병대사령관으로 경무총감을 겸하게 하였고, 지방에는 경무부를 두고 헌병이 경무총장, 도경무부장을 맡아 경찰을 지휘, 감독하게 한 것이다. 헌병경찰은 치안업무 외에 언론을 지도하고 사회풍속을 개선하고 신용을 조사하고 경제를 연구할 권한을 갖고서 조선사회 전반에 대한 감시와 사찰을 행하며 민족의 일상적인 생활까지 억눌렀다. 그뿐 아니라 조선에 있는 일본인을 동원하여 소방대, 재향군인회 등을 조직하여 헌병경찰을 돕게 하며 조선인을 감시하고 억압하였다.

재판정에 끌려가는 105인 사건 피의자들

일본은 무단통치와 더불어 지배 이데올로기선전을 강화하였다. 1910년 12월에 안명근이 군자금을 모금하다 잡히자, 조선 총독 암살미수사건으로 확대시켜 비밀결사조직인 신민회를 탄압하였다. 이 사건 1심 공판에서 유죄판결을 받은 사람이 105명이어서 보통 '105인 사건'으로 불린다. 피의자들은 대부분 학교를 세우거나 신문을 발행하여 청년들에게 항일정신과 민족의식을 일깨워 주던 계몽 운동가들이었다. 이 사건으로 약 600명의 애국지사가 검거되었고, 사건에 연루되었던 많은 운동가들이 해외로 망명하여 항일독립운동에 가담하게 되면서 이후 민족해방운동의 범위를 확대시켰다.

2) 민족의식 말살정책

일본은 우리 민족의 꺼질 줄 모르는 민족의식을 두려워하여 대한매일신보나 황성신문 등 조선인이 발행하는 모든 신문을 폐간하였다. 그리고 1911년 조선교육령을 공포하여 조선인을 천황에게 충성하는 신민으로 양성하고, 일본 국민으로 함양하는 신민교육을 실시하였다. 각급학교에 일본인 교사를 채용하여 일본의 역사, 지리 등을 가르쳤다. 조선의 사립학교를 불령한 조선인의 소굴이라 규정하고 탄압하여, 1908년에 2,000여 개에 달하던 사립학교가 1919년에는 700여 개로 줄어들었다. 1915년에는 『조선반도사』라는 역사책을 만들어 조선인은 스스로 살아갈 능력이 없어 남에게 의지하고 힘센 자에게 굽실거리기 잘한다는 식으로 우리역사를 왜곡시키며 식민 지배를 합리화하고 민족의식을 말살시키려고 애썼다.

    1912년에는 토지조사령을 공포하고 토지조사사업을 실시하였다. 명목은 지세를 공정히 하고, 토지소유권을 보호한다는 것이었지만 실제 목적은 토지소유권을 확립하여 세금을 늘림으로써 식민지 경영비를 마련하기 위해서였다. 당시 조선의 토지 소유관계는 복잡하였는데, 관념적으로는 모든 땅이 왕의 소유였지만 토지마다 주인이 있었고, 양반지주들은 토지를 소유하고 농민들을 소작인으로 부렸다. 그리고 농민들은 조상 대대로 물려받은 땅에서 농사를 지으며 생산물을 세금명목으로 나라에 바쳤다. 일제는 복잡한 조선의 토지 소유관계를 정리한다면서 일정기간 안에 자신이 소유한 토지를 신고하면 그 땅을 신고자의 소유로 인정하겠다고 선전하였다. 눈치 빠른 지주들은 재빨리 자기 토지를 신고하였으나, 대다수 농민들은 절차도 복잡하고 나라를 빼앗은 일제에 신고하는 자체를 꺼렸으며 또 그런 사실조차 모르고 있는 농민도 많았다.

동양척식회사

1918년 토지조사사업이 끝났을 때 신고 되지 않은 많은 토지들을 조선총독부는 국유지로 만들었다. 또 왕실 소유였던 궁방전과 고유지인 역토와 둔토를 국유지로 만들었고, 전국의 미개간지와 개간지, 간석지와 산림 등을 모두 국유지로 편입하였다. 총독부는 이 토지를 동양척식회사를 비롯한 식민회사나 일본인에게 헐값으로 팔아넘겼다. 이렇게 조선 최대의 곡창지대인 호남과 경기도 등지를 안정되게 수탈한 일본의 농장이 만들어졌고, 농촌사회를 통제하기 위해 조선인 지주를 보호·육성하였다. 토지조사사업을 통해 식민지 지주제를 확립하고 철저한 식량과 원료공급지로 만들었다.

1910년 공포된 '회사령'을 통해서는 조선의 상공업을 철저히 억제하였다. 조선에서 회사를 세우려면 총독의 허가를 받아야 했는데, 이 명령에 의해 총독은 회사를 해산하거나 폐쇄시킬 수 있었다. 1911년~1919년까지 일본인 회사는 180개가 늘어난 반면 조선인 회사는 36개사가 늘어난 사실은 회사령이 우리 민족자본의 발전을 억제하기 위한 조치였음을 시사해준다.

토지조사사업으로 농민의 77.2%가 소작농이 되었고, 회사령과 쏟아져 들어오는 일본 상품으로 조선인 상공업자의 발이 묶여 상공업자의 처지는 매우 열악하게 되었다. 한편 철도, 도로, 항만 등 식민지 운송체계가 갖추어지고 일본자본이 진출하여 근대적공장이 들어섬에 따라 조선인 노동자의 수가 늘어났다.

3) 우리 민족의 저항

일제의 남한대토벌작전에 의해 체포된 호남지역 의병장들

무단통치기에서도 나라를 되찾기 위한 민족운동은 끊이지 않았다. 합병되기 이전 을미사변 때 일어났던 을미의병, 을사조약 이후 일어났던 을사의병, 정미조약 때 일어났던 정미의병 등 의병들의 활동은 계속되었고 그들과 계몽운동가들이 비밀결사를 만들어 항일운동을 이어나갔다.

도산 안창호

최익현 의병부대에 참여했던 임병찬은 1913년 각지의 유생들을 모아 대한독립의군부를 조직하고 총독부와 일본당국에 조선에서 물러갈 것을 요구하는 각서를 보내고 의병전쟁을 계획하였고, 1915년 대구에서 비밀리에 만들어진 대한광복회는 국내 여러 곳에 조직을 두고 만주에 무관학교를 설립하기 위해 군자금을 모으고, 만주의 독립운동단체와 연락을 꾀하였으나 1918년 조직이 드러나 해체되었다. 1918년에는 이강년 의병부대에서 활동하였던 이동하, 이은영등 이 민단조합을 만들어 독립전쟁을 위한 군자금을 모집하다 발각되었다.

이 밖에도 평양의 숭의학교 교사와 학생들이 송죽 형제회를 조직하여 여성 계몽운동을 벌이는 한편, 군자금을 모아 독립운동단체에 보내는 등 청년, 학생 이나 중소 상공인, 기독교 인사등이 주도한 결사대가 많이 만들어졌지만 초보적인 결성 단계에서 해체 되었다. 또 도시의 노동자들은 노동자단체를 만들어 임금인상과 민족적 차별에 반대하는 파업투쟁을 벌여 나가며 일제침략에 반대하였다.

국내에서 의병활동과 독립운동이 어려워지자 저항운동세력은 만주와 연해주 등지로 나가 기지를 건설하였다. 독립기지 건설운동은 1905년 강압적으로 을사조약이 체결되자, 국외에 독립운동기지를 건설하려는 운동이 일어나기 시작하였다. 그것은 일제의 병탄이 노골화된 1908년부터 1910년 사이에 활기를 띠었고, 망국을 전후하여 병합 직전, 서간도로 건너간 신민회회원들에 의해 시작되었다. 그들은 유화현, 삼원보에 자치기관인 경학사와 부민단을 세우고, 신흥무관학교(처음에는 신흥강습소)를 세우고 독립군 간부를 양성하였다. 또 북간도의 용정촌과 명동촌에서는 이주동포 중심으로 항일단체가 만들어졌고 학교와 포교당의 교육기관을 세우고 민족교육을 실시하였다.

1914년 제1차 세계대전이 일어나자 일제는 만주 등지의 조선인 항일운동을 탄압하였다. 그때 상해로 옮겨 간 민족 운동가들은 이미 상해로 망명가 있던 인사들과 손을 잡고 신한청년당을 결성하여 1917년에는 국민주권과 공화주의를 표방하는 '대동단결선언'을 발표하였다.

1911년 러시아 땅 연해주 블라디보스토크의 신한촌에서 결성된 권업회는 1914년에 이상설과 이동휘를 정·부통령으로 하는 대한광복군정부라는 독립군 조직을 만들어 독립전쟁을 준비하였다. 연해주에서의 독립운동은 1917년 러시아혁명을 계기로 다시 활기를 띠고, 전로한족회 중앙총회를 결성하여 새로운 독립운동을 모색하였다.

미주지역에서도 1909년 안창호, 박용만, 이승만등이 중심이 되어 대한인국민회를 조직하였고, 박용만은 1911년 하와이에서 조선국민군단을 조직하여 청·장년들에게 군사훈련을 실시하였다.

제1차 세계대전이 끝나고, 1917년 러시아의 노동자들이 정권을 무너뜨리고 레닌이 세계의 식민지·반식민지 민족을 대상으로 '민족자결의 원칙'을 선언하고, 1918년 미국의 윌슨대통령이 '세계평화와 민주주의'를 선언하였다. 윌슨의 민족자결주의는 어느 민족이든지 자기나라의 운명은 그 민족이 스스로 결정할 수 있다는 내용이었으나, 독일과 같은 패전국이 지배하던 식민지에만 적용되는 것이지 미국이나 일본과 같은 전승국의 식민지는 대상에서 제외되었다.

이러한 자세한 내용을 알지 못한 상태에서 민족주의자들을 중심으로 파리강화회의에 민족대표를 파견하여 조선의 독립을 청원하자는 여론이 일어났다. 그래서 1919년 1월 상해의 신한청년당은 독립청원서를 작성하여 김규식을 대표로 파리로 파견하였고, 2월에는 연해주의 대한국민의회에서도 윤해, 고창일을 파리에 보내어 독립을 호소하였다. 미주지역에서는 파리로 보낼 대표로 이승만, 정한결등을 뽑았으나 미국이 여권을 발급해 주지 않아 가지 못했다.

4) 3·1 운동

일본에 있던 유학생들이 여러 차례 비밀회의를 거쳐 '조선청년독립단'을 조직하고 '민족대회소집 청원서'와 '독립선언서'를 작성하여 1919년 2월 8일 오후 2시에 동경의 조선 YMCA강당에서 유학생 총회를 열고 대한독립선언서를 발표하였다. 그 무렵 국내에서도 천도교, 기독교, 불교 그리고 학생대표들이 비밀리에 모임을 갖고 대대적인 만세시위를 계획하였다.

1919년 3월 1일 오후 2시, 서울 종로 탑골공원에 수많은 학생과 시민들이 모여들어 민족대표들을 기다리고 있을 때, 민족대표들은 인사동 태화관에서 모임을 갖고 있었다. 대표들이 나타나지 않자 학생대표 3명이 태화관으로 급히 달려가 탑골공원으로 갈 것을 호소하였으나, 그들은 자신들끼리 독립선언서를 낭독한 뒤 경무총감에게 전화를 걸어 그곳에서 연행, 구금되기를 기다리고 있다고 알렸다. 33인 대표 가운데 길선주등 4명을 뺀 29명은 2월 28일 마지막 모임에서 학생들의 희생을 염려해 독립선언 장소를 태화관으로 바꾸었던 것이다.

오후 2시 30분 탑골공원에서는 한 학생이 나서서 이미 배포된 독립선언서를 감격스럽게 낭독하자 누가 먼저랄 것도 없이 '대한 독립만세'를 외쳤다. 그러자 군중들은 가슴에 간직하고 있던 태극기를 힘차게 흔들며 "조선 독립 만세"를 외치며 서울 시가를 누볐다. 그때 마침 고종의 국장(3월 3일)에 참석하기 위해 전국 각지에서 올라온 사람들도 시위에 합류하였다.

만세시위 행진은 해질 무렵부터는 교외로 번져나갔는데 질서를 유지하여 단 한 건의 폭력사건도 발생하지 않았으나 일본 군대와 기마경찰의 무력저지로 인하여 강제 해산되었다.

3월 1일에는 서울뿐 아니라 평양, 진남포,

유관순 열사

안주, 의주, 선천, 원산 등 서울 이북지방에서도 독립선언식과 만세시위운동이 전개되었고, 2일에는 경기도 개성, 충청남도 예산 등에서도 일어났다. 4일에는 전라북도 옥구, 8일에는 경상북도 대구, 10일에는 전라남도 광주와 강원도 철원, 함경북도 성진, 11일에는 경상남도는 부산진으로 시위로 각각 번져갔다. 이어 전국 13도가 일제히 3·1운동의 대열에 나서게 되었으며, 21일에는 바다 건너 제주도에 까지 파급되면서 한국 역사상 최대의 민족운동으로 발전하였다. 만세운동에 참가한 사람들은 사회 각계각층이 따로 없이 노동자, 승려, 관리는 물론 어린이, 거지, 기생 등 전 국민이 참여하였다.

국내에서 3·1 운동의 거센 물결은 국외에도 파급되어 서간도와 북간도를 비롯한 만주지역과 훈춘 등으로 퍼졌고, 미주와 러시아 블라디보스토크에서도 대규모 독립만세운동을 전개하였다.

이 민족적 독립운동의 규모를 정확하게 알 수는 없으나 공식적인 집계에 의하면 집회횟수 1,542회, 참가인원수 2,023,098명, 사망자 수 7,509명, 부상자 수 15,961명, 피검자 수 46,948명으로 추산된다.

민족대표 33인의 명단은 천도교 쪽의 이종일, 권병덕, 양한묵, 김완규, 홍기조, 홍병기, 나용환, 박준승, 이종훈 등 11명과 손병희, 권동진, 오세창, 최린, 그리스도교 측에서는 이승훈, 양전백, 오화영, 박희도, 최성모, 이필주, 김병조, 김창준, 유여대, 이명룡, 박동완, 정춘수, 신석구, 이갑성, 길선주, 신홍식 등 16명 불교 측의 한용운, 백응성이고 최남선이 기초한 독립선언서는 21,000매를 인쇄하였다. 거사일은 처음에는 고종의 인산일(장례일인 3월 3일)로 정했다가 불경스럽다는 의견이 나왔고, 또 2일은 그리스도교인의 안식일의 이유로 1일로 결정되었다.

3·1 운동

　민족대표들은 사전준비에는 중요한 역할을 하였지만 민중을 끝까지 이끌지 못하였고, 스스로의 힘으로 독립하려 하기보다 정세인식을 잘못하고 우리의 처지를 강대국에 호소하며 도움을 받으려 하였다.

　3·1 운동은 제1차 세계대전 이후 전승국 식민지에서 일어난 최초의 반제국주의 민족운동으로 비록 많은 희생자를 낸 채 나라를 되찾지 못하였으나, 중국 등 아시아의 여러 피압박 민족의 해방운동의 선구가 되었다. 그리고 민중의 민족적, 계급적 각성과 자각이 촉진되어 민족해방운동의 저변을 확대하고, 1920년대의 민족해방운동에 큰 변화를 가져왔다. 일제의 무단정치를 문화정치로 바꾸는 계기가 돼서 교육기관의 설립과 신문 등의 창간이 실현되어 민족자립의 기초를 다질 수 있게 하였다. 또, 중국 상하이의 프랑스 조계(공관거류지)에 대한민국 임시정부가 수립되는 계기가 되었다. 이를 통한 임시정부의 국제적 정치활동은 민족 독립의 모태 역할을 하였다.

2. 기만적인 문화정치기와 민족해방운동

1) 기만적인 문화 정책

3·1 운동으로 우리 민족의 강력한 저항을 겪고 독립의지와 단결심에 놀란 일제는 무단정치를 철폐하고 문화정치를 실시하게 된다. 그러나 폭력을 숨기고 겉으로만 자유를 허용하는 기만적 정책이었다.

새 총독으로 임명된 해군대장 출신의 사이토는 1919년 9월에 조선인의 문화 창달과 국민의 노동력이나 재력증진, 헌병경찰제를 보통경찰제도로 전환, 조선인을 총독부관리로 등용 조선인의 언론, 출판, 집회, 결사의 자유를 허용, 조선인이 경영하는 한글신문의 간행 등을 허용하며 조선인을 회유하였다.

그러나 헌병경찰제를 일반경찰제로 바꾼 것은 경찰업무와 군대업무를 분리한 것에 지나지 않았다. 1918년에 551개소이던 경찰관서가 1920년에 2,761개소로 5배 넘게 늘어났고, 경찰수도 1918년 5,400여 명에서 1920년에 20,134명으로 4배 가까이 늘어났다. 게다가 1군 1경찰서, 1면 1주재소제도를 확립하고 사상탄압을 전문적으로 하는 특고형사, 사복형사, 제복순사, 밀정 등을 편성하여 조선 전역에 감시망을 쳐 놓았다.

조선인의 언론, 출판, 집회, 결사의 자유의 회유책으로 동아일보와 조선일보 등의 신문이 창간되고 사회단체들도 생겨났지만 제한적이었고, 조선인 일부 상류층 자산계급을 식민지 정책에 앞서는 인물로 개량해 나갔다.

이렇듯 자유를 허용하는 문화시책을 내놓는 척 하며, 조선인에 대한 탄압을 강화한 일제는 교육기관과 선전물을 통해 사대주의 근성이 강하다든지, 파당을 지어 싸움만 일삼는 민족이라는 등의 엉뚱한 말을 지어내면서 조선인의 열등감을 부추기며, 식민지의 이데올로기를 주입시켰다. 그리고는 민족분열정책을 본격화하였다.

대지주나 자본가, 나약한 지식인 등 상층계급에 속하는 인물들을 식민체제 안으로 끌어들여 민중과 분리시키면서 식민지 지배 안에서 실력을 기르면 독립을 시켜준다는 회유책을 썼다. 이 정책은 나름대로 성과를 거두어 정치적, 경제적 이익이라는 미끼에 걸려든 조선인 대지주와 자본가, 지식인, 종교인 등의 상류층인들이 일제의 문화정치에 적극적으로 호응하는 세력이 되었다. 그래서 일부 조선인들은 일제와 협력하는 것을 불가피한 현실로 받아들이고 일제가 허용하는 범위 내에서 경제적으로 실력을 기르고, 좋지 못한 민족성을 개조하며 정치적으로 자치권을 획득하자는 민족개량주의 운동을 주장하였는데, 호남지방의 대지주이자 경성방직의 자본주인 김성수 일가의 동아일보 계열과 이광수, 최남선, 최린 등의 지식인과 종교인들이 그 운동에 앞장을 서게 되었다. 이광수는 1921년에 상해임시정부의 기관지 독립신문의 주간을 그만두고 돌아와 동아일보의 논설위원으로 있으면서 1922년 최린이 경영하던 잡지 〈개벽〉에 '민족개조론'을 실었다.

　이광수는 조선민족이 게으르고 야만적이라고 질타하며 일본의 식민지가 된 것은, 나쁜 민족성 탓이라고 말하였다. 그래서 우리에게 필요한 것은 독립이 아니라 민족성을 개조하는 일이며, 그러기 위해서는 수양동우회와 같은 단체를 만들어야 한다고 주장하였다. 또 1924년 동아일보 신년 사설에서는 독립운동을 자치운동으로 전환하고 일본의 주권 아래 법률이 허용하는 범위 안에서 산업진흥과 교육개발로 민족의 실력을 기르자는 자치론을 펴기도 했다. 실력양성론이 자치론으로 이어지면서 그는 점차 친일노선으로 변질되어갔다.

중국 충칭직할시에 있는 대한민국임시정부청사

1920년대 민족개량주의자들은 실력양성운동의 하나로 물산장려운동과 민립대학 설립운동을 벌였으나 오래가지 못했다. 국산품을 애용하자는 물산장려운동은 박영효 같은 친일파들이 적극 참여하고 이상재와 같은 민족주의자들과 민중의 외면하에 1년도 못 되어 흐지부지 됐다. 민립대학 설립운동도 일제와 타협하는 운동으로 변질되었다.

1차 대전 중에 일본은 전쟁 물자를 팔아 막대한 이익을 챙겼지만 그 과정에서 많은 농민들이 도시의 일자리를 찾아 농촌을 떠나는 바람에 식량부족 사태를 맞게 되었다. 마침내 일본은 1918년 곳곳에서 쌀을 요구하는 민중의 폭동이 일어나자 산미증식계획을 세우고 부족한 쌀을 조선에서 확보하고자 하였다.

식량증식계획이 진행되면서 소작농민에 대한 수탈이 강화되었다. 지주들은 자신들이 물어야 할 수리조합비를 소작농민에게 떠넘겼고, 농사 개량을 구실로 개량 농기구나 비료 사용을 강요하며 농민부담을 가중시켰다. 토지개량과 수리시설의 정비, 간석지개발로 쌀 생산량은 늘었지만 쌀은 일본으로 흘러 들어갔고, 조선 농민은 식량부족을 겪었다.

1920년 일본은 회사령을 철폐하여 일본자본이 조선에 자유롭게 들어오도록 하였다. 1923년에는 일본상품의 관세를 철폐하여 상품수출의 길을 확대하였다. 그리고 1927년에는 조선인이 소유한 은행을 강제로 합병하여 조선은행에 예속시키면서 산업 전반에 대한 지배를 강화하였다.

김구

2) 대한민국 임시정부

한편 상해임시정부 의정원은 1919년 9월 공화주의와 삼권분립의 원칙에 기초한 헌법을 공포하였으며, 11월에 이승만을 임시 대통령에, 이동휘를 국무총리로 하여 대한민국 임시정부를 출범시켰다. 이는 노령 블라디보스토크에서 수립된 임시정부에서는 손병희를 대통령으로 하는 정부안을, 상해에서 이승만을 국무총리로 하는 정부안이, 그리고 국내에서 이승만을 집정관 총재로 하는 한성정부안 등 임시정부 세 곳에서 각기 다른 안이 발표되자, 통합운동을 벌인 후 몇 차례 진통을 겪은 뒤에야 가능한 일이었다.

임시 정부 청사 안 김구의 집무실

임시정부는 기관지 독립신문을 발간하고 외교 선전활동에 힘을 쏟기 위해 프랑스와 미국에 위원부를 두고 활동을 하였다. 그리고 독립전쟁의 효율적인 수행을 위하여 군사활동에 관한 규정을 마련하고 임시육군무관학교, 비행사 양성소, 간호학교 등을 설치하여 군사양성에 노력하였다. 또한 중국 동삼성의 독립군부대를 임시정부의 직할부대로 두고 1920년에는 대한광복군총영을, 1923년에는 육군주민의부를 조직하여 무장독립전쟁을 수행하였다.

임시정부가 외교활동에 별다른 성과를 거두지 못하자, 임시정부활동에 비판적이었던 신채호 등 중국 관내에서 활동중인 세력과 만주, 노령 등지의 무장 세력들은 독립운동전선의 통일과 독립운동의 방향전환을 위해 1923년 국민대표대회를 열자고 주장하여 좌·우익을 가리지 않는 국내의 70여 개 독립단체와 100여 명의 대표가 참가한 가운데 대회가 열렸다. 그러나 임시정부 조직만 개조하자는 의견과 새로운 정부를 수립하자는 의견으로 분열되어 많은 세력들이 실망하고 흩어졌다.

대한민국 임시정부 파리위원회

 2006년 3월 1일, 대한민국 임시정부 파리위원회 청사기념 현판식이 파리에서 열렸다. 현판에는 '여기에 대한민국 임시정부 위원회가 있었다.'는 문구는 프랑스어로, '대한민국 임시정부 파리위원부 청사 1919-1920'이라는 문구는 한글로 새겼다.
 1919년 3월, 김규식을 대표로 설치된 파리위원회는 짧은 기간 활동했지만 한국의 독립 문제를 국제사회에 부각시키는 데 큰 역할을 하였다. 임시정부 대표 명의로 된 탄원서를 강화회의에 제출하고 국제기구를 상대로 로비를 펼쳤다.

그리하여 1925년 임시정부는 박은식을 제2대 대통령으로 추대하고, 이어 대통령제를 내각책임제에 가까운 국무령제로 바꾸는 등 노력을 기울였지만, 세력이 약화되어 일개 독립운동단체로 하락하고 1930년대 중반 장개석이 이끄는 국민당 정부를 따라 중경으로 이동하기까지 김구를 중심으로 한 임정 고수파에 의해 유지되었다.

3·1운동으로 활기를 되찾은 독립 운동가들은 여기저기 흩어져있던 독립군을 모아 대규모 독립군부대를 이루어 만주와 연해주 등에 기지를 만들었다.

북간도에서는 김좌진의 북로군정서, 홍범도의 대한독립군 그리고 대한정의군정사, 광복단 등의 무장 독립운동단체가 활동하였고, 서간도에서는 신흥무관학교 출신들이 중심이 되어 결성이 되었고 군 사령관은 이청천의 서로군정서와 조맹선, 박장호, 백삼규 등의 의병장들이 조직한 대한독립단이 무장 독립운동을 전개했다. 이들 단체들은 국내로 들어와 1920년 1월~3월까지 무려 24회의 진공작전을 감행하여 일제를 긴장하게 만들었다.

한말 의병출신의 홍범도가 이끄는 대한독립군은 1920년 3~6월 사이에 일본군과 32차례의 전투를 벌였고, 경찰서 등 일제의 통치기관 34개소를 파괴하였다. 마침내 일본군 500여 명이 국경을 넘어 대한독립군을 추격하다 봉오동 전투에서 참패를 당하였다. 일본군은 다시 대병력을 동원하여 토벌계획을 세우고 작전을 폈다. 김좌진의 북로군정서는 1920년 10월 21일에 천연의 요새인 청산리계곡으로 일본군을 끌어들여 백운평에서 또 참패하였다.

고관과 관공서에 대한 폭력투쟁으로 일제가 치를 떨며 두려워했던 의열단, 일제식민지시대 최후의 항전으로 대변되는 조선의용대는 김원봉과 윤세주가 중심에 있었다. 1919년 11월 만주 길림에서 김원봉이 윤세주 등 12명과

나석주 의사 동상

결성한 의열단은 총독부의 고위관료나 친일파 등을 암살하고 동양척식회사, 조선식산은행, 경찰서 등 일제의 기관을 파괴하기로 하고, 북경으로 본부를 옮겨 폭탄을 제조하였다. 그러나 사전에 계획이 발각되어 의열단원 6명이 살해되었지만 이들은 부산경찰서, 밀양경찰서, 조선총독부에 폭탄을 퍼부었고, 1922년 3월 상해에서 일본군대장 다나카를 저격하였다.

김원중은 북경에서 신채호를 만나 신체호가 작성한 혁명 선언문을 받았다. 조선혁명선언문은 조선독립을 위해서 조선 민중의 직접혁명을 주창하였다. 의열단은 민중이 직접 폭동을 일으킴으로써 독립을 이룰 수 있다고 믿고 일제에 대한 테러를 계속하였다. 1923년 1월 김상옥이 종로경찰서에, 1926년 12월 나석주가 동양척식주식회사와 조선식산은행에 폭탄을 투척하였다.

그러나 폭력투쟁의 한계를 느낀 의열단은 사회주의 사상을 받아들이고 중국 황포군관학교에 들어가 체계적으로 군사훈련을 받았다. 사회주의로 기울어진 의열단은 1927년 중국의 국공합작이 깨지면서 장개석정부의 탄압을 받자, 일부는 중국공산당에 가담하고 나머지 대부분은 상해로 돌아왔다. 이후 1929년 북경으로 본부를 옮긴 의열단은 레닌주의 정치학교를 세워 청년단원을 양성하고 이들은 국내사회주의자들과 노동운동에 참여하게 하였다.

3)사회주의와 항일 운동

1920년대 들어서면서 나라 안팎에서 사회주의사상이 번져 갔다. 일본에서 사회주의사상에 눈을 뜬 조선유학생들과 노령 연해주, 중국의 상해 등지에서 사회주의자로 변신한 청년, 지식인들이 국내에 들어와 사회주의 사상을 퍼뜨린다. 사회주의자들은 조선의 사회주의운동과 민족해방운동을 이끌 조직체를 만들기 위해 노력하다가 드디어 1925년 4월 17일 20여 명의 활동가들의 주도로 조선공산당을 창립하였다.

코민테른

1919년 3월 레닌의 주창에 의해 '세계 혁명과 세계 근로대중의 해방'을 목적으로 모스크바에서 창립된 국제공산당을 코민테른이라 한다. 코민테른은 각국 공산당을 자신의 지부로 두었고, 2년 단위로 최고기관으로서 세계대회를 열고, 반년마다 집행위원회를 열었다.

1943년 해체되기까지 7차례의 대회를 열어, 매 시기 국제정세분석과 공산주의혁명을 위한 중요한 전략과 전술 등을 결정하고 집행하였다. 각국의 공산당은 코민테른의 지부로서 코민테른의 지도와 지원을 받아 활동하였고, 1925년 창립된 조선공산당도 코민테른의 조선지부로서 활동하여 매 시기 민족해방과 사회주의혁명을 위한 주요한 지침과 지도, 지원을 받았다.

조선공산당은 러시아 모스크바에 대표를 보내 국제공산당의 정식지부로 승인을 받고, 해외로 조직을 확대하여 만주총국과 상해부와 일본부를 설치하였고, 1927년 조선노농총동맹을 조선노동총동맹과 조선농민총동맹으로 분리시켜 노동운동과 농민운동의 활동기반을 마련하였다. 조선공산당은 창립 초기부터 민족주의계열과 연합하여 함께 6·10만세운동을 준비하였고, 1927년 2월 15일에 비타협적 인민족주의 진영과 민족협동전선으로 신간회를 조직하였다. 그러나 일제로부터 탄압을 받자, 1928년 코민테른은 지식인 중심의 조선공산당을 해체하고 노동자와 농민중심의 공산당을 조직하도록 지시하였다. 신간회는 이상재를 회장으로, 홍명희를 부회장으로 하여 국내 최대 규모의 항일단체로 성장하였는데 1928년 말에 143개 지회에 회원이 2만명에 이르렀다. 신간회본부는 일제의 탄압에 활동을 제대로 벌이지 못한 반면 지방지회는 사회주의세력의 활약으로 각종 활동을 활발하게 벌였다. 1929년 광주학생운동이 일어나자 민중대회를 열어 3·1운동과 같은 항일운동으로 확산시킬 계획을 세웠으나, 사전에 드러나 홍명희, 허헌 등 간부와 회원 수 명이 검거되면서 무산되었다.

1930년에 김병로를 집행위원장으로 하는 새로운 집행부가 구성된 후, 타협적이고 합법적인운동을 강조하는 인물들이 많이 참여하여 자치론자와 제휴를 주장하면서 우경화 경향을 보이자, 각 지회가 반발하여 신간회 '해소론'이 등장하게 되었다. 해소론자들은 노동자와 농민을 노동조합과 농민조합으로 다시 편성할 것을 주장하였고, 민족주의자와 일부 사회주의자들로 구성된 반대론자들은 진보적 조직이 출현하기까지 이를 해소해서는 안 된다고 맞섰다. 결국 1931년 5월 15일 기독교청년회회관에서 창립한 이후 처음 열린 신간회 전국대회에서 해소 안이 가결됨으로써 신간회운동은 4년여 만에 해체되었다. 신간회는 민족해방운동이 부르주아와 사회주의 노선으로 분화된 뒤 처음으로 이루어진 민족합동전선으로서 민족통일운동의 역할을 해낸 모임으로서의 의미가 매우 컸다.

1920년대 들어 조선인 노동자들은 사회주의의 영향을 받아 반일 파업투쟁을 벌였는데, 1929년 원산 총파업에서 절정을 이루었다. 1928년 9월 함경남도 덕원군 문평리의 라이징선 석유회사의 일본인 감독 고다마가 조선인 노동자를 구타한 사건이 발단이 되어 일어난 파업은 원산노동연합회가 주도하여 원산지역 총파업으로 발전하여, 1929년에는 원산노동연합회 산하 24개 노동조합과 조합원 3,000여명이 참가하게 되었다. 파업투쟁이 1월에서 4월까지 계속되자 마침내 경찰을 동원하여 무력으로 진압하였다.

전라남도 신안반도 암태도 면소재지 초입에 세워진 암태도 소작인항쟁기념탑

한편 3·1운동 이후 농민들도 조직화되어 소작빈농이 중심이 되어 소작료 인하, 소작권 이동반대 등의 생존권을 요구하며 투쟁하였다. 1923년 9월부터 1년 가까이 싸운 전라남도 암태도 소작쟁의는 1920년대 대표적인 농민운동이었다. 그곳 농민들은 지주와 그를 두둔하는 일본경찰에 맞서 1년 가까이 싸워 마침내 소작료를 80%에서 40%로 낮추었다.

3. 전시 체제기의 식민지 수탈 정책

1) 전시체제와 황국 식민화 정책

1929년 말부터 경제공황이 세계 자본주의를 강타하면서 미국과 유럽 선진 자본국들은 경제적위기를 맞았다. 수많은 공장들이 문을 닫자, 일자리를 잃은 노동자들이 길거리로 쏟아져 나왔다. 미국은 경제 대공황을 극복하기 위해서 루즈벨트 대통령이 뉴딜정책으로 위기에서 벗어났고, 영국이나 프랑스 등은 자기들의 식민지를 대상으로 보호무역주의라 할 수 있는 블럭경제권을 설정하여 위기에서 벗어나려 했지만, 후발 자본주의 국가로 식민지를 확대·재편성하기 역부족이었던 일본은 아시아 대륙에 대한 침략을 서두름으로써 공황에서 벗어나려 했다.

그 일환으로 1931년 만주를 침략하였고, 1937년에는 중국 상하이에서 중일전쟁을 일으키며, 1941년에는 미국과 전쟁을 벌여 태평양전쟁으로 확대되었다. 그러면서 일본은 조선에 '전시체제'를 실시하였다.

먼저 조선민족의 민족성을 없애기 위해 조선민중을 황국신민으로 만들려는 황국 신민화정책을 실시하였다. 1931년 6월에 조선 총독으로 부임한 우가키가즈시게는 일본이 전쟁에서 이기는 것은 2천만 조선의 민심에 달려있다며 '내선융화'를 강조하였고, 1936년 8월에 부임한 미나미 총독은 '조선인과 일본인은 형태도, 마음도, 피도, 살도 하나가 되어야 한다.'며 황국 신민화정책을 더욱 강화하였다.

1937년부터 "우리들은 대일본제국의 신민입니다. 우리들은 마음을 합하여 천황폐하께 충성을 다합니다." 라는 내용의 충성맹세문 '황국신민서사'를 만들어 외우게 하고, 아울러 전국의 모든 읍면에 천황을 신으로 받들어 모시는 신사를 만들어 참배하도록 강요하였다.

1930년대 수업 모습

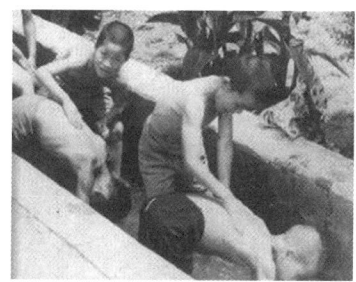
1960년대 수업 모습

학생들이 등교하고 있는 최근 모습

그리고 조선어 사용을 금지하고, 일본어를 사용하게 하였으며 조선어 학습시간을 차츰 줄여나가다가 1941년에는 완전히 폐지하였고, 황민화교육의 일환으로 '황국신민학교'라는 뜻의 국민학교제를 실시하여 학생들을 황민으로 길들였다. 또 조선의 고유한 성씨를 폐기시키고 일본식 성씨로 바꾸는 창씨개명을 강요하였다. 1940년에는 이미 친일지로 변모한 동아일보와 조선일보 등 한글을 사용하는 모든 신문과 잡지를 강제 폐간시켰다.

2) 여러 수탈정책과 민족개량주의

전쟁이 확대되면서 인력이 부족하자, 1938년 조선에 '특별지원병제'를 실시하여 창군지원을 하게 하였고, 1943년에 '학도지원병제도'를 실시하여 학생들을 강제 연행하여 전쟁터로 보냈으며, 징병제를 실시하여 20여 만의 조선청년을 침략전쟁의 총알받이로 끌고 갔다.

1939년에는 국민징용령을 실시하여 조선인을 강제 연행하여 노예나 다름없는 노동을 강요하였다. 수많은 조선인들은 배고픔과 노역에 시달리다 이역만리에서 죽어갔다. 태평양전쟁이 시작되면서는 근로보국대와 정신대의 이름으로 조선인을 강제로 납치, 연행해 갔다. 1948년 8월에는 여자 정신대 근무령을 내려 여자들을 강제 동원하여 군위안부로 삼는 만행을 저질렀다.

인력뿐 아니라 전쟁물자의 공급이 다급해지자 조선에 위문금품과 국방헌금을 강요하였고, 식량공급과 공출제를 실시하여 군량미를 확보하는데 열을 올렸다. 조선농민은 전체 쌀 생산량의 40~60%를 공출로 빼앗겨 식량 배급량이 크게 줄었다. 노동력이 전쟁터로 빠져나가자 국내 노동력 부족현상으로 많은 농지가 황폐되었으며, 수확량도 1,800만 석 이상 줄어들었다. 살기 어려워진 농민들은 도시로 흘러들어 날품팔이나 걸인이 되었다. 1930년대에는 해마다 10만 명이 넘게 일본으로 건너갔고, 만주와 연해주 지방으로 건너가 소작인이 되는 사람도 많았다.

1930년부터 지방제도 관계법령을 개정하여 지방자치제를 도입하였는데 일부 친일세력과 민족개량주의자들은 지방자치제의 참여가 반일운동이라며 적극적으로 활동하였다. 그러나 그것은 식민지배의 들러리에 지나지 않았고, 여러가지 폭권을 누리고 있던 그들은 각종 사회단체를 만들어 민족개량주의 운동을 대중적 운동으로 확산시켰다.

언론기관에서도 조선일보가 1929년에서 1934년 사이에 농촌계몽운동에 열을 올리며 한글 보급운동을 벌이자, 동아일보도 비슷한 기간에 학생 브나로드운동을 벌였다. 비슷한 기간 다른 언론기관에서도 방학 때 농촌으로 내려가 농민을 상대로 문맹퇴치운동을 벌이자고 학생들을 설득하고, 열심히 배우고 절약한다면 잘 살 수 있고 민족의 실력을 기를 수 있다고 농민들을 설득하였다. 이것은 일제의 농촌진흥운동의 구호인 자력갱생과 맥을 같이하는 것이었지만 많은 학생들은 농민계몽에만 그치지 않고 농민의 민족의식을 일깨우려 노력하기에 이르자, 이 운동은 일제의 탄압을 받아 1935년에 금지되었다.

민족개량주의 운동이 확산되어가던 1937년 무렵부터 인사들의 친일 행각이 모습을 드러내기 시작하였다. 독립할 수 있는 길이 없으니 차라리 일제의 침략전쟁에 협조하는 것이 민족을 위한 길이라고 역설하였다. 조선일보와 동아일보도 친일에 앞장서서 일제의 지원병에 나서라고 독려하였고, 대중적인 명망이 높았던 문인들인 최남선, 이광수, 주요한, 서정주, 모윤숙, 노천명 등도 강제징용이나 정신대에 영광스럽게 나서라고 촉구하였다.

경성방직 사장 김연수, 화신백화점 사장 박흥식 등이 국방헌금을 내거나 항공기와 기관총 등 무기를 사서 일본군에 헌납하였다. 종교단체들도 일본군 위문행사와 같은 시국행사에 적극 참여하였고 송금선, 김활란등 교육계 인사들도 침략전쟁을 옹호하며 친일 협력을 권유하는 글을 쓰거나 강연회를 열었다.

브나로드 운동

일제강점기에 동아일보사가 주축이 되어 일으킨 농촌계몽운동이다. 브나로드(vnarod)는 민중 속으로라는 뜻의 러시아 말로, 러시아 말기에 지식인들이 이상사회를 건설하려면 민중을 깨우쳐야 한다는 취지로 만든 구호이다.

이 구호를 앞세우고 1874년에 수많은 러시아 학생들이 농촌으로 가 계몽운동을 벌였으나 정작 농민들로부터 별 호응을 받지 못했고, 주동자들이 체포되어 '193인 재판'을 받으면서 막을 내렸다.

이후 이 운동은 농촌을 근간으로 한 사회주의적 급진사상의 시발점이 되었으며, 주변 여러나라의 농촌계몽활동이 시작되는 계기가 되어 이 말이 계몽운동의 별칭으로 사용되었다.

3) 민족해방운동과 항일무장투쟁

전시체제 아래서 합법적인 운동이 불가능하여 노동조합과 농민조합은 비합법적인 활동으로 노동쟁의와 소작쟁의 등의 생존권투쟁에 머물지 않고 민족해방과 계급해방 운동을 벌이며 일제에 항거하였다.

1930년~1935년에 함경남도 흥남일대에서 네 차례나 태평양노동조합 사건이 일어났고, 1933년~1936년에는 서울을 중심으로 한 공장과 공사장에서 산업별 적색노동조합을 조직하려던 활동이 있었고, 1936~1939년에는 원산지역 운동가들이 원산좌익위원회를 결성하여 전국운동세력의 통일을 꾀하려다 실패하였다.

이 밖에도 평양, 신의주, 여수, 마산, 부산 등에서 노동조합운동이 일어났다. 이런 혁명적 노동조합운동과 농민조합운동은 사회주의자들의 당 재건운동과 밀접한 관계를 가지고 전개되어 좌편향의 한계를 드러내기도 하였다. 하지만 이러한 운동은 1930년대 말에 이르러 일제의 탄압으로 사라져 갔다.

신간회가 해체된 뒤 민족주의자들은 민족말살정책에 맞서 '국학운동'을 벌여 민족정신을 지켜나갔다. 신간회 해소를 반대하였던 안재홍은 정인보등과 함께 정약용의『여유당전서』편찬사업을 펼치며 황민화정책에 대응하여 조선후기 실학연구에 몰두하였다.

한글학자들은 1931년 조선어학회를 만들어 우리말을 연구하고 대중에게 보급하였다. 일본은 1942년 조선어학회사건을 일으켜 탄압하였지만 이윤재를 비롯한 조선어학회 회원들은 우리말을 지키려고 끝까지 노력하였다.

일제의 패망을 눈앞에 둔 1944년 8월 여운형은 뜻있는 인사들과 건국동맹을 만들었다. 10개도에 책임자를 두어 지방조직을 갖추고, 10월에는 양평에 농민조직을 조직하여 식량공출, 군수물자 수송, 징용, 징병을 방해하였다. 그리고 나라 밖의 항일무장단체들과 연계를 맺어 이들이 진격하면 나라 안에서도 연계하여 폭동을 일으킨다는 계획을 세웠으나 일제의 패망이 생각보다 일찍 와 실현하지는 못했다. 하지만 건국동맹의 기반은 해방 직후 들어선 건국준비위원회의 대중적 토대가 되었다.

한편, 1931년 일본이 만주를 침략하여 점령하면서 그곳에 활동하던 조선독립군은 큰 타격을 입었고, 간도의 조선농민과 사회주의자들이 결합하여 새로운 형태의 항일투쟁을 벌이기 시작하였다. 나라를 잃고 고향을 떠난 설움에 중국인 지주와 봉건군벌과 일제의 탄압을 받으며, 이중 삼중의 고통을 받고 있던 간도의 농민들은 조선인 사회주의자의 지도 아래 1931년 가을 소작료 인하등을 내걸고 추수폭동을 일으켰다. 그리고 1952년 봄부터 동북 만주지역에서 유격대를 만들어 항일무장투쟁을 시작하였다.

1953년 항일유격대는 만주지역의 유격대를 동북인민혁명군으로 통일하여 일제의 공격을 막아내기 쉬운 8곳에 해방구를 만들어 자치정부를 세우고 토지개혁 등 사회개혁을 실시하고 그곳을 근거지로 삼아 농사를 짓고 살았다. 그러자 일제가 민생단이라는 스파이조직을 만들어 일본군을 동원하여 세 차례의 대토벌전을 벌였는데, 1933년 ~1935년 사이에는 그곳에 사는 어린아이까지 마구 학살하였다.

그래서 동북인민혁명군은 1935년에 유격대를 남만과 북만지역으로 옮겼고 중국공산당에 의해 동북항일연군으로 확대 개편되었다. 일부 동북항일연군은 독립적인 인민정부를 수립할 목적으로 조국광복회를 조직하였고, 1937년 2월에는 국내 민족주의자 및 사회주의자와 손잡고 한인민족해방동맹을 결성하여 삼수와 갑산 등지로 조직을 넓혀 나갔다.

항일유격대는 여러 차례 국내 진공작전을 벌였는데 그 중 1937년 6월 보천보전투가 대표적인 작전이다. 보천보 습격에 놀란 일본은 1937년 10월부터 조국광복회 국내 조직원 수백 명을 검거하였다. 이들 유격대는 대부대를 이동하는 것이 불리하다는 판단 아래 소부대활동을 벌였고, 1941년 일부는 소련 땅으로 들어가 그곳에서 군사, 정치 훈련을 하였다.

1931년 일제가 만주를 침략하자, 중국 관내에서 항일투쟁을 벌이던 세력들끼리 통일되어야 한다는 여론이 일었다. 1932년 말 김원봉이 이끄는 의열단이 중심이 되어 김두봉과 이동녕이 이끄는 한국독립당과 이청천이 이끄는 조선혁명당등이 연합하여 한국대일전선통일연맹을 결성하였고, 1935년 7월에 더욱 강화된 단결력으로 민족혁명당이라는 단일정당을 만들었다. 민족혁명당은 나아가 임시정부까지 해체할 계획이었으나 일부 세력이 반발하면서 민족혁명당은 힘을 잃어갔다.

1937년 중·일전쟁이 시작되자 12월 민족혁명당은 조선민족전선연맹을 결성하고 중국 관내에서 처음으로 조선의용대라는 군사조직을 만들었다. 조선의용대는 중국국민당의 지원을 받아 주로 정보수집과 포로심문, 후방교란 등의 활동을 벌였으나, 이런 소극적인 활동에 불만을 품고 있던 의용대원 80%정도가 1941년 무렵 중국공산당 해방구가 있던 화북지방으로 옮겨갔다. 그들은 상해에

윤봉길

서 활동하던 조선인 사회주의자 최창익, 허정숙등의 세력과 1941년 화북조선청년연합회를 결성하여 호가장전투 등 크고 작은 항일전을 치렀다.

그 뒤 청년연합회는 중경과 낙양 등지에서 온 김두봉 등 민족주의자와 연합하여 화북조선독립동맹으로 조직을 확대·개편하였다. 조선의용대는 이때 조선의용군으로 이름을 바꾸고 중국의 팔로군과 함께 항일전에 참여하였고, 나중에 북한으로 들어가 인민군으로 편입되었다.

1932년 4월 29일, 일본 천황의 생일인 천장절 경축식이 상해 홍구공원에서 성대히 열리고 있었다. 얼마 후 경축식장은 순식간에 아수라장으로 변했다. 임시정부의 김구가 조직한 한인애국단소속의 청년 윤봉길이 식장에 폭탄을 던져 시라카와요시노리 대장이 죽고 몇 명이 부상을 당했다. 윤봉길은 검거되어 오사카에서 사형을 당했다.

김구, 조소앙 등은 1935년 11월 한국국민당을 조직하고 1937년 중·일전쟁이 일어나자 일본군을 피해 가흥, 항주, 장사 등지로 전전하다 1937년 8월 민족혁명당에서 탈당한 조선혁명당과 한국독립당의 일부 세력이 연합하여 한국광복운동단체연합회를 결성하였다. 이로써 중국 관내에는 민족혁명당이 중심인 조선민족전선연맹과 한국국민당이 중심인 한국광복운동단체연합회의 두 항일단체가 있었다.

임시정부는 중국국민당 정부를 따라 1940년에 중경에 자리를 잡고, 그해 5월 한국

국민당, 조선혁명당, 한국독립당 등 3당은 한국독립당으로 합당하여 김구가 주석이던 임시정부를 강화하였다. 그리고 1941년 11월에는 일본의 패망에 대비하여 '건국강령'을 발표하였다. 그리고 김원봉의 조선민족전선연맹도 임시정부에 합류하여 독립단체의 통일을 이루었다. 이것은 중국국민당 정부가 바라던 일이기도 했다.

1940년 9월 임시정부는 조선광복군을 창설하였다. 이청천을 총사령관으로 하고 주요 간부 30여 명으로 출발한 광복군은 화북지방에 남아있던 조선의용대가 참여하고, 1941년 11월부터 국민당의 군사원조를 받으면서 군대로서의 모습을 갖추었다. 그러나 국민당정부와 맺은 규약으로 인해 1944년 8월까지 독자적 군사행동권을 갖지 못한 채 실제전투에는 거의 나서진 못했다. 중국군복과 표식을 사용하고 선전업무를 맡아 일본군에게 전단을 배포하고 확성기를 이용한 방송을 주로 맡았다.

임시정부는 1941년 12월에 정식으로 일본에 선전포고를 하고, 1943년에는 영국군의 요청으로 인도 버마전선에 8명의 광복군 공작대를 파견하여 일본군을 상대로 한 대적방송, 문서번역, 포로 심문들의 일을 하였고, 활동을 강화하여 미국과 합동작전을 꾀하기도 하였다.

일본은 예상보다 빨리 패망하였다. 임시정부는 미군의 지원을 받아 특수훈련을 받은 광복군을 국내에 침투시킬 계획이었으나 이를 미처 실행하지 못했다. 임시정부와 한국광복군은 남북한에 인정을 받지 못해 개인의 자격으로 한국으로 들어왔다.

1945년 8월 15일, 우리 민족은 제2차 세계대전에서 연합국이 승리하고 일본이 항복함으로써 해방을 맞이하게 되었다. 하지만 그렇게 열망하던 해방이 되었음에도 우리는 우리의 주권을 갖지 못했다.

2차 세계대전 연합군의 승리-레이테섬에 상륙하는 맥아더
"나는 돌아온다."는 말을 남기고 떠났던 맥아더원수가 필리핀 레이테섬에 상륙하고 있다.

4. 해방 후 건국준비위원회의 조직과 활동

종전(終戰)을 눈앞에 둔 1945년 8월 14일 조선총독부는 해방 뒤 조선에 거주하는 일본인의 생명과 재산을 보장받기 위해 여운형을 만났다. 여운형은 모든 정치·경제범의 석방, 3개월분의 식량확보, 조선인의 정치활동 및 청년, 학생, 노동자, 농민 등 대중의 조직활동 불간섭 등의 조건을 수락 받은 뒤 건국동맹을 기반으로 건국준비위원회(건준)을 8월 15일에 결성하였다.

건준은 위원장에 여운형, 부위원장에 안재홍으로 추대하고 치안의 회복과 질서유지를 위해 지역과 직장별로 건국치안대를 조직하였다. 또 식량대책위원회를 두어 식량조사와 대책을 세우고, 조직을 확대하여 지방에 145개의 지부를 두었다. 건준은 치안유지와 물자확보 등 질서유지를 목적으로 활동을 하였기 때문에 독립운동가, 좌익활동가, 언론인, 지식인, 지방의 유지 등 다양한 사람들이 참여하였다. 정치적인 통일성을 확보하진 못했으나 민중들의 폭넓은 지지를 받아 실질적인 행정담당기관의 역할을 할 수 있었다.

9월 6일 건준은 이승만을 주석으로 하고 여운형을 부주석으로 추대하여 조선인민공화국(인공)을 선포하고, 9월 14일 자주독립국가의 건설, 일제 잔재청산, 대중생활의 향상, 세계평화의 확보 등을 주요내용으로 하는 정강을 발표하였다. 중앙에서 인공이 선포되자 지방의 지부는 지방인민위원회로 바뀌었다. 인공이 수립되는 과정에서 좌익세력의 영향력이 확대되자 안재홍 등 민족주의 세력이 탈퇴하였다.

1) 미군정

미국은 제2차 세계대전이 끝나고 식민지에서 해방된 나라들이 사회주의 국가가 되는 것을 막으려는 정책을 폈다. 그런 정책의 일환으로 1945년 9월8일 인천에 상륙한 미군은 한국에 군정실시를 선포하였다. 그리고 아놀드 군정장관은 민족자주세력이 주도하는 인민공화국을 부정했고 해산명령까지 내렸다. 미군정이 38선 이남의 유일한 합법정부임을 선포하고 일제식민지배에 협력하였던 친일 관료들을 다시 임용하고 친일경찰을 군정경찰로 충원하였다. 또 법령을 통해 국공유재산과 일본인 재산을 접수하고, 일본인 재산은 군정청 소유로 귀속시키고 관리인을 임명하였다.

해방을 기뻐하는 국민들

소작료는 총 수확물의 1/3을 넘을 수 없도록 법령을 정하고, 신한공사를 설치하여 동양척식주식회사에 소속된 토지를 관리하였다. 남한 총 농가의 약 26%에 해당하는 소작 농가가 신한공사에 소속되었다.

미군정은 1947년 3월부터 적산으로 간주하여 귀속시켰던 일본인 재산을 일제시기의 기업가나 귀속기업체의 관리인들에게 불하(국가나 공공단체의 재산을 민간에게 매도하는 일)하였다. 1948년 3월부터 신한공사는 관리하던 토지를 유상으로 분배하여 농민들과 지주 모두로부터 지지를 받지 못했다. 미군정이 일본식민통치에 협력했던 경제인들에게 재산을 불하하거나 친일파들을 다시 채용하면서 해방 후에도 그들이 다시 일어설 수 있는 터전을 마련해 준 셈이 되었다.

한편 우익세력의 활동은 미군이 들어오면서 활기를 띠어 송진우, 길성수 등이 중심이 되어 1945년 9월 16일 한국민주당(한민당)을 결성하였다. 그리고 1945년 10월 16일, 해외독립운동 지도자 중 가장 일찍 귀국한 이승만은 독립촉성중앙협의회를 결성하였다. 이승만은 무조건 단결을 주장하면서 친일파 처리나 토지개혁 문제에 대해 분명한 입장을 내놓지 않아 친일 보수 세력이 많이 몰려들었다.

임시정부는 미군정으로부터 승인받지 못하고 김구 등 임정세력은 개인 자격으로 1945년 11월에 귀국하였다. 김구는 한국독립당을 중심으로 임시정부의 법통을 주장하며 해방정국을 주도하려 하였다. 안재홍, 김규식 등 중도세력은 양심적인 우익 민족주의세력을 대변하여 1946년 중반 좌우합작운동을 주도하고, 남한 단독정부수립운동에 반대하여 단독선거에 참여하지 않았다.

좌익세력은 박헌영을 중심으로 1945년에 조선공산당을 결성하고, 미국과 소련의 협조 아래 임시정부를 세울 수 있는 기대를 하며 미군정과의 협조노선을 펴 나갔다. 그들은 부르주아 민주주의혁명을 내세우며 완전한 독립과 토지문제의 해결을 주장하였다. 좌익 가운데 우파라고 할 수 있는 중도좌파 세력의 여운형은 조선인민당을 결성하였다.

소련은 1945년 8월 8일 일본에 전쟁을 선포하고 만주의 일본을 공격하면서 24일 평양에 들어와 8월 말에는 북한전역을 점령하였다. 소련군의 행동에 당황한 미국은 8월 13일 북위 38도선을 경계로 두 나라 군대가 한반도를 분할 점령하여 일본군을 무장해제하자고 제안하였으며 소련은 이에 동의하였다.

　해방 직후 북한지역에도 건준이 조직되었고 남한처럼 인민위원회로 개편되었다. 소련군의 진주와 김일성 등 항일무장투쟁 세력이 귀국하자 북한 공산주의자들은 1945년 10월 10일 조선공산당, 서북 5도 당원 및 열성자 대회를 열고 조선공산당 북조선분국을 만들었다.

　김일성이 소련의 지원을 받으면서 그의 세력이 북한에서 주도권을 잡게 되자, 서울에 있는 조선공산당 중앙의 지도를 받지 않고 독자적으로 활동하였고, 1946년에 북조선노동당(북로당)으로 개편하였다.

　소련 군정의 지원 아래 북한지역의 인민위원회는 치안을 담당하고 공공기관과 산업을 관리하였다. 1946년 2월에 김일성을 위원장으로 북조선 임시인민위원회가 결성되어 일제 잔재의 청산과 중요산업의 국유화, 토지개혁, 8시간 노동제를 주요내용으로 하는 20개조 정강을 발표하였고, 3월부터 20여 일에 걸쳐 토지개혁을 실시하였다. 토지개혁은 무상몰수 무상분배의 원칙에 따라 지주 소유의 토지 약 80%가 몰수당함으로써 봉건적 지주제도가 청산되었다. 이 토지 개혁으로 인해 김일성세력은 농민의 지지를 받아 권력의 기반을 강화할 수 있었다. 하지만 그에 반발한 많은 지주와 농민들이 남쪽으로 내려왔다. 토지개혁에 이어 8시간 노동을 규정한 노동법령, 남녀평등권에 대한 법률, 주요산업에 대한 국유화 등 반제 반봉건적 민주개혁을 하였는데 그것은 사회주의체제로 가기 위한 준비과정이었다.

　1945년 12월 16일 모스크바에서 미국, 영국, 소련은 외상회담을 열고 전후 문제에 대해 논의하였다. 이 회담에서 미국과 소련의 입장이 달랐는데, 미국은 한반도에 신탁통치체제가 수립될 때까지 미·소 두 나라 군대의 사령관을 우두머리로 하는 단일정부를 두고 조선인을 행정관, 고문관으로 참여시키자고 하였다. 하지만 소련은 미국의 의견을 반대하며 조선의 임시정부수립을 내세우며 두 나라는 단지 조선의 독립과 발전을 도와줘야 하고, 신탁통치 기간도 협력과 원조의 형태로 5년을 넘어서는 안 된다고 주장하였다. 12월 27일 미·소는 '미·영·중·소 4개국이 5년 이내의 기한으로 신탁통치를 실시하고 조선의 독립을 위해 임시정부를 세운다.'는 내용의 안이 결정되었고, 그것을 실행하기 위해 미소공동위원회를 설치하기 하였다.

신탁통치 소식은 '소련이 신탁통치를, 미국이 즉시 독립'을 주장했다고 왜곡되어 국내에 전해졌다. 김구의 임시정부계열이 가장 먼저 반대운동을 벌였고, 여기에 이승만과 한민당 등의 우익세력이 가세하여 1946년 2월 비상국민회의를 결성하였다. 그리고 비상국민회의의 최고 정부위원회를 남조선대표 민주의원으로 개편하여 군정자문기관으로 삼아 미소공동위원회에 대비하였다.

그러자 처음에 신탁통치를 반대하던 좌익세력은 우익의 비상회의에 맞서 민주주의민족전선(민전)을 만들어 삼상회의의 결정안을 지지하며 임시정부를 수립할 것을 주장하며 우익과 대립하였다.

1946년 3월 20일 서울에서 제1차 미소공동위원회가 열렸으나 소련은 모스크바 삼상회의 결정에 반대하는 정당, 단체와는 협의를 할 수 없다고 하고, 미국은 표현의 자유를 내세워 소련에 반대하여 회의가 결렬되었다. 두 나라의 대립은 4월 18일 '삼상회의 결정을 지지하면, 과거의 반탁 행위에 관계없이 협의의 대상으로 삼겠다.'는 내용의 미소공동위원회의 공동성명 5호가 발표되면서 해결되는 듯 했으나, 김구와 조소앙 등 우익세력은 공동성명 5호에 반대하였다. 이에 미국측 J. R. 하지와 소련의 입장이 대립되면서 제1차 미소공동위원회는 결렬되었다. 미국과 소련은 한반도에 자기 나라에 우호적인 정부를 수립하려고 하였다. 미국은 중도우파와 중도좌파를 통합하여 이들을 중심으로 남한에서 안정적인 정치 기반을 조성하려는 생각을 갖고 6월부터 여운형, 김규식 등을 중심으로 본격적으로 좌우합작운동을 벌였다 7월에 좌우합작위원회를 구성한 이들은 미소공위를 다시 열

신탁통치 반대운동을 벌이고 있는 시민들

어 친일파와 민족반역자를 배제하자는데 의견을 모았다.

그런 가운데 1946년 6월 3일 이승만이 정읍에서 남한만의 단독정부를 수립하자고 주장하였고, 좌익과 한독당은 이에 반대하였다. 좌우합작위원회는 토지개혁과 친일파 처단문제 등 원칙을 둘러싸고 의견이 일치하지 않아 큰 성과를 거두지 못했다.

1946년 미군정의 정책에 항의하는 불만과 시위가 늘기 시작하더니 9월에 총파업으로 이어졌다. 해방 후 조선은 생산량의 감소와 대량실업, 물가상승으로 매우 혼란했다. 그리고 미군정이 실시한 미곡정책은 노동자와 농민의 생활을 아주 어렵게 만들었다. 자유판매제가 쌀 파동을 가져오자 배급제로 바꾸었고, 필요한 미곡을 확보하기 위해 미곡 공출제를 실시하고, 여름에 수확하는 곡식마저 공출하였으나 오히려 쌀값의 폭등을 노리는 모리배들의 매점매석이 기승을 부리는 현상이 나타났다.

월급제를 일급제로 바꾸려는 미군정 에 맞선 서울의 철도노동자의 파업에서 시작된 9월 총파업은 부산의 철도 노동자의 총파업에 이어 출판, 교통, 체신, 식품, 전기 등 전평(조선노동조합전국평의회)에 속해 있던 노동자가 파업에 참여하였고 미군정은 이를 무력으로 진압하였다.

9월 총파업은 10월 1일 대구를 중심으로 민중봉기가 일어나는 계기가 되었고, 전국으로 파급되어 11월 중순에 가서야 미군과 경찰에 의해 진압되었다. 9월 총파업이 조선공산당의 신 전술의 영향으로 일어나 10월 봉기 이후 좌익은 커다란 타격을 입었고, 상대적으로 우익은 주도권을 장악하게 되었다. 이에 조선공산당은 타개책으로 남조선노동당을 결성하였다.

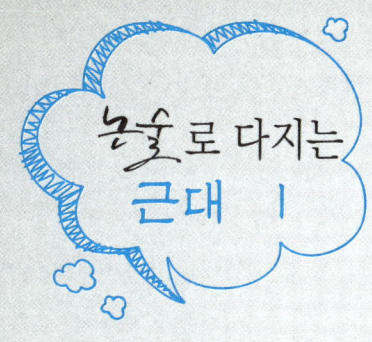

대한민국 임시정부에 대하여 논하시오.

I. 머리말

3·1운동을 계기로 일제에 조직적인 항거를 위해 수립된 임시정부는 민족의 대표기구이자 독립운동을 이끌어 갈 최고기구로서 상징적인 역할을 담당해 왔다. 그런데 임시정부 초기에는 하나의 단일화 정부의 체제를 갖추지 못한 채, 각지에 분산된 양상을 띠고 있었다.

그러나 보다 효과적으로 독립운동을 전개해 나가기 위해서는 무엇보다 민족의 힘을 하나로 결집시킬 수 있는 통일된 정부조직의 필요성이 대두되었고, 마침내 1919년 9월 대한민국 임시정부의 탄생으로 귀결되게 된다.

오늘날 임시정부에 대한평가는 그 존립과 역할을 두고 다양하게 제기되고 있는 실정이다. 당시 독립선언서에서 조선이 독립국임을 선포했고, 그 독립국을 운영·유지해 나가기 위해서는 정부조직체의 등장은 필연적이었다는 의견이 있는가 하면, 그 활동과 역할에 있어 과연 '정부'라는 이름에 걸맞은 것인가? 라는 의문이 제기되고도 있는 것이다.

따라서 본 고에서는 먼저 3·1운동을 계기로 탄생된 국내외 각지의 임시정부의 모습과 통합과정을 정리해 보고, 통합 후 전개된 다양한 외교·구국활동의 양상과 국민대표회의의 내용을 살펴보면서, 아울러 이들의 활동을 토대로 하여 임시정부가 지닌 의의 및 그 한계를 논의해 보고자 한다.

Ⅱ. 임시정부의 수립 배경

1910년 8월 한일합방으로 대한제국이 정식으로 일본에게 강점당한 이후, 한민족은 끊임없이 국권회복을 위한 투쟁을 전개해 나갔다. 이들의 독립운동은 다양한 정치적 이념 및 방략을 지니고 있던 세력들에 의해, 국내를 비롯하여 만주, 노령, 중국, 미주 등 세계 각지에서 전개되어 가는 양상을 보인다. 그러나 이렇듯 각기 다른 활동지역, 정치이념, 독립운동 방법을 취하는 수많은 단체들이 난립하게 되면서, 자연스레 민족의 독립운동의 역량이 분산된다는 문제점을 보이게 된다. 이로 인해 분산된 민족의 독립운동 역량을 한 곳으로 결집시키려는 시도와 노력인 통일전선운동이 추진되어 간다.

한편 대외적으로도 1918년에 제1차 세계대전이 종결됨에 따라 전후 식민지 문제처리방안을 위한 윌슨의 민족자결주의가 제창되는 등 많은 약소국들에게는 독립달성의 분위기가 고무되어 가고 있는 상황이었다. 하지만 윌슨의 주장은 패전국이 보유했던 식민지 처리를 위한 원칙으로 제시된 것이기 때문에 한국에는 적용될 수 없는 것이었다. 그럼에도 불구하고 한국 내 민족대표들은 민족자결주의를 독립운동에 유리한 조건으로 이용하고자 하여 3·1운동이 추진되었으며,[57] 이는 임시정부 수립의 결정적 원인으로 작용하였다. 3·1운동을 계기로 '조선이 독립국임'을 대내외적으로 선포함에 따라 이를 대표할 수 있는 정부기구를 설립해야 한다는 주장이 제기되었고, 결국 이에 따른 체계적이고 조직적인 독립운동기구의 필요성과 3·1운동을 통해 표출된 민족독립에 대한 열망과 의지를 한 곳으로 결집시키기 위해 탄생된 것이 바로 임시정부였던 것이다.

---

57 이병헌,《삼일운동비사》, 시사시보사 출판국, 1959.

III. 임시정부의 수립과 통합

1. 각지의 임시정부

 3·1운동이 국내외로 확대, 발전해가던 3, 4월에 걸쳐 국내외 각지에서는 모두 7개의 임시정부가 수립되었다. 그 결과 국내에서는 대한민간정부, 조선민국임시정부, 신한민국정부, 한성정부가 수립되었으며, 국외에서는 대한국민의회와 상해임시정부, 만주군정부 등이 수립되었다. 이는 당시 각지에서 전개되었던 독립운동이 일본의 탄압에 의해 비밀리에 전개될 수밖에 없었고, 독립 국가에 대한 서로 다른 이상으로 인해 사전에 협의를 거친 하나의 임시정부의 수립이 불가능하였기 때문이다. 그러나 이 중 실제적인 조직과 기반을 갖추고 수립된 것은 노령, 상해, 한성의 세 곳 뿐이었다.
 먼저 국내에서는 한성정부의 활동이 가장 활발하게 전개되었다. 한성정부는 그 시기상으로 보면 가장 늦게 수립되었지만, 국내를 기반으로 하여 13도 국민대표로 조직, 선포되었다는 점에서 그 의의를 찾을 수 있다.
 이들의 정부수립계획은 3월 중순, 비밀독립운동본부를 조직하면서 본격화되어 국민대회를 결의하는 한편, 이승만을 집정관총재로 하고 이동휘를 국무총리로 하는 임시정부 각원의 명단을 확정하였다. 그러나 당초 4월 2일에 개최하기로 했던 13도 대표자회의는 참가인원의 미달로 국민대회의 준비적 성격에 머물렀고, 그 후 김사국, 현석칠, 민강 등을 지도부의 주도 아래 실질적인 국민대회의 실행이 계획되었다. 그리고 마침내 23일 종로 일대에서 '국민대회', '공화만세', '조선독립'이라는 깃발을 앞세운 만세시위와 함께 한성정부의 수립이 선포되었다. 한편 정부형태에 있어서는 기독교계 인사들의 공화정체와 유림출신 인사들의 대한제국 회복의 주장이 대립되었는데, 정부수반과 각료명칭 등 외형상으로는 후자를 택했으나 실제로는 약법을 제정하여 공화제의 기틀을 갖추었다.
 국외에서는 노령에서 처음 대한국민회의라는 임시정부가 탄생하였다. 원래 노령 일대는 생활난 타개를 위한 동포들의 이주 정착지의 구실을 해 왔으며, 을사조약을 전후해서는 많은 애국지사들의 독립운동 거처로 이용되었다. 그 결과 대한청년교육회, 공진회, 성명회, 국민회, 권업회 등의 단체가 형성되었다가, 1917년 전로한족중앙총회가 생겨남으로써 이에 흡수되게 되었다. 이들은 파리강화회의에 대표자를 파견을 통한 외교적 독립의 달성, 독립선언 선포, 무력항전계획 등 다방면의 독립운동계획을 진행하던 중, 1919년 2월 손병희를 대통령으로 하고 박영효를 부통령으로 하는 대한국민의회로의 개편을 단행하였다.

실제로 대한국민의회는 윤해. 고창일을 파리강화회의에 파견하였고, 3월 17일에는 무단적인 성격의 조선독립선언서를 발표하는 등의 활동을 펼쳐나갔다. 그러나 이곳의 행정부는 제 기능을 발휘하지 못한 채, 후에 상해임시정부와의 통합교섭에서 해산, 흡수되고 만다.

한편 중국 상해에서는 이승만을 국무총리로 추대하고 민주공화제를 기반으로 하는 임시정부가 수립되었다. 상해는 국제도시로서 비교적 자유로운 행동을 할 수 있는 곳이라는 이점으로 인해 3·1운동 이전부터 동제사의 조직과 신한청년당원 등의 활동이 두드러졌었으며, 국내외 각지의 독립운동가들이 모여들었다. 상해 임시정부의 수립은 대한국민의회를 견제하고자 하는 의도와도 관계가 있는 것으로, 그 주도 세력 또한 노령의 정부에 불만을 품은 이들이 주축이 되었다.[58] 이들은 먼저 정부수립을 위한 준비로 독립임시사무소를 설치하여 김규식과 이승만에게 임시정부수립계획을 알리는 한편, 임시정부수립을 위한 임시의정원을 개최하였다. 그리하여 4월 8일에는 강대현이 서울에서 가져온 각료명단을 토대로, 이동녕을 의정원 원장으로 추대하게 된다. 이어 대한민국을 연호로 제정하는 한편, 대한민국 임시헌장 10개조와 헌장선포문을 통과시키고 국무위원을 선출하였다. 그러나 실제 임시정부 지도자들 가운데 이시영을 제외한 인사들은 상해에 있지 않았으며, 이승만 또한 한성정부의 직함에 따른 외교활동을 전개해 나가고 있어, 노령이나 한성정부에 비해 상대적으로 그 권위가 약화되고 있는 모습을 보여주고 있다.

---

58 반병률, 〈한인사회당의 조직과 활동(1918~1920)〉《한국학연구》5, 인하대 한국학연구소, 1993. p.152~153

2. 임시정부의 통합

노령·상해·한성 정부는 각기 형식과 내용상에서 차이를 드러내고는 있지만, 한국인에게 인망이 높은 각지의 독립운동지도자들을 임지정부의 책임자로 추대했다는 점, 사상적 차이에도 불구하고 임시정부의 정치제도는 민주주의적이어야 한다는 점 등에서는 공통점을 보이고 있다.

그러나 세 정부의 책임자들이 중복되어 있어 독립운동의 힘이 분산 내지 혼란을 초래할 뿐만 아니라, 대외적으로도 분산된 정부는 민족의 통일성을 약화시킬 우려가 있었기 때문에 자연스레 통합정부의 필요성이 제기되었다. 세 임시정부의 통합운동은 노령의 원세훈과 상해의 안창호를 중심으로 추진되었다. 통합논의는 1919년 4월 15일 대한국민의회와 임시의정원을 병합하고 정부위치를 노령으로 하자는 원세훈의 제의로 시작되었다. 또한 29일에는 신한촌에서 회의를 열어 상해임시정부를 가승인하고 동정부를 노령으로 이전한 다음, 행동을 일치할 것을 결의하였다. 그러나 임시정부 소재지의 이동문제는 상해쪽의 반대에 부딪혔다. 이들은 대한국민회의와 달리 양자가 의회 대 의회로 통합해도 자신들은 그대로 존속한다는 계산을 하고 있었기 때문에 통합에 어려움을 겪을 수밖에 없었다. 이러한 상황에서 양자를 아우르기 위한 구심점으로 한성정부가 대두되기 시작했고, 이에 안창호는 상해정부와 노령정부를 한성정부에 통합한다는 원칙 아래 정부의 위치는 상해에 둔다는 안을 국무회의에 제출하여 의결시켰다.

① 상해와 노령에서 설립한 정부를 일체해소하고 한성정부를 승계할 것.
② 정부의 위치는 당분간 상해에 둘 것.
③ 상해정부가 실시한 행정은 유효임을 인정할 것.
④ 정부 명칭은 대한민국 임시 정부로 할 것.
⑤ 현재의 각원은 일제히 총사퇴하고, 한성정부가 선임한 각원이 정부를 인계할 것.

이어 6월에는 임시헌법을 공포하고 임시대통령 이승만과 국무총리 이동휘를 비롯한 국무위원들로 정부를 구성하였으며, 9월 1차개헌을 통해 비로소 대통령중심제의 대한민국 임시정부가 수립되었다.

대한민국 임시정부수립은 민족의 역량을 한 곳으로 결집시켰을 뿐만 아니라, 1910년 국권피탈 이후 처음으로 우리민족을 대표하는 정부를 갖게 되었다는 점에서 그 의의를 지니고 있다. 또한 그 헌정체제는 임시의정원(입법기관), 법원(사법기관), 국무원(행정기관)으로 구성되어 우리역사상 최초로 3권분립에 입각한 민주공화제 정부였다는 데에서도 긍정적인 평가를 받고 있다. 이중 임시의정원은 출신지역별로 선임된 의원으로 구성되었으며, 행정부는 대통령제로 운영되고, 국무총리 아래에 시기에 따라 내무·외무·재무·군무·법무·학무·교통·노동 등 7~8개의 부를 두었다. 아울러 그 직할조직으로 민단을 두어 상해동포사회를 장악해 나갔다.

그러나 대통령의 임기를 정하지 않아 스스로 사임하지 않으면 임시의정원의 탄핵으로만 그 직책을 물러날 수 있게 한 것이나, 헌법의 범위 내에서 주권을 행사하는 대통령의 권한과 행정권을 행사하는 국무원의 권한을 유리시킴으로써 임시정부운영에 혼선을 가져 왔다는 점 등은 통합정부의 문제점으로 지적될 수 있다. 또한 1920년대 들어서는 노령측의 문창범이 상해정부가 한성정부의 봉대가 아닌 '개조'라는 형식으로 통합을 추진하였다는 이유로 상해측을 비난하면서 상호간의 통합이 와해되기 시작하는 모습을 보여 주고 있다. 더욱이 노령측이 1920년 2월 대한국민의회를 다시 재건함에 따라 통합정부는 상해와 노령의 이동휘를 중심으로 하는 한인사회당세력 일부만이 참여한 부분적 통합에 머무르는 결과를 초래하게 되었다. 아울러 임시정부가 위치한 상해는 지리적으로 중국 내 복합한 정세에 영향을 받지 않을 수 없었으며, 한인 주요거주지도 아니었기 때문에 독립운동 지도기관으로서의 실질적인 기반을 갖지 못했다는 문제점을 안고 있었다.

Ⅳ. 대한민국임시정부의 외교활동

1. 파리강화회의와 파리위원부

제1차 세계대전 종결 후 미국의 윌슨대통령이 민족자결주의를 제창함으로써 파리에서 평화회의가 개막되고, 한국과 같은 피압박민족들은 이것을 독립의 호기로 삼고자 했는데, 이 시기의 한국민족의 외교활동은 상해 임정의 외무총장 겸 전권대사의 자격을 부여받고 파리에서 외교활동을 전개하던 김규식의 활동으로 집약될 수 있다. 왜냐하면 노령의 대한국민회의 대표 윤해, 고창일 등은 여정이 늦어져 회의기간에 도착하지 못했고, 미주 대한인국민회의 대표로 선출된 이승만, 정한경, 민찬호는 일본과의 외교관계를 고려한 미국정부의 출국불허로 참석할 수 없었으며, 한성정부에서는 실질적인 대표단 구성과 파견이 불가능한 상황이었기 때문이다. 이로써 명실공히 대한민국 임시정부의 대표로 자리잡은 김규식은 5월 10일 20여항으로 된 독립청원서를 강화회의와 각국정부에 발송하였으며, 각국 대표단과 개별접촉을 통하여 한국의 입장을 설명하고, 각국의 정치가 및 언론사의 주요인사와의 접촉을 통해 한국의 독립을 보장하도록 청원하는 등 활발한 외교활동을 전개해 나갔다.

그러나 이 강화회의는 승전 제국주의 열강들의 이권도모를 위한 것에 불과하여 기타 약소국의 의견을 무시되었다. 따라서 온 국민의 기대와는 달리 한국대표단에게 발언권을 주지 않은 것은 물론 한국문제에 대한 한마디의 거론조차 없었다. 회의를 주도했던 각국의 대표들은 자신들의 현실적인 이익보존에만 급급했고, 민족 자결주의 원칙 역시 패전국의 해체와 소련 등의 대립국가를 약체화시키는 것에만 철저히 적용되었던 것이다. 이러한 파리강화회의의 결과를 보고 임정을 비롯한 한국독립운동계는 국제사회의 지배논리를 현실적으로 인식하고, 선전외교의 중요성 역시 인정하게 되었다.

한편, 김규식의 파리위원부 활동으로 한국문제가 국제적인 관심의 대상이 되었으며, 그 결과 1919년 7월부터 스위스 제네바에서 25개국 대표가 모인 가운데 개최되었던 국제사회당대회에 조소앙과 이관용이 참가하여 한국독립 승인결의안을 통과시키는 성공을 거두기도 하였다. 이 밖에도 파리위원부는 1919년 4월 29일부터 11월 29일까지 '홍보'라는 선전지를 발간하고, 9월에는 '한국의 독립과 평화'란 책자를 프랑스어로 펴냈으며, 1920년 4월부터 '자유한국'라는 월간지를 간행하는 등 지속적인 선전외교활동을 전개하였다. 또 1920년 10월에는 황기환이 영국과의 민간외교에 성공하여『한국의 독립운동(Koreas Fight for Freedom)』등을 저술한 매켄지 등과 협조하여 대영제국 한국친우회가 결성되기도 하는 등 이 시기에 행해졌던 일련의 선전외교들은 국제사회에 우리의 입장을 표명하는 좋은 기회가 되었다.

2. 태평양회의와 구미위원부

파리강화회의에 대한 실망은 우리정부의 외교방향을 선전외교로 돌려놓았는데 그 중심이 바로 구미위원부였다. 구미위원부는 1919년 9월에 이승만이 임시정부의 집정관총재의 자격으로 한국위원부를 개편하여 만든 것으로, 이승만이 임시정부의 대통령으로 당선된 후 필라델피아의 통신부와 파리 위원부를 흡수시켜 그 기능을 강화하고 외교에 관한 문제 뿐아니라, 임시정부의 대리사무를 관장하도록 만든 기구였다.

이 구미위원부는 선전용 책자를 발간하고 언론기관을 통해 일본의 만행을 폭로하였으며 강연회를 개최하는 등 활발한 활동을 전개하여 미국 국민들로 하여금 우호적인 반응을 얻게 되는데 그 중 가장 주목되는 것이 한국친우회이다. 한국친우회는 1919년 서재필을 중심으로 구성된 것으로 이후 점차 확산되어 그 회원이 1만 명이 넘었으며 미국인들에게 한국의 독립운동에 대한 동정적인 여론을 조성하게 하고, 미국의회로 하여금 한국문제를 논의하도록 하는 등 적지 않은 영향력을 행사하였으나, 미국정책의 획기적인 변화를 가져오지는 못했다.

한편, 그 미비한 성과로 미국의 외교정책에 대한 실망이 점점 커질 무렵, 1921년 11월부터 워싱턴에서 해군 군비축소와 태평양지역의 문제를 토의하기 위해 태평양회의가 열린다는 소식이 전해지고 임시정부의 관계자 뿐 아니라 국내 및 해외의 인사들까지 다시 한 번 부푼 기대를 갖게 되었다. 왜냐하면 태평양회의는 공식적으로 동북아시아 문제를 토의한다는 것을 내걸고 있었고, 개최지가 미국의 수도 워싱턴이며 주재자가 미국의 대통령 하딩이므로 1882년 한미조약의 내용에 따라 미국이 한국의 독립을 지원해줄 것으로 고대하였던 것이다. 또한 그동안 파리위원부와 구미위원부의 지속적인 선전외교 결과 국제적 여론도 우리에게 유리하게 전개되고 있었던 것이다. 이러한 관심과 기대속에서 상해 임시정부와 구미위원부는 외교적인 총력전을 전개하였다. 우선 상해에서는 태평양회의 외교후원회를 결성하여 강연회나 모금활동을 폈으며, 국무회의에서는 회의를 대비한 문서를 만들고, 의정원에서는 이승만을 대표로, 서재필을 부대표로 하는 대표단을 구성하였다. 또 뉴욕에서도 준비위원회를 조직하여 자금모금활동을 벌이고 있었다. 이러한 준비속에서 한국대표단은 각국 대표단과 접촉하여 진정서를 제출하고 태평양회의에 참석하여 발언권을 확보하려는 노력을 기울이고, 태평양회의에 요구서를 제출하였으며, 상해의 외교후원회에서는 선언서를, 그리고 워싱턴의 조선인협회에서는 400명의 서명으로 청원서를 제출하기도 하였다.

그러나 이 태평양회의 역시 약소국을 위한 것은 결코 아니었다. 강대국의 이권 재조정이라는 명목 아래 한국문제에 대해서는 언급조차 없이 오히려 일본의 과잉한 인구의 대책마련을 위해서는 보다 큰 자원이 필요하다는 논리가 지배적인 가운데 1922년 2월 6일 그 막을 내리고 말았던 것이다.

태평양회의에 대한 기대의 좌절은 소련 및 코멘테른에 대한 독립운동자들의 관심을 증폭시키게 되는데, 이 시기 모스크바에서 개최된 극동 인민대표회의에 대한민국 임시정부 관계자가 한때나마 대거 참석하게 되는 것 역시 태평양회의에 대한 반동적인 움직임의 한 발로라 할 수 있겠다.

3. 중국에 대한 외교

임시정부가 중국에 있으면서도 중국에 대한 외교를 적극적으로 전개하지 못한 것은 중국 자신이 제국주의 열강에 의해서 반식민지상태에 있었기 때문이다. 중국은 청·일전쟁 이후 이권다툼에 패배하여 정치정세가 약화되고, 원세계가 사후에는 북경정부와 광동정부가 양립하고 있었는데 한국의 임시정부에게는 어느 정부와의 관계를 보다 돈독히 하느냐의 문제가 제기되었던 것이다. 우선 광동의 호법정부는 임정과의 정치노선이 비슷하였으나, 만주에 1백만 이상의 한국동포가 거주하면서 독립운동을 전개하고 있는 현실을 고려할 때 북경정부와의 관계 역시 소홀히 할 수 없었기 때문이다.

1921년 임시정부는 신규식을 특파사절로 하여 호법정부의 총통인 손문을 방문하여 임시정부의 정식 승인획득과 독립운동의 협조요청을 주목적으로 하는 국서를 전달하고, 이에 대해 수락을 의미하는 회담을 가짐으로서 사실상 중국 정부로부터의 승인을 얻어내게 되는데, 이것은 양측 지도자가 가진 사상이나 이념의 공통성이 상호간의 이해를 촉진시킨 결과물이었다.

한편, 임시정부는 만주지방의 동포사회와 독립운동에 관한 문제는 북경 정부와 교섭해야 했는데 중국입장에서 한국독립운동자들의 처분문제는 중·일간의 외교관계가 얽혀있었다. 일본이 대륙에 대한 침략야욕을 공공연히 드러내놓고 있는 상황에서 독립운동가에 대한 관용적인 처우가 혹시 그 구실이 되어 주권을 침해받을까 두려웠던 것이다. 이런 와중에 1920년 훈춘사건[59]을 계기로 이루어진 소위 간도출병은 중국측을 극도로 긴장시켰고, 한국인의 독립운동을 취재하여 일본과의 공동보조를 취하게 하는 구실이 되었다. 이에 임시정부는 독립신문에 일본의 간도출병 실황을 개재하여 일본의 만행을 규탄하고 신규식, 박은식, 안창호, 여운형 등을 중국정부에 파견하여 일본침략에 대한 공동전선을 구축하기 위해 노력하였다. 그러나 1928년 장개석의 국민당정부에 북경정부에 흡수되고, 장학량에 의해 1930년 토지조례와 입국조례가 공포되면서 만주 등지의 우리 독립운동가들의 활동은 극도로 제한되게 된다.

---

59 1920년 일제는 3·1운동을 계기로 활발해진 한만 국경 부근의 독립군을 토벌하려고 군대를 파견하였지만 시베리아의 출병과 청산리전투에서 패배를 거듭하였다. 이에 대한 보복으로 일본군은 창장하오(長江好)라는 중국 마적 두목과 내통, 훈춘을 공격할 것을 사주하여 그해 10월 2일 400여 명의 마적단이 훈춘성을 공격하였다. 마적단은 약속대로 오전 9시부터 4시간 동안 살인과 약탈을 자행, 중국인 70여 명, 조선인 7명, 수명의 일본인을 살해하고 비어 있던 일본공사관을 불 질렀다. 일본군은 이 사건을 구실로 3개 사단을 출동시켜 심문 없이 무조건 잡아 일렬로 세운 후 총살하고 불태우는 등 대학살을 저질렀다. 싱징[興京]에서는 메이지천황절(明治天皇節) 축하를 명분으로 조선인들을 모으고는 우선 황신내 교회 간부 9명을 체포, 살해한 것을 시발로 남녀노소를 불문하고 사살해 매장하였다. 3개월에 걸쳐 일본군이 간도 일대에서 학살한 조선인 수는 3만여 명에 이르렀다.

4. 기타 외교활동

지금까지 서술한 유럽과 미국, 소련, 그리고 중국의 외교활동 외에 우리가 주목해야 할 것은 상해 임시정부가 있었던 프랑스 조계당국과의 관계와 여운형의 동경 행차 문제이다.

여운형 일행의 동경방문이 비록 임시정부을 대표해서 간 것은 아니었지만 우리 독립운동에서 차지하는 그의 비중을 고려할 때 이것은 중요한 외교적인 사건이었다는 것은 부정할 수 없다. 여운형이 장덕수, 최근우, 신상완 등을 대동하고 동경에 간 것은 일본 척식국장관의 정식초청을 통한 것이었다. 물론 그 이면에는 무력통치에 대한 한계를 극복하고 한국 독립운동 지도자간의 이간을 획책하려는 의도가 숨겨져 있었다. 실제로 그의 동경행을 둘러싸고 신채호, 원세훈 등은 그를 국적으로 규정하고 사형을 주장하고, 일부는 이를 공박하는 등 혼란이 초래되었다. 그러나 동경에 간 여운형은 제국호텔에서 내외기자단과 평화협회 간부들을 상대로 한국독립의 정당성을 주장하여 오히려 일본정계에 파문을 일으키게 되고, 이에 당황한 일본정부는 그를 다시 상해로 돌려보냈고, 임시정부는 여운형 일행이 독립에 위반되는 행동이 없었다고 특사하였다.

한편, 임시정부가 프랑스 조계내에 있었으므로 조계당국과 임시정부의 관계는 결코 소홀히 할 수 없었는데, 프랑스 조계당국은 임시정부와 한국에게 협조적인 태도를 보여 일본경찰의 동태를 알려주기도 하고 독립운동자들의 처지를 고려하여 관대한 외교적 조치를 취하였다. 또한 1925년 이후 점차 확산되는 공산주의운동을 저지하는 감시가 활발해지는 가운데에서도 우리 민족인사에게는 여전히 협조적인 태도를 보여주었다.

V. 국민대표회의

국민대표회의는 1923년 1월초부터 6월 중순까지 상해에서 중국 관내와 국내 및 만주, 노령, 미주 등 각 지방 및 독립운동 단체의 대표 130여 명이 한데모여 독립운동계의 통일방안과 활동방안을 임시정부를 중심으로 모색하고자 개최된 한국독립운동 역사상 최대의 민족회의였다.

1. 개최 배경과 준비과정

실질적 조직력을 갖춘 상해 대한민국 임시정부와 노령 대한국민의회가 한성 임시정부의 정통성을 계승하며 수립된 상해임시정부는 사상적인 대립과 혈연, 지연, 학연으로 분열되어 내부적인 모순과 갈등이 심화되었다. 당시 임시정부의 상황은 해외독립운동의 중심체이며 유일한 망명정부라는 원래의 목적과는 달리 창조파, 개조파, 보수파(정부 유지파) 등의 계파를 형성하고 각 파의 대립과 갈등으로 인해 독립운동의 중추적 기능을 발휘하지 못하고 있는 실정이었다. 한편 대통령 이승만은 상해에 부임하지 않고 미주에 머물면서 임시정부의 혼란을 수습하고 정무를 돌보기보다는 대미외교를 통해 임시정부의 수반으로서의 국제적 입지를 확보하고 독립운동계의 주도권을 잡으려는데 관심을 둘 뿐이었다.

임시정부의 모순과 갈등으로 1920년 9월 북경에서 군사통일촉성회가 결성되어 반임정운동을 전개하는 등 반임정세력은 확대되었고, 이승만의 대미외교와는 반대로 대소외교를 추진하던 국무총리 이동휘는 대통령제를 축소하고, 국무위원제를 채택하자는 의안이 부결되자, 국무총리를 사퇴하고 임시정부를 탈퇴하기에 이른다. 이승만 옹호세력과 국민대표회의 소집을 주장하는 세력들간의 논쟁이 벌어지는 가운데 1921년 4월 17일 군사통일회가 개최되어 국민대표회의를 소집하여 독립운동을 위한 새로운 조직체를 결성할 것을 선언하고 현 임시정부를 불신임할 것을 임시정부에 통고하였다. 독립운동계의 내분과 갈등이 심화되자 이를 조정하고 통일하기 위해 안창호와 여운형은 국민대표회의 소집요구를 수용하여 시국문제를 해결할 국민대표회의 소집을 위한 준비에 들어가게 된다. 안창호는 과거 독립운동이 외교운동에 의존하고 계통없이 진행되었음을 반성하고 외교노선과 무장투쟁 노선간의 분쟁을 비판하며, 독립운동에 대한 공론을 세워 일치협동할 것을 강조하는 국민대표회의 기성회를 조직(1921년 5월 19일)하여 국민대표회의를 위한 구체적 활동을 전개한다.

이러한 정황속에서 1922년 7월 16일 개최된 국민대표회의 준비해 총회는 8월 말경 국민대표회의의 개최를 선언하였다. 당초 국민대표회의는 9월에 개최될 예정이었으나 각 지방의 사정과 교통상의 불편, 재정부족 등의 이유로 몇 차례 연기되다가 12월 27일 개최된 국민대표회의 예비회의에서 회의진행을 위한 여러규칙이 제정되고, 다음인 1923년 1월 3일에 정식회의 개최를 결정하였다.

2. 국민대표회의의 전개

국민대표회의의 소집목적은 러시아, 만주, 하와이 등의 독립단체들이 임시정부에 반대하며 독립운동의 통일을 결여했기 때문에 운동노선의 통일과 임시정부 조직의 개선으로 집약될 수 있다. 당초 개최의 목적인 정부의 개조에 대해 국민대표회의의 참여자들은 현 임시정부의 헌법과 제도를 개편하자는 개조파와 새로이 정부를 조직하자는 창조파의 갈등으로 분열되고, 이 둘 사이에서 회의의 추이에 따라 양측과 접촉을 시도하여 현 정부를 고수하려는 정부 유지파가 이 분열에 가세하면서 혼란 양상을 띠게 된다.

국민대표회의는 그 당초의 목적이 정부의 개조였던 만큼 개조파가 우세하였는데, 임시정부 측은 2월 26일 개조파와 교섭을 갖고 임시의정원이 각 도 대표를 보선하여 결원이 없도록 할 것과 김구, 홍진의 취임을 서둘러 국정의 공백을 메우고 임시의정원에서 대통령 불신임안을 가결시켜 이승만을 하야시킨 후 임시의정원과 정부를 국민대표회의에 일임할 것을 결정하지만, 이러한 결정이 개조파의 권력장악을 의미한다는 이유로 거세게 반발한 창조파의 반대로 무위로 돌아가고 만다.

국민대표회의가 진행되면서 3월 8일 다음과 같은 정부 개조안이 제출된다.

① 본 국민대표회의는 우리들의 운동으로써 세계의 피압박민족의 해방운동과 통일전선이 되도록 결정.
② 본 국민대표회의는 우리들의 운동으로써 혈전에 중심을 두고 조직적으로 추진해 가기로 결정.
③ 본 국민대표회의는 대한민국 임시정부의 조직, 헌법, 제도, 정책 및 기타 일체를 실제운동에 적합하도록 개선할 것.

3월 12일에 가결된 이 정부개조안은 개조파에 의해 제출된 것으로 현 임시정부의 개조를 골자로 하고 있음을 알 수 있다. 이에 대해 창조파에서도 13일 신조직제의안이 제출되었다.

① 앞으로 우리 독립운동은 전민족의 유일한 철혈주의로써 적극적으로 추진할 것.
② 과거 5년 동안에 조직된 각 기관 및 각 단체는 그 명칭의 높고 낮음과 시설의 넓고 좁음을 논하지 말고, 일체 이를 폐지하고 본 회의에서 우리들의 운동에 적합한 헌법으로 통일된 깃발아래 새롭게 조직할 것.

창조파의 신조직안은 정부를 해체하고 새로운 조직을 통해 독립운동을 전개할 것을 천명하고 있다. 이 신조직안은 3월 16일까지 토론하였으나 결론에 도달하지 못하고 이로인해 참가 대표자들은 양파로 분열되어 3월 20일 회의에서는 이미 가결된 정부개조안에 관한 토론이 다시 진행되고 창조파의 소요로 정회된 후 22일 23일의 회의는 창조파 대표들의 출석 거부로 개최되지 못하는 등 국민대표회의는 파행으로 치닫는다.

한편 임시의정원은 국민대표회의의 추이에 따라 대국쇄신안, 임시 헌법개정안을 제출하는 등 정부개편을 준비해 나갔고 국민대표회의의 개조파는 임시정부와 타협점을 찾으며 임시정부로 하여금 국민대표회의를 승인하도록 하는데 노력을 기울였다. 개조파와 임시정부의 타협 움직임이 깊어지자, 창조파는 임시정부를 부인함으로써 국민대표회의의 주도권을 장악하고자 하였다.

국민대표회의는 4월 11일 다시 개최되어 창조파에 의해 개조파의 '정부개조의안'은 기각되고 시국문제를 보류한 뒤 재정의안과 군사의안을 중심으로 회의를 진행해 간다. 개조파 측은 임시의정원에 〈 헌법 제 57조를 '본 임시헌법의 개정 또는 조직제도의 변경 및 중대사업의 처리는 국민대표회의에서 이를 행한다. 단 국민대표회의는 각 지방 독립운동 단체에서 직접 선출한 대표회의이며 임시의정원의 결의로써 이를 인정한다.'로 개정할 것. 의정원에서 대통령 이승만을 탄핵할 것. 현재 개최되고 있는 국민대표회의를 헌법 제 57조에 적합한 국민대표회의로 인정하여 헌법개정, 정부 조직제도 기타 일체를 변경할 권리를 전임할 것〉 등의 의결안을 내세우며 임시의정원과의 합의를 기다렸다.

이에 대해 임시의정원은 1923년 5월 4일 "국민대표회의로 하여금 대한민국 임시헌법을 개정하게 하며 또는 기타 중대 사건을 처리하게 함."이라는 긴급 제의안을 통과시켜 국민대표회의의 개조파에 요구에 적극적 입장을 표명하지만 임시의정원내 보수파의 반발에 부딪혀 임시정부와 국민대표회의와의 교섭은 또다시 좌절된다.

한편, 5월 11일에 열린 국민대표회의는 임시정부와의 신속한 교섭을 위해 창조파의 신기구, 신조직 건설안을 취소하고 개조안만으로 시국토론을 재개(再開)하지만 임시의정원과의 교섭이 원활하지 못하자, 5월 15일 국민대표회의 의장 김동삼, 비서장 배천택, 이진산, 김형식이 소속단체(서로군정서)로부터의 소환통고를 받고 사임하는 등 대표자들의 이탈이 시작된다. 이에 따라 간도대한국민회 대표 윤해가 대표회 의장에 선출되고 천도교 대표 신숙과 수청 남부소대표 오창환이 부의장에 당선되어 국민대표회의의 수뇌부가 창조파에 의해 점유되자, 개조파가 모두 퇴장하여 회의는 무기한 정회에 들어가게 된다.

이후 회의는 창조파 위주의 40여 명의 대표자들이 참석한 가운데 유회(流會)되고, 회의의 주도권을 창조파에게 빼앗긴 개조파들은 5월 25일 국민대표자회의의 무효를 선언하고 탈퇴하기에 이른다. 개조파가 탈퇴한 국민대표자회의의 창조파는 임시정부와의 교섭에 적극성을 띠며 교섭에 나서지만 '국민대표자회의가 임시정부를 인정하고 정부측의 열석 및 발언권을 허용한다면 임시정부 또한 국민대표회의를 승인하겠다.'라는 교섭내용을 둘러싼 창조파 내부의 의견대립으로 결국 실행되지 못한다.

6월 4일 임시정부 측은 국무총리 노백린의 주선으로 국민대표회의 탈퇴 후 정부측과 창조파의 협의에 따르겠다는 입장을 고수하던 개조파, 창조파와 회동하여 타협점을 찾기 위한 협의에 들어간다. 그러나 이 협의회에서도 정부는 임시의정원의 입법권을 고수하려는 제안을 내놓음으로써 개조파, 창조파 모두의 반대에 부딪치고 만다. 각 계파의 마지막타협의 기회가 무산되자 창조파는 코민테른의 지원을 받아 국민위원회를 조직하여 6월 5일 헌법초안을 상정하고 다음날 헌법초안 수정안을 가결, 통과시켰다. 창조파의 돌발적인 헌법선포로 급박해진 임시정부는 6월 7일 내무총장 명의 내무부령 제1호를 발표하여 국민대표회의의 해산을 명령하고 국무원 포고3호를 발포하여 창조파를 성토하였다. 한편, 창조파는 비밀회의를 갖고 국민위원회에 토대를 둔 위원제 정부를 조직하여 임시정부를 대신할 기구로 삼을 것을 결정하고, 임시헌법을 제정 반포하였다. 그러나 임시정부의 해산명령, 코민테른의 국민위원회(창조파 중심의 세력) 부정으로 인해 창조파의 신정부건설은 무산되고 만다. 이렇게 하여 국민대표자회의는 실패하게 되는 것이다.

3. 의의

국민대표회의는 임시정부를 포함하여 우리 민족의 민족통일전선을 구축하고자 했던 최대의 회의로 임시정부가 달성하지 못한 민족통일전선을 임시정부의 개조를 통해 달성하고자 했던 시도였다. 그러나 국민대표자회의 내부의 창조파와 개조파간의 갈등과 대립, 임시정부와의 불화로 인해 분열된 독립운동계의 역량을 집중하고자 하는 당초의 목표를 상실한 채 주도권 장악에 몰두함으로써 독립운동의 혼란을 초래하였다.

그러나 국민대표회의의 긍정적 의의를 살펴본다면 비록 실패하였지만 당시 독립운동계의 현실을 자각하게 해주었고, 임시정부의 위상과 향후 전망에 대한 지침을 주었으며, 이후 임시정부를 개혁하는 계기를 마련해 주었다는 점을 들 수 있겠다.

VI. 독립운동의 통합

임시정부는 독립운동의 구심체로서 국내외에서 전개되고 있던 독립운동을 통할하여 보다 효과적으로 추진하는 것이 가장 큰 과제였다. 그러기 위하여 국내에는 연통부와 교통국을 설치하였고, 해외의 동포사회에는 거류민단 혹은 그에 준한 기구를 설치하여 통할하였다. 그리고 통할의 성과를 올리기 위하여 조사원·특파원·선전원을 보내어 민심을 임시정부에 집중시키려고 노력하였다.

1. 연통부의 활동

대한민국 임시정부가 민주적 국민국가로서의 고유한 업무수행을 위하여 실시한 지방행정제도로서 국내외를 지휘 감독하기 위한 기본조직이었다. 물론 일본의 탄압 때문에 공공연하게 연락망을 설치할 수는 없었으므로 극비에 속해 있는 지하조직으로 민족의 광복 때까지 지속적인 독립운동을 하기 위한 필연적인 과정에서 형성된 것이었다. 연통제는 국내에서 임시정부의 지방조직적 성격이 강하였기 때문에 내무부 산하에 있었지만 임시정부와 국내를 연결하는 통신망으로서의 기능도 함께 보유하였다.

연통제는 1919년 7월 10일 대한민국임시정부 국무원령 제1호로 임시 연통제가 공포되면서부터 본격적으로 업무가 개시되었다. 이 법령에 의하면 연통부를 나누어 각 도에 감독부(감독), 각 부에 총감부(총감), 각 면에 사감부(사감)를 설치토록 하였으며, 연통각부에서 처리하는 중요 사무 20조 가운데 제7조에 통신에 관한 사항을 규정하였다. 또 연통부는 독립운동을 주장하고 주도한 공적이 지대한 자, 독립운동 시 일제로부터 부상당한 자 및 순국한 자의 성명과 당시의 상황 등을 조사하여 매 5일마다 정부에 보고하도록 하였는데, 이 때 변장한 통신원에게 신표를 주어 활동케 하였다.

초기 연통부 각 기관의 업무는 공문의 전포, 군인, 군속의 모집, 군수품의 조사수렴, 시위운동의 계획, 우국 성금의 모집운동, 통신연락, 정보수집 등으로 임시정부의 활동에 커다란 도움을 주었다. 그러나 일제의 탄압으로 인한 조직원의 희생도 컸다. 1919년 9월 평안남도에서 연통제 관계서류를 압수당하여 연통제의 내막이 탄로된 것을 시작으로 하여 11월에는 나남사건을 계기로 함경북도 연통제조직의 독판부원과 군감 전원이 체포되었고 그 후 계속해서 국내조직이 발각되었다. 동년 12월에는 평북 창성군에서 통신원 김지익, 다음해 6월에는 평북 독판부특파원 권창훈과 7월에는 의주군통신 양승업이 피검되었다. 그 후 연통제는 각 지방에서 계속 발각되어 1921년에는 적국의 조직이 거의 붕괴되고 말았다. 연통제는 1919년 7월에 설치된 이래 2년여의 짧은 기간이지만 독자적인 통신 기구를 갖지 못하였던 임시정부의 국내 연락담당 통신조직으로서 역할을 다하였다.

① 연통부의 설치는 평안도·함경도 등 국내의 북구지방에는 비교적 순조로웠는데 남쪽으로 내려갈수록 순탄하지 않았다. 남부지방에서는 각종 독립운동단체가 연통부를 대신하고 있었다.

② 연통제는 1921년에 거의 붕괴되었는데 그것은 일제에 발각되어 무참한 탄압을 받았기 때문이다.

③ 활동의 면에서 임시정부에 대한 선전활동과 자금수합, 그리고 독립운동의 정보수집 및 보고로서 큰 공로를 남겼다.

④ 정보를 수집하고 보고한 것은 교통국의 업무와 중복되었으나, 그와 같이 통신이 일원화되지 않았던 점은 독립운동에 있어서 정확하고 다양한 정보를 입수할 수 있다는 처지에서 오히려 이득이 되었다.

⑤ 국내 각 도에 독판을 배치한 것에 비하여 만주지방에 총판을 배치한 것은 만주지방 독립운동의 중요성과, 그 지방 동포사회의 통할을 쉽게 하려는 의도와, 또 그 총판부에서 국내독판부를 어느정도 통할할 수 있게 하려는 목적이 있었던 것이다.

연통부의 설치는 평안도, 함경도, 황해도에는 순조롭게 진행되었으나 경기도, 충청도에는 일부 지방밖에 그 실현을 보지 못했고, 강원도, 경상도, 전라도의 경우는 거의 설치하지 못했다. 그러나 연통부가 설치되지 못한 지방에서는 그것과 거의 비슷한 독립운동단체가 조직되어서 연통부를 대신하고 있었는데 강원도 전역과 충청도 및 전라도 일부지역에는 대한독립 애국단이 조직되어 연통부활동을 담당하고 있었으며, 경기도와 그 외 경상, 충청, 전라도에서 청년외교단과 대한민국 애국부인회의 조직 혹은 대한 적십자회의 활동이 연통부의 일을 대신하고 있었다.

일제의 탄압이 계속되어 1921년에는 연통제가 붕괴되어 임시정부의 국내에 대한 통할도 몇 곳에 남아 있던 교통국 조직이나 선전원 혹은 특파원이나 국내의 애국단체의 활약에 의존할 수밖에 없었다. 연통제의 붕괴는 독립운동의 통할을 어렵게 만든 것은 물론 독립운동의 자금수합을 못하게 만들어서 임시정부의 활동에 큰 영향을 미쳤던 것이다.

2. 교통국의 활동

임시정부 내무부 산하의 연통제와 함께 교통부 산하의 교통국은 국내는 물론 만주, 노령 등지와의 통신연락을 위한 상설기구였다. 1919년 4월 임시정부가 수립된 후 5월의 제4회 의정원 회의에서 국무원이 의결한 다섯 가지 발표가 있었는데, 여기에 교통부 산하의 연락망조직이 포함되어 있었다. 연통부보다 먼저 설치되어 임시정부 초기에 특히 많은 정보를 수집 보고한 교통국의 활동은 통신이 본 업무라고는 하여도 재정자금의 모집, 인물소개 등을 담당하였다. 임시정부에서는 안동지부가 설치된 지 3개월 후인 1919년 8월 20일경에 임시정부 국무원령으로 임시 지방교통 사무국장정을 공포하였는데, 그 제1조에 의하면 우전사무를 위하여 중요한 지점에 임시 교통사무국을 설치하되 위치는 교통총장이 정하고 관할 지역은 현행 연통제에 준하도록 하였다. 또 제2조에는 임시 지방교통사무국의 직원으로 통신원 2인을 두되 통신원은 상부의 명령에 의하여 통신 내왕에 종사하도록 규정하였다.

1919년 5월 교통부 안동지부 사무국이 설치된 이래 활동하였다고 보여 지는 교통기관의 조직은 교통국이라는 명칭을 가진 곳이 5개소, 통신국이 1국, 교통부가 1개소였다. 또한 교통국의 조직망이 짜여진 지역은 평안도, 함경남도, 황해도, 경인지방, 만주 등이었고, 그 밖의 지역은 미처 조직을 완비하지 못하였던 것 같다.

교통국의 중심업무는 통신 연락이 주였으나 구국적인 차원에서 볼 때 그 고유 업무에만 국한하지 않고 금전모집, 통신, 인물소개 등의 기구가 설치되었던 것으로 보아 독립운동이 중심적 사업이었던 것 같다.

① 정부 자금을 모집하는 것.
② 정보를 수집하여 보고하는 것 및 임시정부의 지령을 전달하는 것.
③ 교통국의 조직 및 독립운동을 위한 인물 소개와 연락을 하는 것. 또한 무기의 수송 전달 같은 일도 맡았다.

교통국 중에서 활동이 가장 활발하였던 곳은 안동 교통사무국으로 임시정부와 국내를 연결하여 기밀문서 및 위험물수송을 담당하였다. 이외에도 함남 교통사무국은 1921년에서 1922년까지 활동이 활발하였으며, 강변 8군 교통사무국은 1919년 후기에서 1920년까지가 가장 활발히 활동하였다. 이 때 각 교통국은 서신 또는 전신용으로 한글과 일본문자, 아라비아숫자, 영자로 된 암호를 시기에 따라 정하고 독특하게 사용하였다. 또 1920년 5월부터는 역채식 진전법을 사용하여 좋은 성과를 올렸다. 교통국 관계인들의 수난은 1919년 11월 27일 지부장 김동환을 비롯한 관서지부원의 피포를 비롯하여 1920년 1월 24일에는 안동교통국 사무국장 홍성익의 피검과 함께 주요조직이 노출되었다.

그 후 5월 31일에는 경상북도에 교통기관을 설치하기 위하여 출장 중이던 특파원 김태규가 체포되었고, 7월 10일에는 당시 안동교통국 사무국 참사이던 오학수 외 13명이 체포되었다. 이밖에도 수많은 교통국 관계인이 수난을 당하였음에도 불구하고 교통국은 1919년에서 1922년 초까지 임시정부의 통신기관으로서 활발한 활동을 하였다.

3. 조사원의 배치와 특파원의 활동

조사원은 국내 각 지방의 유력자, 재산가, 학교, 종교 실태를 조사하기 위하여 임명하였는데 각 군에 몇 명씩 두었다. 이것은 국내의 실태를 파악하며 또 임시정부가 독립운동을 펴는 기반을 터득하려고 조사했던 것이다. 1919년에 파견된 특파원은 대개 임시정부수립에 대한 계몽과 선전, 임시정부의 정책계몽, 독립사상의 고취, 연통제 및 교통국 설치, 국내 지도자와의 협의, 독립운동 단체의 조직, 정세 파악 등의 임무를 수행하였다. 그리고 1920년 이후의 특파원은 연통제 및 혹은 교통국의 활동상황을 시찰하는 것이 대부분이었다.

4. 해외 동포사회의 통합

독립운동의 통할에 있어서 국내에 대한 통할은 일제 관헌의 눈을 피하여 비밀조직을 통한 통할이었다는 데에 어려움이 있었는데, 해외 동포에 대한 경우는 그런 점은 거의 없었으나 만주, 시베리아, 중국 본토, 미주, 구주에 많은 인원이 흩어져 살고 있었으니, 서로 간의 거리가 멀어 통할이 쉽지 않았다. 교통·통신의 문제도 그것이지만 살고 있는 곳의 정치, 경제, 사회, 문화의 조건이 달라서 일률적인 통할이 불가능했고, 또 곳곳에 살고 있는 동포들은 그곳에 간 이유와 목적이 제각기 달랐고, 또 본국 혹은 임시정부와 서로 떨어진 거리가 다른 것 때문에 통할의 방법도 달라야 했다.

거류민단제는 해외 동포사회를 통할하기 위하여 만든 조직체로서 임시정부의 지방행정단체와 같은 것이었다. 거류민단제가 처음부터 동포사회의 통할 기구로 잘 운영된 곳은 상해였고, 만주지방은 독립군 활동의 특수한 사정 때문에 임시정부의 양해 하에 군정서 등이 거류민단 조직을 대신하고 있었으며, 미주 지방에는 역시 임시정부의 양해 하에 대한인국민회가 대신하고 있었다. 임시정부가 직접 해외동포를 통할하며 독립운동을 수행할 수 없었기 때문에 해외 동포사회의 각 지방에 통할기구를 설치하여 독립운동을 효과적으로 수행했던 제도는 훌륭한 것이었다.

① 상해거류민단.
② 미주 대한인 국민회 : 임시정부의 재정자원의 면에서 중요한 위치.
③ 만주, 북간도 : 대한국민회, 북로군정서
　　서간도 : 한족회, 서로군정서(독립 전쟁의 인적 자원 면에서 중요한 위치)

5.「독립신문」간행과「한일 관계 사료집」편찬

1) 독립신문

1919년 8월 21일에 창간되어 그 해 10월 16일(제21호)까지는 독립《獨立》이라는 제호로 발행되다가, 10월 25일자 제22호부터 독립신문《獨立新聞》으로 제호를 바꾸었고, 1924년 1월1일(제169호)부터는 한글인《독립신문》으로 다시 바꾸었다.

창간사에서 이 신문의 사명을
① 독립사상 고취와 민심통일.
② 독립사업과 사상전파.
③ 유력한 여론을 환기하고 정부를 독려하여 국민의 사상과 행동의 방향제시.
④ 새로운 학술과 새로운 사상소개.
⑤ 국사(國史)와 국민성을 고취 개조한다고 밝혔다.

창간 당시의 진용은 사장 겸 편집국장이 이광수였고, 1925년에는 박은식이 사장에 취임하여 잠시 활동하기도 하였으나, 그 해 9월 25일자 189호를 마지막으로 정간되었다. 1943년 임시정부가 충칭[중경(重慶)]으로 옮긴 후인 6월 1일부터는 중국어판『독립신문』을 복간하였는데, 1945년 7월 20일자 제7호까지 발간하였다.

2) 한일 관계 사료집

3월 1일에 한국이 독립을 선언하고, 일본의 광전절후(曠前絶後)한 포악한 학살이 행하나 세계는 2천만을 망각하고 한족에게 관한 보도와 평이 왜곡되어 이를 시정하기 위함을 목적으로 하고 있으며 그 내용은 이광수가 서언에서 밝히고 있듯이 '본서는 4대부로 성(成)하니 제1부는 고대부터 병자수호조약(1876년)에 이르는 한일관계를, 제2부는 병자수호조약 이후부터 합병까지, 제3부는 합병부터 금년(1919년) 2월까지의 일본의 대한 관계, 제4부는 3·1운동 이후'를 서술하고 있다.

Ⅶ. 임시정부의 역사적 의의

임시정부의 역사적 의의는 무엇보다 독립운동의 구심점을 만들고, 또 만들려고 노력했다는 점이고 다음에 민주공화국을 표방하여 한국사에서 자유주의와 민주주의의 이념을 구체적으로 수립해 갔다는 점일 것이다. 이러한 포괄적 의미를 좀 더 자세히 살펴보면 다음과 같다.

① 임시정부는 3·1운동에서 나타난 민족적 주권의지가 임시정부수립으로 수렴되었으므로 곧 3·1운동의 결실이라는 점에 의의가 있다. 3·1운동의 선언서마다 독립을 선언했고 모인 군중마다 독립만세를 고창하였다. 그런데 그것은 선언이고 고창이었을 뿐이다. 그것을 구체화한 것은 임시정부수립이다.

② 3·1운동은 대중운동으로 전개되었다. 그렇다면 전국으로 확산된 대중 운동을 구심점을 찾아 지도체제를 수립해야 하는 것이다. 대중운동에서 표현된 이념을 정리하고 새로운 독립운동으로 발전할 수 있는 방향도 설정해야 하는 것이다. 그것을 위하여 어떤 조직이 필요하고 어떤 조직이 적절했던가? 그것을 임시정부가 담당하였다. 그러므로 3·1운동이 끝나가면서 당시의 조선인은 새로 수립된 대한민국 임시정부에 희망과 기대를 걸었다. 그러한 민족적 기대치에 어긋나지 않으려고 여기 저기에 수립된 7개의 임시정부를 1919년 9월 6일 하나의 대한민국임시정부로 통합했던 것이다. 그러한 통합정부를 이룩함으로써 민족운동의 구심점 체제를 갖추었다고 이해된다.

③ 임시정부는 정식정부를 수립하기 위한 준비정부이다. 준비정부이기 때문에 정식정부에서 갖출 헌법을 만들었다. 거기에는 시범적 조항도 있었다. 1919년 9월

의 삼권분립을 규정한 것이 그의 좋은 사례일 것이다. 실질적 집행의 여건이 미미한 상황에서 사법부의 규정을 만든 것은 이념상의 삼권분립이요 시범적인 규정이었던 것이다. 그것이 준비정부가 할 바였다. 그런데 정식정부의 수립이 뜻과 같지 않았다. 1925년에 독립운동체제에 맞는 헌법으로 고쳐 삼권분립을 철회하는 등, 준비정부의 위치를 후퇴시킨 것이다. 다시 임시정부가 준비정부의 체제를 갖춘 것은 1944년이었다. 그 동안 전시체제의 헌법을 준비정부에 맞게 개헌하였다. 광복을 준비한 것이다. 어느 식민지 민족이 한국민족처럼 광복을 준비하고 있었던가를 비교 고찰해 보면 임시정부의 존재가치가 새롭게 평가될 것이다.

④ 대한민국 임시정부는 민주공화국을 표방하고 있었다. 주권재민을 선언하며 국민의 기본권도 정확하게 규정하였다. 이러한 민주공화국과 민주주의를 법제화한 것은 한국사에서 임시정부가 효시로 3·1운동의 이념을 제도화한 뜻있는 일이었다.

⑤ 임시정부는 3·1운동부터 1945년 8·15 해방까지 존속한 유일한 독립운동 조직이었다. 구한말부터 독립운동 단체가 무수하게 명멸한 가운데 3·1운동 이후 광복 때 까지 존속한 독립운동 조직체는 국내외를 통하여 임시정부뿐이었다. 애초에 광복을 위한 준비정부로 탄생했으나 그것이 여의치 않자 임시정부도 존폐 위기를 맞아야 했다. 그때에 국민 대표회가 열렸으나 대책을 강구하지 못하고 해산하였다. 1925년에는 이승만을 축출하고 박은식을 대통령으로 선출하여 독립운동체제에 부응하게 개헌하였다. 1935년에는 민족혁명당 창립 와중에서 분해될 위기를 맞았던 일도 있었다. 1937년 중·일전쟁을 맞아 중국정부도 일본군에게 연속 패배하는 전화 속에서 남경, 장사, 광주, 유주, 기강, 중경으로 피난하며 임시정부의 간판을 보존하기란 쉬운 일이 아니었다. 그러한 시련 속에서도 끝내 쓰러지지 않고 임시정부를 지켜 1940년 중경에 정착한 이후에는 다시 체제를 정비하여 독립운동의 중추적 위치를 회복할 수 있었다. 그리하여 1945년 8·15와 더불어 온 민족의 환영을 받으며 환국했던 것이다.

⑥ 임시정부는 정부적 임무를 다하고 독립운동의 성과를 극대화하기 위하여 광복군을 창설하고 독립전쟁에 이바지하였다. 중·일전쟁이 발발하자, 이동중의 임시정부는 1939년 기강에서 군사특파단을 전방지역인 서안에 파견하였다. 1940년 중경에 정착하자, 1940년 9월 17일에 광복군을 창설하였다. 광복군은 처음엔 산서성 일대에 출동하여 모병과 정보수집활동을 폈다. 1942년 5월에 조선의용대의 편입을 계기로 조직을 개편하여 1·2·3지대로 편성하여 중국전에서 활동하는 한편, 제1 지대는 인도 버마전선까지 출동하여 활동했고, 2지대와 3지대는 미군 OSS작전에 참가하여 활동했다. 이것은 연합군의 일원으로 활약했다는 것을 의미한다. 광복군은 미군의 작전대로 본토상륙을 눈앞에 두고 있었는데 그 때에 일본이 항복한 것이다. 이와 같이 독립전쟁을 수행했 다는 점에서, 독립전쟁을 연합군의 일원으로 전개했다는 점에서 임시정부의 독립전쟁사적 의의를 찾아야 할 것이다.

⑦ 3·1운동 후 이념이 다양하게 발전하면서 독립운동 방략도 여러 길로 나뉘어지게 되었다. 그러므로 임시정부는 역량의 결집을 위하여 통일전선 형성에 주력하지 않으면 안되었다. 3·1운동과 더불어 7개의 임시정부가 수립된 것을 하나의 정부로 통합했던 것도 의의가 컸지만, 그 후 통합과 분산은 임시정부 주변에 항상적 문제로 제기되었다. 1923년의 국민대표회, 1926년부터의 민족유일당운동, 1930년 우파 통일전선으로 결성한 한국독립당, 1935년 좌파 통일 전선으로 결성한 민족혁명당이 모두 통일전선을 추구하는 가운데 탄생한 정당들이었다. 1939년에는 통일전선이 더욱 구체적으로 추진되어 한국국민당(김구), 한국독립단(조소앙), 조선혁명당(이청천)의 우파 3당과 민족혁명당(김규식·김원봉), 조선민족해방동맹(강성숙), 조선청년전위동맹이 이탈한 5당회의를 열어 통일전선 형성에 박차를 가했다. 그리고 1940년에 중경에 서우파 통일전선으로 다시 한국독립당(김구·조소앙·이청천)의 결성을 보았는데, 이 모두 임시정부 주변에서 일어났던 통일전선 또는 협동전선의 모색으로 추진된 것이다. 그러한 모색 끝에 1942년부터 성과가 현저하게 나타나 통합의회의 실현을 보게 되었다. 민족혁명당과 조선민

족해방동맹, 무정부주의자연맹(유림) 같은 좌파 정당들이 임시정부에 참여한 성과를 올렸던 것이다. 그해 조선의용대가 광복군에 편입된 것도 통일전선의 성과였다. 이어 1944년에는 개헌과 동시에 김구, 김규식으로 주석단을 형성한 연립정부를 성립시켰다. 그리고 연안에 있는 독립동맹(김두봉·김무정)과도 연락하여 통일전선에 합의한 단계에 해방을 맞은 것이다. 그와 같이 임시정부는 꾸준히 통일전선 형성에 노력하여 해방후 남북협상으로 발전시켰다.

⑧ 임시정부는 해방 정국에서도 임시정부의 명실을 다 하였다. 해방을 맞자, 임시정부가 가장 걱정한 것은 1942년부터 거론되던 국제관리 즉, 신탁통치였다. 임시정부가 신탁통치와 같은 국제 관리설에 반대하기 시작한 것은 1943년 5월 중경에서 개최된 자유한인대회에서 비롯된다. 임시정부는 해방 직후인 9월 3일에 「국내·외 동포에게 고함」을 발표하였다. 거기에는 '임시정부 당면정책'이 명시되어 있다. 국제적 협조, 과도정권수립을 위한 단체자 대표회의의 소집, 과도정부의 수립, 그리고 임시정부를 해산한다는 것이 주요 요지였다. 하지만 미국과 소련은 임시정부의 주장을 외면하였고 12월 28일에는 신탁통치를 선언 하였다. 임시정부는 반탁운동을 독립운동의 연장선상에서 전개하고 민족운동으로 확산시켜 갔다. 그리고 모스크바 결정에서 임시정부를 새로 건립한다는 것은 대한민국 임시정부의 27년간의 역사를 뿌리부터 부인하는 모욕적인 결정이었으므로 수용할 수 없었다. 그리하여 반탁 운동을 강력하게 전개한 것이다. 그러나 1946년의 정국은 임시정부의 요구를 관철시키기에 여러 가지 어려움이 있었다. 미·소양군의 점령으로 분단체제가 계속되는 한 과도정부의 수립이 현실적으로 불가능하였다. 거기에서 임시정부는 2월 1일에 탄생한 비상국민회의에 참가하면서 변신하기 시작하였고,[60] 이어 2월 14일 비상국민회의 집행기관 격이며 군정 자문기관으로 탄생한 민주의원에 참여함으로써 1919년 이래의 대한민국 임시정부의 생명은 끝나가고 있었다. 그리고 그해 10월에는 임시정부 주석 김구가 좌우합작위

---

60 비상국민회의 조직대강 제3조: 본 회의는 대한민국임시정부 당면정책 제6항에 의한 과도정권 수립에 관한 일체 권한을 유하고 대한민국 임정의 정권의 직능을 계승함.

원회의 7원칙을 수요하면서 새로운 임시정부수립에 찬동함으로써 중경 임시정부의 존재를 고집할 수 없게 되었다. 이 후 대한민국 임시정부의 문건이 있다면 그것은 편의 상의 문건으로 이해된다.

Ⅷ. 임시정부의 반성

임시정부가 아무리 큰 업적을 쌓았다고 해도 반성이 따르기 마련이다. 해방 후 미·소열강에 의한 국제제패로 말미암아 임시정부의 뜻을 펴지 못하였고 또 독립운동의 뜻과 같이 독립하지 못하였으므로 반성할 사항이 많을 수 있다. 더구나 남북이 분단되어 미소의 조종대로 분단정부가 수립되어 아직까지 통일을 이루지 못하고 있는 처지에서 여러 가지 반성이 있을 수 있다. 그러나 여기서 몇 가지만 간추려 보기로 한다.

① 임시정부의 이념이 분명하지 않았다. 임시정부는 자유민주주의를 표방 한 것으로 자타가 공인하고 있었다. 그런데 임시정부의 건국 강령은 사회주의적인 내용을 담고 있었다. 건국 강령에서 토지를 국유화한다는 규정은 임시정부에서 좌파에 속했던 민족혁명당의 신영삼도 반대하던 조항이었다. 그 조항에 대하여 논란이 일 때, 조소앙은 자본주의는 생명이 다한 것으로 설명했다. 그렇다면 어느 길을 가는 것이냐의 문제가 제기된다. 어느 길이 좋고 나쁨을 가리자는 말이 아니라 어느 길인가를 분명히 할 필요는 있었다.

② 임시정부는 새로운 인력공급이 극히 적었다. 1945년 해방 당시의 임정요인이 거의 1919년 임정수립 당시의 인물이었다. 그 인물이라는데에 문제가 있는 것이 아니라 새로운 인물의 공급이 없었다는 점이 문제가 될 수 있다는 점이다. 그러므로 인간관계에서 10년 전의 앙금이 그대로 살아 있고 1920년대의 기호파 서북파의 대립이 끝내 남아 있듯이, 몇 십 년 전의 인간관계와 정서를 탈피하기 힘들었던 것이다. 무엇보다도 새로운 인력공급이 없었다는 것은 새로운 활기를 찾기가 힘들었다는 점에서 민족적 반성이 필요하다.

③ 임시정부의 재정이 비밀을 유지해야 하는 특수성 때문이기도 했지만 재정문제로 불미한 화제를 남긴 것을 반성해야 한다. 임시정부가 김구, 김원봉 양인을 중심으로 세력이 형성되었던 것은 중국정부가 그 양인에게 각각 자금을 지원하고 있었기 때문일 정도로 자금문제가 심각했다. 그럴수록 자금관리는 투명해야 한다. 그런데 1932년 항주사태가 말하듯이 불미한 화제를 남긴 것도 사실이다.

④ 국민대표회는 늦어도 1921년에 개최되어야 했다. 임시정부가 준비정부로 수립되었는데 내외의 역사조건이 변하여 준비체제를 갖출 수 없다면 곧 임시정부는 독립운동체제로 전환해야 하는 것이다. 그 시기가 언제였던가? 1921년 안창호, 김규식, 이동휘 등이 임시정부를 떠날 때였다고 생각된다. 그때에 열지 못하고 1923년에 개최했더라도 어떻게라도 성사시켜야 했다. 5개월의 회의를 무위로 끝내야 했던 것은 독립운동 전반에서 반성해야 한다.[61]

⑤ 임시정부는 국민적 기반 위에서 존재가치가 있으므로 국민적 기반의 유지가 가장 중요한데 그에 대한 점검이 소홀했다. 1920년에 노령의 4월 참변에 이어 만주에서 청산리전투가 있고, 간도참변이 참혹하게 전개될 때 상해에서는 임시정부 군무부의 만주 이전설[62]이 나올 정도로 임시정부에 대한 독립전쟁을 촉구한 국민적 분위기였다. 그 국민적 요구를 임시정부는 수용하지 못하였다. 그러니까 독립운동의 구심점으로서의 역할을 감당하지 못하여 국민적 기반을 상실하고 침체에 빠질 수밖에 없었던 것이다. 1920년에는 국내의 임시정부 조직이었던 연통부도 붕괴되고 있었다. 그에 대하여도 적극적 대책을 강구하지 못하여 국민적 기반을 상실하고 있었다. 1932년 윤봉길의 의거로 국민적 관심을 회복할 대가지 침체기를 맞아야 했는데 그것을 반성해야 한다는 말이다.

---

61 국민대표회가 순조롭지 못하자 당시 임시정부의 내무장이던 김구가 해산명령을 내렸다. 그것은 국민대표회 자체를 반대한 것이 아니라 국민대표회가 뜻과 달리 소란하게 되니까 최한 조치였던 것이다.
62 임시정부 군무부는 1920년 4월에 만주로 이전하기로 의정원에서 결의한 바가 있었다. 그것을 이행하지 않은 것이다.(《독립신문》1920년 4월 3일자)

IX. 맺음말

　한국독립운동을 일으킨 원동력은 한국역사와 더불어 축척된 주체의식에 있었고 그러한 주체의식은 독립운동과 더불어 끊임없이 발전했다. 3·1운동의 정신과 이념을 계승한 대한민국 임시정부의 수립과 활동은 한국인의 민족적 역량을 보여준 독립운동의 커다란 성과이자 소산이다. 비록 어려운 여건과 상황으로 인해, 또는 불완전한 능력으로 인해 갈등과 위기가 없었던 것은 아니나 여러 가지 부족한 면을 미루더라도 대한민국 임시정부의 역할과 기여는 소중하다. 정상적인 상황에서의 정부에 대한 평가도 어려움이 많은데 대한민국 임시정부는 더 말할 나위가 없다. 대한민국 임시정부에 대한 고찰은 여타의 역사가 그러하듯이 한 가지 시선이 아닌 여러 가지 시선으로 보아야 함을 느끼게 한다. 무엇으로 고정시켜 규정하기에는 대한민국 임시정부뿐만 아니라 독립운동사가 매우 역동적이기 때문이다.

　아울러 이승만, 김구, 이동녕, 박은식 등 임정을 이끌어간 수많은 인사들의 생애와 인간적인 측면은 그 당시뿐만 아니라, 오늘날 우리에게 시사 하는 바가 크기에 대한민국 임시정부를 이야기할 때 더불어 살펴 보아야함에도 그러지 못한 것이 아쉽다. 중국의 변방에서 쓰러져 가는 임시정부의 간판을 끈질기게 부여잡고 독립운동의 의지를 꺾지 않은 선조들과 대한민국 임시정부를 접하면서 엷어져만 가는 나라사랑의 소중함을 다시 한 번 생각해보는 좋은 계기였다.

참고문헌

일빛 『교과서 보다 쉬운 독학 국사 2』, 1999.

국사편찬위원회 『한국사 48 – 임시정부의 수립과 독립전쟁』, 2001.

국가보훈처 『대한민국 임시정부수립 80주년 기념 논집 상. 하』, 1999

이현희 『임시정부의 숨은 뒷이야기』, 학연문화사, 2000

이현희 『대한민국 임시정부사 연구』, 혜안, 2001

민족사바로찾기국민회의 『독립운동총서3 – 정치·외교 투쟁』, 민문고, 1995.

한국근현대사연구회 『한국독립운동사강의』, 한울 아카데미, 1998.

Ⅲ 현대 사회

대한민국 연대표

1946년 : 미.소 공동위원회 개최(1차)

①②③ 이승만 (재임기간 1948.7 ~ 1960.4)
　　　　1948년 : 5.10 총선거 실시,
　　　　　　　　 8.15 대한민국 정부수립,
　　　　　　　　 9.9 조선민주주의인민공화국 수립
　　　　1950년 : 6.25 전쟁
　　　　1951년 : 1.4 후퇴
　　　　1952년 : 평화선 선언
　　　　1953년 : 휴전협정 조인
　　　　1954년 : 11.17 사사오입개헌
　　　　1957년 : 우리말 사전 완간
　　　　1960년 : 3.15 부정선거
　　　　1960년 : 4.26 이승만 대통령 하야

④ 과도내각 허정 (재임기간 1960.4 ~ 1960.6)
　　　　1960년 : 4.19혁명시작, 장면 내각출범

⑤ 윤보선 (재임기간 1960.6 ~ 1963.12)
　　　　1960년 : 6.15 제2공화국 헌법 공포
　　　　1961년 : 5.16군사 혁명
　　　　1962년 : 제1차 경제개발 5개년 계획

⑥⑦⑧⑨⑩ 박정희 (재임기간 1963.12 ~ 1979.10)
　　　　1963년 : 12.26 3공화국 헌법 공포

1964년 : 월남 파병 협정 체결
1965년 : 한일기본조약 조인 국교정상화
1969년 : 7.21 경인고속도로 개통
1970년 : 7.7 경부고속도로 개통
1972년 : 7.4 남북 공동 성명 발표
　　　　 12.27 유신헌법 공포
1974년 : 8.15 영부인 육영수 피격사건
1976년 : 3.1 김대중, 윤보선등 민주구국 선언문 발표
1979년 : 10.26 박정희 대통령 피격 사망

⑪ 최규하 (재임기간 1979.12 ~ 1980.8)
1979년 : 12.12 군사반란
1980년 : 5.18 광주 민주화운동

⑫⑬ 전두환 (재임기간 1980.8 ~ 1988.2)
1980년 : 10.27 5공화국 헌법 공포
1983년 : 6.30 KBS이산가족 찾기 생방송 시작
　　　　 10.9 아웅산묘역 폭탄테러사건
1984년 : 5.18 민주화추진협의회 발족
1987년 : 6월 민주항쟁
　　　　 6.29 선언
　　　　 10.29 대한민국 헌법 공포

⑭ 노태우 (재임기간 1988.2 ~ 1993.2)
1988년 : 9.17 서울올림픽 개막
1990년 : 1.12 노태우, 김영삼, 김종필 3당 합당 선언 민주자유당 결성
1991년 : 9.18 남북한 유엔 동시가입

⑮ 김영삼 (재임기간 1993.2 ~ 1998.2)
1993년 : 2.25 문민정부 출범
　　　　 8.12 금융실명제 실시
1994년 : 10.21 성수대교 붕괴
1995년 : 6.29 삼풍백화점 붕괴

1997년 : 11.21 국제통화기금(IMF) 구제금융요청

⑯ 김대중 (재임기간 1998.2 ~ 2003.2)
    1998년 : 2.25 국민의 정부 출범
        11.18 금강산 관광 시작
    2000년 : 6.15 남북 공동 선언 발표
    2002년 : 월드컵 축구 일본과 공동 개최
    2003년 : 대구 지하철 화재사고

⑰ 노무현 (재임기간 2003.2 ~ 2008.2)
    2003년 : 2.25 참여정부 출범
    2004년 : 3.12 대통령 탄핵소추안 국회통과
        4.1 KTX 개통
        5.14 헌법재판소 대통령 탄핵소추안 기각
    2006년 : 12.5 수출 3,000억 달러 돌파
    2007년 : 10.2 2차 남북 정성회담 개최

⑱ 이명박 (재임기간 2008.2 ~ 2012.2)
    2008년 : 2.25 이명박 정부출범
        5월 미국광우병 쇠고기 수입반대 촛불집회
    2009년 : 5.23 노무현 전 대통령 서거
        8.18 김대중 전 대통령 서거
      2010년 : 3.26 천안함 침몰
    11.23 북한 연평도 방사포공격

⑲ 박근혜 (재임기간 2012.2 ~)
    2013년 : 2.25 박근혜 정부 출범
    2014년 : 36개 중앙행정기관, 16개 국책연구기관 세종시 이전
        4.16 세월호 침몰 참사

1946년부터 현대사회

1. 대한민국 정부 수립

1947년 3월 대소봉쇄를 선언한 '트루먼독트린'이 발표되면서 세계는 동·서간의 냉전시대로 접어들게 되었다. 그리고 1947년 9월 제2차 미소공동위원회가 휴회되면서 미국은 남한정부만 대상으로 단독정부를 수립하려는 방향으로 정책을 바꾸었고, 소련의 반대에도 한국문제를 유엔에 넘겼다. 유엔을 주도하고 있던 미국은 11월 14일 한국문제를 의제로 선택하고 인구비례에 따른 남북한 총선거를 실시하기로 결정하고, 선거과정을 감시하는 유엔 한국 임시위원단을 결성하였다. 미국이 지명한 임시위원단 7개국 중에 우크라이나는 참가하지 않았다.

1948년 남한에 입국한 유엔 한국 임시단 이 소련과 북한측의 반대로 북한에는 들어가지 못하자, 유엔소총회는 2월 26일 가능한 지역에서 선거를 실

대한민국 정부 수립

시하기로 결정하였다. 자주독립국가를 꿈꾸어 왔던 우리 민족은 큰 충격을 받고 김구의 한독당과 김규식의 민족자주연맹, 남로당 등 여러 정치세력들이 이를 반대하였다.

한편 2월 7일 남로당은 미·소양국의 군대를 철수시키고 외세를 배제한 상태에서 우리민족의 자주적인 힘으로 정부를 수립하자고 주장하였다. 그 후 단독선거와 단독정부에 반대하는 투쟁이 계속되던 중, 4월 5일 제주도의 남로당세력과 민중들이 도내 경찰지서와 서북청년단을 공격하면서 투쟁이 크게 일어났다. 이른바 제주도 4·3봉기이다.

이승만 대통령 취임식

이들은 남한단독 선거반대, 투옥중인 애국지사 석방 등을 요구하며 무장유격대를 조직하고 한라산을 근거지로 군경과 치열한 전투를 벌였다. 미군이 군경과 우익단체를 동원하여 탄압하는 과정에서 수만 명의 희생자를 내었다.

남한 단독정부수립을 반대한 김구, 김규식세력은 민족분단을 막으려고 북한과의 협상을 시도하였으며, 4월 19일 여러 정치세력들은 북한과 남북연석회의를 갖고 '미·소 군대를 철수시키고 단독정부수립을 반대한다.'는 공동성명서를 발표하였다.

하지만 5월 10일 남한에서는 김구와 김규식 등 남북협상파들이 불참을 선언하고, 이승만과 한민당세력 중간파에 속하는 인물들이 참여한 가운데 남한만의 총선거가 치러졌다. 선거결과 무소속이 85석, 이승만의 독립촉성국민회가 54석, 한민당이 29석,

대동청년당이 12석, 민족청년당이 6석을 차지하였다. 이에 따라 구성된 제헌국회는 헌법을 만들고 이승만을 초대대통령, 이시영을 부통령으로 선출하고 1948년 8월 15일 대한민국 정부를 수립하였다.

북한에서는 8월 최고인민회의 대의원선거를 거쳐 9월 9일 조선민주주의 인민공화국이 수립되었다.

남한과 북한에서 각각 체제가 다른 국가가 들어섬에 따라 자주국가가 세워지기를 열망한 민족의 염원은 이루어지지 않았다.

민족해방운동의 저변을 확대하고 1920년대의 민족해방운동에 큰 변화를 가져왔다. 아울러 비록 기만적이기는 하나 일제의 무단정치를 문화정치로 바꾸어 교육기관설립과 신문 등의 창간이 실현되며 민족자립의 기초를 다질 수 있게 하였다. 또 중국 상하이의 프랑스 조계(공관거류지)에 대한민국 임시정부가 수립되는 계기가 되었고, 임시정부의 국제적 정치활동은 민족 독립의 모태역할을 하였다.

2. 제1공화국과 4·19혁명

6·25전쟁이 일어나자 정부는 부산으로 피난하였고, 2대 국회도 함께 부산으로 내려가 활발한 활동을 벌였다. 피난국회는 전쟁으로 행방불명되었거나 북한에 납치당한 30여명을 제외한 의원들로 구성되었다.

"이승만 대통령의 인기가 떨어지고 있다! 재당선의 방법을 찾아야 한다!"

초대 대통령에 오른 이승만 대통령이 인기가 하락하면서 자리가 흔들리고 있다고 판단한 여당에서는 개헌을 서둘렀다. 국회의원들이 대통령을 뽑는 간접선거로는 이승만대통령이 다시 선출되기 어렵다고 보고 국민들이 직접선거를 하도록 하는 헌법의 개정을 준비한 것이다.

1951년 11월 정부에서는 대통령직선제와 함께 국회를 양원제(참의원과 민의원)로 하는 헌법개정안을 국회에 제출하는 한편, 보수우익단체들이 주축을 이룬 여당인 자유당을 창당하였다.

"개헌안을 통과시켜야 한다!"

"대통령 중임을 위한 개헌안을 저지하라!"

1952년 1월, 여권과 야권은 개헌안을 둘러싸고 민감한 신경전을 벌였는데 민주국민당과 무소속국회의원들은 압도적인 표 차이로 개헌안을 부결시키는 한편, 그해 4월 내각제 개헌안을 국회에 제출해 이승만 정부를 궁지에 몰아넣었다.

"국가가 혼란에 처했으니 계엄령을 선포한다!"

야당의 공세에 몰린 이승만 정부는 부산 일원에 비상계엄령을 선포했고, 1952년 7월 자유당은 대통령직선제 개헌안을 상정하여 전원찬성으로 통과시켰다. 자유당은 이에 그치지 않고 1954년 11월 초대 대통령 중임제한 철폐를 골자로 하는 제2차 개헌안을 국회에 제출했고, '사사오입'이라는 기묘한 논리를 적용시켜 정족수 미달의 헌법개정안을 불법 통과시켰다.

"못 살겠다! 갈아 보자!"(민주당)

"갈아봤자 별 수 없다!"(자유당)

1956년 5월 정·부통령 선거를 맞아 야당인 민주당과 여당인 자유당은 날카로운 대립을 보였으나 이승만 박사가 대통령에, 부통령에는 야당의 장면박사가 각각 당선되었다. 민주당 대통령 후보였던 신익희박사가 선거 유세 도중 뇌출혈로 갑작스럽게 별세하는 바람에 이승만 박사의 당선목표는 쉽게 달성되었다.

1950년대 말로 접어들면서 이승만 대통령의 인기는 더욱 떨어졌다. 육체적이나 정신적으로 쇠약해지면서 지도력도 크게 약해지자, 영부인 프란체스카 여사는 비서 박찬일과 협력하여 정치를 돕는 한편 대통령의 기분을 상하게 하는 정보는 사전에 차단했다.

자유당 정권은 반공체제의 강화를 내세우며 대통령선거에 입후보하였던 조봉암 후보를 간첩혐의로 구속하고, 1959년에는 경향신문을 폐간하는 언론탄압을 자행하였다.

1959년 12월 열린 민주당 정·부통령 후보지명대회에서 구파인 조병옥이 대통령 후보로 선출되었고, 부통령 후보는 신파인 장면박사가 뽑혔다. 자유당에서는 이승만 대통령과 이기붕을 정·부통령 후보로 내세웠다.

당시 이승만 대통령은 84세였다. 대통령이 유고를 당할 경우에는 부통령이 자리를 이어받는 제도이기 때문에 자유당으로서는 이기붕 후보를 반드시 당선시켜야 할 입장이었고 노골적인 선거부정을 계획할 수밖에 없었다.

하지만 사회는 물가상승과 농촌경제의 어려움으로 국민들의 불만이 높았고 지식인 실업자가 늘어나 민심이 좋지 않았다. 이에 따라 정·부통령 선거에서 야당이 승리할 가능성은 매우 높아졌다. 자유당 정권은 독재정치와 정경유착으로 국민의 지지를 얻지 못하고 선거에서 패배할 것이 예상되었다.

1960년 1월 19일 조병옥 민주당 대통령후보가 암 치료를 위해 미국으로 출국하자, 정부는 농번기를 피한다는 이유로 선거일을 3월 15일로 앞당겨 공고했다. 그러나 선거를 한 달 앞둔 2월 16일 조병옥 후보가 미국에서 사망했다. 이미 대통령 후보등록이 마감된 시점에서 민주당으로서는 다른 후보를 내세울 수도 없었다. 조병옥 후보의 사망으로 이승만 대통령의 4선은 사실상 결정되었지만 문제는 부통령 선거였다. 조병옥 후보의 사망으로 부통령 선거의 민심은 장면에게로 쏠리고 있었다.

"어떻게 해서라도 이기붕 후보를 당선시켜야 한다!"

최인규 내무부장관은 선거에서 이기붕을 당선시키기 위해 대규모 인사이동을 단행하고 전국의 시장, 군수와 경찰간부들을 불러 부정투표계획을 지시했다. 산하 공무원과 조작된 자유당원을 동원하여 관주도로 40% 사전투표, 3인조 5인조로 사실상 반 공개투표를 하도록 하거나 유령유권자의 조작과 기권강요, 기권자의 대리투표, 투표함 바꿔치기, 개표 때의 환표와 득표수 조작발표 등 부정투표방법은 다양했고 상상을 초월했다.

이 같은 부정선거로 이승만, 이기붕 후보가 각각 88.7%와 79%의 득표하여 정·부통령에 당선되었는데 이기붕 후보의 표가 너무 많이 나와 줄여서 발표하는 촌극도 벌어졌다. 하지만 이것이 4.19혁명의 불씨가 될 줄은 당선자도 자유당도 알지 못했다.

"3·15 선거는 부정선거다. 인정할 수 없다. 당선은 무효다!"

"국민 주권을 약탈한 만행이다!"

민주당은 선거가 무효라는 성명을 발표했고, 대다수 국민들도 선거결과를 인정하지 않았으며 여기저기서 불법 및 무효임을 선언하는 움직임이 일기 시작했다. 선거 당일인 3월 15일 마산에서 부정선거에 항의하는 시위가 처음 일어나자, 경찰의 발포로 7명이 사망하고 70여명의 부상자가 발생하였다. 그 뒤로 시위는 급속도로 전국으로 번져나갔다.

"이승만 독재정권은 물러가라!"

"부정선거 원흉을 처벌하라!"

3월 18일 마산사건의 책임을 지고 내무부장관 최인규와 치안국장 이강학이 사임하였지만, 성난 민심은 수그러들지 않았고, 4월 1일 대학이 개학을 하면서 서울시내 주요대학생들이 시위를 주도하게 되었다.

4월 11일 마산시위 때 행방불명되었던 고교생 김주열의 시체가 눈에 최루탄이 박힌 채 바다에 떠오르자 성난 국민들의 시위는 전국으로 퍼졌고 더욱 거세졌다. 이날 저녁 경찰은 시위 군중에게 발포를 시작해 2명이 숨졌다.

4월 18일에는 고려대생들이 총궐기선언문을 발표하고 경무대로 몰려가 시위를 벌이다 돌아오는 도중 유지광이 지휘하는 정치깡패들의 습격을 받아 수십 명이 부상을 당하자 국민들의 분노는 극에 달했다.

사격 준비 중인 계엄군과 경찰

마침내 4월 19일 중고생, 대학생을 포함한 10만 명이 넘는 시민들이 재선거를 요구하며 시위를 벌였다. 경찰은 경무대가 있는 효자동 전차 종점까지 시위대에 밀리면서도 시위대를 막기 위해 안간 힘을 쏟았다. 경찰은 시위대가 경무대에 진입하지 못하도록 소방차로 바리케이드를 치고 대치하였다. 그러나 오후에 시위대가 소방차를 탈취하여 경무대 정문을 향하여 달려오자 경찰이 발포하기 시작하였다. 이날 경찰의 발포로 전국에서 186명이 사망하고 6천여 명의 부상자가 발생하였다.

"학생들의 시위를 막아라!"

사태가 급박해지자 정부는 오후 5시 서울, 부산, 대구, 대전, 광주 등 5대 도시에 계엄령을 선포하였다. 4월 21일에는 전국에서 일어난 소요사태에 책임을 지고 내각이 총 사퇴했다. 민주당은 사태수습방안은 재선거뿐이라고 주장하였다.

4월 24일 정부는 서울을 제외한 지역의 비상계엄령을 해제하였고, 이 대통령은 자유당 총재직을 사퇴했고, 이기붕도 모든 공직에서 물러난다고 발표하였다. 하지만 국민은 만족하지 않았다.

4월 25일 계엄사령부는 대통령특명으로 모든 구속학생을 석방한다고 발표하였지만, 민주당은 대통령사임과 재선거실시를 요구하는 성명을 발표하였다.

"이 대통령은 하야하라!"

이날 서울시내 27개 대학 259명의 대학교수들이 전문 15개항으로 된 시국선언문을 발표하자, 시위를 벌이면서 계엄령으로 위축되었던 시민들이 다시 합류하였다.

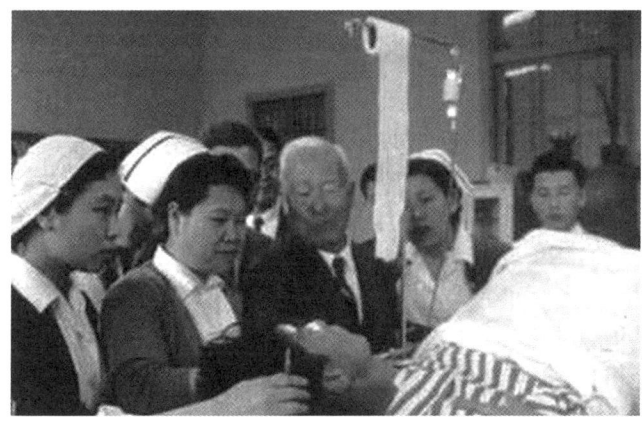

4·19의 소용돌이에서 다친 환자들을 위로하는 이승만대통령.

4월 26일 이른 아침 제1군사령부에서 군단장급 지휘관 회의가 열렸고 이 대통령의 하야만이 유일한 사태해결책이라는 결론이 내려졌다. 오전 11시 경 이승만 대통령의 대통령직 사퇴와 선거 재실시 등을 발표하였다. 4월 27일 이승만 대통령의 사임서가 수리되고, 허정 외무부장관이 대통령 권한대행이 되었다. 4월 28일 새벽 5시 40분경에, 이기붕 일가가 모두 총탄을 맞고 피살되었는데 신문은 이기붕의 장남 이강석 소위가 가족을 모두 죽이고 자신도 자살했다고 보도했다. 자유당 정권의 제1공화국은 그렇게 막을 내렸다.

이승만 대통령은 이화장으로 거처를 옮겼다가 5월 28일 하와이로 떠났다. 1965년 7월 19일 90세를 일기로 별세하여 국민의 애도 속에 국민장으로 치러졌다.

3. 제2공화국과 5·16 군사정변

"혁명적 정치개혁을 비 혁명적 방법으로 달성하겠다."

이승만 대통령의 제1공화국 붕괴 이후 1960년 4월 27일 구성되어 6월 16일까지 제2공화국이 등장하기 이전 허정이 이끈 과도정부가 구성되었다. 과도정부는 6월 15일 개정헌법을 통과시키고, 6월 23일 새 선거법이 제정되어 8월 12일 민의원, 참의원 합동회의에서 대통령에 윤보선, 국무총리에 장면이 선출됨으로써 제2공화국이 탄생했다.

제2공화국은 대통령중심제가 아닌 의원내각제가 채택되어 정치적 실권은 국무총리가 담당했고, 대통령은 국가원수로서 상징적인 권력자가 되었다. 장면내각은 사회를 안정시키고 국가안보를 튼튼히 하면서 경제와 사회발전을 도모하는 한편, 민족의 숙원인 평화적 통일정책을 내세웠다. 또한 국민 기본권보장을 강화하고 지방자치제도를 시행하는 등 제1공화국과는 차별화된 정책으로 민심을 얻는 듯했다.

하지만 민주당 내의 정치적 갈등과 계속되는 반정부시위 등으로 안정을 찾지 못했다. 민주당은 신·구파의 정쟁을 불러왔고 결국 구파가 분당하여 신민당을 창당하면서 불안한 정국이 계속되자 군인들이 등장하였다.

1961년 5월 16일 새벽, 국민들은 미처 잠에서 깨기도 전에 라디오에서 울려나오는 아나운서가 대독하는 낭독을 들으면서 자신의 귀를 의심했다. 일부 군인들이 '혁명'을 일으켰다는 뉴스였다.

"국민 여러분! 은인자중하던 군부는 드디어 금조미명(今朝 未明)을 기해서 일제히 행동을 개시하여 국가의 행정, 입법, 사법의 3권을 완전히 장악하고 이어 군사혁명위원회를 조직하였습니다."

2군 부사령관 박정희 육군소장을 필두로 육사 8기생을 중심으로 한 장교 250여 명과 사병 3,500여 명이 한강을 건너 신문사와 방송국, 경찰서 등 수도의 주요기관들을 점령하고는 계엄령을 선포, 국가권력을 장악했다. 소수의 군인들에 의해 정부가 무너진 것이다.

이들은 '군사혁명위원회'를 조직하고 입법권, 사법권, 행정권의 3권을 통합 장악하고 금융동결, 항구와 공항의 폐쇄, 정권의 인수, 의회의 해산, 일체의 정치활동금지 등을 선포하고, 6개항의 혁명공약을 내걸었다.

혁명공약
① 반공을 국시의 제일로 삼고 반공태세를 재정비 강화한다.
② 미국을 위시한 자유우방과의 유대를 공고히 한다.
③ 모든 부패와 구악을 일소하고 청렴한 기풍을 진작시킨다.
④ 민생고를 시급히 해결하고 국가자주경제의 재건에 총력을 경주한다.
⑤ 국토통일을 위하여 공산주의와 대결할 수 있는 실력을 배양한다.
⑥ 양심적인 정치인에게 정권을 이양하고 군은 본연의 임무로 복귀한다.

이틀 후인 1961년 5월 18일 장면은 총리직을 사퇴했고, 힘에 눌린 윤보선대통령은 군사정변을 인정하게 되었다. 군인들은 '군사혁명위원회'를 '국가재건최고회의'로 개칭하고 3년간의 군정통치에 착수했다. 국가재건최고회의 의장은 박정희 소장이 맡았다.

"부패를 일소하고 자립경제기반을 다진다!"

5·16 쿠데타의 주역 박정희소장

쿠데타를 일으킨 군인들은 썩은 나라를 바로잡고 국민들의 주린 배를 불려주겠다고 장담하고, 당면한 사회경제적 문제들의 해결방안으로 농어촌 고리채정리와 부정축재자 처벌, 공업화를 통한 자립경제의 구축 등을 제시했다. 또 '국가재건 운동본부'를 만들어 국민의식을 개혁하겠다고 나섰다.

군인들은 '혁명재판소'를 설치하여 정치적 반대세력을 탄압하는 한편 정당, 사회단체, 언론, 노동조합 등을 정리하거나 해체했다. 특히 특수범죄(반혁명, 반국가행위)처벌법과 정치활동 정화법을 제정하여 많은 정치인과 재야인사들을 용공분자라는 혐의로 혁명재판에 회부하면서 3,000여 명의 정치활동을 금지시켰다. 군사정권은 핵심적인 권력기구인 '중앙정보부'를 설치하여 관료조직을 장악해 나가는 한편, 국가기구의 강화와 정치구조의 재편을 통하여 권력기반을 구축했다.

"경제가 우선이다! 경제개발 5개년계획으로 나라를 부흥시키자!"

군사정부는 1962년 제1차 경제개발 5개년계획(1962년~1967년)을 추진하는 한편 1962년 화폐개혁을 단행했다. 이때 시작된 경제개발계획은 7차에 걸쳐 시행되었는데 1996년 완료가 되었다.

"증산(增産)·수출(輸出)·건설(建設)만이 살길이다!"

군사정부는 제1차 경제개발 5개년계획을 통해 자주경제를 달성하기 위한 기반을 추구했다. 전력과 석탄, 정유 등 에너지 산업의 개발, 식량산업의 육성, 사회간접자본의 확충, 수출증대를 도모하기 위한 국제수지의 개선과 기술진흥, 농어촌 고리채정리를 단행하여 민심을 얻는 한편 경제개발 계획의 성공을 위해 화폐개혁으로 잠자고 있는 자본을 끌어내려 했다.

이에 따라 제3차 긴급통화 금융조치에 따라 화폐단위를 환에서 원으로 바꾸어 구화폐와 신 화폐를 10:1로 교환하고 현금과 예금을 동결하는 긴급 금융조치를 함께 시행했다. 화폐개혁은 이른바 부정축재자가 숨기고 있을 것으로 예상되는 자금을 끌어내기 위해 시행하였지만 묻혀있는 돈을 끌어내는 데는 성공하지 못했다.

군사정부는 경제개발 5개년계획을 성공시키기 위해 1961년 국토건설단을 결성하고 다음해 2월부터 병역미필자와 현역병으로 복무하기가 부적합한 사람들을 개발 사업에 투입했다. 이들은 태백산지역의 종합개발사업 및 특정지역의 종합개발사업, 다목적 수자원개발 및 대간척사업, 천재지변에 대한 긴급복구사업을 실시했다.

경제개발 5개년계획은 성공한 경제 전략으로 꼽힌다. 실시 5년 동안 GNP 연평균 성장률은 8.3%로 계획, 착수 첫 해인 1962년의 3.1%와 비교하면 실로 놀라운 고도성장이었다.

"근검·절약·저축으로 국가를 부흥시키자!"

제1차 경제개발이 성공을 거두자, 제2차 경제개발 5개년계획(1967년~1971년)이 추진되었다. 제2차 사업은 본격적인 공업화와 농업의 근대화에 주안점을 두고 진행되었는데 이 기간에는 통일벼의 생산으로 식량의 자급자족을 꾀했고 철강, 기계, 화학공업의 진흥에 중점을 두었다.

또 수출증진과 수입대체에 의한 국제수지 개선을 꾀하는 한편, 기술수준과 생산의 향상을 목표로 채찍을 휘둘렀다. 그 결과 연 평균 19.5%의 성장을 기록하여 국민1인당 GNP는 1971년 2백 66달러로 1966년 GNP의 두 배를 넘었다. 한편 군 내부에서는 고위 장성의 부정부패와 불합리한 진급제도 등의 개선을 요구하는 정군운동이 일어났다.

군사정부는 군정을 4년 연장하려고 했으나 강력한 반대에 부딪치자 혁명공약에 명시한 '군 복귀' 공약을 깨고 본격적인 정치무대에 나서기 위해 준비에 들어갔다. 기존의 내각책임제를 대통령제로 바꾸고 국민 기본권의 제한, 국회에 대한 견제를 골자로 하는 개헌안을 1962년 12월 국민투표로 통과시켰다.

4. 제3공화국의 탄생과 3선개헌

"국민이 직접 대통령을 뽑는다."

1962년 국가재건최고회의 헌법심의위가 대통령제, 비례대표제, 국민투표제 등을 주요골자로 한 제3공화국 헌법을 마련하였다. 이 헌법은 국민투표를 거쳐 확정하였다.(제5차 개헌) 이어 1963년 10월 15일에 대통령선거를 11월 26일에는 제6대 국회의원 선거를 실시한다고 공고하였다.

5.16 주체세력들은 제5대 대통령선거를 앞둔 1963년 2월 26일에 중앙정보부를 중심으로 관료들과 지식인, 정치인 등을 모아 민주공화당을 창당하여 선거에 대비하기 시작하였다. 그리고 5월 27일에 제2차 민주공화당 전당대회를 개최하여 박정희 최고회의 의장을 각본대로 대통령후보로 지명하였으며, 박 의장은 8월 30일 전역함과 동시에 민주공화당에 입당하여 대통령 후보지명을 수락하였다.

선거전은 5.16 주체세력의 민주공화당과 야당인 민정당의 대결로 압축되었다. 구정치인과 재야세력을 규합한 민정당에서는 윤보선 전 대통령을 후보로 내세웠다. 박정희 후보는 윤보선 후보를 20여만 표의 차이로 누르고 대통령에 당선되었으며 국회의원 선거에서도 민주공화당이 다수의 의석을 차지하였다.

이후에 국가재건최고회의는 해산되고 1965년 12월 17일 제5대 박정희 대통령의 취임으로 5·16 군사정변은 정당화되었고 제3공화국이 출범되었다.

박정희정부는 조국근대화와 민족중흥의 실현을 국가정책의 주요목표로 삼고 수출을 비약적으로 증대시키는 등 획기적인 고도 경제성장정책을 추진하였다.

1963년 12월 박정희 대통령은 독일 에르하르트수상의 초청을 받고 독일을 방문했는데 이 회담에서 에르하르트수상은 '라인 강의 기적'을 예로 들며 고속도로와 제철산업, 자동차산업, 정유산업, 조선산업 등을 추진할 것과 한·일협정을 맺을 것을 권유했다.

"우리나라를 식민 통치한 일본과의 굴욕적인 수교를 결사반대한다!"

1964년 6월 일본과의 관계를 개선하기 위한 한·일 국교정상화가 추진되자, 대학생들 사이에서 이를 반대하는 시위가 거세게 일기 시작했고 마침내 6월 3일 항쟁을 불러왔다. 서울에서는 고등학생까지 반대시위에 가담하였으며 부산과 광주 등 대도시까지 확산되자, 정부는 서울에 비상계엄령을 선포하고 진압에 나섰다. 박정희정부는 인혁당이 배후에서 한·일협정 반대를 선동하여 대한민국정부 전복을 기도하고 있다고 주장하며 비상계엄령을 선포한 것이다. 이에 따라 시위의 금지와 강제진압, 언론검열, 대학휴교, 시위 주동자검거에 돌입했다. 주동인물과 배후세력으로 지목된 학생과 정치, 언론인 등 1천 120명이 검거되고 이명박, 이재오, 손학규, 김덕룡, 현승일, 이경우 등 348명은 내란 및 소요죄로 6개월 간 복역하게 된다. 역사에서는 이들을 '6.3세대'라고 부른다.

6.3사태가 일어난 지 1년만인 1965년 6월 22일 굴욕적인 한·일협정에 조인하였다. 당시의 협정내용은 '일본은 일제 36년간의 지배에 대한 보상으로 독립축하금이란 명목으로 한국에 3억 달러를 10년간에 걸쳐서 지불하고, 경제협력의 명분으로 차관 2억 달러를 연리 3.5% 7년 거치 20년 상환조건으로 10년간 제공한다.'는 것 등이었다.

"물류 수송을 원활하게 하기 위해 고속도로를 건설하고 식량증산에 힘쓴다."

박정희정부는 경부고속국도를 비롯한 도로와 항만, 공항 등의 사회간접시설을 확충하는 한편 간척사업을 진행시키고 작물의 품종개량으로 식량 증산을 꾀했다. 야당의 반대가 있었으나 경부고속국도는 1968년 2월 1일 착공해 2년 5개월 만에 완공(1970년 7월 7일)되었는데 세계 고속도로 역사상 최단시간, 최저 공사비로 건설 하였다.

베트남전 파병과 서독에 광부와 간호 인력을 파견함으로써 창출되는 외화를 바탕으로 고속도로 건설에 큰 힘을 보탰다.

베트남전쟁이 확대되면서 1964년 7월 15일 미국의 존슨 행정부가 한국정부에 파병을 공식적으로 요청하였고 그해 9월, 제1이동외과병원 병력 130명과 태권도교관 10명이 처음으로 베트남으로 향하였다. 이후 1965년 1월 26일 파병 안이 국회에서 가결되었다. 1965년 2월 비둘기부대로 명명된 2,000여 명의 후방군사 원조지원단의 파병으로 본격화되었다. 이어 1965년 10월 9일 해병 청룡부대가, 10월 22일 육군 맹호부대가 베트남에 상륙하여 미국으로부터 전술책임지역을 인수받았으며 십자성부대, 백구부대, 백마부대 등이 파병되었다. 그러나 1968년 미국과 월맹(월남민주동맹) 사이에 맺은 휴전협정으로 미국을 비롯한 우방국들의 군대철수가 1971년부터 시작됨에 따라 한국군도 1971년 12월 청룡부대 1만 명의 철수를 시작으로 1973년 3월까지 철수를 완료했다. 한국군은 8년여 동안 총 34만 여 명이 참전해 많은 전과를 올렸다.

월남에 파병되는 한국군

베트남 파병은 많은 외화 획득으로 한국 경제발전에 크게 기여했으며, 군사기술 및 군장비 등의 현대화를 가져왔다. 뿐만 아니라 미국과의 우호적 군사관계를 증진시키는 계기가 되었다.

파병의 대가로 미국으로부터 받은 돈의 일부는 경부고속도로 건설에 투입되었고 일부는 경제개발사업의 자금으로 활용되었다. 고속도로는 1968년 경인고속도로가 처음 개통된 데 이어 경부(1970년), 호남(1970년 12월), 영동(1971년 11월) 고속도로가 차례로 개통되었다.

베트남에 전투병을 파병하기 직전인 1964년 한국의 1인당 국민총생산(GNP)은 103달러였으나 철수가 끝난 1974년엔 5배가 넘는 541달러로 뛰어 올랐다. 하지만 참전의 상처는 컸다. 5,000여명의 젊은이들이 이국땅에서 목숨을 잃었고, 1만 6,000여명이 부상을 입었으며, 살아 돌아온 군인들 중 아직도 고엽제 후유증으로 시달리고 있는 사람이 2만여 명에 이른다.

1967년 7월 8일, 중앙정보부는 동백림(동베를린) 간첩단사건을 발표했다. 내용은 독일과 프랑스에서 활동하고 있는 유학생과 교민 등 194명이 동베를린의 북조선 대사관과 평양을 드나들며 간첩활동을 하였다는 것이었다. 하지만 이 사건에 대해 2006년 1월 26일, 국가정보원 과거사건 진실규명을 통한 발전위원회는 당시 정부가 단순 대북접촉과 동조행위를 국가보안법과 형법상의 간첩죄를 무리하게 적용했다고 밝혔다.

1967년 5월 거행된 제6대 대통령 선거에서 박정희 후보는 또 다시 야당의 윤보선 후보를 누르고 당선되었다. 박정희 후보의 당선에는 제1차 경제개발 5개년 계획의 성공이 큰 힘이 되었다. 이어서 한 달 뒤인 6월에 열린 국회의원 선거에서도 많은 잡음과 논란 끝에 민주공화당이 압승하자 여권에서 삼선개헌론이 고개를 들기 시작했다.

"조국 근대화를 이룩하고 경제를 발전시키기 위해서는 강력한 지도자가 필요하다."

민주공화당이 박정희 대통령이 세 번까지 연임할 수 있도록 하는 길을 열기 위해 삼선개헌을 추진하자, 야당과 재야인사들의 강력한 반대가 일었고 심지어 민주공화당 내부에서도 김종필을 중심으로 반대의 목소리가 터져 나왔다.

이에 박정희 대통령은 1968년 '국민복지회 사건'으로 민주공화당 내 김종필 지지세력을 제거했으며 민주공화당 의원들은 본회의장에서 점거농성을 벌이던 야당의원들을 피하여 일요일인 9월 14일 새벽2시 국회 제3별관에서 개헌안을 날치기 통과시켰다. 국회를 통과한 개헌안은 10월 17일 국민투표에서 65.1%의 찬성을 얻어 최종 확정되었으며 박정희 대통령은 장기집권의 꿈을 다져나갔다.

1968년 1월 21일 북한의 무장공비 31명이 대통령 관저인 청와대를 기습하려한 사건이 일어났다. 청와대 뒤 경복고교까지 진입한 공비들은 일당 중 김신조만 생포되고 모두 사살됐는데 이를 '1.21사태' 혹은 '김신조 사건'이라고 한다. 당시 사로잡힌 김신조는 기자회견에서 태연히 '청와대를 까러왔다.'고 대답해 국민들을 놀라게 했다. 이 사건 이후 박정희 정부는 남북한 간의 군사적 긴장관계를 이유로 국가안보 우선주의를 선언하고 곧 향토예비군을 창설했다. 또 이틀 뒤에는 미국의 첩보 수집함 푸에블로 호가 원산 부근에서 북한에 나포되는 사건이 일어났고, 그해 가을에는 120명의 북한 무장공비가 동해안에 침투하여 이들을 퇴치하기 위한 군경합동작전이 2개월이나 계속되는 등 국내외 정세가 불안했다.

　1968년 박정희정권은 국가주의적, 전체주의적 교육이념을 담은 국민교육헌장을 선포하였다. 그리고 1970년 3월에는 1986년까지 의무교육 확대를 단계적으로 실시하고, 의무교육을 9년으로 연장하는 것과, 교육세를 신설하는 등의 장기종합교육계획 시안을 마련하고 발표하였다. 또 1971년까지 중학교 입학시험을 폐지하는등 입시개혁안을 발표하는 한편, 1969년부터는 대학교입시 예비고사제를 실시하게 하였다.

　"새벽종이 울렸네~ 새 아침이 밝았네~~"

　『새마을 노래』에 이어『잘 살아보세』라는 노래가 시골마을의 스피커에서 울려 퍼졌다. 1970년에 접어들면서 전국적으로 새마을운동이 일기 시작한 것이다. 새마을운동은 해방과 분단, 전쟁과 폐허, 4·19와 5·16 등 한국 현대사의 유산들이 영향을 미친 역사적 산물이었다.

　'새마을 가꾸기 사업'으로 시작된 새마을운동은 1970년 4월 박정희 대통령이 처음으로 언급하면서 농촌부흥을 위한 국가정책으로 본격화되었다. 1972년 새마을가꾸기 사업은 농촌 환경개선을 위한 사업에서 전 국민적 참여를 요구하는 '농촌 새마을운등'으로 확장되어 시행되었다. 이어 1974년부터는 '공장 새마을운동'으로 범위가 넓어졌고 1976년에는 도시지역의 공동체의식을 높이는 '도시 새마을운동'으로 확대되었으며, 이후 지역과 세대를 넘어 급속도로 파급되었다. 이후 1980년대 제5공화국 출범 후에는 '새마을운동중앙본부'를 중심으로 하는 민간 주도운동으로 전환되었으며, 86아시안게임과 88올림픽을 통하여 질서, 친절, 청결 등 3대 시민운동을 대대적으로 펼치며 대회의 성공적 개최에 기여하는 성과를 거두었으나 부작용도 없지 않았다.

　1991년에는 '새마을지도자 윤리강령'을 제정했고 1997년 IMF외환위기 당시에는 '경제살리기 운동'을 전개하였으며 1998년 12월에는 '제2의 새마을운동'을 선언하고 '더불어 사는 공동체구현'이라는 새로운 이념적 지향을 모색하기 시작했다. 또 필리핀, 몽골, 중국, 베트남, 인도네시아 등의 지역사회개발을 적극적으로 지원하여 대외적 위상을 새롭게 하였다.

　"영남인의 독식을 더 이상 보고 있을 수 없다! 갈아보자!"

"구관이 명관이다! 바꾸면 혼란이 온다!"

1971년 4월 27일 삼선개헌법에 따라 제7대 대통령 선거가 실시되었다. 야당에서는 40대 기수론을 내세운 김영삼과 김대중 후보가 각축을 벌인 끝에 김대중 후보가 지명돼 박정희 현 대통령과 대결했다. 결과는 박정희 대통령의 승리로 나타났다. 선거는 영·호남의 심각한 갈등 속에 여촌야도(시골은 여당, 도시는 야당을 지지)의 현상이 나타났다. 이어 5월에 실시된 국회의원 선거에서도 여당이 승리했는데 관권선거라는 비난을 면치 못했다.

5. 유신정권과 민청학련 사건

"독재정권은 물러가라!"

양대 선거가 끝난 후 전국은 반정부시위로 하루도 잠잠할 날이 없었다. 박정희 대통령은 3선에 성공했지만 학생들의 시위와 재야인사들의 반발에 부딪쳐 위기에 처하게 되자 강압적인 철권정치로 치달았다.

드디어 1971년 12월, 박정희 대통령은 자꾸만 늘어나는 시위와 학생운동을 저지하기 위해 국가비상사태를 선언하고 시위와 집회를 사전에 차단하며 통제를 강화하였는데 이것이 유신체제의 첫걸음이었다.

1972.7.4. 오전 10시 남북공동성명을 발표하는 서울의 이후락 중앙정보부장이 1972년 5월 2일부터 5월 5일까지 평양을 방문하여 평양의 김영주 조직지도부장과 회담을 진행하였으며, 1972년 7월 4일 오전 10시, 역사적인 발표가 있었다. 서울과 평양에서 동시에 '남북 공동성명'이 발표된 것이다.

모두 7개항으로 된 성명의 내용은 한국과 북한이 조국의 평화적 통일을 하루 빨리 이루어져야 한다는 공통된 염원을 안고 허심탄회하게 의견을 교환하였으며 서로의 이해를 증진시키는데 큰 성과를 거두었다는 것이었다.

'7.4 남북공동성명'은 하루아침에 합의를 본 사항은 아니었다. 닉슨 미국 대통령의 대외정책의 변화(닉슨 독트린)등으로 국·내외적으로 불안이 가중되자 박정희 대통령은 북한과의 관계개선에 나서는 전략을 내놓았다. 1970년 광복절 기념식에서는 '8·15 선언'을 통해 남북한 선의의 경쟁을 천명한데 이어 1971년에는 이산가족 찾기, 적십자 예비회담에서 이후락 중앙정보부장과 북측의 김영주 지도부장의 양자회담을 이끌어 낸 것이다. 이 회담으로 남북조절위원회가 탄생했지만 북한이 일방적으로 대화를 중단한 상태이다.

7·4 남북공동성명을 계기로 박정희 대통령은 남북대화를 유지하고 미국과 소련이 주도권을 잡고 있는 국제정세의 변화에 능동적으로 대처하기 위해서는 체제가 튼튼해야 한다며 1972년 10월 17일 오후 7시 비상계엄령을 선포하고, 4개항의 '특별선언'을 발표하였다.

1. 10월 17일 19시를 기하여 국회해산, 정당 및 정치활동의 중지 등 현행헌법의 일부 조항의 기능정지.
2. 효력이 정지된 일부 헌법조항의 비상 국무회의에 의한 수행.
3. 비상 국무회의에 의한 헌법개정안의 마련.
4. 개정된 헌법안에 의한 연말 이전의 헌정질서회복 등을 공표했다.

이것이 이른바 '10월 유신'이다.

비상 국무회의가 제정한 유신헌법안은 기본권의 약화와 대통령의 1인 장기집권체제의 제도적 확립이라 할 수 있는데 27일 헌법개정안을 공고하고, 11월 21일 국민투표가 실시되었다. 정부는 유신의 당위성을 설명하는 지도계몽반을 편성하여 일대 캠페인을 벌임으로써 91.9%의 투표율과 91.5%의 높은 찬성률을 얻어 '유신헌법'이 11월 21일 국민투표로 확정되었다. 이어 12월 15일 2,359명의 대의원들로 '통일주체국민회의'를 구성하고, 23일 간접선거를 통해 박정희가 임기6년의 제8대 대통령으로 다시 당선되었으며 27일 정식 취임하여 제4공화국이 출발하였다.(1972. 12. 27)

유신헌법의 실행으로 한국의 민주주의는 크게 후퇴했다. 체제를 비판하거나 반대하는자는 헌법보다 위에 있다고 할 수 있는 긴급조치법으로 엄하게 다스렸다. 유신헌법을 통해 대통령이 국회해산권 및 법관임명권을 행사하도록 하여 입법, 사법, 행정의 모든 권한을 독점한 데 이어, 이른바 '긴급 조치'라는 무소불위의 권력까지 쥐게 되었다. 긴급조치권은 대통령이 행사할 수 있는 법으로 대통령은 국회의 해산과 국회의원의 3분의 1을 임명하는 권력도 가졌다. 마치 총통과 같은 위치였다.

1973년 8월 일본 동경에서 발생한 김대중 납치, 살해기도사건이 일어났다. 당시 미국과 일본을 오가며 반 유신투쟁을 전개하던 김대중의 납치는 내외에 커다란 파문을 일으켰다. 이 사건을 계기로 반 유신체제의 국내여론과 함께 서울대생들의 유신반대 데모가 번져 반독재, 반체제운동이 전국적으로 확대되었다.

"유신체제 독재 하에서의 수업을 보이콧한다!"

학생들이 동맹휴학을 하고 유인물을 만들어 배포하는 등 유신반대를 계속하자, 지식인과 종교계에서도 시국선언문을 채택하고 개헌서명운동이 비밀리에 계속되었다.

1973년 가을, 개강과 더불어 고조되기 시작한 서울의 대학생들이 유신 철폐를 외치며 거리로 뛰쳐나오자 지방의 대학생들도 이에 호응했으며 대학생들의 투쟁은 사회 각계각층의 지지를 받으며 파문을 일으켰다. 그러자 정부는 긴급조치 1호를 선포하고 시위자들을 체포하는 등 유신체제 반대운동을 차단하려고 애썼다.

특히 전문 14개항으로 되어 있는 긴급조치 9호(1975년 5월 13일 시행)는 산천초목도 떨 정도로 위력이 컸다.

> **긴급조치 9호(1975년 5월 13)**
>
> ① 유언비어를 날조, 유포하거나 사실을 왜곡하여 전파하는 행위, 집회, 시위 또는 신문, 방송, 통신 등 공공전파 수단이나 문서, 도서, 음반 등 표현물에 의하여 대한민국 헌법을 부정, 반대, 왜곡 또는 비방하거나 그 개정 또는 폐지를 주장, 청원, 선동 또는 선전하는 행위를 금한다. 또한 학교당국의 지도감독 하에 행하는 수업, 연구 또는 학교장의 사전 허가를 받았거나 기타 의례적, 비정치적 활동을 제외한 학생의 집회, 시위 또는 정치 관여행위 및 이 조치를 공연히 비방하는 행위 또한 금한다.
> ② ①에 위반한 내용을 방송, 보도 기타의 방법으로 공연히 전파하거나, 그 내용의 표현물을 제작, 배포, 판매, 소지 또는 전시하는 행위를 금한다.
> ③ 국방부장관은 서울특별시장, 부산시장 또는 도지사로부터 치안 질서유지를 위한 병력 출동요청을 받을 때에는 이에 응하여 지원 할 수 있다.

"민청학련에 가입하거나 동조하는 행위를 일절 금한다. 학생들의 이유 없는 수업 거부나 시험 거부를 금한다.……" 이 같은 조치를 위반하는 자는 법관의 영장 없이 체포, 구속, 압수, 수색하며 비상 군법회의에서 심판, 처단한다."

1974년 4월 3일 긴급조치 4호가 선포되었다. 이른 바 '민청학련(전국민주청년학생총연맹)사건'이 터진 것이다. 4월 3일, 서울의 주요 대학생들이 '민청학련' 명의로 유신철폐 시위를 벌이자 정부는

"공산주의자의 배후 조종을 받은 민청학련이 시민폭동을 유발하여 정부를 전복하고 노동정권을 수립하려는 국가 변란을 기도했다."고 발표했다. 그리고 4월 25일 중앙정보부는 수사과정에서 이들이 북한과 긴밀히 연계되어있음을 강조하며 반공분위기를 조성했다. 민청학련 주동자들이 노동자, 농민에 의한 정부를 세울 것을 목표로 '4단계 혁명'을 계획하였으며, 배후에는 조총련, 인혁당계 및 일본공산당이 있다고 발표했다.

민청학련사건은 수사면에서 규모가 엄청나게 컸다. 학생 및 정치인, 재야인사 1,024명이 조사를 받았고, 그 가운데 180명이 군법회의에 회부되었으며 인혁당계 23명 중 8명이 사형에 처해져 형장의 이슬로 사라졌다. 더구나 인혁당계 8명은 1975년 대법원의 상고 기각판결이 나온 지 18시간만인 다음날 새벽 4시에 전격적으로 사형이

집행돼 세상을 떠들썩하게 했다.

　민청학련 관련자에 대한 첫 공판은 1974년 6월 5일에 시작되어 이철, 김지하 등에게 사형선고가 내려지고 주모자급은 무기징역, 나머지 피의자들도 15~20년의 중형에 처해졌다. 그러나 이철, 김지하는 무기형으로 낮추어졌고 다른 피의자들도 1975년 2월 15일 대통령특별조치에 의하여 인혁당 관련자 등 일부를 제외하고는 형 집행 정지로 석방되었다.

　1974년 8월 15일은 두 개의 큰 사건이 일어났다. 광복절 기념식장에서 영부인 육영수 여사가 북한의 조총련 조종을 받은 문세광의 총에 맞아 숨졌으며, 서울 지하철 1호선이 처음으로 개통되었다.

　1976년 10월 15일 코리아게이트 사건이 일어났다. 미국의 〈워싱턴 포스트〉지가 '한국 정부가 박동선을 내세워 금품을 살포하여 미국의 전·현직 의원들에게 한국 정부를 위한 의회활동을 돕도록 했다.'고 보도한 사건으로, 1978년 미국 하원 윤리위원회가 사실이라는 조사결과를 발표하였다.

　'인간은 자연에서 태어나 자연의 혜택 속에서 살고 자연으로 돌아간다……. 자연을 사랑하고 환경을 보호하는 일은 국가나 공공단체를 비롯한 모든 국민의 의무이다.'

　1978년 10월 7일에는 자연보호헌장이 발표되었다. 7개항의 결의를 통해 자연보호에 대한 국가와 국민의 의무, 국민교육의 중요성, 올바른 환경윤리관의 확립 등을 강조했다.

인혁당 사건이란 무엇인가?

"인혁당 사건은 조작된 사건이다. 진상을 밝혀야 한다!"

후일 유신체제가 무너지자 인혁당 사건을 재조사해야 한다는 소리가 야권에서 터져 나왔다. 이 무렵은 굴욕적인 한·일협상을 반대하는 시위가 그치지 않은 이른바 '4.3 항쟁'이 극에 달하던 때였다.

인혁당 사건은 군사 정부 시대인 1964년으로 거슬러 올라간다. '북한 노동당의 사주를 받아 대규모적인 지하조직을 만들어 국가를 전복하려던 인민혁명당을 적발하여 혁신계 인사, 언론인, 학생 57명 중 41명을 구속하고 나머지 16명은 전국에 수배 중에 있다.'라고 1964년 8월 14일, 김형욱 중앙정보부장은 기자회견을 열고 국가변란을 기도한 남한 내 지하조직을 체포했다고 발표하였다. 김형욱 중앙정보부장이 발표한 요지는 '인민혁명당은 1962년 북한으로 부터 특수사명을 띠고 남하한 간첩 김영춘의 사회로 창당 발기인 대회를 갖고 외국군의 철수와 남북서신, 문화, 경제 교류를 통한 평화통일을 골자로 한 북한 노동당의 강령과 규약을 채택하여 발족한다. 이후 조직을 확대해오다 1964년 4월 북한 중앙당의 지령을 받고 한일회담 반대데모를 유발토록 조종하고, 동시에 한·일 회담반대 학생데모를 4월 혁명같이 발전케 하여 현 정권을 타도할 것을 결의했다'는 것이었다. 그러나 이 사건에 대한 증거가 불충분한데다 수사 당시 피의자들에게 고문이 가해졌음이 밝혀졌으며 검찰에 송치된 후 혐의가 없다는 이유로 검사 전원 일치로 공소기각 처분을 받아 모두 풀려났다.

그 뒤 1972년 10월 유신(유신헌법) 체제로 들어서자, 1973년 개헌청원 100만인 서명운동이 발생할 정도로 유신반대 운동이 거셌었다. 그러자 1974년 4월 3일, 박정희 대통령은 긴급조치 4호를 발표하고 민청학련(전국민주청년학생총연맹) 사건을 일으키며 그 배후로 인민혁명당 재건위를 지목한다. 이 일로 도예종을 포함한 23명이 구속되고 이전 인혁당 연루자들은 5월 27일 비상 군법회의에서 국보법, 반공법 위반, 내란예비음모, 내란선동 등의 혐의로 기소되고, 6월 15일부터 재판이 시작되어 대법원 상고가 기각되고 민청학련사건의 주동자로 몰린 도예종 등 8명은 사형을 선고를 받았고, 나머지 15명도 무기징역에서 징역 15년까지 중형을 선고받았다. 하지만 인혁당 사건은 여기서 끝나지 않았다.

"인혁당 사건은 고문에 의해 조작된 것이다."

2002년 9월 의문사진상규명위원회가 이 사건을 조작이라고 발표한데 이어 그해 12월 유족들이 재심을 청구 2007년 1월 23일 서울중앙지법에서 열린 선고공판에서 사건에 연루되어 사형이 집행된 우홍선 등 8명에게 무죄가 선고되었다. 그리고 2009년 4월 23일, 이들에게 무죄가 선고되고 뒤이어 검찰이 항소를 포기함과 함께 인혁당사건 67명에 대해 235억 원을 배상하라는 판결이 내려졌다.

6. 노동운동의 태동

"유신정권은 물러가라! 유신헌법을 철폐하라!"

1970년 중반을 넘어서도 유신철폐를 외치는 대학생들의 목소리는 수그러들지 않았고 박정희 대통령의 강압정치도 도를 더해갔다. 경제살리기 정책에도 불구하고 근로자들은 대우에 불만을 품고 개선을 요구했다.

우리나라에서 노동운동이 일기 시작한 것은 1975년에 가발제조·수출업체인 YH무역 여공들의 작업거부와 폐업에 대한 항거로 기록되지만 이보다 5년 앞서 1970년 11월 청계천 피복공장의 재단사 전태일의 죽음에서 비롯되었다고 보는 것이 일반적이다.

대구에서 가난한 노동자의 맏아들로 태어난 전태일(1948년~1970년)은 1954년 서울로 올라와 각종 행상으로 생계를 이어가다가 1965년 아버지에게서 배운 재봉기술로 서울 청계천 평화시장의 피복점 보조로 들어갔다. 당시 14시간 일을 하고 받은 돈은 차 한잔 값에 지나지 않는 50원이 고작이었다. 그는 이듬해 직장을 옮겨 재봉사로 일하며 나이어린 여공들이 적은 월급과 열악한 작업환경, 과중한 노동에 시달리는 것을 보며 노동운동에 관심을 가지기 시작했다. 어느 날 함께 일하던 여공이 직업병인 폐렴으로 강제 해고되는 것을 보고 충격을 받아 돕게 되는데 이로 인해 자신도 해고되기에 이른다.

"근로자들이 적은 임금으로 너무 혹사당하고 있다."

이렇게 생각한 전태일은 스무 살이 되었을 때인 1968년 근로기준법에 대한 해설서를 구입해 읽고는 최소한의 근로조건조차 지켜지지 않는 현실에 분노를 느끼고 다음해 6월 평화시장 최초의 노동운동 조직인 '바보회'를 창립하였다. 그는 평화시장 노동자들에게 근로기준법이 무엇인가를 알리고 부당한 근로조건을 바로 잡기위해 근로실태를 조사하였다. 하지만 조사는 성공을 거두지 못하고 이 일로 인해 평화시장에서 일할 수 없게 되었다. 한동안 공사장에서 막노동을 하다가 1970년 9월 평화시장으로 돌아온 그는 재단사로 일하며 삼동친목회를 조직하는데 이는 바보회를 바탕으로 한 것이었다. 마침내 전태일은 2년 전 불발로 끝난 노동실태조사 설문을 다시 실시해 90여 명의 서명을 받아 노동청에 진정서를 제출하였다.

그리고 설문 내용이 언론에 보도돼 주목을 받자 삼동회는 본격적으로 노동환경 등을 골자로 한 노동조합 결성에 관한사항을 걸고 사업주 대표들과 회합을 가졌으나 정부의 방임과 약속위반으로 인해 실효를 거두지 못했다.

"아무 쓸모없는 근로기준법 책을 화형 시키자!"

분노를 느낀 전태일과 삼동회 회원들은 11월 13일 평화시장 앞에서 노동환경개선을 요구하는 시위를 벌이고 근로기준법 화형식을 하기로 결의했다. 그러나 경찰과 사업주의 방해로 플래카드를 빼앗기고 시위는 힘없이 무너졌다. 이때였다.

"근로기준법을 지켜라!"

"우리는 기계가 아니다!"

전태일은 갑자기 온 몸에 휘발유를 끼얹고 불을 붙였다. 평화시장 앞을 달리며 그가 외친 마지막 한마디는 '내 죽음을 헛되이 하지 말라'는 것이었다. 전태일의 죽음은 사회적으로 큰 반향을 일으켰다. 기독교계에서는 한국교회가 열악한 환경에서 착취당하는 노동자들을 외면했다고 자성하였다.

이 사건을 계기로 11월 27일 청계피복노동조합이 결성되었다. 또 당시 고성장의 그늘에 가려져 부당한 대우를 받아오던 노동자들이 눈을 떠 이후 직장마다 노동조합이 결성되는 계기가 되었다. 따라서 전태일 열사의 죽음은 한국노동운동의 출발점이라 할 수 있다. 그의 짧은 생애는 평전으로 출간되었고 후일 영화로도 만들어졌다.

"전태일의 죽음을 헛되게 하지 말자!"

1975년에 시작된 국내 최대 가발업체 YH무역 여성근로자들의 투쟁은 바로 전태일의 노동운동정신을 이어받은 것이었다. '수출만이 살 길'이라며 수출을 독려하는 정부와 이에 동조해 근로자들을 채찍질하는 고용주에 맞서 1975년 3월 건조반원 200여명이 작업을 거부한 것이다. 건조반의 작업거부는 공임단가를 비롯한 제반문제를 담당하는 감독의 독단적인 인사이동이 계기가 되었다. YH무역의 노동운동에 불을 지핀 것은 건조 반이었지만 성공을 거두지는 못했다. 가톨릭 노동청년회 북부지구에서 도와주었지만 명확한 지침이 없고, 대등한 노사 교섭력을 갖지 못해 한때의 스트라이크로 끝나고 말았다.

"동맹 파업은 국기를 흔드는 행위이다!"

단체로 파업을 하는 행동이 국가와 사회를 혼란시키는 죄가 될 수 있다는 경찰의 협박을 받으면서도 근로자들은 노동조합의 필요성을 절감하게 되었고 김경숙, 박금순, 이옥자, 전정숙 등이 YH노동조합 결성에 발 벗고 나섰다. 그러나 노조 결성을 시도했던 네 사람은 해고되었고 그들의 아픔을 딛고 75년 5월 24일 전국섬유노동조합 YH무역지부 결성대회가 열렸다. 회사 측은 어용노조를 결성하려고 시도에도 불구라고 노조 설립신고를 한 한달 후인 6월 30일 신고필증이 나왔다. 그해 12월, 근로자들은 회사 창립 이후 처음으로 50%의 상여금을 받았다. YH노조의 첫 결실이인 것이다. 그러나 YH무역 노동자들의 투쟁은 시작에 불과했다.

70년대 후반에 접어들어 유류파동을 겪고 세계경제구조가 재편됨에 따라 우리나라도 중화학공업 육성정책이 진행되었다. 따라서 수출에 의존했던 가발제조는 사양 산업이 되었고 YH무역 여성노동자들은 회사 측의 휴·폐업 조치와 맞서 싸워야 했다. 1979년 8월, 회사가 일방적으로 폐업조치를 내리자 노조조합원을 중심으로 한 여공 170여명은 폐업철회를 요구하며 신민당사에서 농성에 돌입하였다. 그들이 신민당에 들어간 것은 문동환 신부, 시인 고은, 이문영 교수 등이 김영삼 신민당총재를 만나 사전에 논의한데 따른 것이었다. 김영삼 총재가 이를 받아들임으로써 8월 9일 YH무역 여공들이 신민당사에서 농성을 벌인 것이다.

"조업 정상화가 아니면 죽음이다!"

여공들은 목숨을 걸고 40시간 동안 신민당사에서 농성시위를 벌였으나 경찰의 과도한 진압작전으로 23분 만에 막을 내리고 말았다. 진압과정에서 신민당 국회의원 및 당원 30여명, 취재기자 12명, 노동자 수 십여 명이 부상당했으며 노조 상임집행위원 김경숙이 옥상에서 떨어져 숨을 거두었다. 하지만 YH무역 농성시위는 곧 이어 일어난 김영삼 신민당총재의 국회제명과 부마사태와 맞물려 '10·26 박정희 대통령 시해사건'이라는 엄청난 파장을 불러일으킨다.

7. 부마사태와 10·26 시해사건

 1979년 5월 30일 신민당 전당대회에서, 소위 '중도통합론'으로 그동안 굴욕적인 대여타협을 일삼던 이철승을 누르고 당권을 탈환한 김영삼 총재는 당선 첫 날부터 강도 높은 대여투쟁을 선언했다. 김영삼 총재의 강경노선으로 선회는 유신체제를 공고히 하려는 박정희 대통령이나 여당에게는 못마땅하다 못해 제거해야 할 대상이었다.
 그래서 박정희정부는 김영삼이 이끄는 신민당을 갖은 방법으로 탄압했다.
 "YH사건을 살인적 죄악으로 규정한다!"
 당사에서 일어난 YH사건에 대해 신민당이 비난을 하자 법원은 전당 대회때 대의원 자격 등을 문제 삼아 총재단 직무 집행정지 가처분결정을 내림으로써 김영삼의 총재직을 사실상 박탈하였다.
 "이것은 야당을 말살하려는 정부의 정치 조작극에 사법부가 하수인으로 도운 사건이다."
 법원의 결정에 대해 신민당은 강한 불만을 나타냈지만 곧 이어 더 큰 사건이 기다리고 있었다.
 "미국은 국민에게서 끊임없이 멀어지고 있는 독재정권과 민주주의를 열망하는 다수의 한국국민들 중 하나를 선택할 때가 되었다. 미국 행정부는 소수 독재자인 박정희 정권에 대한 지지를 철회해야한다."
 민주공화당과 유신정우회가 1979년 9월 16일자 『뉴욕 타임스』와의 기자회견 내용을 문제 삼아 10월4일 김영삼 신민당총재를 국회의원직에서 제명 처분한 사건이 일어난 것이다. 이 기사를 본 정부와 여권이 발칵 뒤집혔다. 민주공화당과 유신정우회는 김영삼의 발언을 '사대주의' 반국가적 언동으로 규정하고 국회 경호권을 발동하여 김영삼 의원직 제명결의안을 변칙 통과시켰다. '김영삼 의원을 제명한 것은 무책임한 선동으로 폭력혁명노선을 치닫는 반민주적 정치폐풍을 추방하기 위한 것'이라는 게 당시 유신정우회의 변이었다. 이에 맞서 신민당 소속 의원전원도 국회의원직사퇴서를 제출했고, 김영삼 총재는 기자회견을 갖고 '이제 이 나라의 행정·사법·입법부 어디에도 민주주의는 존재하지 않는다.'며 강하게 비난했다. 이러한 일련의 사건은 끝내는 부마사태를 유발하고 박정희의 유신정권의 말로를 재촉했다.

"유신 헌법을 철폐하라!"

"언론자유를 보장하라!"

"김영삼 총재 제명을 철회하라!"

김영삼 총재 제명사건은 반발을 불러와 그의 고향인 경남을 중심으로 급속히 퍼져 나갔다. 10월 16일 부산에서 5만여 명의 인파가 시위를 벌이며 김영삼 총재의 제명철회와 유신철폐 등의 구호를 외쳤다.

그러자 정부는 18일 새벽 1시를 기해 부산지역에 비상계엄령을 선포하고 각 대학을 휴교 조치했으나, 시위는 그날 밤에도 계속되었고 순식간에 마산으로 옮겨 붙었다. 그러자 19일 마산, 창원, 진해에 통금을 연장하는 조치를 단행했다. 그럼에도 불구하고 수천 명의 마산시민과 학생들은 밤 8시경부터 시내중심가에서 다시 시위를 전개하였다. 유신정부는 반정부데모를 막기 위해서는 계엄령 발동 밖에는 별다른 묘수가 없었다.

당시 경호실장이었던 차지철은 '탱크로 밀어 수백만 명을 죽이면 조용해진다.'라고 주장하기도 했다. 시위현장을 지켜본 중앙정보부장 김재규는 강경진압을 주장하는 차지철이 못마땅했다. 10월 20일 정부는 부산에 이어 마산, 창원 일원에 위수령을 발동, 시위가담자들을 잡아들여 59명을 군사재판에 회부하는 등의 강경책을 전개했다. 하지만 시위는 수그러들지 않고 학생들의 민주화운동을 전국적으로 확산되었다.

1972년 유신체제가 시작된 후 해를 거듭하면서 억압적인 탈법정치가 계속되는 동안 정치적, 경제적 모순들이 하나 둘 터져 나오기 시작했다. 경제상황은 악화되고 있었고, 저임금을 바탕으로 한 수출산업은 상대적으로 근로자, 농민 등의 소외감을 확대시키는 결과를 가져왔다.

1978년에는 동일방직사건과 함평 고구마수매사건이 일어났다. 두 사건은 규모는 크지 않지만 국민들의 생존권이 걸린 문제여서 파장이 컸다. 여기에다 1978년 12월에 실시한 제10대 국회의원 선거에서 민주공화당이 신민당에 비해 1.1%나 뒤지는 결과가 나타나자, 집권 여당은 위기감을 느끼게 되었다. 이어 YH노조사건과 김영삼 총재 국회의원직 강제 제명사건이 일어나고 부산과 마산에서 반정부 시위가 일어나면서 정세는 극히 불안해지기 시작했다.

"탕! 탕! 탕! 탕!"

1979년 10월 26일 저녁 7시 45분이 조금 넘은 시간이었다. 청와대 부근에서 요란한 총소리가 가을의 밤공기를 갈랐다. 권총 소리에 이어 소총소리가 콩 볶듯이 북악을 흔들었다.

그 날은 예산 삽교천 방조제 준공식이 있은 날이었다. 헬기를 타고 준공식에서 돌아온 박정희 대통령은 궁정동 안가에서 경호실장 차지철, 비서실장 김계원, 중앙정보부장 김재규와 함께 두 여인들과 연회를 벌렸다.

김재규 중앙정보부장이 김계원 비서실장에게 말했다.

"형님, 각하를 좀 똑바로 모시십시오."

김재규는 이어 박정희 대통령에게 말머리를 돌렸다.

"각하! 이런 버러지 같은 놈을 데리고 정치를 하시니 되겠습니까? 너! 이 새끼 차지철, 아주 건방져!"

말을 마치자마자 김재규는 차지철을 향해 권총을 쏘았다. 총알은 차지철의 팔에 맞았다.

"무슨 짓이야?"

박정희가 호통 치자, 김재규는 다시 박정희 대통령의 가슴을 향해 총을 쐈다.

팔에 총을 맞은 차지철은 화장실에 숨었다가 다시 김재규의 총을 맞고 그 자리에 엎어졌으며 김재규는 다시 박정희 대통령에게 다가가 총을 겨누어 확인사살을 했다. 당시 박정희 대통령의 나이 만 62세였다. 장례식은 1979년 11월 3일 중앙청 광장에서 국장으로 거행되었다.

이후 연회장의 대기실에서 있었던 정승화 육군참모총장은 김재규와 함께 차를 타고 육군본부로 갔으며, 곧 육군본부 헌병감 김진기에게 김재규에 대한 체포명령을 내렸다. 10월 27일 오전 0시 40분경에 김진기가 김재규를 체포하자, 정승화 총장은 보안사령관 전두환 소장을 불러 보안사령부에서 철저히 조사하라고 지시하였다.

군사재판이 열렸다. 김재규는 이렇게 진술했다.

"나는 야수의 심정으로, 유신의 심장을 쏘았다. 나는 민주회복을 위해 그리 한 것이었고, 이 땅의 자유민주주의를 위해 그리 한 것이었다. 아무 뜻도 없다."

김재규는 민주화에 대한 열망으로 대통령을 살해했다고 주장했다. 그는 법정진술에서 10·26일 시해사건의 목적을 다섯 가지로 요약해 말했다. '자유민주주의의 회복', '국민들의 보다 많은 희생 예방', '우리나라를 적화로 부터 방지', '혈맹의 우방인 미국과의 관계 개선으로 국방, 외교, 경제의 국익 도모', '독재 국가로서 나쁜 이미지를 씻고 국제 사회에서의 국가, 국민 명예회복' 이 자신의혁명의 목적이라고 진술했다. 김재규가 이 사건을 일으킨 동기에 대해서는 치밀한 계획설, 우발적 살해설, 차지철과의 권력다툼, 유신체제의 종식 도모, 미국과의 연계설 등 여러 가지 견해들이 있다. 미국과의 연계설은 그가 미국과의 관계를 완전히 회복하기 위해 죽였다고 진술했기 때문이다. 김재규는 내란 목적살인이라는 죄목으로 1980년 5월 24일 서울구치소에서 교수형을 당했다. 이로써 제4공화국의 유신 체제는 무너지고 전두환, 노태우 등 신군부가 정권을 장악하게 되었다.

8. 12·12사태와 5·18민주항쟁

박정희 대통령이 김재규에게 시해 당하자 정부는 27일 새벽 4시를 기해 제주도를 제외한 전국일원에 비상계엄령을 선포했다. 또 대통령이 재임 중 죽음에 따라 최규하 국무총리가 대통령의 권한을 수행하게 되었다. 이에 따라 야간 통행금지 시간이 밤 10시부터 다음날 새벽 4시까지로 확대되었으며 언론·출판의 사전검열과 옥·내외 집회 불허 등의 포고 1호를 발령하였고 미 국무성은 주한미군에 경계령을 내렸다.

1979년 12월 6일, 통일주체국민회의 대의원 대회에서 최규하 대통령 권한 대행을 제10대 대통령으로 선출하였다. 최규하 대통령의 선출에 대한 국민들의 기대는 컸다. 유신헌법에 의한 선출이지만 군부가 아닌 민간인을 대통령으로 선출하였기 때문에 박정희 대통령 때의 독재체제가 완화될 것이라는 기대가 부풀어 올랐다. 이때를 '서울의 봄'이라고 불렀는데 12 . 12 사태 등 잇달아 일어나는 사건을 아무도 예측하지 못했다.

'탕! 탕~! 탕~! 탕~!' 1979년 12월 12일 저녁. 어둠이 깔리기 시작한 서울 한남동 정승화 육군참모총장 공관에서 콩을 볶는 듯한 총소리가 밤하늘을 갈랐다. 추위 속에 퇴근을 서두르던 시민들은 영문을 모른 채 발걸음을 재촉했다. 전두환 보안사령관은 노태우 육군소장(제9사단장) 등 영남출신 장교들로 이루어진 '하나회'를 동원하여 지휘계통을 무시하고 계엄사령관직에 있던 정승화 육군참모총장을 박 대통령 시해사건의 공범으로 연행하려 했다. 부인과 함께 외출을 준비하던 정승화 총장은 때 아닌 총소리에 긴장했다. 곧 이어 총소리는 더욱 거세졌고 군인들이 들이닥쳤다. 군인들은 김재규로부터 돈 받은 사실에 대하여 진술을 받아야 하겠으니 녹음준비가 되어 있는 곳으로 가자고 요구하였다. 그러자 정 총장은 대통령으로부터 연행허가를 받았는지 여부를 확인해야겠다며 그들의 요구에 불응하였으나 역부족이었다.

"각하! 정승화 육참총장을 연행하여 박 대통령 시해사건에 대한 전모를 낱낱이 밝혀야 합니다."

전두환 사령관의 정승화 총장 연행건의에 대해 최규하 대통령은 국방장관을 거쳐 결재를 받으라고 버텼으나 군부는 정승화 총장과 노재현 국방부장관, 장태완 수도경비사령관, 정병주 특전사령관을 체포, 구금하고, 국방부, 육군본부, 수도경비사령부 등 주요 군 시설을 점령하여 군부의 실권을 완전히 장악했다. 이 과정에서 총격전이 발생하여 다수의 사상자가 발생하였으며 하나회 측 군인들은 정병주 특전사령관의 비서실장인 김오랑 소령을 사살했다. 1979년 12월 12일 전권을 장악한 하나회 중심의 군부는 다음해 1월 군 장성들의 대대적인 물갈이를 단행했다. 12·12사태에 대해 비판적인 장성들은 축출하거나 보직을 변경하였는데 이는 신군부가 정권장악을 시도하고 있다는 증거였다.

그러나 주한 미군사령관 존 위컴 장군은 박정희 정부시대와 비슷한 군부체제를 형성하려는 12·12 군사반란을 인정하지 않았다. 그리고 국내에서도 신군부에 저항하는 대규모 학생시위가 일어나기 시작하였다. 1980년 5월, 대학생들은 민주화에 대한 열망으로 '계엄철폐', '유신세력 척결'을 부르짖으면서 전국적으로 시위를 확대해 나갔다. 5월 중반에 접어들면서 시위는 더욱 격렬해져 15일에는 서울역 광장에 10만 명의 학생이 모여 시위를 벌였는데 4·19 혁명 이후 가장 많은 시위대가 참여했다. 다음 날인 16일 서울시내 24개 대학 학생대표들이 가두시위를 일시 중단하고 새로운 전략을 모색하는 가운데 광주에서는 3만여 명의 학생·시민이 도청 앞에서 횃불시위를 갖고 정부의 답변을 촉구하는 한편 각자의 업무에 전념할 것을 결의하였다.

신군부는 5월 17일 밤 비상계엄령을 전국으로 확대하고 국회의 해산, 정치활동 금지, 파업금지, 언론검열 등을 포고하고 대학에 휴교령을 내렸다. 전날 이화여대에서 열려 17일까지 계속된 전국 대학 총학생회장단회의에 참석한 학생들이 연행되고 김대중을 비롯한 재야인사와 김종필 등 정치인들이 체포되었다. 야당 총재인 김영삼은 가택에 연금되었으며 대학 학생회의 간부들에 대한 검거령이 내려졌다. 광주에서도 시위를 주도한 사람들이 속속 연행되었다. 5월 18일 아침, 전남 광주에서는 계엄령에도 불구하고 시위가 계속되었다. 전남대 학생 200여 명은 교내로 들어가려다 계엄군과 맞닥트리자 투석전을 벌어졌다. 학생들이 부상을 당하자 흥분한 시민들이 시위에 합세하고 계엄군의 강경진압으로 많은 희생자가 발생하였다. 마침내 5월 19일 광주의 시위대가 수천 명으로 불어나자 계엄군은 착검한 소총과 곤봉으로 시위대를 진압하는 한편 관공서와 공공건물을 폐쇄하였다. 그러나 시위대는 계속 늘어나 20일에는 3만여 명이 연좌농성을 벌였으며 그날 밤에는 20만에 달하는 시민들이 시청건물을 장악하였다. 파출소와 방송국은 불길에 휩싸였고 통신은 계엄군에 의해 장악 당해 외부와 광주는 연락두절이 되었다.

도청을 지키던 계엄군은 마침내 발포를 시작하였는데 21일 오후에는 계엄군의 총격으로 54명이 사망했다. 그러자 30만 명으로 불어난 시위 군중은 경찰서를 습격하여 무장을 하고 계엄군과 총격전을 벌린 끝에 마침내 도청을 점거하였다. 계엄사령부는 이날 처음으로 광주민중항쟁에 대한 내용을 발표하였다.

"서울을 이탈한 시위 주동학생 및 깡패들이 대거 광주에 내려가 유언비어를 날조·

유포하여 발생한 사태로, 현재까지 민간인 1명, 군경 5명이 사망하였다."

시위대는 22일부터 5·18 사태수습 대책위원회를 결성하고 계엄군 측과 협상을 벌이는 한편 무기와 차량의 회수를 시작하였다. 26일 새벽 계엄군이 시내로 재 진입하여 무력진압을 개시하자 도청에 남아있던 시민군은 투항했고 인근 빌딩에 배치되었던 일부는 끝까지 싸우다 전원 사살되었다. 광주 5·18 민주화항쟁은 이렇게 막을 내렸다.

광주민중항쟁이 강경진압으로 끝난 후 신군부는 5월 31일 전국 비상계엄하에 통치권을 확립하기 위하여 국가보위비상대책위원회(약칭: 국보위, 위원장: 최규하 대통령)를 설치하고 상임위원회(위원장: 전두환 보안사령관 겸 중앙정보부장 서리)가 전권을 장악하였다. 인적구성도 군인들이 주축을 이루었다. 국보위 상임위원회는 '안보 체제의 강화', '경제 난국의 타개', '정치 발전 내용의 충실', '사회악 일소를 통한 국가 기강의 확립' 등 총 네 가지를 공표하였다. 이에 따라 유신정권 붕괴 후 등장한 신군부의 통치권확립을 설립목적으로 두고 중화학공업 투자 재조정, 구 정치인에 대한 정치활동 규제, 언론계와 공직자 숙청, 삼청교육대 발족 등을 실시하였고 졸업정원제와 과외금지, 출판 및 인쇄물 제한도 실시되었다.

불량배 소탕을 명분으로 내세운 삼청교육대는 58,000명이 군 시설에서 교화교육을 받았는데 설치가 불법이며, 교육과정에서 각종 인권유린이 있었다는 논란이 일었다. 이후 6월 17일에는 정치인, 교수, 목사, 언론인, 학생 등 329명이 부정축재, 국기문란, 시위주도, 배후조종 등의 혐의로 지명수배 되었으며, 유신세력의 핵심인사들도 모든 공직에서 사퇴하였다. 2급이상 고급공무원 232명이 숙청되었고 7월에는 금융기관 임직원과 농·수협, 교육공무원의 숙청이 단행되었다.

언론에 대한 규제도 심해져 7월 31일에 『창작과 비평』 등 172개 정기간행물의 등록을 취소하고 일본 아사히신문과 지지통신, 산케이신문의 서울지국을 유언비어 보도 혐의로 폐쇄했다. 8월 13일에는 가택연금 상태에 있던 김영삼 신민당총재가 정계은퇴를 선언하기에 이르렀다.

5년이 흐른 뒤 1985년 6월 7일 정부는 광주민중항쟁의 사망자는 총 191명, 중상

122명, 경상 730명, 총 피해액이 260억 원이라고 발표하였다.

9. 제5공화국 수립

"나 최규하는 대통령직에서 물러날 것을 국민 앞에 선언합니다."

1980년 8월 16일 최규하 대통령이 갑자기 하야를 발표하였다. 그리고 모든 권한은 신군부의 손에 들어갔다. 이에 앞서 8월 5일 대장으로 진급한 전두환 국보위 상임위원장은 8월 22일 예편했다. 그리고 닷새 뒤인 8월 27일 제7차 통일주체국민회의에서 대통령후보로 단독 출마하여 총 투표자 수 2,525명 중 찬성 2,524표, 기권 1표로 11대 대통령으로 선출되었다. 이에 앞서 김대중에게는 내란음모죄를 적용하여 사형을 구형했다. 1980년 9월 1일 전두환 대통령이 취임하고 이어 10월 23일 투표율 95.5%, 찬성률 91.6%로 개정헌법이 확정되었다.

이어 10월 27일 국회, 공화·신민·통일당 등 기존 정당 및 통일주체국민회의가 해산되었고, 국보위를 개편한 국가보위입법회의가 '정당관계법·정치활동규제관계법'을 제정하였다.

이로써 제5공화국의 출범을 위한 여러 가지 법과 제도가 마련되었다. 새 헌법은 통일주체국민회의와 비슷한 대통령 선거인단이 간접선거로 대통령을 선출하고 임기는 7년 단임으로 한다는 것이 골자였다.

1980년 10월 27일 합동수사단이 불교계를 정화한다는 이유로 전국의 사찰과 암자 5천여 곳에 군인과 경찰병력 3만 2천여 명을 투입하여 수색하고 불교계 인사 153명을 강제로 연행했다. 연행된 승려 중 일부는 삼청교육대로 끌려가기도 한 '10·27 법난'이 일어났다.

"신문과 방송이 너무 많아 부작용이 끊이질 않는다!"

전두환 정부가 들어서면서 맨 먼저 칼을 들이댄 것은 언론이었다. 타의에 의한 언론 통폐합이 단행된 것이다.

1980년 11월 14일 한국신문협회와 한국방송협회는 각각 임시총회를 열고 '건전한

언론 육성과 창달에 관한 결의문'을 채택하였다. 전국의 신문·방송·통신사를 통폐합하고, 한국 언론계의 전반적인 구조개편을 한다는 내용이었다. 두 협회의 총회에 의한 결의라고 하지만 사실은 보안사령부에 의한 강제 재편성이었다. 이 조치로 신문은 중앙의 종합지 6개, 경제지 2개, 영자지 2개, 지방지 10개, 통신 1개사와 방송 2개사만이 남게 되었고 이로 인해 1,000여명이 넘는 언론실직자가 발생했다. 통폐합 조치의 대상이 된 해당 언론사들은 11월 17일 눈물의 사고(社告)로 막을 내렸고, 12월 1일부터는 언론은 새롭게 개편된 구조로 출범하게 되었다.

1981년 1월 신군부세력에 의해 민주정의당이 창당되고 전두환 대통령이 입당하여 초대총재가 되었다. 그리고 2월에 장충동 체육관에서 개정된 새 헌법에 따라 대통령 선거에 출마하여 90.6%라는 압도적인 득표율로 제12대 대통령(7년 임기로 단임)에 당선되었다.

12대 대통령 취임 후 전두환 대통령은 5·16혁명 정신에 관련된 사항을 삭제하는 등 박정희 정권을 전면 부정하였다. 3·4공화국을 부정과 부패정부로 규정하고 5공화국은 정의사회를 구현하고, 복지사회 건설할 것을 강령으로 내걸었다. 또 재임기간 동안 물가안정, 범죄 소탕, 경제 성장에 주력하겠다고 밝혔다.

1980년 12월 1일 우리나라 최초로 컬러TV방송이 전파를 탔고, 1981년에는 교육방송이 개국했다. 1981년 12월 삼성 라이온즈 등 6개 구단이 프로야구단을 만들어 다음 해 3월 27일 역사적인 프로야구시대가 열렸다.

5공화국 정부는 1982년 1월 5일에는 1945년 9월부터 37년 간 계속된 야간통행금지 조치를 해제하였는데 자유를 보장하고 군사정권으로 부터 억압된 심리를 해소한다는 차원으로 국무회의 심의를 거쳐 일부 전방지역 및 후방 해안지역을 제외한 전국에서 단행했다.

중·고생들의 교복과 두발을 자율화 했으나 오래가지 않아 풍기문란 등 부작용이 끊이지 않자 교복은 부활되었다. 3S정책(Screen, Sports, Sex)을 내세워 영화 및 드라마의 검열을 완화하여 대중의 숨통을 살짝 틀어쥐기도 했다.

1983년 가을 서울에서는 국회의 올림픽이라 할 수 있는 국제 의회연맹(IPU)총회와 관광올림픽이라 할 수 있는 아스타(ASTA)총회를 개최하고, 1985년에는 국제 금융올림픽이라 할 수 있는 세계은행(IBRD)총회와 국제 금융기구(IMF)총회가 잇달아 개최하여 국제행사의 중심무대가 되었다.

1982년 5월 4일 세상을 발칵 뒤집어놓는 장영자, 이철희 부부의 어음사기사건이 터졌다. 당시 사채시장의 큰손으로 불렸던 장영자씨가 자기자본 비율이 약한 건설 회사들을 상대로 6천억 원이 넘는 어음사기사건을 저질렀는데 이로 인해 정치·경제는 물론 사회 전반에 엄청난 파장을 불러왔다.

'건국 이후 최대 규모의 금융사기사건'이라 불린 이 사건은 두 사람이 전두환 대통령의 인척이라는 점에서 5공 정권에 씻을 수 없는 오점을 남겼다. 재판에서 이철희, 장영자 부부에게는 법정 최고형인 징역 15년이 선고되었다. 이 사건으로 '금융혁명'이라 불리는 '6·28 조치'가 단행되었다.

정부는 권위주의적 철권통치를 자행하면서도 정치 규제자들을 단계적으로 해금하는 한편 국민들의 발을 묶었던 해외여행을 자유화하는 등 유화정책을 병행하였다. 그런데 광주민중항쟁 발발 3주년이 되는 1983년 5월 18일 신민당 김영삼 총재가 민주화 5개항을 요구하는 성명을 발표하고 단식투쟁을 벌이자 군사정부정국은 더욱 경색되고 냉랭해졌다.

"버마 아웅산 묘소에서 폭발사고가 일어나 각료들이 여러 명 죽었다!"

1983년 10월 9일 한글날. 휴일을 즐기던 국민들에게 충격적인 소식이 날아들었다. 전두환 대통령이 버마를 방문해 수도 양곤에 있는 독립운동가 아웅산의 묘역에 참배하러 갔다가 북한의 테러조직이 지붕에 미리 설치된 폭탄이 터져 한국인 17명과 버마인 4명 등 21명이 사망하고 수십 명이 부상한 것이다. 전 대통령은 행사에 참가 차 이동 중이었고, 사건이 일어난 오전 10시 28분에는 부총리 서석준을 비롯한 이범석 외무부장관, 김동휘 상공부장관, 서상철 동력자원부장관, 함병춘 대통령 비서실장 등 수행원과 공무원, 경호원, 기자들이 미리 대기해 있다가 피해를 입었다. 버마정부는 북한국적의 범인 3명 가운데 신기철을 사살하고, 진씨라는 성만 알려진 한 사람과 강민철을 체포하고 북한과는 국교를 단절했다.

우리나라는 1982~1983년 플루토늄을 이용한 핵개발 계획을 극비리에 추진하였으나, 이 사실이 일본과 미국언론에 보도되면서 무산되고 말았다. 미국의 레이건 정부의 핵개발 계획중지 요구에 중지를 선언하게 되었다.

1983년 6월부터 11월에 이르는 6개월 동안은 전국을 울음바다로 만든 이산가족 찾기가 KBS에서 생방송으로 실시됐고 이때 1만여 명의 이산가족이 상봉하였다. 그해 9월 1일 미국 뉴욕에서 앵커리지를 거쳐 서울로 오던 KAL 007편이 사할린 상공에서 소련군 미사일에 격추돼 탑승자 269명 전원이 사망하는 사건이 일어났다.

1981년 스포츠를 좋아하는 팬들 뿐만 아니라 전 국민에게 스포츠에 대한 즐거운 소식이 전해졌다. 9월 30일에 독일의 바덴바덴에서 열린 국제올림픽경기연맹 총회에서 서울이 일본의 나고야를 누르고 1988년 제24회 올림픽 하계경기대회 개최지로 결정된 것이다. 이어 11월 27일 인도 뉴델리에서 열린 아시아경기연맹(AGF)총회에서는 1986년 제10회 아시아경기대회 개최지로 서울이 결정되었다. 우리나라는 2년의 간격을 두고 두 차례의 국제경기를 주최하게 된 것이다. 북한, 몽골, 베트남, 예멘민주공화국 등 9개국을 제외한 27개국 4,839명(임원 1,419명, 선수 3,420명)이 참가한 아시아경기대회에서 우리나라는 금메달 93개, 은메달 55개, 동메달 76개로 합계 224개로, 금메달 94개, 은메달 82개, 동메달 46개로 합계 224개를 얻은 중국에 비해 아쉽게 금메달수가 한 개 적어 일본을 제치고 종합 2위를 차지하였다.

1983년 2개의 프로축구단(할렐루야, 유공)과 3개의 실업축구단(국민은행, 대우, 포항제철)이 한국 슈퍼리그를 시작했는데 1998년부터는 K리그라는 현재의 이름이 정착되어 사용되고 있다.

1982년 독립기념관 건립이 시작되었다. 한민족의 수난과 선열들의 외세에 대한 항쟁과 독립정신을 기리고 후세에 역사의 교훈으로 삼기 위한 것이 목적이었지만 일본의 교과서 왜곡사건이 계기가 되었다. 국민들의 성금으로 시작한 독립기념관 건립은 도중에 화재가 나기도 했지만 1987년 8월 15일 개관했다. 총 대지면적 99만 3,914m2, 37개 동의 건물에 1만여 점의 자료를 전시하고 있다.

"북한이 대규모 금강산댐을 건설하고 있다. 그 댐이 만수 되어 폭파하면 수도권이 물바다가 된다!"

1986년 10월 30일 건설부장관이 북한에 금강산댐의 건설계획을 중단하라는 성명을 발표했다. 정부는 북한이 88서울올림픽을 방해하기 위해 금강산댐을 건설하는 것이라고 주장했다. 곧 대책회의가 열리고 대응책으로 평화의 댐을 건설하기로 했다. 강원도 화천군 북한강 상류에 댐을 만들어 금강산댐에서 쏟아져 나오는 물을 받아 북한의 수공에 대비하겠다는 것이었다. 댐 공사는 1·2단계로 나누고 1단계는 총 공사비 1,700억 원을 정부 예산과 국민성금 600억여 원으로 충당하기로 하고 1987년 2월 28일 기공식을 가져 1989년 완공하였다.

2단계로는 댐의 높이를 80m에서 125m로 높이는 공사를 2002년 다시 시작하여 2005년 10월 완공되었다. 2단계 공사에서는 2,329억 원이 들었으며, 1단계 비용과 합쳐 총 3,995억 원이 투입되었고 조경공사는 2009년 6월 마무리되었다.

"군사 독재정권은 물러가라!"

"헌법을 개정하라!"

1980년대 중반에 접어들면서 국내정세는 제 5공화국의 강압적인 통치에 싫증을 느낀 국민들의 반발이 거세어졌다. 소규모로 열리던 학생들의 시위는 거세게 확대되었고 1986년에는 야당 정치인과 재야인사들이 개헌 서명운동을 전개했는데 이 운동에 1천여 명이 서명했다. 한편 이에 앞선 1985년 2월에 실시된 국회의원 선거에서는 야당의 선전으로 군사정부를 압박했다.

국민들의 개헌에 대한 열망이 높아지자 여야는 만장일치로 헌법 개정 특별위원회를 발족하였으나 여당은 의원내각제를 주장하는 반면 야당은 대통령 직선제를 내세우는 상반된 견해로 별다른 진전은 없었다. .

"탁하고 쳤더니 억하고 쓰러져 죽었다!"

개헌안이 진통을 겪고 있는 1987년 1월 14일 서울대학교 언어학과에 재학 중인 박종철군이 남영동에 있는 치안본부 대공분실에서 물고문을 받다가 사망하는 사건이 일어나자 경찰은 물고문 사실을 숨기고 탁하고 책상을 쳤더니 쓰러졌다고 해명했다. 진실을 숨길 수 없게 된 경찰은 이 사건을 축소·은폐하여 발표를 하였다. 이에 천주교 정의구현 전국사제단과 안상수 검사 등이 진상을 규명하기 위하여 노력한 결과 박종철 군은 물고문에 의해 사망한 사실이 밝혀졌다. 박종철 고문사망사건은 정국에 엄청난 파장을 몰고 왔다. 학생들의 시위는 매일 끊이지 않았고 일반인들도 이에 호응하며 거리로 나섰다.

이러한 상황에서도 전두환 대통령은 기존의 헌법을 유지하여, 간접선거 방식으로 다음 대통령을 뽑겠다는 선언한 '4·13호헌' 조치를 발표하며, 헌법 개정을 할 수 없다고 밝혔다. 정부의 4·13 호헌 발표는 학생들과 시민들을 더욱 자극했고 국민들은 이른바 '6월 민주항쟁'이 시작됐다. 6월 민주화항쟁은 성공회 서울주교좌대성당에서 시작됐지만 그 뿌리에는 박종철 고문치사사건이 있다고 보아야 한다.

시민들은 '민주헌법 쟁취', '호헌 철폐', '독재 타도'등의 구호를 외치며 거리로 뛰쳐나왔다. 6월 10일에 시작된 투쟁은 15일까지 명동성당 농성투쟁, 18일 최루탄 추방대회, 26일 민주헌법쟁취 대행진에 이르기까지 전국적으로 500여만 명이 참가하여 반독재 민주화를 요구하였다.

6월 민주항쟁에 더 거센 불을 지핀 것은 연세대생 이한열이었다. 그는 1987년 6월 9일, 연세대학교에서 열린 '6·10대회 출정을 위한 연세인 결의대회' 후 시위도중에 전투경찰이 쏜 최루탄에 뒷머리를 맞고 쓰러졌는데 한 달 동안 사경을 헤매다가 7월 5일 사망했다.

1985년 9월 20일부터 9월 23일까지 제1차 남북 이산가족 상봉이 이루어졌다. 남북 이산가족 상봉은 1971년 8월 12일 대한적십자사의 '이산가족 찾기운동'을 계기로 시작되었다. 한국과 북한의 적십자사간의 합의에 따라 1985년 9월, 서울과 평양에서 최초로 이산가족 고향 방문단과 예술공연 교환행사가 이루어졌다.

독도는 우리의 땅이라고 주장하는 근거를 제시 하시오.

I. 들어가는 말

1. 독도는 어떤 섬인가?

독도의 행정구역은 경상북도 울릉군 울릉읍 독도리 산1-37번지에 속하는 대한민국 영토다. 동경 131°51′~31°52′, 북위 37°14′~37°15′에 위치한 독도는 크게 두 개의 섬과 주변 36개의 바위섬으로 이뤄져 있으며, 면적은 18만6,121㎡다. 독도는 작은 섬이다. 하지만 배타적 경제수역을 광활하게 넓힐 수 있는 잠재기선이다. 독도가 국제사회에서 우리영토로 공인받아 200해리 배타적 경제수역을 적용 받게 되면 우리의 영해는 독도와 일본 오키섬의 중간까지로 넓어진다. 또 독도 인근 바다는 북한한류와 대마난류가 교차하는 황금어장이기도 하다. 그리고 군사적으로도 중요하다. 독도를 손에 넣을 경우 태평양을 향한 해군 교두보 뿐 아니라, 유사시 군사요충지 역할을 할 수 있기 때문이다.

2. 영유권 분쟁

역사적 관점에서, 독도는 신라시대 이후부터 줄곧 우리의 영토로 인지되었고, 명칭도 다양하게 불려왔다. 이러한 명칭적 고찰만으로도 독도가 우리의 영토임을 증명할 수 있으며, 독도의 최초 인지로부터 고려조, 조선조의 공도정책, 개화기 이후 울릉도 개척 등 사실이 이를 뒷받침하고 있다.

오늘날의 영토문제는 국가존위의 기반인 국가영역에 관한 중요하고도 민감한 것으로서 정치, 경제적 가치를 초월한다. 특히 최근 일본에 의해 논란이 야기되고 있는 독도문제는 한 치도 양보할 수 없는 민족적, 국가적 사안이며 독도문제를 논의함으로써 우리가 취해야 할 국제적 입장을 다시 한 번 생각해야 한다. 그래서 일본 외무성의 홈페이지에 게재되어있는 독도점유권 주장을 반박하여 실질적으로 독도가 우리 영토임을 주장할 수 있는 그 근거를 찾고자 한다.

II. 일본 외무성 홈페이지의 독도영유권 주장 검토

1. 일본은 옛날부터 다케시마(竹島)의 존재를 인식하고 있었다.

1) 일본 측 주장

일본은 예전부터 죽도(竹島. 당시의 松島(마쓰시마))로 인지해 왔다. 이 사실은 다수의 문헌과 지도 등에서 명백하다. 오늘날의 다케시마는 일본에서 일찍이 '마쓰시마'로 불렀다. 유럽의 탐험가등에 의한 울릉도 측위의 잘못으로 반대로 울릉도가 '다케시마'나 '이소다케시마'로 불렸다.

2) 반박

우선 독도가 한국의 고유영토가 된 것은 문헌상 서기 512년, 신라 지증왕 13년에 울릉도와 함께 신라에 복속되었다고 삼국사기에 기록되어 있다. 문헌상 한국이 2백년 이상 빠르며, 또한 1808년 조선왕조가 편찬한 '만기요람'에도 '울릉도와 우산도는 모두 우산국의 땅이며, 우산도는 왜인들이 말하는 마쓰시마이다.'라는 구절이 담겨 있다. 따라서 우산국 정벌을 통해 독도는 서기 512년부터 신라의 영토로 복속된 것으로 볼 수 있다.[63]

독도-우리나라 동쪽 제일 끝에 위치한 섬

2. 한국이 옛날부터 다케시마를 인식하고 있었다는 근거는 없다.

1) 일본 측 주장

한국이 '삼국사기', '세종실록지리지' 등의 기술을 근거로 '우산도'가 바로 오늘날의 다케시마라고 주장하지만 '우산도'에 관한 기술이 없으며, 아무런 비판 없이 문헌을 인용한다.

---
63 정인섭, "일본의 독도 영유권 주장의 논리구조 - 국제법 측면을 중심으로" 독도학회 제3회 학술심포지엄 발표자료, 1997. 5

2) 반박

일본은 여기서 '우산국'이란 독도가 아니라 울릉도만 해당한다고 주장하지만 '세종실록지리지'는 '우산과 무릉' 2개의 섬이 울진현의 정동쪽 바다 가운데 있다. 두 섬은 거리가 멀지 않아 날씨가 맑으면 바라볼 수 있다. '무릉'은 울릉도, '우산'은 독도의 옛 이름이다. 이와 같은 '두 섬'의 기록은 '고려사' 지리지와 '동국여지승람', '성종실록', '숙종실록' 같은 수많은 역사적 자료들에 나타나고 있다.

최근에 발견된 자료로는 조선 후기의 학자인 박세당(1629~1703)의 '서계잡록'이 주목된다. 여기서 박세당은 '우산도는 지세가 낮아 날씨가 매우 맑지 않거나 최고 정상에 오르지 않으면 (울릉도에서) 보이지 않는다.'고 기록했다. 이것은 '우산도'는 독도가 아니라 울릉도이거나 울릉도와 인접한 섬인 죽도·관음도라고 주장했던 일본 측의 주장을 뒤집는 것이다.

죽도와 관음도는 날씨가 흐리거나 정상에 오르지 않아도 충분히 볼 수 있는 섬들이다. 또한 1545년 세종실록지리지, 1809년 만기요람, 1900년 대한제국 칙령 제41호(이상 한국 정부문서), 1696년 에도(江戸)막부의 도해금지령 공문, 메이지(明治)정부의 1870년 조선국교제시말내탐서, 1877년 태정관 지령문(이상 일본 정부문서), 1946년 SCAPIN 제677호, 제1033호(연합국총사령부 공식문서) 등은 독도가 한국의 영토임을 명확히 밝히고 있다.

3. 일본은 울릉도로 건너갈 때의 정박장으로 또한 어채지로 다케시마를 이용하여, 늦어도 17세기중엽에는 다케시마의 영유권을 확립했다.

1) 일본 측 주장

일본은 일찍부터 독도를 발견하였고, 1618년 이를 막부의 공인 하에 중간 기항지와 어장으로 전용함으로써 원시적 권원을 취득하였다

2) 반박

도해면허는 내국섬으로 도항하는 데는 필요가 없는 문서이므로 이는 울릉도·독도를 일본의 영토로 인식하지 않고 있었다는 사실을 입증하는 문서이다. 결국 '죽도도해면허'는 막부의 공식허가라기 보다는 오야와 무라카와 양가의 뇌물에 의해 아베가 및 막각이 양가의 '막부 장군 알현'을 알선해 주고, 조선 령으로 알고 있었던 죽도로의 도해를 그때그때 묵인해주던 불법적인 것이었다.[64]

4. 일본은 17세기말 울릉도 도항을 금지했지만, 다케시마 도항은 금지하지 않았다.

1) 일본 측 주장

1696년 울릉도 주변어업을 둘러싼 일·한간의 교섭결과, 막부는 울릉도로의 도항을 금지했지만, 다케시마로의 도항을 금지하지는 않았다. 이것으로도 당시부터 일본이 다케시마를 자국영토라고 생각하게 되었다.

2) 반박

1696년 1월 25일, 에도막부의 질문에 답하면서 돗토리번은 '다케시마와 마쓰시마는 일본의 어떠한 주에도 소속돼 있지 않고, 마쓰시마는 다케시마에 가는 도중에 있는 섬'이라고 보고했다. 이로부터 3일후 에도막부는 울릉도 도해금지령을 내린 것이다. 봉건사회였던 당시, 각 지방의 영지가 아닌 땅은 외국의 땅이었다. 울릉도 도해금지령으로 울릉도에 가는 도중에 있는 섬인 독도에 대해서도 도해가 금지되었던 것이다. 즉 이 시점에 독도는 확실히 조선영토가 되었다. 그것은 그 후 돗토리번이 자신의 영지를 그린 지도에 한 번도 독도를 포함시키지 않았던 사실에서도 증명된다.[65]

---

64 김병렬·나이토 세이츄 공저, 한일 전문가가 본 독도.
65 한일관계사협회, 독도는 한국 땅이다.

5. 한국이 자국 주장의 근거로 인용하는 안용복의 진술 내용에는 많은 의문점이 있다.

1) 일본 측 주장

한국 측 문헌에 따르면, 안용복은 일본에 왔을 때 울릉도 및 다케시마를 조선령으로 한다는 서계 즉 문서를 에도막부로부터 받았으나, 쓰시마의 번주가 그 문서를 빼앗았다고 진술한 것으로 되어 있으나 일본 측 문헌에는 서계를 안용복에게 주었다는 기록은 없다.

2) 반박

울릉도 근해 조업 중인 일본어선을 몰아내고 일본에 가서 사과까지 받아온 안용복 사건을 전후해 영토문제가 대두되자 에도 바쿠후는 1695년 돗토리번에 울릉도, 독도의 귀속 시기를 물었고 '돗토리번에 속하지 않는다.'는 회답을 받았다. 바후쿠가 1696년 1월에 내린 도해금지령은 그 해 8월 돗토리번 요나고(米子)에 전달됐으므로 안용복이 5월 울릉도에서 일본인을 만난 것이 거짓이라는 일본 측 주장은 타당하지 않다.

6. 일본정부는 1905년 다케시마를 시마네현에 편입하여, 다케시마 영유 의사를 재확인하였다.

1) 일본 측 주장

1905년 각의 결정 및 시마네현 고시에 의한 죽도의 시마네현 편입조치는, 일본정부가 근대국가로서 죽도를 영유할 의지가 있음을 재확인한 것이며, 그 이전 일본이 죽도를 영유하지 않았다는 사실, 하물며 타국이 죽도를 영유하고 있었다는 사실을 나타내는 것이 아니며, 또한 당시의 신문에도 게재되었듯이 비밀리에 이루어진 것도 아니라는 점 등 유효하게 실시된 것이다.

2) 반박

① 일본 정부가 1905년 독도를 편입한 조치는 곧 그 이전가지는 독도가 일본 영토가 아니었음을 자인한 조치이며, 특히 국제법상 선점에 의한 영유권 획득이 확립되기 위해서는 대상 지역이 무주 지역이어야 하는데, 독도는 한국 영토인 울릉도의 부속 도서로 당시 이미 한국 영토였기 때문에, 일본의 영유권 취득은 본래부터 잘못된 조치였다.

② 일본은 시마네현에 편입 조치를 할 때 이해 관계국인 한국에 통고하지 않고 비밀리에 처리하였으므로, 정상적인 국가 의사의 공표라고 인정할 수 없는 것으로 간주되어야 한다. 더구나 1905년 당시 한국의 외교권을 다른 나라가 아닌 일본이 박탈하였으므로, 일본의 독도 편입에 대하여 한국으로부터 정식 항의가 없었음을 원용할 입장에 있지도 않았으므로 근본적으로 원인 무효임이 자명한 사실이다.

③ 내각회의의 결정이나 시마네현 지사 명의로 된 공고만으로 대외적인 법률행위가 효력이 있다고 인정할 수 없다. 왜냐하면 시마네현과 같은 지방행정기관이 국제법상 주체가 될 수 없는 것은, 시마네현이 일본의 국내법상 행정행위를 할 수 있는 행정기관에 불과할 뿐이지 대외적인 국가 대표기관은 아니기 때문이다.[66]

7. 샌프란시스코 평화조약 기초과정에서 한국은 일본이 포기해야 할 영토에 다케시마를 포함시키도록 요구했지만, 미국은 다케시마가 일본의 관할하에 있다고 해서 이 요구를 거부했다.

---

66 유철종, 동아시아 국제관계와 영토분쟁.

1) 일본 측 주장

1951년 샌프란시스코 강화조약에서 일본이 그 독립을 승인하고 모든 권리, 권원 및 청구권을 포기한 「조선」에 죽도가 포함되지 않았다는 사실은 미국 기록 공개문서 등에서도 명백하다.

2) 반박

샌프란시스코 평화조약 5차 초안까지는 독도가 한국 영토로 기재되었으나 일본의 집요한 로비로 한 때 미 국무성은 샌프란시스코 평화조약 초안에 독도를 일본영토로 기재하기도 했다. 그러나 영연방 등이 반대하여 독도는 일본영토에서도 삭제되었다. 그러므로 독도가 일본영토로 남게 되었다는 일본측 주장은 성립되지 않는다. 당시 덜레스 미 국무장관은 "일본이 독도를 일본의 영토로 편입(1905)하기 전, 독도가 한국영토였다는 것이 확실하다면 한국의 영토에 대한 일본의 영토권리 포기를 규정하는 샌프란시스코 강화조약 관련 조문에 독도를 포함시키는 것은 특별히 문제가 되지 않는다."라고 발언했다. 그 후 독도가 1905년 이전에 한국의 영토였다는 사실은 현재까지 충분히 증명된 상태이다.[67]

8. 다케시마는 1952년 주일미군의 폭격 훈련 구역으로 지정되었으며, 일본 영토로 취급되었음은 분명하다.

1) 일본 측 주장

일미행정협정에 의하면 합동위원회는 '일본국내의 시설 또는 구역을 결정하는 협의기관으로 임무를 수행한다.'고 되어 있어 다케시마가 합동위원회에서 협의되고, 또 주

---

67 한일관계사협회, 독도는 한국 땅이다.

일미군이 사용하는 구역으로 결정이 내려졌다는 것은 곧 다케시마가 일본의 영토임을 보여주고 있다.

2) 반박

독도는 1952년 당시 북한군과 싸우고 있던 유엔군의 결정에 의해 한국 측 방공식별구역(KADIZ)내에 들어 있었으며, 미 공군은 한국의 항의를 받고 독도를 폭격훈련 구역에서 즉각 해제했다. 그 사실을 한국 측에 공식적으로 통보해 오기도 했다. 현재도 독도는 한국의 방공식별구역(KADIZ)내에 있으며 그 사실은 독도가 한국 영토임을 다시 한 번 확인해 주고 있다.[68]

9. 한국은 다케시마를 불법 점거하고 있으며, 일본은 엄중하게 항의를 하고 있다.

1) 일본 측 주장

일본은 한국에 의한 '이승만 라인' 설정 이후, 한국 측이 이행하는 다케시마의 영유권 주장, 어업 종사, 순시선에 대한 사격, 등에 대해서 수차례에 걸쳐 항의를 거듭해 오고 이 문제를 국제사법재판소에 회부할 것을 제안했으나, 한국은 이를 받아들이지 않은 채, 현재에 이르고 있다.

2) 반박

독도의 영유권은 1946년 1월 29일자 SCAPIN 677호에 의해, 일본 영토로부터 명백히 제외되었을 뿐만 아니라 맥아더 라인의 바깥에 위치하고 있으며, '해양 주권 선언'에는 미국의 트루만 선언을 비롯한 국제적 선례에 의거하여, 한국 연안의 어업보호

---

68 한일관계사협회, 독도는 한국 땅이다.

를 위하여 선포된 것이다.69 즉, 한국은 독립한 후 계속 갖고 있던 독도 영유권을 맥아더 라인을 법적으로 계승한 평화선을 통해 유지해 나간 것이다. 일본이 이것을 불법으로 규정하는 것은 망언에 불과하다.[70]

10. 일본은 다케시마 영유권에 관한 문제를 국제사법재판소에 회부할 것을 제안하고 있지만, 한국이 이를 거부하고 있다.

1) 일본 측 주장

1954년 9월 일본은 본건 문제에 대해 국제사법재판소에 제소할 것을 제안했지만, 한국 측은 이 제안을 거부했다. 또한 일한 양국 간에는 국교정상화시 「분쟁해결에 관한 교환공문」을 체결했다.

2) 반박

일본은 패소가 예견되는 남쿠릴열도나 승소해도 별로 나아질 것이 없는 센카쿠(尖閣)제도에 대해서는 국제사법재판소 회부를 거부하면서 유독 독도에 대해서만 회부를 주장하고 있다. 그 이유는 현재 한국이 독도를 실효적으로 지배하고 있으므로 패소하더라도 현재보다 별로 손해 볼 것이 없기 때문이다.

독도는 국제사법재판소에서 해결 가능한 법적 문제가 아니라 일본 제국주의의 한반도 침략에서 비롯된 역사 문제이기 때문에 재판소에서 다툴 대상이 아니다. 분쟁해결에 관한 교환 공문은 한일기본관계조약 등 본 협정의 내용을 명확히 하거나 보충하기 위한 것이기 때문에 독도는 교환 공문의 규율 대상이 아니다.

---

69 김병렬·나이토 세이츄 공저, 한일 전문가가 본 독도,
70 한일관계사협회, 독도는 한국 땅이다, p.13

Ⅲ. 결론

1. 독도는 한국의 영토

본론에서 반박한 바와 같이 과거 일본의 독도 영토편입은 일방적으로 무주지(無主地)라 단정한 후에 강제적 수단을 사용하여 편입한 것이 확실하며 부정할 수 없는 사실이다. 다시 말해 독도는 역사적으로나 국제법적으로나 실효적 점유에서나 명명백백한 한국의 배타적 영토라는 사실이다.

2. 우리의 대처 방안

일본의 침략적 태도와 공격 외교에 무대응으로 일관하는 것은 국제사회에서 일본의 근거 없는 주장이 혹시 정당한 것 아니냐는 의문만 축적해가게 될 것이다. 그러므로 우리는 독도를 지키기 위해 정부는 정부대로 외교적인 노력을 기울여야 하겠고, 국민들과 민간단체들은 범국민적인 운동을 벌여나가야 할 것이다. 다만 우리가 경계해야 할 것은 그에 대한 대응이 지나치게 감정적으로 흘러서는 안 된다는 점이다. 이성적인 전략과 전술을 세우고, 각계각층이 혼연일체가 되어 독도를 지켜내야 하며, 거기에만 머물 것이 아니라 나아가 민족의식을 고취하고 그것을 통해 민족의 근본문제인 분단의 문제, 즉 강대국에 의해 민족의 문제를 맡길 것이 아니라 우리 스스로 결정할 수 있는 해결할 수 있는 힘을 기르는 데 온 힘을 다해야 할 것이다.

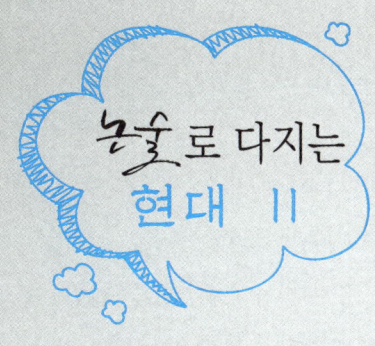

남북한의 화해와 교류 협력 방안 (어떻게 물꼬를 터야 하는가?)

정부는 1988년 7월 7일 '민족자존과 통일번영을 위한 특별선언'(7.7 선언)을 통해 "남과 북은 분단의 벽을 헐고 모든 부문에 걸쳐 교류를 실현할 것"을 발표하였다. 이는 과거 냉전시대에서의 남북한 대결구도를 청산하고 개방과 화해를 위한 남북 교류협력시대의 개막을 예고한 것이었다.

이 선언의 정신에 따라 그 해 10월에는 '남북 경제개방조치'를 통해 남북한 간 교역을 인정하고, 이듬해 6월에는 「남북교류협력에 관한 지침」을 제정하여 북한과의 교역과 북한주민과의 접촉이 합법적으로 추진될 수 있도록 하였다.

정부는 이러한 남북교류협력 관계를 더욱 체계적으로 정착·제도화시키기 위해 「남북교류협력에 관한 법률」(1990. 8. 1) 등을 제정함으로써 남북교류협력이 우리 법의 테두리 내에서 안정적으로 이루어질 수 있는 여건을 마련하였다. 이와 같이 남북교류협력 추진을 위한 기반조성 노력은 1993년 3월 북한의 핵 확산금지조약(NPT) 탈퇴선언으로 인해 일시적으로 위기를 맞기도 하였다. 그러나 1994년 10월 '북미 제네바 기본합의'로 핵문제해결의 실마리가 풀림에 따라 정부는 1994년 11월 '남북경제협력 활성화조치'(제1차)를 통해 남북경제협력의 확대를 위한 실천적인 방안을 제시하였다. 이를 통해 위탁가공교역을 위한 시설재 반출, 식음료·제조업 등 소규모 시범적 경협사업추진 등이 가능하게 되었다. 국민의 정부는 '정경분리 원칙 하의 남북경제협력 적극 추진'을 국정과제의 하나로 채택하였고, 1998년 4월에는 대기업 총수 방북허용, 대북 투자규모 제한폐지 등을 골자로 하는 '남북경협 활성화 조치'(제2차)를 발표하였다. 그리고 1999년 10월에 「남북경제교류협력에 대한 남북협력기금 지원지침」을 제정하여 대북투자, 반·출입, 위탁가공 교역에 대한 기금지원의 객관적 기준을 마련하고 중소기업 위주로 유상대출을 지원하도록 하였다.

한편 참여정부는 2000년 '6.15 남북공동선언' 이후 남북교류협력의 변화상황을 반영하기 위해 「남북교류협력에 관한 법률」(2005. 5. 31)을 개정하여 북한주민 접촉승인을 신고제로 완화하는 등 일부 교류협력 절차를 간소화하였다. 또한 2005년 12월「남북관계발전에 관한 법률」이 국회에서 제정되어 2006년 6월 발효되었으며, 동법 시행령과 시행규칙이 제정되었다. 이를 통해 남북 간 거래에 대한 '민족내부거래' 원칙을 법 규정에 명문화하였다. 참여정부는 동 법률에 기초하여 2007년 11월 제1차 '남북관계발전 기본계획'(2008~2012)을 수립하여 남북관계 발전을 위한 중장기 비전과 목표, 추진원칙을 설정하고 국내외 정세변화에 따른 영향을 최소화하면서 대북정책을 일관성 있게 추진하고자 하였다.

1988년 '7.7 선언'이후 공식적으로 추진된 남북교류협력은 1990년 「남북교류협력에 관한 법률」이 제정되면서 제도적 기반이 마련되었으며, 이후 1994년과 1998년 두 차례에 걸쳐 발표된 '남북경제협력 활성화 조치'등 정부의 제도 마련에 힘입어 안정적인 확대 추세를 이어가고 있다.

인적 교류는 남북한의 주민이 상대측 지역을 방문하는 왕래와 남북한 및 제3국 등에서 직·간접적인 방법에 의한 접촉으로 대별된다. 현재 남북한 주민의 왕래경로는 육로를 통한 왕래(판문점 및 경의선·동해선 연결도로), 해로를 통한 왕래, 항로를 통한 왕래(직항로, 제3국 경유)가 있다. 현재 개성공단개발 및 금강산 관광확대 등에 힘입어 주로 경의선, 동해선 연결도로를 통해 인적왕래가 이루어지고 있다. 1989년 6월 12일「남북교류협력에 관한 지침」시행 이후 시작된 남북 인적왕래는 남북도로 연결 및 개성공단 개발 등을 계기로 큰 폭으로 증가하여, 2006년에는 연간 왕래인원이 10만 명을 돌파하였다. 2008년 6월까지의 남북 인적왕래 내역 중 남한주민의 북한방문(금강산 관광객 제외)은 52만 2,586명이며, 북한주민의 남한방문은 7,343명으로 집계되고 있다. 2008년 상반기에 성사된 남한주민의 북한방문은 9만 5,080명으로 2007년 전체 북한방문의 60%를 상회하고 있다.

한편 남북한 주민 간의 접촉은 주로 남한주민의 북한주민 접촉 형태로 이루어지고 있으며, 2005년 남북교류협력법의 개정으로 지금까지의 승인제는 신고제로 간소화되었다. 남북한 주민의 분야별 접촉현황을 보면 경제계 인사들이 가장 많은 접촉을 하였으며, 그 다음으로 이산가족, 학술·문화계, 종교계, 체육계, 언론·출판계, 관광·교통계 인사 순이다.

남북한 간 교역은 초기에는 제도적 여건 미비로 대부분 중국 등 해외 중개상을 통한 간접교역 방식으로 추진되어 왔다. 그러나 2005년 10월 개성에 남북경제협력협의 사무소가 개소됨으로써 그동안 제3국에서 이루어지던 교역 상담이 개성을 중심으로 이루어지고 있다. 이에 따라 농수산물 반입 및 위탁가공 교역 중심으로 북한과 직접 상담하고 계약하는 직접교역 방식이 점차 확대되고 있다.

남북교역의 연도별 추세를 보면, 교역이 시작된 1988년부터 2000년대 초반까지 완만한 증가세를 보이다가, 개성공단 조성 및 가동이 본격화된 2005년부터 큰 폭의 증가세를 보이고 있다. 이에 따라 2005년에는 최초로 연간 교역 규모가 10억 달러를 넘어 섰으며, 2007년에는 약 18억 달러, 2008년 상반기는 9억 달러를 기록하였다.

남북한 간 교역이 시작된 이후 2008년 6월까지 교역실적은 100억 7,634만 달러에 이르렀으며, 이 중에서 북한으로부터의 반입액은 46억 6,127만 달러인데 비해 반출액은 54억 1,507만 달러이다.

명목상으로는 남한이 흑자이나 실질교역 수지가 적자를 보이는 이유는 대북지원 물품 증가 등 비거래성 교역이 큰 비중을 차지하기 때문이다.

그러나 2008년 들어 개성공단 및 위탁가공 등을 통한 교역량이 5억 3,663만 달러로 대폭 증가하면서 상반기 상업적 거래가 전년 동기 대비 47% 증가하는 등 전체 교역 중 상업적 거래가 차지하는 비중이 94%에 이르고 있다.

한편 위탁가공 교역은 2008년 6월 현재 134개 기업이 참여하고 있으며, 품목 수는 146개에 이르는 등 활발하게 진행되고 있다. 위탁가공 교역이란 생산 공정의 일부를 북한의 업체에게 위탁하는 형태의 교역을 말한다.

　이 중에서도 초보적인 형태가 임가공 교역인데, 이는 우리 업체가 원부자재를 공급하고, 북한 업체에서는 노동력을 제공하여 노임을 취하고 제품을 만들어 보내오는 형태의 교역이다.

　임가공 품목은 대부분 봉제품이지만 칼라TV, 라디오 등 전기·전자제품 및 일부 생활용품도 위탁가공으로 생산되어 반입되고 있다.

　현재 추진되고 있는 남북교역이 남북한 경제에서 각각 차지하는 비중은 크게 다르다. 우리의 전체 무역규모에서 남북 간 교역이 차지하는 비중은 미미하지만, 북한의 경우 총 무역규모의 1/3 정도를 차지한다. 남한은 2005년에 이어 2007년에도 중국에 이어 북한의 제2의 교역상대국으로 자리매김하고 있다.

　남북한 간의 교역이 추진되어 성과를 보임에 따라 우리 기업들은 북한지역 투자에 관심을 보이기 시작했다. 이에 따라 정부는 1994년 11월 '남북경협 활성화 조치'를 발표하고 이를 뒷받침하기 위해 12월에는 「남북경제협력사업 처리에 관한 규정」과 「국내기업 및 경제단체의 북한지역사무소 설치에 관한 지침」을, 1995년 6월에는 「대북 투자 등에 관한 외국환관리지침」을 마련하였다.

　이후 1998년 제2차 남북경협 활성화 조치를 통해서 대기업 총수 방북 허용, 대북투자제한 폐지 등 대북투자 활성화를 위한 실천적 조치들이 이루어졌다. 이와 같은 조치에 따라 남북경제교류와 협력이 꾸준히 증진되어 2008년 6월 말 현재 남북 경제 협력사업으로 승인된 건수는 331건에 달한다. 이중 개성공단 관련 협력사업이 262건으로 대부분을 차지하고 있다.

　한편 사회문화분야의 협력사업은 2008년 6월까지 한국학술진흥재단 등 156개 협력사업이 승인을 받아 추진되었거나 북한과 구체적인 사업을 진행하고 있다.